U0936709

珍藏本·增订本
纪念版

汉译世界学术名著丛书

根据亚里士多德论“是者”的多重含义

〔德〕弗朗茨·布伦塔诺 著

溥林 译

商务印书馆
SINCE 1897
The Commercial Press

Franz Brentano
VON DER MANNIGFACHEN BEDEUTUNG DES SEIENDEN
NACH ARISTOTELES

本书根据德国赫尔德出版社 1862 年版译出

汉译世界学术名著丛书
（120年纪念版·珍藏本）
增订本出版说明

2017年10月，为纪念商务印书馆创立120周年，本馆推出“汉译世界学术名著丛书”（120年纪念版·珍藏本），计七百种。近五六年来，仰赖学界同人倾力支持，订正旧译，增补新译，拓展新著，积累日多。为满足读者需要，本馆在七百种的基础上，继续推出“汉译世界学术名著丛书”（120年纪念版·珍藏本·增订本）三百种。至此，“汉译世界学术名著丛书”累计出版已达千种。

今后，本馆将继续推进丛书的翻译出版工作，在积累单本名著的基础上陆续分辑刊行，汇印出版。为促进中外文明互鉴、推动我国学术发展，使“汉译世界学术名著丛书”这项对我国学术文化有基本建设意义的重大工程发挥更大作用，诚望海内外学术界、翻译界继续给予支持，帮助我们把这套丛书出得更好。

商务印书馆编辑部

2024年2月

汉译世界学术名著丛书
（120 年纪念版·珍藏本）
出 版 说 明

2017 年 2 月 11 日，商务印书馆迎来 120 岁的生日。120 年前，商务印书馆前贤怀揣文化救国的理想，抱持“昌明教育，开启民智”的使命，立足本土，放眼寰宇，以出版为津梁，沟通中西，为中国、为世界提供最富智慧的思想文化成果。无论世事白云苍狗，潮流左右激荡，甚至战火硝烟弥漫，始终践行学术报国之志，无改初心。

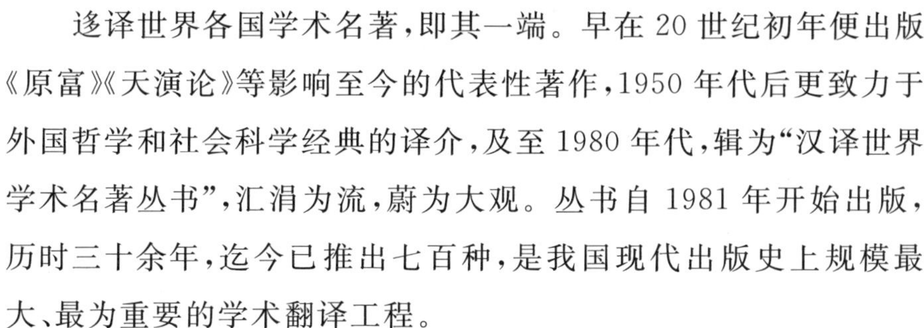

逐译世界各国学术名著，即其一端。早在 20 世纪初年便出版《原富》《天演论》等影响至今的代表性著作，1950 年代后更致力于外国哲学和社会科学经典的译介，及至 1980 年代，辑为“汉译世界学术名著丛书”，汇涓为流，蔚为大观。丛书自 1981 年开始出版，历时三十余年，迄今已推出七百种，是我国现代出版史上规模最大、最为重要的学术翻译工程。

丛书所选之书，立场观点不囿于一派，学科领域不限于一门，皆为文明开启以来，各时代、各国家、各民族的思想与文化精粹，代表着人类已经到达过的精神境界。丛书系统译介世界学术经典，引领时代思想，为本土原创学术的发展提供丰富的文化滋养，为推动中国现代学术和现代化进程做出了突出的贡献。

为纪念商务印书馆成立120周年，我们整体推出“汉译世界学术名著丛书”120年纪念版的珍藏本，寄望既利于文化积累，又便于研读查考，同时向长期支持丛书出版的译者、编者和读者致以敬意。

两甲子后的今天，商务印书馆又站在了一个新的历史时间节点上。我们不仅要铭记先辈的身影和足迹，更须让我们的步伐充满新的时代精神。这是商务人代代相传的事业，更是与国家和民族的命运始终紧密相连的事业。我们责无旁贷，必须做好我们这代人的传承与创造，让我们的努力和成果不仅凝聚成民族文化的记忆，还能成为后来人可以接续的事业。唯此，才能不负前贤，无愧来者。

商务印书馆编辑部

2017年10月

“是（者）”被以多重方式加以言说（τὸ ὂν λέγεται πολλαχῶς）。

——亚里士多德《形而上学》第七卷第1章

献给：

我最尊敬的老师
在亚里士多德的理解方面作出杰出贡献的学者
柏林大学哲学教席教授
阿道夫·特伦德伦堡博士

以示敬意和感激

目　录

前　言

我谨慎且犹豫地将这部小作品交付给公众，但还是认为，我理应因太过鲁莽而不是胆怯而受到指责。因为如果一个人冒险做一件事，那么，即使他提心吊胆，但必定看起来却果敢无比。有什么会比这儿所不时发生的事情更为冒险的呢，那就是：仿佛第一次尝试似的，我力图解决被有经验的人士描述为无法解决的那些困难？给予我勇气的是那些杰出的先行研究，它们为我工作中最困难的部分提供了准备。因此，如果在我的工作中发现了什么好的东西，那么，应当归功于它们，尤其是要归功于那位值得称赞的学者——我很荣幸首先被他引领进了亚里士多德的研究中。反之，如果在此发现了什么不完善的地方、错误或者缺陷，那么，希望人们能宽恕我的年少无知。

导　　论[1]

就能力而言，开端要比它本来所具有的伟大更为伟大。起初小的东西，经常在最后却变得特别的大。因此就会出现下面这种情形：那在开端处哪怕仅仅细微地偏离了真理的人，在进程中总是会错得越来越远而走向千倍大的错误。

我们在《论天》（*De coelo*）第一卷（第 5 章，271b. 8[2]）中于亚里士多德那儿所遇见的这些考虑，能够解释他在《形而上学》诸卷中努力确定“是者”（das Seiende）[3] 的不同含义时所表现出来

① 该书是布伦塔诺的博士论文，包含了大量的注释和对希腊原文的引用。绝大部分希腊原文作者没有加以翻译，少数原文作者基于自己的理解进行了翻译。凡是涉及古典文字（主要是希腊文，也有少量拉丁文）的地方，我们原文照录，并附上自己的翻译，以便读者参考和比较。——译者

② 《论天》第一卷第 5 章，271b. 8：……对于真理的违背，将会失之毫厘谬以千里。例如，如果一个人承认有某个最小的量，那么他将发现这个引入的最小量却可能使数学中最大的东西发生动摇。其原因在于，本源所起的作用，是在能力上来说的，而不是在大小上来说的。因此，在开端处细小的东西在终点上却会变得非常巨大。（*...εἴπερ καὶ τὸ μικρὸν παραβῆναι τῆς ἀληθείας ἀφισταμένοις γίνεται πόρρω μυριοπλάσιον. οἷον εἴ τις ἐλάχιστον εἶναί τι φαίη μέγεθος· οὗτος γὰρ τοὐλάχιστον εἰσαγαγὼν τὰ μέγιστ' ἂν κινήσειε τῶν μαθηματικῶν. τούτου δ' αἴτιον ὅτι ἡ ἀρχὴ δυνάμει μείζων ἢ μεγέθει, διόπερ τὸ ἐν ἀρχῇ μικρὸν ἐν τῇ τελευτῇ γίνεται παμμέγεθες.*）——作者

③ 海德格尔在“我进入现象学之路”（“Mein Weg in die Phänomenologie”，1963）一文中曾指出，是布伦塔诺这本书将他引上了哲学的道路：“从哲学杂志的一些指点中我得知，胡塞尔的思维方式是由弗朗茨·布伦塔诺决定的。从 1907 年

以来，布伦塔诺的论文《根据亚里士多德论‘是者’的多重含义》就是我最初笨拙地尝试钻研哲学的拐杖了。当时，下面这些问题曾以相当含混的方式困扰着我：如果‘是者’（das Seiende）在多重含义上被说，那么，哪一种含义是进行引导的基本含义呢？什么叫做‘是’（Sein）？”（Martin Heidegger, GA. 14. *Zur Sache des Denkens*, Vittorio Klostermann, 2007. s. 93. 中文参见《面向思的事情》，陈小文、孙周兴译，商务印书馆，1996 年，第 77 页。）

在该书的封面上，布伦塔诺引用了亚里士多德《形而上学》第七卷第 1 章中的一句话：*τὸ ὂν λέγεται πολλαχῶς*（“是［者］”被以多重方式加以言说），这部论文可以视为就是围绕这句话展开的。希腊文 *ὄν* 是动词 *εἶναι* 的现在分词的中性单数，前面加上中性冠词 *τό*，就可以成为一个名词。这一名词既可在动词的意义上进行理解（是、是着），也可以在名词的意义上理解（是着的东西、是者）。亚里士多德本人似乎并未严格区分“是”和“是者”。他在“是”和“是者”这两个意义上混用这一语词，这既给后世的理解和翻译带来极大的麻烦，也为一种新的哲学理解提供了可能；如海德格尔后来终其一生都在追问“是之意义”（der Seinssinn / der Sinn von Sein），并严格区分了“是”（das Sein）和“是者”（das Seiende），将之称为“是态学上的差异”（die ontologische Differenz）。就亚里士多德著作的德文翻译来看，对 *τό ὄν* 的翻译也不统一，即使同一译者也有时译为 das Seiende，有时译为 das Sein。例如，“*τὸ ὂν λέγεται τὸ μὲν κατὰ συμβεβηκὸς τὸ δὲ καθ' αὑτό.*”（《形而上学》第五卷第 7 章，1017a. 7。）和“*τὸ ὂν λέγεται πολλαχῶς*”（《形而上学》第七卷第 1 章，1028a. 10。）这两句话，博尼茨（Bontiz）就分别译为“Das Sein wird teils in akzidentellem Sinne ausgesagt, teils an sich.”（“是”或者在偶然的意义上被说，或者在其自身地被说。）和“Das Seiende wird in mehreren Bedeutungen gebraucht.”（“是者”在多重含义上被使用。）

海德格尔在《是与时》（*Sein und Zeit,* GA2. Vittorio Klostermann, 1977, s. 120.）的一个边注中也指出，*τὸ ὄν* 在传统形而上学中具有两重含义，一重含义指“是（着）”（das Seiend），另一重含义指“是者”（das Seiende）。此外，根据海德格尔在《是与时》（*Sein und Zeit*, GA2. s. 4.）中所引用的希腊文，也可以看出这一点：»Sein« umgrenzt nicht die oberste Region des Seienden, sofern dieses nach Gattung und Art begrifflich artikuliert ist: *οὔτε τὸ ὂν γένος.*（如果“是者”乃根据属和种被概念性地表达，那么，“是”并非限定着是者之最高领域：*οὔτε τὸ ὂν γένος.*［“是”不是一种属］。）根据他对 das Sein 和 das Seiende 的区分，这里他显然是用 das Sein 而不是用 das Seiende 来理解和翻译 *τὸ ὄν*。

在翻译中，我们将 das Sein 翻译为“是”，将 das Seiende 译为“是者”，至于 seiend，则译为“是着”。而希腊文 *τὸ ὂν* 则根据上下文和理解，译为“是者”或“是”。——译者

的那种小心，并且它们也表明我们在这部论文中对他的各种讨论所给予的那种专注谨慎是有道理的。因为由于“是者”（das Seiende）[①]是最普遍的东西，故它是我们在思想上所把握到的最初的东西；而较为普遍的东西总是那就思想上的认识而言较为在先的东西[②]。

另一方面，我们主题的重要性也来自这条原则。因为只要第一哲学的主题如亚里士多德反复且明确宣称的那样是“是者作为是者”（das Seiende als Seiendes）[③]，那么，第一哲学就必须恰恰始于对“是者”这一名称的含义（die Bedeutung des Namens“Seiendes”）的确定。他在《形而上学》第四卷第1章（1003a. 21）中说：“有一门科学，它研究‘是者作为是者’以及那些归于‘是者作为是者’的属性。这门科学不同于所有特殊的科学。”[④]它是普遍的科学，即所谓的第一哲学，它把“是者作为是

① 《形而上学》第十一卷第2章，1060b. 4：“是”谓述所有的东西。（*κατὰ πάντων γὰρ τὸ ὂν κατηγορεῖται.*）——《论题篇》第四卷第6章，127a. 28：因此，如果将“是”当作属，那么，显然它将会是所有东西的属，因为它谓述所有的东西。（*εἰ οὖν τὸ ὂν γένος ἀποδέδωκε, δῆλον ὅτι πάντων ἂν εἴη γένος, ἐπειδὴ κατηγορεῖται αὐτῶν.*）——参见《形而上学》第三卷第3章，998b. 20，第十卷第2章，1053b. 20。——作者

② 《形而上学》第五卷第11章，1018b. 32：就定义来说普遍的东西是在先的，但就感觉来说个体的东西则是在先的。（*κατὰ μὲν γὰρ τὸν λόγον τὰ καθόλου πρότερα, κατὰ δὲ τὴν αἴσθησιν τὰ καθ' ἕκαστα.*）——作者

③ 亚里士多德明确将“第一哲学”（*ἡ πρώτη φιλοσοφία*）的研究对象规定为“是者作为是者”或“作为是者的是者”（*τὸ ὂν ᾗ ὄν*），对于这一希腊文表达，德语一般将之翻译为das Seiende als Seiendes / das Seiende als solches, das Seyende als Seyendes / das Seyende als solches, 但也有人将之译为das Sein als Sein / das Sein als solches。——译者

④ 《形而上学》第四卷第1章，1003a. 21：有一门科学，它研究“是者作为是者”以及那些就其自身就属于它的东西。它不同于任何的特殊科学。（*ἔστιν*

者"当作它本己的对象（《形而上学》第六卷第 1 章，1026a. 29[①]。第十一卷第 4 章，1061b. 19, 30—37[②]；1064b. 6[③]）。第一哲学家

ἐπιστήμη τις, ἣ θεωρεῖ τὸ ὂν ᾗ ὂν καὶ τὰ τούτῳ ὑπάρχοντα καθ' αὑτό. αὕτη δ' ἐστὶν οὐδεμιᾷ τῶν ἐν μέρει λεγομένων ἡ αὐτή.）参见第四卷第 2 章，1003b. 21。——作者

① 《形而上学》第六卷第 1 章，1026a. 29：如果有某种不动的"所是"，那么，关于它的科学就是在先的，并且是第一哲学。它是普遍的，正如它是最初的。它思考"是者作为是者"、是什么以及那些属于"是者作为是者"的东西。（*εἰ δ' ἔστι τις οὐσία ἀκίνητος, αὕτη προτέρα καὶ φιλοσοφία πρώτη, καὶ καθόλου οὕτως ὅτι πρώτη· καὶ περὶ τοῦ ὄντος ᾗ ὂν ταύτης ἂν εἴη θεωρῆσαι, καὶ τί ἐστι καὶ τὰ ὑπάρχοντα ᾗ ὄν.*）——作者

② 《形而上学》第十一卷第 4 章，1061b. 19：既然数学以其特有的方式使用普遍原则，那么，对其诸本源的探究也就属于第一哲学。（*ἐπεὶ δὲ καὶ ὁ μαθηματικὸς χρῆται τοῖς κοινοῖς ἰδίως, καὶ τὰς τούτων ἀρχὰς ἂν εἴη θεωρῆσαι τῆς πρώτης φιλοσοφίας.*）《形而上学》第十一卷第 4 章，1061b25—33：哲学不就其中的每一个都具有某种属性来探究特殊的东西，而是就它们中的每个作为是者的是者来探究之。物理学同数学具有相同的方式，因为它探究"是者"的各种属性和本源——只不过是就其作为被运动的东西而不是就其作为"是者"。而我们已经谈及过"第一科学"，它的对象是"是者"，它就它们是着而不是就它们是别的什么来研究它们。因此，理当将物理学和数学视为智慧之部分。（*φιλοσοφία περὶ τῶν ἐν μέρει μέν, ᾗ τούτων ἑκάστῳ τι συμβέβηκεν, οὐ σκοπεῖ, περὶ τὸ ὂν δέ, ᾗ ὂν τῶν τοιούτων ἕκαστον, θεωρεῖ. τὸν αὐτὸν δ' ἔχει τρόπον καὶ περὶ τὴν φυσικὴν ἐπιστήμην τῇ μαθηματικῇ· τὰ συμβεβηκότα γὰρ ἡ φυσικὴ καὶ τὰς ἀρχὰς θεωρεῖ τὰς τῶν ὄντων ᾗ κινούμενα καὶ οὐχ ᾗ ὄντα, τὴν δὲ πρώτην εἰρήκαμεν ἐπιστήμην τούτων εἶναι καθ' ὅσον ὄντα τὰ ὑποκείμενά ἐστιν, ἀλλ' οὐχ ᾗ ἕτερόν τι· διὸ καὶ ταύτην καὶ τὴν μαθηματικὴν ἐπιστήμην μέρη τῆς σοφίας εἶναι θετέον.*）——译者

③ 《形而上学》第十一卷第 7 章，1064b. 1—14：显然理论科学有三种，即物理学、数学和神学。在诸科学中理论科学是最高贵的，而在理论科学中最后所提及的那种复又是最高贵的，因为它探究诸是者中最值得尊敬的那种；而每门科学就其自己的研究对象而分出高低。有人会对下面这点感到困惑，那就是：关于"是者作为是者"的科学应当还是不应当被视为普遍的？数学中的每一分支都探究某一确定的领域，而普遍的数学则探究其整个领域。如果各种自然的"所是"是诸是者中最初的，那么，物理学就将是诸科学中首要的；反之，如果还有着另外分离的和不运动的本性和"所是"，那么，关于它的科学就必然不同于并先于物理学，并且因在先而必定是普遍的。（*δῆλον τοίνυν ὅτι τρία γένη τῶν θεωρητικῶν ἐπιστημῶν ἔστι, φυσική, μαθηματική, θεολογική. βέλτιστον μὲν οὖν τὸ τῶν θεωρητικῶν γένος, τούτων δ'*

（ὁ πρῶτος φιλόσοφος，《论灵魂》第一卷第 1 章，403b. 16），或者地地道道的哲学家思考“是者作为是者”，而不思考它的某个部分（《形而上学》第十一卷第 3 章，1060b. 31①；1061b. 4, 10）。因此，正如亚里士多德本人所说的（《形而上学》第七卷第 1 章，1028b. 2），他在《形而上学》诸卷中仅仅考察和探究一个问题，那就是："是者"是什么？（was ist das Seiende?）②

αὐτῶν ἡ τελευταία λεχθεῖσα. περὶ τὸ τιμιώτατον γάρ ἐστι τῶν ὄντων, βελτίων δὲ καὶ χείρων ἑκάστη λέγεται κατὰ τὸ οἰκεῖον ἐπιστητόν. ἀπορήσειε δ᾽ ἄν τις πότερόν ποτε τὴν τοῦ ὄντος ᾗ ὂν ἐπιστήμην καθόλου δεῖ θεῖναι ἢ οὔ. τῶν μὲν γὰρ μαθηματικῶν ἑκάστη περὶ ἕν τι γένος ἀφωρισμένον ἐστίν, ἡ δὲ καθόλου κοινὴ περὶ πάντων. εἰ μὲν οὖν αἱ φυσικαὶ οὐσίαι πρῶται τῶν ὄντων εἰσί, κἂν ἡ φυσικὴ πρώτη τῶν ἐπιστημῶν εἴη· εἰ δ᾽ ἔστιν ἑτέρα φύσις καὶ οὐσία χωριστὴ καὶ ἀκίνητος, ἑτέραν ἀνάγκη καὶ τὴν ἐπιστήμην αὐτῆς εἶναι καὶ προτέραν τῆς φυσικῆς καὶ καθόλου τῷ προτέραν.）——译者

① 《形而上学》第十一卷第 3 章，1060b. 31：既然哲学家的科学一般地关乎“是者作为是者”而不关乎它的部分，而“是者”在多重含义上而不是在一重含义上被说，因此，如果“是者”只是同名异义的东西而无任何共性，那它们就不会落入同一门科学之下（因为这类东西没有单一的属），但如果有着某种共性，那它们就会落入同一门科学之下。……因为每一东西被称作“是者”，要么是“是者作为是者”的情状，要么是它的状态，要么是它的形势，要么是它的运动，要么是它的别的什么。（ἐπεὶ δ᾽ ἐστὶν ἡ τοῦ φιλοσόφου ἐπιστήμη τοῦ ὄντος ᾗ ὂν καθόλου καὶ οὐ κατὰ μέρος, τὸ δ᾽ ὂν πολλαχῶς καὶ οὐ καθ᾽ ἕνα λέγεται τρόπον. εἰ μὲν οὖν ὁμωνύμως κατὰ δὲ κοινὸν μηδέν, οὐκ ἔστιν ὑπὸ μίαν ἐπιστήμην (οὐ γὰρ ἓν γένος τῶν τοιούτων), εἰ δὲ κατά τι κοινόν, εἴη ἂν ὑπὸ μίαν ἐπιστήμην. ...τῷ γὰρ τοῦ ὄντος ᾗ ὂν πάθος ἢ ἕξις ἢ διάθεσις ἢ κίνησις ἢ τῶν ἄλλων τι τῶν τοιούτων εἶναι λέγεται ἕκαστον αὐτῶν ὄν.）——译者

② 《形而上学》第七卷第 1 章，1028b. 2：无论是过去还是现在，那总是被追问和总是让人困惑的问题就是："是者"是什么……（καὶ δὴ καὶ τὸ πάλαι τε καὶ νῦν καὶ ἀεὶ ζητούμενον καὶ ἀεὶ ἀπορούμενον, τί τὸ ὄν...）尽管如此，我们还是发现了一些地方，在那儿亚里士多德通过将形而上学规定为关乎第一原理的科学而似乎将某种另外的对象指派给形而上学，例如，《形而上学》第一卷第 1 章（981b. 28）：所有的人都认为，关乎那些首要的原因和原理的，方才被称作智慧。（τὴν ὀνομαζομένην σοφίαν περὶ τὰ πρῶτα αἴτια καὶ τὰς ἀρχὰς ὑπολαμβάνουσι πάντες.）参见《形而上学》第十一卷

第 7 章，1064b. 4，以及别的一些地方。亚里士多德在别处称作第一哲学和神学的这两个名字（《形而上学》第六卷第 1 章，1026a. 19；第十一卷第 7 章，1064b. 3）似乎也指明了这一点——尽管众所周知形而上学这个名字尚未出现在亚里士多德本人那里。然而，尽管许多古代和近代的评注者由此被误导了（一些人想历史地了解不同的亚里士多德主义者的不同看法，这在中世纪尤其明显，参见弗朗西斯科·苏阿列兹（Franc. Suarez）的《形而上学论辩集》（*Disputationes metaphysicae*），第一部分，Ⅰ，2），但让这些地方与前面所引的那些观点相一致并不困难。形而上学是一门科学。在亚里士多德那儿知识是什么？在《后分析篇》第一卷第 2 章（71b. 9）中他说：当我们认为我们知道了一事物由之得以产生的原因时——这原因是该事物的原因而不是其他事物的原因，我们就认为我们绝对地而不是以智者的方式偶然地认识了一事物。（*ἐπίστασθαι δὲ οἰόμεθ' ἕκαστον ἁπλῶς, ἀλλὰ μὴ τὸν σοφιστικὸν τρόπον τὸν κατὰ συμβεβηκός, ὅταν τήν τ' αἰτίαν οἰώμεθα γινώσκειν δι' ἣν τὸ πρᾶγμά ἐστιν, ὅτι ἐκείνου αἰτία ἐστί, καὶ μὴ ἐνδέχεσθαι τοῦτ' ἄλλως ἔχειν.*）因此，知识不仅包括（1）对对象的某种认识，而且还包括（2）对对象之诸原因的某种认识。于是，各门科学将随着对某一对象的思考而将该对象的诸原因结合在一起，并且它们能够在上述两个方面彼此区别开来，从而能够被定义并同别的科学相区分。参见《后分析篇》第一卷第 28 章，87a. 38。因此，当亚里士多德在《形而上学》第一卷第 1 章将智慧（*σοφία*）规定为乃是致力于对第一原因的考察时，他在对象之原因方面指出了智慧的独特之处，这在此是非常恰当的，因为他首先区分经验和科学，并恰恰将后者规定为从原因而来的认识（《形而上学》第一卷第 1 章，981a. 28：有经验的人知其然但不知其所以然，但有技艺的人则知其所以然和原因。［*οἱ μὲν γὰρ ἔμπειροι τὸ ὅτι μὲν ἴσασι, διότι δ' οὐκ ἴσασιν. οἱ δὲ τὸ διότι καὶ τὴν αἰτίαν γνωρίζουσιν.*］），于是，对种的这种规定很好地同对属的规定相联系。结合这两个定义，我们能够说，第一哲学乃是从其诸第一原因而来的对“一般是者的认识”（die Erkenntnis des Seienden im Allgemeinen）。事实上亚里士多德也以这种方式将这两者相联系，他指出那些通常被赋予智者的各种品格是如何体现在第一哲学家身上的。《形而上学》第一卷第 1 章，981a. 21：普晓一切这一点必然属于那具有最高普遍知识的人……但那关乎诸原因的学问也是更当教诲的学问，因为那些进行教诲的人也就是那些告知每一事物之诸原因的人。（*τούτων δὲ τὸ μὲν πάντα ἐπίστασθαι τῷ μάλιστα ἔχοντι τὴν καθόλου ἐπιστήμην ἀναγκαῖον ὑπάρχειν...ἀλλὰ μὴν καὶ διδασκαλική γε ἡ τῶν αἰτιῶν θεωρητικὴ μᾶλλον. οὗτοι γὰρ διδάσκουσιν, οἱ τὰς αἰτίας λέγοντες περὶ ἑκάστου.*）也参见《形而上学》第四卷第 1 章，1003a. 26：既然我们探究诸本源和诸最高的原因，显然它们必然属于某种在其自身的本性……因此，我们必须得把握“是者作为是者”的

然而，每门科学都以对其对象的某种说明开始。因为根据那个古老的、为智者们所阐明的悖论，一个努力追求某种知识的人必须知道他渴望知道什么。因此，一些其对象是特定的并且能够对之进行某种定义的特殊科学，通过预先假设定义为某一更高的科学所提供（*ὑποτιθέμεναι*［假设］，《形而上学》第十一卷第

诸第一原因。（*ἐπεὶ δὲ τὰς ἀρχὰς καὶ τὰς ἀκροτάτας αἰτίας ζητοῦμεν, δῆλον ὡς φύσεώς τινος αὐτὰς ἀναγκαῖον εἶναι καθ' αὑτήν...διὸ καὶ ἡμῖν τοῦ ὄντος ᾗ ὂν τὰς πρώτας αἰτίας ληπτέον.*）以及《形而上学》第六卷第 1 章，1025b. 3。被寻求的乃“是者”的诸原理和原因，显然也就是“是者作为是者”……所有的知识都是关乎原因和原理的……但所有这些知识都各自通过划定出某一“是者”和某一属而对之进行研究，它们既不研究绝对的“是者”，也不研究“是者作为是者”……［对于其是什么］它们也不加以讨论。（*αἱ ἀρχαὶ καὶ τὰ αἴτια ζητεῖται τῶν ὄντων, δῆλον δὲ ὅτι ᾗ ὄντα...πᾶσα ἐπιστήμη περὶ αἰτίας καὶ ἀρχάς ἐστιν...ἀλλὰ πᾶσαι αὗται περὶ ὄν τι, καὶ γένος τι περιγραψάμεναι περὶ τούτου πραγματεύονται, ἀλλ' οὐχὶ περὶ ὄντος ἁπλῶς οὐδὲ ᾗ ὄν...οὐδένα λόγον ποιοῦνται.*）因此，不仅形而上学，而且每门科学都探究原因。如其他科学一样，形而上学也不把这些原因本身当作对象，而是将这些原因是其原因的东西当作对象。参见布兰迪斯（Brandis）的《希腊-罗马哲学》（*Griech. Röm. Phil.*）Ⅱ，2. 1. 第 451 页；特伦德伦堡（Trendelenburg）的《范畴学说史》（*Gesch. d. Kategorienlehre*）第 18 页，以及其他那些在观点上赞同“是者作为是者”（das Seiende als Seiendes）乃形而上学之主题的人。——作者

弗朗西斯科·苏阿列兹（Franc. Suarez, 1548—1617），西班牙哲学家和神学家，耶稣会士，一般认为他是托马斯之后最伟大的经院哲学家。布兰迪斯，全名为克里斯汀·奥古斯特·布兰迪斯（Christian August Brandis, 1790—1867），德国古典语言学家和哲学史家，曾协助奥古斯特·伊曼纽尔·贝克尔（August Immanuel Bekker, 1785—1871）编辑《亚里士多德全集》；其最有名的著作就是布伦塔诺这儿所提到的《希腊-罗马哲学》，该书的全名是《希腊-罗马哲学史稿》（*Handbuch der Geschichte der Griechisch-Römischen Philosophie*）。特伦德伦堡，全名为弗里德里希·阿道夫·特伦德伦堡（Friedrich Adolf Trendelenburg, 1802—1872），德国哲学家、古典语言学家和教育家；著有《亚里士多德逻辑概要》（*Elementa Logices Aristoteleae*）、《逻辑研究》（*Logische Untersuchungen*）、《范畴学说史》（*Geschichte der Kategorienlehre*）等著作。——译者

7 章，1064a. 8。[①]*ὑπόθεσιν λαβοῦσαι*［当作假设］，第六卷第 1 章，1025b. 11[②]）而将定义本身置于前面，例如，几何学就假定了连续的量这一概念。这自然不能适用于普遍科学。一方面，因为它作为最高的科学不隶属在其他任何科学之下，相反，它自身凌驾于其他所有科学之上，并将它们的对象指派给它们，它不可能从其他任何科学那儿获取其对象的定义[③]；另一方面并且是最为重要的，那就是没有什么比它的对象是更不可定义的。因为一般“是者”（das Seiende im Allgemeinen）根本不是人们于其上能区分出属（Genus）和种差（Differenz）的“种”（Species），相反，正如我们将看见的，亚里士多德甚至不打算承认它能被称作“属”（Genus）[④]。在此必须得寻求一种另外的揭示方式，亚里士多德通过下面这一点提供了它，他区分出了“是者”的不同含义——根据他的思考“是者”这个名称（der Name des Seienden）包含着这些

① 《形而上学》第十一卷第 7 章，1064a. 8：对于“是什么”的把握，有些科学通过感觉，而有些科学则通过假设。（*λαμβάνουσι δὲ τὸ τί ἐστιν αἱ μὲν δι᾽ αἰσθήσεως αἱ δ᾽ ὑποτιθέμεναι.*）——译者

② 《形而上学》第六卷第 1 章，1025b. 7—13：然而，所有这些科学都通过限定出某一“是者”和某一“属”而研究之，它们既不研究绝对的是者，也不研究“是者作为是者”，也不规定其“是什么”；相反，它们由之出发，一些通过感觉来显明“是什么”，一些则将“是什么”当作假设。（*ἀλλὰ πᾶσαι αὗται περὶ ὄν τι καὶ γένος τι περιγραψάμεναι περὶ τούτου πραγματεύονται, ἀλλ᾽ οὐχὶ περὶ ὄντος ἁπλῶς οὐδὲ ᾗ ὄν, οὐδὲ τοῦ τί ἐστιν οὐθένα λόγον ποιοῦνται, ἀλλ᾽ ἐκ τούτου, αἱ μὲν αἰσθήσει ποιήσασαι αὐτὸ δῆλον αἱ δ᾽ ὑπόθεσιν λαβοῦσαι τὸ τί ἐστιν.*）——译者

③ 参见《形而上学》第六卷第 1 章，1025b. 7 以及第十一卷第 7 章 1064a. 4。——形而上学也论及最高的、普遍的原理，从这些原理那儿次级科学导出它们的论证。《形而上学》第四卷第 3 章，1005a. 19。——作者

④ 见后，第五章，§3。——作者

不同的含义，他将真正的含义从非真正的含义中分离出来，并将后者从形而上学的思考中排除出去[①]。

因此，对“是者”（das Seiende）的多重含义的讨论构成了亚里士多德形而上学的门槛。由此就显露出了对他来说这些讨论所必然具有的重要性；如果注意到在这儿对几个具有相同名称的概念进行某种错误混淆的危险决非是无足轻重的，那么，该重要性就会变得越来越明显。因为，正如在《后分析篇》（*Analytica posteriora*）第二卷中所看到的[②]，发现“同名异义”的难度随着概念的抽象和普遍性程度的增加而增加；因此，正如我们已经看见的，由于“是者”（das Seiende）是最普遍的谓词，某种欺骗的可能性在它自身那儿显然必定是最大的。

但我们尚未确定下面这一实情，那就是根据亚里士多德“是者”（das Seiende）被说成是“同名异义者”，而不是“同名同义者”[③]（《范畴篇》第1章，1a. 1—6[④]）。因此，我们将首先通过举

① 参见特伦德伦堡《范畴学说史》，第167页。——作者

② 《后分析篇》第二卷第13章，97b. 29：同名异义在普遍的东西那儿要比在个体的东西那儿更易遭到忽略……。（*καὶ γὰρ αἱ ὁμωνυμίαι λανθάνουσι μᾶλλον ἐν τοῖς καθόλου ἢ ἐν τοῖς ἀδιαφόροις κ. τ. λ.*）——作者

κ. τ. λ. 是希腊语 *καὶ τὰ λοιπά* 的略写，相当于拉丁文 etc.（et cetera / etcetera），意思是“以及其余的”“等等”。——译者

③ “同名异义者”（*ὁμώνυμον*，其复数为 *ὁμώνυμα*）是亚里士多德哲学中的一个重要概念。希腊语属于表音文字，因此，“同名异义者”即“同音异义者”。*ὁμώνυμον* 是由形容词 *ὁμώνυμος, ον* 的中性复数而来的名词；希腊语中还有一个类似的形容词，即 *ὁμωνυμίος, α, ον,* 从该形容词的中性那儿也可以形成一个名词 *ὁμωνυμίον*。但 *ὁμώνυμον* 和 *ὁμωνυμίον* 这两个名词在意义上是不同的，前者指同名异义的“事物”（*πρᾶγμα*），后者指同名异义的“语词”（*φωνή*）。《范畴篇》（第1章，1a. 1）开篇第一句话就讲：“所谓同名异义者，指仅仅其名称是共同的，但与名称相应的‘逻各

斯—所是’是不同的。”（*ὁμώνυμα λέγεται ὧν ὄνομα μόνον κοινόν, ὁ δὲ κατὰ τοὔνομα λόγος τῆς οὐσίας ἕτερος.*）基于名称和逻各斯，出现了四种可能性：a. 名称和逻各斯都相同，这被称为“同名同义者”（*συνώνυμον*）；b. 名称和逻各斯都不相同，这被称为“异名异义者”（*ἑτερώνυμον*）；c. 逻各斯相同，但名称不同，这被称为“异名同义者”或“多名同义者”（*πολυώνυμον*）；d. 名称相同，但逻各斯不同，这被称为“同名异义者”（*ὁμώνυμον*）。但以上四种情形，亚里士多德仅仅讨论了其中两个，那就是“同名异义者”和“同名同义者”。之所以如此，乃是因为“异名同义者”和“异名异义者”分别是前两者的反面，理解了前两者，也就顺理成章地理解了后两者。古代亚里士多德的评注者们从古希腊语自身的语言特点出发，指出无论是“同名同义者”还是“同名异义者”，就其“同名”（同音）而言总是体现出三方面的内容：音调（*τόνος*）、变格（*πτῶσις*）和气音（*πνεῦμα*）。就“同名异义者”来说，如果在其中任何一个方面上不同，那就不能被称作“同名异义者”。例如：*ἀργός* 和 *ἄργος*，这两个词除了音调不同之外，其他均相同，前者的重音在最后一个音节上，而后者的重音在倒数第二个音节上；前者指一个好吃懒做的人，而后者指伯罗奔尼撒半岛上的一个城市。因此，由于音调不同，它们不能被称作是“同名异义者”。又如：*ὁ ἐλάτης* 和 *τῆς ἐλάτης*，这两个词仅仅在格上不同，前者是主格单数，后者是属格单数；前者指驾车者，而后者指杉树的；故它们也不能被称作是“同名异义者”。再如：*οἶον* 和 *οἷον*，这两个词仅仅在气音上不同，前者不带气音，后者带气音，前者指“仅仅”，而后者指“什么样的”；因此，它们也不能被称作“同名异义者”。而在希腊历史上有两个 *Αἴας*（埃阿斯），都是特洛伊战争中的英雄，但一个是俄琉斯的儿子（即小埃阿斯），一个是忒拉蒙的儿子（即大埃阿斯）；这两个埃阿斯在音调、变格和气音上都完全一样，他们被称作“同名异义者”（同音异义者）。

亚里士多德在《范畴篇》中对“同名异义者”和“同名同义者”的区分是很重要的，只有基于这一区分，才能理解“是（者）”的诸含义和诸范畴的本性。根据亚里士多德，诸范畴都是最高的属，它们除了不能彼此归约外，也不能归约到某一更高属之下。那么，有无比作为最普遍的是者的范畴更高、更普遍、统摄它们的东西呢？有！那就是“是者”或“是”（*τὸ ὄν* / *τὸ εἶναι*, das Seiende / das Sein）。“是（者）”虽然比它们的普遍性更高，但“是（者）”本身不是一种属，即不是比诸范畴更高的、统摄它们的属。也正因为如此，它不“同名同义地”（*συνωνύμως*）谓述诸范畴，而是“同名异义地”（*ὁμωνύμως*）谓述它们；而范畴作为属，则“同名同义地”谓述位于其下的种直至个体。后来亚里士多德在“同名同义地”和“同名异义地”之外，进一步提出“类比地”（*κατ’ ἀναλογίαν*）这一观点，明确指出，“是（者）”的最高统一性乃是类比的统一性，而类比的统一性是最高的统一性。例如，

出《形而上学》中的几个段落来阐明这一点，同时表明对“是”（das Sein）的多重含义的各种区分如何全都能够隶属在该名称的四种含义这一首要的区分之下；然后我们再对它们中的每一个进行特殊的思考。

《形而上学》第五卷第 6 章，1016b. 31：此外，一些东西在“数目”上是“一”，一些东西在“种”上是“一”，一些东西在“属”上是“一”，一些东西在“类比”上是“一”。那些在“数目”上是“一”的，其质料是“一”；那些在“种”上是“一”的，其定义是“一”；那些在“属”上是“一”的，指的是同一范畴形态适用它们；那些在“类比”上是“一”的，指的是具有如比例相同的那样的关系。后面的情形总是跟随着前面的情形。例如：凡在“数目”上是“一”的，在“种”上也是“一”；但在“种”上是“一”的，并不全都在“数目”上是“一”。凡在“种”上是“一”的，在“属”上也全都是“一”；但在“属”上是“一”的，并不全都在“种”上是“一”，而是在“类比”上是“一”。凡在“类比”上是一的，并不全都在“属”上是一。（*ἔτι δὲ τὰ μὲν κατ' ἀριθμόν ἐστιν ἕν, τὰ δὲ κατ' εἶδος, τὰ δὲ κατὰ γένος, τὰ δὲ κατ' ἀναλογίαν, ἀριθμῷ μὲν ὧν ἡ ὕλη μία, εἴδει δ' ὧν ὁ λόγος εἷς, γένει δ' ὧν τὸ αὐτὸ σχῆμα τῆς κατηγορίας, κατ' ἀναλογίαν δὲ ὅσα ἔχει ὡς ἄλλο πρὸς ἄλλο. ἀεὶ δὲ τὰ ὕστερα τοῖς ἔμπροσθεν ἀκολουθεῖ, οἷον ὅσα ἀριθμῷ καὶ εἴδει ἕν, ὅσα δ' εἴδει οὐ πάντα ἀριθμῷ. ἀλλὰ γένει πάντα ἓν ὅσαπερ καὶ εἴδει, ὅσα δὲ γένει οὐ πάντα εἴδει ἀλλ' ἀναλογίᾳ· ὅσα δὲ ἀνολογίᾳ οὐ πάντα γένει.*）——译者

④ 《范畴篇》第 1 章，1a. 1—6：所谓同名异义者，指仅仅其名称是共同的，但与名称相应的“逻各斯—所是”是不同的，例如人和肖像都可以是“动物”。因为仅仅它们的名称是共同的，但与名称相应的“逻各斯—所是”是不同的。因为如果谁要规定对于它们中的每一个而言“是动物”指的是什么，那他就要给出两者中的每一个自己的逻各斯。（*ὁμώνυμα λέγεται ὧν ὄνομα μόνον κοινόν, ὁ δὲ κατὰ τοὔνομα λόγος τῆς οὐσίας ἕτερος, οἷον ζῷον ὅ τε ἄνθρωπος καὶ τὸ γεγραμμένον· τούτων γὰρ ὄνομα μόνον κοινόν, ὁ δὲ κατὰ τοὔνομα λόγος τῆς οὐσίας ἕτερος. ἐὰν γὰρ ἀποδιδῷ τις τί ἐστιν αὐτῶν ἑκατέρῳ τὸ ζῴῳ εἶναι, ἴδιον ἑκατέρου λόγον ἀποδώσει.*）——译者

第　一　章

“是者”（das Seiende）是一种同名异义者（ὁμώνυμον）。它的含义的多重性隶属于以下四重区分：“依偶然而来的是者”（ὂν κατὰ συμβεβηκός），“在真之含义上的是者”（ὂν ὡς ἀληθές），“诸范畴中的是者”（ὂν der Kategorien），以及“在潜能和现实上的是者”（ὂν δυνάμει καὶ ἐνεργείᾳ）

“是者被以多重方式加以言说”（τὸ δὲ ὂν λέγεται μὲν πολλαχῶς）[1]，亚里士多德在其《形而上学》第四卷的开始就这样说道[2]，并且在

---

① “是者被以多重方式加以言说”（也可以意译为“是者具有多重含义”）这一表达，亚里士多德通常写作“τὸ ὂν λέγεται πολλαχῶς”，但他在一些地方也写作“τὸ εἶναι πολλαχῶς”、“πολλαχῶς τὸ εἶναι”、“τὸ εἶναι πλεοναχῶς λέγεται”，即将 τὸ ὂν 变为 τὸ εἶναι。根据我们的区分，在这些地方就应翻译为“‘是’被以多重方式加以言说”或“‘是’具有多重含义”。例如：

τὸ γὰρ ἓν καὶ τὸ εἶναι ἐπεὶ πλεοναχῶς λέγεται.（“一”和“是”被以多重方式加以言说。《论灵魂》412b. 8。）

ἀλλ᾽ ἐπεὶ πολλαχῶς τὸ εἶναι.（“是”具有多重含义。《物理学》206a. 21。）

ἔτι τὸ εἶναι πλεοναχῶς λέγεται.（“是”被以多重方式加以言说。《物理学》206a. 29。）

ἐπεὶ δὲ τὸ εἶναι πολλαχῶς, πρῶτον μὲν τὸ ὑποκείμενον πρότερον, διὸ ἡ οὐσία πρότερον.（“是”具有多重含义，载体是在先的，故“所是”是在先的。《形而上学》1019a. 4。）——译者

② 《形而上学》第四卷第 2 章，1003a. 33。——作者

该书第六卷和第七卷重复了这一点[①]，在其他地方更是多次重复这一点。在这些地方他列举了许多概念，这些概念中的每一个都以各自不同的方式被称作某种“是者”（ein Seiendes）。他在《形而上学》第四卷第2章（1003b. 6）中说：“一些被称作是者，因为它们是‘所是’[②]；另一些则因为是‘所是’之属性；还有一些则因

① 《形而上学》第六卷第2章，1026a. 33：但是，既然“是者”这一单纯加以表达的东西，被以多重方式加以言说……。（*ἀλλ' ἐπεὶ τὸ ὂν τὸ ἁπλῶς λεγόμενον λέγεται πολλαχῶς κ. τ. λ.*）《形而上学》第七卷第1章，1028a. 10：“是者”被以多重方式加以言说。（*τὸ ὂν λέγεται πολλαχῶς.*）——作者

② 我们将 *οὐσία* 翻译为“所是”，而不取通常的“实体”这一译法。*οὐσία* 是亚里士多德哲学中极其重要的概念，也是极难翻译的一个术语。拉丁文的对应翻译主要有两种，即 substantia 和 essentia，这极大地影响了后来不同西语的翻译（如英文对应的翻译相应就有 substance 和 essence 两种，德文则有 die Substanz 和 die Wesenheit/das Wesen）。就德文的翻译来说，除了最常见的 die Substanz 和 die Wesenheit/das Wesen 这两个选择外，还有 das Selbstständige，das reelle（das reelle Seyn），das Sein 等。

例如，布伦塔诺这儿所引的《形而上学》第四卷第2章（1003b. 6）中的这句话“*τὰ μὲν γὰρ ὅτι οὐσίαι, ὄντα λέγεται, τὰ δ' ὅτι πάθη οὐσίας, τὰ δ' ὅτι ὁδὸς εἰς οὐσίαν.*”（一些被称作是者，因为它们是“所是”；另一些则因为是“所是”之情状；还有一些则因为是通往“所是”的道路。），不同的德文译本对 *οὐσία* 一词有不同的翻译：

（1）亨斯腾贝格（Hengstenberg）的译文：denn das eine wird seiendes genannt weil es *Wesenheit*, anderes weil es Affection *der Wesenheit*, anderes weil es der Weg zur *Wesenheit* ist.（*Aristoteles' Metaphysik*, Bonn, 1824.）

（2）施韦格勒（Schwegler）的译文：Das Eine wird ein Seyendes genannt, weil es *ein fürsichseyendes Reelles* ist, Anderes, weil es Qualität *eines Reellen*, Andertes weil es Übergang zum *rellen Seyen*.（*Die Metaphysik des Aristoteles*, Tübingen, 1847.）

（3）基希曼（Kirchmann）的译文：Denn Manches wird so genannt, weil es *ein Selbstständigen* ist；Anderes, weil es ein Zustand des Selbstständigen ist；Anderes, weil es der Weg zu *dem Selbstständigen* ist.（*Die Metaphysik des Aristoteles*, Berlin, 1871.）

（4）博尼茨（Bonitz）的译文：Denn einiges wird als seiend bezeichnet, weil es *Wesenheit*（ousia）, anderes, weil es Affection *der Wesenheit*, anderes, weil es der Weg

为是通往‘所是’的道路，或者是‘所是’的毁灭，或者是‘所是’上的形式之缺失，或者是‘所是’的性质，或者因为它创造和产生了‘所是’或某种相关于‘所是’而被说的东西，或者因为它是对这类东西或‘所是’自身的否定。因此，我们也说‘不是者’是‘不是者’。”① 这里所列举的各种不同的“是者”能够

zur *Wesenheit*.（*Aristoteles' Metaphysik*, Rowohlt, 1966.）这一翻译后来又被修订为：Denn einiges wird als seined bezeichnet, weil es *Wesen (Substanzen)*, anderes, weil es Eigenschaften *eines Wesens* sind, anderes, weil es der Weg zu *einem Wesen*.（*Aristoteles' Metaphysik*, Felix Meiner, 1989.）

而《形而上学》第十二卷第1章（1069a. 20）开篇那句话“*περὶ τῆς οὐσίας ἡ θεωρία· τῶν γὰρ οὐσιῶν αἱ ἀρχαὶ καὶ τὰ αἴτια ζητοῦνται.*”（研究是关乎“所是”的；因为要寻找的是“所是”的诸本源和原因。），不同译者的处理也不同：

（1）亨斯腾贝格（Hengstenberg）的译文：*Die Wesenheit* ist der Gegenstand unsrer Betrachtung, und die Principe und die Ursachen *der Wesenheiten* müssen wir aussuchen.（*Aristoteles' Metaphysik*, Bonn, 1824.）

（2）施韦格勒（Schwegler）的译文：*Die Einzelsubstanz* ist Gegenstand unserer Betrachtung: die Prinzipe und letzten Gründe *der Einzelsubstanzen* sind wir im Begriff aufzusuchen.（*Die Metaphysik des Aristoteles*, Tübingen, 1847.）

（3）基希曼（Kirchmann）的译文：Unsere Untersuchung geht auf *das Selbstständig-Seiende*；von diesem sollen di Anfänge und Ursachen erfoscht warden.（*Die Metaphysik des Aristoteles*, Berlin, 1871.）

（4）博尼茨（Bonitz）的译文：*Die Wesenheit* ist der Gegenstand unserer Betrachtung；denn *der Wesenheiten* Prinzipien und Ursachen werden gesucht.（*Aristoteles' Metaphysik*, Rowohlt, 1966.）这一翻译后来又被修订为：*Das Wesen* ist der Gegenstand unserer Betrachtung；denn die Prinzipien und Ursachen *des Wesen* werden gesucht.（*Aristoteles' Metaphysik*, Felix Meiner, 1989.）

（5）伽达默尔（Gadamer）则径直将之译为：Über *das Sein* geht die Untersuchung. Denn es sind die Ursprünge und Ursachen all dessen, was Sein ist, was gesucht wird.（*Aristoteles' Metaphysik XII,* Vittorio Klostermann, 1976.）——译者

① 《形而上学》第四卷第2章，1003b. 6：一些被称作是者，因为它们是“所是”；另一些则因为是“所是”之情状；还有一些则因为是通往“所是”的道

归为四类：（1）在理解之外不具任何存在（Existenz）的“是者”（ein Seiendes）（*στερήσεις*［缺失］，*ἀποφάσεις*［否定］）；（2）运动、生成和毁灭之“是”（das Sein）（*ὁδὸς εἰς οὐσίαν*［通往“所是”的道路］，*φθορά*［毁灭］），因为尽管它们是外在于心灵的，但它们不具有任何完成了和实现了的存在（参见《物理学》第三卷第1章，201a. 9[①]）；（3）具有某种完成了但又非独立的存在的“是者”（ein Seiendes）（*πάθη οὐσίας*［“所是”之情状］，*ποιότητες*［性质］，*ποιητικά*［能够进行创造的东西］，*γεννητικά*［能够进行生成的东西］）；（4）“所是”（*οὐσία*）之“是”（das Sein）。对于那些以不同方式归于“是者”这个名称之下的概念，《形而上学》第六卷第2章（1026a. 33）给出了另外一种列举。在那儿[②]，一种“是者”被称作“依偶然而来的是者”（*ὂν κατὰ συμβεβηκός*），另一种“是者”

路：或者是“所是”的毁灭，或者是“所是”的缺失，或者是“所是”的质，或者是“所是”的创造力，或者是“所是”的生成力，或者是相对于“所是”而被说的东西，或者是对这类东西或“所是”的否定。因此，我们也说“不是者”是“不是者”。*τὰ μὲν γὰρ ὅτι οὐσίαι, ὄντα λέγεται, τὰ δ' ὅτι πάθη οὐσίας, τὰ δ' ὅτι ὁδὸς εἰς οὐσίαν ἢ φθοραὶ ἢ στερήσεις ἢ ποιότητες ἢ ποιητικὰ ἢ γεννητικὰ οὐσίας ἢ τῶν πρὸς τὴν οὐσίαν λεγομένων, ἢ τούτων τινὸς ἀποφάσεις ἢ οὐσίας. διὸ καὶ τὸ μὴ ὂν εἶναι μὴ ὄν φαμεν.* ——作者

① 《物理学》第三卷第1章，201a. 9：因此，有多少种“是者”，就有多少种运动和变化。（*ὥστε κινήσεως καὶ μεταβολῆς ἔστιν εἴδη τοσαῦτα ὅσα τοῦ ὄντος.*）——译者

② 《形而上学》第六卷第2章，1026a. 34：一种［即在诸是者中］是“依偶然而来的是者”；另一种是“真之意义上的是者”，以及“假之意义上的不是者”；此外是范畴之诸样式——如什么、质、量、地点、时间以及其他意指这种方式的东西；在上述这一切之外，还有“潜能和现实意义上的是者”。（*ἓν μὲν* ［sc. *τῶν ὄντων*］ *ἦν τὸ κατὰ συμβεβηκός, ἕτερον δὲ τὸ ὡς ἀληθές, καὶ τὸ μὴ ὂν ὡς τὸ ψεῦδος, παρὰ ταῦτα δ' ἐστὶ τὰ σχήματα τῆς κατηγορίας, οἷον τὸ μὲν τί, τὸ δὲ ποιόν, τὸ δὲ ποσόν, τὸ δὲ πού, τὸ δὲ ποτέ, καὶ εἴ τι ἄλλο σημαίνει τὸν τρόπον τοῦτον, ἔτι παρὰ ταῦτα πάντα τὸ δυνάμει καὶ ἐνεργείᾳ.*）——作者

是“在真之含义上的是者”（ὂν ὡς ἀληθές），其反面是“在假之含义上的不是者”（μὴ ὂν ὡς ψεῦδος）；此外，还有一种落入诸范畴中的“是者”；除了以上三种外，还有“潜能和现实上的（δυνάμει καὶ ἐνεργείᾳ）是者”。我们发现，这儿的划分也是四重，但同第四卷中的划分并不完全一致。同在第七卷开始处所给出的对“是者”的不同含义的编排也有一些不同。在那儿，一种“是者”被描述为“是什么”（τί ἐστι）和“这个”（τόδε τι），另一种“是者”被描述为“质”（ποιόν），第三种“是者”被描述为“量”（ποσόν），以及其他那些被称作与它们属于同一类型的东西[①]。这些东西都是各种类型的范畴，它们全都包含在第二种划分中的第三组中。因此，这一划分是对第二种划分中的第三组的进一步划分。事实上，这一划分在《形而上学》的“词典卷”（περὶ τῶν ποσαχῶς）[②]即第五卷第7章中——亚里士多德在这儿提到了它——得到进一步的解释，

① 《形而上学》第七卷第1章，1028a. 10：正如我们前面在词典卷中所说的，“是者”被以多重方式加以言说；因为它要么意指“是什么”即“这一个”，要么意指“质”，要么意指“量”，要么意指其他如此进行谓述的东西中的某一个。（τὸ ὂν λέγεται πολλαχῶς, καθάπερ διειλόμεθα πρότερον ἐν τοῖς περὶ τοῦ ποσαχῶς· σημαίνει γὰρ τὸ μὲν τί ἐστι καὶ τόδε τι, τὸ δὲ ποιὸν ἢ ποσὸν ἢ τῶν ἄλλων ἕκαστον τῶν οὕτω κατηγορουμένων.）——作者

② 《形而上学》第五卷（Δ 卷）一般被称为“词典卷”，在该卷中亚里士多德讨论了30个重要的哲学概念。根据第欧根尼·拉尔修在《名哲言行录》（Βίοι καὶ γνῶμαι τῶν ἐν φιλοσοφίᾳ εὐδοκιμησάτιων）中的记载，亚里士多德著有 Περὶ τῶν ποσαχῶς λεγομένων 一书，该书直译过来就是《论以多重方式被说的东西》或《论具有多重含义的东西》，一些学者认为这部书的部分内容后编入《形而上学》一书中。亚里士多德本人在《形而上学》一书也曾提及过该作品，如在第七卷第1章（1028a. 10）他说道：“正如我们前面在词典卷中所说的”（καθάπερ διειλόμεθα πρότερον ἐν τοῖς περὶ τοῦ ποσαχῶς）。——译者

并通过例子加以说明[①]；它是对“是者”首先且最全面的划分，与

① 《形而上学》第五卷第7章，1017a. 7。——作者

布伦塔诺认为《形而上学》第五卷第7章（1017a. 7）是亚里士多德对“是者”进行的首先且最为全面的划分，该处的原文如下：“是者”（τὸ ὄν）有的被称作“根据偶然而来的是者”，而有的则被称作“根据自身而来的是者”。（1）“根据偶然而来的是者”，如当我们说，“公正的人是懂音乐的”，“人是懂音乐的”，“懂音乐的是人”。[说“公正的人是懂音乐的”]近乎说“懂音乐的造房子”，因为“造房子的是懂音乐的”或“懂音乐的是造房子的”都是偶然发生的（因为在这儿，说“这个”是“那个”意指后者偶然地属于前者）。对于下面所说的这些也同样如此。我们说“人是懂音乐的”，“懂音乐的是人”，以及“白净的是懂音乐的”或“懂音乐的是白净的”，我们之所以这样说，在第三种情形下，那是因为两者都偶然地属于同一东西；反之，在第一种情形那儿，那是因为其中一个偶然地出现在另一个是着的东西身上；而我们说“懂音乐的是人”，那是因为“懂音乐”偶然属于人（因此，非白的东西也被称作是着，因为它偶然发生其上的东西是着）。根据偶然而被称作“是”（εἶναι）的东西就是这么多：或者由于两者属于同一个另外是着的东西，或者由于其中一个属于另一个是着的东西，或者由于其中一个自身就是它加以谓述的那个东西所属于的东西。（2）“根据自身而来的‘是’（εἶναι）”如范畴之样式所表示的那么多；能说出多少范畴，“是”（τὸ εἶναι）就有多少意指。在诸谓词中，有的意指“是什么”，有的意指“质”，有的意指“量”，有的意指“相对物”，有的意指“行动”或“遭受”，有的意指“地点”，有的意指“时间”；“是”就意指着它们当中的某一个。因为“人正在康复”和“人康复”之间并无区别，“人正在走”或“人正在切”同“人走”或“人切”之间也无区别，就其他的情形而言也同样如此。此外，（3）“是”（τὸ εἶναι）和“它是”（τὸ ἔστιν）意指着是真的，而“不是”（τὸ μὴ εἶναι）意指着不是真的而是假的，就肯定和否定而言同样如此。例如，“苏格拉底是懂音乐的”，这是真的；或者“苏格拉底不是白净的”，这也是真的。但是，“对角线不是可通约的”，意指“对角线是可通约的”是假的。此外，（4）在前述“是”（τὸ εἶναι）和“是者”（τὸ ὄν）中，有的意指“潜能上的是者”，有的意指“现实上的是者”。因为我们说“是在看”，既可以指潜能上的看，也可以指现实上的看；在知那儿也同样如此，既可以指能够使用知，也可以指正使用着知；静下来，既可以指静止已经存在着了，也可以指能够静下来；对于“所是”来说也同样如此，我们会说赫尔墨斯是在石头中，半条线是在线中，谷物还尚未成熟。至于何时是潜能的东西，何时不是潜能的东西，应在别处加以规定。（*τὸ ὂν λέγεται τὸ μὲν κατὰ συμβεβηκὸς τὸ δὲ καθ᾽ αὑτό, κατὰ συμβεβηκὸς μέν, οἷον τὸν δίκαιον μουσικὸν εἶναί*

之相比，《形而上学》第四卷第 2 章中所给出的，以及其他地方所给出的——如出现在《形而上学》第九卷第 10 章（1051a. 34）中的[①]，则较少普遍或较少完整，它们能够隶属于或包含于该划分之下。正如我们不久将证明的，在这儿关于“是者”（ὄν）的四种含

φαμεν καὶ τὸν ἄνθρωπον μουσικὸν καὶ τὸν μουσικὸν ἄνθρωπον, παραπλησίως λέγοντες ὡσπερεὶ τὸν μουσικὸν οἰκοδομεῖν ὅτι συμβέβηκε τῷ οἰκοδόμῳ μουσικῷ εἶναι ἢ τῷ μουσικῷ οἰκοδόμῳ (τὸ γὰρ τόδε εἶναι τόδε σημαίνει τὸ συμβεβηκέναι τῷδε τόδε), —οὕτω δὲ καὶ ἐπὶ τῶν εἰρημένων. τὸν γὰρ ἄνθρωπον ὅταν μουσικὸν λέγωμεν καὶ τὸν μουσικὸν ἄνθρωπον, ἢ τὸν λευκὸν μουσικὸν ἢ τοῦτον λευκόν, τὸ μὲν ὅτι ἄμφω τῷ αὐτῷ συμβεβήκασι, τὸ δ' ὅτι τῷ ὄντι συμβέβηκε, τὸ δὲ μουσικὸν ἄνθρωπον ὅτι τούτῳ τὸ μουσικὸν συμβέβηκεν (οὕτω δὲ λέγεται καὶ τὸ μὴ λευκὸν εἶναι, ὅτι ᾧ συμβέβηκεν, ἐκεῖνο ἔστιν). —τὰ μὲν οὖν κατὰ συμβεβηκὸς εἶναι λεγόμενα οὕτω λέγεται ἢ διότι τῷ αὐτῷ ὄντι ἄμφω ὑπάρχει, ἢ ὅτι ὄντι ἐκείνῳ ὑπάρχει, ἢ ὅτι αὐτὸ ἔστιν ᾧ ὑπάρχει οὗ αὐτὸ κατηγορεῖται. καθ' αὑτὰ δὲ εἶναι λέγεται ὅσαπερ σημαίνει τὰ σχήματα τῆς κατηγορίας. ὁσαχῶς γὰρ λέγεται, τοσαυταχῶς τὸ εἶναι σημαίνει. ἐπεὶ οὖν τῶν κατηγορουμένων τὰ μὲν τί ἐστι σημαίνει, τὰ δὲ ποιόν, τὰ δὲ ποσόν, τὰ δὲ πρός τι, τὰ δὲ ποιεῖν ἢ πάσχειν, τὰ δὲ πού, τὰ δὲ ποτέ, ἑκάστῳ τούτων τὸ εἶναι ταὐτὸ σημαίνει. οὐθὲν γὰρ διαφέρει τὸ ἄνθρωπος ὑγιαίνων ἐστὶν ἢ τὸ ἄνθρωπος ὑγιαίνει, οὐδὲ τὸ ἄνθρωπος βαδίζων ἐστὶν ἢ τέμνων τοῦ ἄνθρωπος βαδίζει ἢ τέμνει, ὁμοίως δὲ καὶ ἐπὶ τῶν ἄλλων. ἔτι τὸ εἶναι σημαίνει καὶ τὸ ἔστιν ὅτι ἀληθές, τὸ δὲ μὴ εἶναι ὅτι οὐκ ἀληθὲς ἀλλὰ ψεῦδος, ὁμοίως ἐπὶ καταφάσεως καὶ ἀποφάσεως, οἷον ὅτι ἔστι Σωκράτης μουσικός, ὅτι ἀληθὲς τοῦτο, ἢ ὅτι ἔστι Σωκράτης οὐ λευκός, ὅτι ἀληθές. τὸ δ' οὐκ ἔστιν ἡ διάμετρος σύμμετρος, ὅτι ψεῦδος. ἔτι τὸ εἶναι σημαίνει καὶ τὸ ὂν τὸ μὲν δυνάμει ῥητὸν τὸ δ' ἐντελεχείᾳ τῶν εἰρημένων τούτων. ὁρῶν τε γὰρ εἶναί φαμεν καὶ τὸ δυνάμει ὁρῶν καὶ τὸ ἐντελεχείᾳ, καὶ [τὸ] ἐπίστασθαι ὡσαύτως καὶ τὸ δυνάμενον χρῆσθαι τῇ ἐπιστήμῃ καὶ τὸ χρώμενον, καὶ ἠρεμοῦν καὶ ᾧ ἤδη ὑπάρχει ἠρεμία καὶ τὸ δυνάμενον ἠρεμεῖν. ὁμοίως δὲ καὶ ἐπὶ τῶν οὐσιῶν. καὶ γὰρ Ἑρμῆν ἐν τῷ λίθῳ φαμὲν εἶναι, καὶ τὸ ἥμισυ τῆς γραμμῆς, καὶ σῖτον τὸν μήπω ἁδρόν. πότε δὲ δυνατὸν καὶ πότε οὔπω, ἐν ἄλλοις διοριστέον. ）——译者

① 《形而上学》第九卷第 10 章，1051a. 34：“是者”和“不是者”或者是就范畴之诸样式来说的，或者是就诸范畴之潜能和现实及其反面来说的，但在最通常的意义上是就真的东西或假的东西来说的……。（ἐπεὶ δὲ τὸ ὂν λέγεται καὶ τὸ μὴ ὂν τὸ μὲν κατὰ τὰ σχήματα τῶν κατηγοριῶν, τὸ δὲ κατὰ δύναμιν ἢ ἐνέργειαν τούτων ἢ τἀναντία, τὸ δὲ κυριώτατα ὂν ἀληθὲς ἢ ψεῦδος, κ. τ. λ.）——作者

义中——我们首先将在第四卷中所举出的那些含义归在其下，第一种含义相应于第六卷所给出的划分中的第二种，第二种含义相应于第四种的一部分，而第三种和第四种含义一起位于第三种中。类似地，这也适用于《形而上学》第九卷第10章中和其他地方所提及的“是者”的种类。

因此，对“是者”的这最初的划分将为我们的论文提供指引。我们首先讨论“依偶然而来的是者”（ὂν κατὰ συμβεβηκός），其次讨论“在真之含义上的是者”（ὂν ὡς ἀληθές）和“在假之含义上的不是者”（μὴ ὂν ὡς ψεῦδος），然后讨论“在潜能和现实上的是者”（ὂν δυνάμει καὶ ἐνεργείᾳ），最后讨论诸范畴。亚里士多德在其《形而上学》中以相反的次序讨论了后两者。他必须首先让我们知道“所是”（οὐσία）及其形式和质料（《形而上学》第八卷），以便接下来讨论“潜能上的是者”（ὂν δυνάμει）和“现实上的（ἐνεργείᾳ）是者”（《形而上学》第九卷）。由于我们的论文并不要成为完整的是态学（Ontologie）[①]，故前面那种次序更好地与我们论文的目标相适合，并且会从它自身那儿为自己取得辩护。

---

① Ontologie在汉语中主要有“本体论”“万有论”“存在论（学）”“存有论”“是论”等译法，而我们将之译为“是态学”。该词来自拉丁文ontologia，而拉丁文ontologia乃是对ἡ περὶ τῶν ὄντων θεωρία这一希腊表达的概念化。亚里士多德指出，研究“是者作为是者”（τὸ ὂν ᾗ ὄν）乃是第一哲学（形而上学）的任务，这种探究后来被称为“关于诸是者的理论”（ἡ περὶ τῶν ὄντων θεωρία）。现在一般认为ontologia一词最早是由德国哲学家雅各布·洛哈德（Jacobus Lorhardus, 1561—1609）在《八艺》（*Ogdoas Scholastica*）一书中提出来的，他将它视为形而上学的同义词。在该书中，他讨论了八门学科：拉丁语法（Grammatices Latinae）、希腊语法（Grammatices Graecae）、逻辑学（Logices）、修辞学（Rhetorices）、天文学（Astronomices）、伦理学（Ethices）、物理学（Physices）、形而上学或是态学（Metaphysices, seu Ontolgia）。——译者

第　二　章

依偶然而来的“是者”（*ὂν κατὰ συμβεβηκός*, ens per accidens）

拉丁语已经找到了一个表达来描述“依偶然而来的是者”（*ὂν κατὰ συμβεβηκός*），那就是ens per accidens。但在我们的德语中——尽管它显示出它通常能够很好地模仿其他语言的各种形态，却难以找到一个正确、合适的相应表达。施韦格勒（Schwegler）[①] 在其亚里士多德《形而上学》的翻译中将“依偶然而来的”（*κατὰ συμβεβηκός*）翻译为“Beziehungsweise”[②]，在这一点上布兰迪斯和其他一些人也都追随了他[③]。诚然，“依偶然而来的是者”（*ὂν κατὰ συμβεβηκός*）有其“是”（Sein）乃是因为某种是者同它处在某种

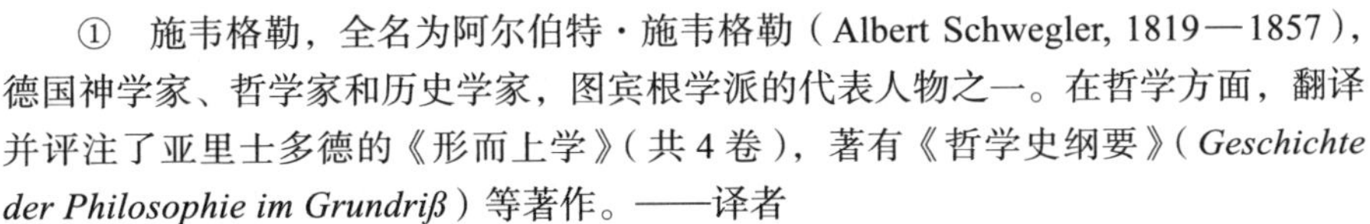

① 施韦格勒，全名为阿尔伯特·施韦格勒（Albert Schwegler, 1819—1857），德国神学家、哲学家和历史学家，图宾根学派的代表人物之一。在哲学方面，翻译并评注了亚里士多德的《形而上学》（共4卷），著有《哲学史纲要》（*Geschichte der Philosophie im Grundriß*）等著作。——译者

② 施韦格勒，《亚里士多德的形而上学》（*Metaph. d. Aristot.*），Ⅱ，第80页。——作者

③ 布兰迪斯，《希腊-罗马哲学》，Ⅱ，2. 1 第474页以下，他用“Beziehungsweise”代替“*ὂν κατὰ συμβεβηκός*”。——作者

关联中，但上面那个名称并未让其概念变得较为清楚。数字 6 是相对的大，因为它是 3 的两倍，但无人会说它“偶然地”（*κατὰ συμβεβηκός*）具有两倍这一性质。从根本上讲（*ἁπλῶς*）和总的说来，人比其他有生命的东西更高，尽管它们中的一些相对地比人更高，例如，一些在寿命上，一些在强壮、速度或感官的敏锐上，一些因为有人所不具有的翅膀或因为其他属于它们的特殊优势而超过人。这些优势依然产生自它们的本质而绝非“出于偶然”（*κατὰ συμβεβηκός*, per accidens），尽管它们也的确与某种东西相关（secundum quid）；这两者不能被视为一回事。因此，我宁愿选取施韦格勒后来所使用的表达“偶然的‘是’（das zufällige Sein）、偶然的东西（das Zufällige）”[①]，该表达必然会在一个较为狭窄的、以特别方式加以规定了的意义上被把握。因为“依偶然而来的是者”（*ὂν κατὰ συμβεβηκός*）不同于“依自身而来的是者”（*ὂν καθ' αὑτό*）；后者因它自身的某种“本质”（Wesenheit）而是着，前者则因某种偶然地与之相结合的东西的“是”（Sein）而是着。“依自身而来的是者”（*ὂν καθ' αὑτό*）[②] 就是“作为自身的是者”（*ᾗ αὐτό*, 参见《后分析篇》第一卷第 4 章，73b. 28[③]），而“依偶然而来的是者”（*ὂν κατὰ συμβεβηκός*）不是因为具有它自己的某种“是”（Sein）

① 施韦格勒，《亚里士多德的形而上学》，Ⅱ，第 104 页以下。——作者

② “依自身而来的是者”（*ὂν καθ' αὑτό*），也可以译为“在其自身的是者”。——译者

③ 《后分析篇》第一卷第 4 章，73b. 28：“依自身而来”与“作为自身”是同一回事，例如，点和直属于依自身而来的线（因为它们属于作为线的线），两直角属于作为三角形的三角形（因为三角形依自身就等于两直角）。（*τὸ καθ' αὑτὸ δὲ καὶ ᾗ αὐτὸ ταὐτόν, οἷον καθ' αὑτὴν τῇ γραμμῇ ὑπάρχει στιγμὴ καὶ τὸ εὐθύ (καὶ γὰρ ᾗ γραμμή), καὶ τῷ τριγώνῳ ᾗ τρίγωνον δύο ὀρθαί (καὶ γὰρ καθ' αὑτὸ τὸ τρίγωνον δύο ὀρθαῖς ἴσον).*）——译者

而是着，相反，它是着，那是因为另外的东西是着，该东西偶然地同它相结合[①]。所有这些不久将变得更为清楚。由于缺乏适合的德语表达，我宁愿使用希腊语的描述本身。

正如亚里士多德在《形而上学》第十一卷中所说，“依偶然而来的是者”（ὂν κατὰ συμβεβηκός）不会先于“在其自身的是者”（die an sich Seienden）[②]，甚至就认识而言“依自身而来的是者”（ὂν καθ' αὑτό）也是在先的东西[③]，因此，有必要首先对这一领域中的东西做一番哪怕是简约的考察。在事物中，一些是“所是”并且具有独立的“是”（Sein）[④]，例如一棵树、一个人，等等；而另一些则缺乏独立的“是”，它们仅仅存在于“所是”当中和依赖“所是”而存在，它们被称作偶性[⑤]，如存在于身体中的白色，等等。事实上，在某一“所是”中不仅仅存在着一种偶性，而且存在着许多各种各样的偶性。所有这些偶性既能真实地谓述“所是”，也能彼此互相谓述，正如我们会说：“身体是白色的”，“白色是漂亮的”，等等。因为就载体而言——即使不是就本质而言，它们在事物中

---

① 《形而上学》第五卷第30章，1025a. 28：偶然的东西产生或是着，不是作为自身，而是作为另外的东西。（γέγονε μὲν δὴ ἢ ἔστι τὸ συμβεβηκός, ἀλλ' οὐχ ᾗ αὐτὸ ἀλλ' ᾗ ἕτερον.）——作者

② 《形而上学》第十一卷第8章，1065b. 2：没有任何依偶然而来的东西先于依自身而来的东西。（οὐθὲν κατὰ συμβεβηκὸς πρότερον τῶν καθ' αὑτό.）——作者

③ 人们能够从《形而上学》第五卷第11章（1018b. 34）中推断出这一点：就逻各斯来说，偶然的东西先于整体，例如文艺先于懂文艺的人。因为如果没有部分，逻各斯将不是一个整体。（καὶ κατὰ τὸν λόγον δὲ τὸ συμβεβηκὸς τοῦ ὅλου πρότερον, οἷον τὸ μουσικὸν τοῦ μουσικοῦ ἀνθρώπου · οὐ γὰρ ἔσται ὁ λόγος ὅλος ἄνευ τοῦ μέρους.）——作者

④ 《范畴篇》第5章，3a. 7。——作者

⑤ 《后分析篇》第一卷第22章，83a. 25。——作者

是“一”，而既然“是者”（das Seiende）和“一”（das Eine）是同一的[①]，由此就意味着，“一”是不同的东西；并不总是以同样的方式，而是有时“依自身”（*καθ' αὑτό*），有时也“依偶然”（*κατὰ συμβεβηκός*），后者就是我们现在就必须得加以探究的亚里士多德的“依偶然而来的是者”（*ὂν κατὰ συμβεβηκός*）。

在一物被发现同他物相结合的地方，一物同他物的结合要么是必然、普遍的结合——即使在少数情形中受到阻碍，要么仅仅是一种偶然的结合[②]。依照亚里士多德所举的例子[③]，三角形所具有的三内角等于两直角这一属性就处在第一种方式中，因为它是必然的并被发现在每一三角形中。同样，下面这一点也属于人，那

① 《形而上学》第四卷第 2 章，1003b. 22：如果“是者”和“一”之所以是同一的和是一种本性，乃是因为它们如本源和原因那样彼此相随，而不是如通过单一的逻各斯而得到揭示……因为一个人和人，是人和人乃同一回事；一个人和是一个人这一双重说法所表达的是同一回事……由此“一”的种类有多少，“是者”的种类也就有多少。（*εἰ δὴ τὸ ὂν καὶ τὸ ἓν ταὐτὸν καὶ μία φύσις τῷ ἀκολουθεῖν ἀλλήλοις ὥσπερ ἀρχὴ καὶ αἴτιον, ἀλλ' οὐχ ὡς ἑνὶ λόγῳ δηλούμενα...ταὐτὸ γὰρ εἷς ἄνθρωπος καὶ ἄνθρωπος, καὶ ὢν ἄνθρωπος καὶ ἄνθρωπος, καὶ οὐχ ἕτερόν τι δηλοῖ κατὰ τὴν λέξιν ἐπαναδιπλούμενον τὸ εἷς ἄνθρωπος καὶ εἷς ὢν ἄνθρωπος...ὥσθ' ὅσα περ τοῦ ἑνὸς εἴδη, τοσαῦτα καὶ τοῦ ὄντος ἐστίν.*）参见《形而上学》第七卷第 4 章，1030b. 10；第十一卷第 3 章，1061a. 17。——作者

② 《形而上学》第五卷第 30 章，1025a. 14：所谓偶性，指一个东西属于某物并真实地述说它，但既非出自必然，也非经常发生；例如……。（*συμβεβηκὸς λέγεται ὃ ὑπάρχει μέν τινι καὶ ἀληθὲς εἰπεῖν, οὐ μέντοι οὔτ' ἐξ ἀνάγκης οὔτε ἐπὶ τὸ πολύ, οἷον...*）1025a. 30. 偶性还在另外的意义上被讲，例如，那依其自身属于每个但却不位于其“所是”中的，如三角形的三内角等于两直角属于三角形。这类偶性能够是永恒的，而前面那类偶性则不能。（*λέγεται δὲ καὶ ἄλλως συμβεβηκός, οἷον ὅσα ὑπάρχει ἑκάστῳ καθ' αὑτὸ μὴ ἐν τῇ οὐσίᾳ ὄντα, οἷον τῷ τριγώνῳ τὸ δύο ὀρθὰς ἔχειν. καὶ ταῦτα μὲν ἐνδέχεται ἀΐδια εἶναι, ἐκείνων δὲ οὐδέν.*）——作者

③ 《形而上学》第五卷第 30 章，1025a. 14。——作者

就是他能够笑，因为这独特地是他的本性；作为人他具有笑的能力，如果他在少数情形下不具有它，那么，某种肌肉麻痹、身体残障或别的什么导致了这种异常的原因要对此负责。因此，在这儿也有着一种密切的关联，它近似于在定义中属和种差之间所表现出来的情形，只不过在这儿一个并不位于另一个的"所是"中（*μὴ ἐν τῇ οὐσίᾳ ὄντα*）；但在不少地方它于定义中代替未知的种差[①]，并有助于对后者的发现[②]。《论题篇》中的"固有属性"（*ἴδιον*）[③]就以这种方式同某种本质相结合，但不仅仅如此；因为固有属性作为固有属性仅仅属于某一物并能够在谓述中同它换位[④]，因此，属概念的固有属性不是种的固有属性，等等——尽管它如我们在这儿所说的依自身（*καθ' αὑτό*）那样，依自身地（*καθ' αὑτό*）内在于种。

但我们刚刚加以思考过的那些特殊情形——在那儿某物并不总是而是仅仅在大多数情况下属于另一物，表明在事物中还有着一种另外的结合方式[⑤]。三叶草在大多数情况下是三叶的，但并

① 参见后面第五章，§9，最后一个注。——作者

② 参见《后分析篇》第二卷第13章，96b. 19。——作者

③ *ἴδιον*，也译为"特性"。——译者

④ 《论题篇》第一卷第5章，102a. 18。——作者

⑤ 《形而上学》第六卷第2章，1027a. 8：因此，既然并非所有的东西都出于必然和总是而是着或生成，而是大多数东西经常如此，故必然有依偶然而来的是者。（*ὥστ' ἐπεὶ οὐ πάντα ἐστὶν ἐξ ἀνάγκης καὶ ἀεὶ ἢ ὄντα ἢ γιγνόμενα, ἀλλὰ τὰ πλεῖστα ὡς ἐπὶ τὸ πολύ, ἀνάγκη εἶναι τὸ κατὰ συμβεβηκὸς ὄν.*）就在前面1026b. 27他也说道：在诸是者中，一些总是且必然如此，不是出于强制下的必然，而是说不可能是别的情形；一些则既不出于必然，也不总是而是经常如此，这就是偶然的东西是着的本源和原因。（*ἐπεὶ οὖν ἐστὶν ἐν τοῖς οὖσι τὰ μὲν ἀεὶ ὡσαύτως ἔχοντα καὶ ἐξ ἀνάγκης, οὐ τῆς κατὰ τὸ βίαιον λεγομένης ἀλλ' ἣν λέγομεν τῷ μὴ ἐνδέχεσθαι ἄλλως, τὰ δ' ἐξ ἀνάγκης μὲν οὐκ ἔστιν οὐδ' ἀεί, ὡς δ' ἐπὶ τὸ πολύ, αὕτη ἀρχὴ καὶ αὕτη αἰτία ἐστὶ τοῦ εἶναι τὸ συμβεβηκός.*）——作者

非总是如此；因此，如果在少数情况下它有某种不同数目的叶片，那么，在此的结合就是偶然的结合。三叶草“偶然地”（*κατὰ συμβεβηκός*）而非“依自身地”（*καθ' αὑτό*）是四叶的。对于重的物体来说，向上运动同样是偶然的。向上运动“偶然地”（*κατὰ συμβεβηκός*）属于重物。一个人想航行去雅典，而风暴将他带到了埃伊纳岛（Aegina）[①]。前往雅典的意图和到达埃伊纳岛彼此都是偶然的。因此，如果一个文法学家精通音乐，那么，这对于他来说是偶然的；因为正如在大多数情况下会发生的，他即使不是懂音乐的，他依然能够是同样好的文法学家。两者没有丝毫内在的、本质的关联，一种属性并不伴随着另一种，它们也不出于某一共同的原因，一个只是“偶然地”（*κατὰ συμβεβηκός*）具有另一个。因此，亚里士多德在《形而上学》第十一卷中以下面这种方式规定“偶然的东西”（das *συμβεβηκός*）：“那既不总是和必然地，也不经常发生的东西，就是偶然的。”在第六卷第 2 章中他同样说道：“那既不总是也不经常是着的东西，我们称之为偶然的。”[②] 并在这

① 埃伊纳岛（Aegina），雅典西南爱琴海上的一座岛屿，古代著名的商业中心。——译者

② 《形而上学》第十一卷第 8 章，1065a. 1：那既不总是和必然地、也不经常发生的东西，就是偶然的东西。（*ἔστι δὴ τὸ συμβεβηκὸς ὃ γίγνεται μέν, οὐκ ἀεὶ δ' οὐδ' ἐξ ἀνάγκης οὐδ' ὡς ἐπὶ τὸ πολύ.*）《形而上学》第六卷第 2 章，1026b. 31：那既不总是也不经常是着的东西，我们称之为是偶然的。例如，在盛夏出现了严冬和寒冷，我们说这是偶然发生的，但潮闷和炎热则不是；因为后者总是或经常出现在夏天，但前者则不是。人是白的，这是偶然出现的（因为既不总是，也不经常），但人是动物则不是偶然的。一位建筑师治好了病，这是偶然的，因为就本性而言不是建筑师而是医生做这件事，而这位建筑师碰巧是医生……。（*ὃ γὰρ ἂν ᾖ μήτ' ἀεὶ μήθ' ὡς ἐπὶ τὸ πολύ, τοῦτό φαμεν συμβεβηκὸς εἶναι. οἷον ἐπὶ κυνὶ ἂν χειμὼν γένηται καὶ ψῦχος, τοῦτο συμβῆναί φαμεν, ἀλλ' οὐκ ἂν πνῖγος καὶ ἀλέα, ὅτι τὸ μὲν ἀεὶ ἢ ὡς ἐπὶ τὸ πολὺ τὸ δ' οὔ. καὶ*

里举了许多例子来加以说明。同样，在第五卷第30章他说道：“所谓偶性，指一个东西属于某物并真实地述说它，但既非出自必然，也非经常发生。”[①]

现在必须得回答究竟什么是“依偶然而来的是者”（ὂν κατὰ συμβεβηκός）。如我们曾说的，一片三叶草是四叶的，这是“偶然”（κατὰ συμβεβηκός）发生的。在这儿四叶之“是”（das Sein）是一种“依偶然而来的‘是’”（ὂν κατὰ συμβεβηκός）吗？不是！四叶作为四叶有它本己的“是”（Sein），没有该“是”它就不可能是它所是的；但是，三叶草就它具有四叶之“是”（das Sein）而言，它是一种“依偶然而来的是者”（ὂν κατὰ συμβεβηκός）。音乐家作为音乐家因他自身的某种本己的“是”（Sein）而是着，他是一种“依自身而来的是者”（ὂν καθ᾽ αὑτό）；但如果文法学家因音乐家的这种“是”（Sein）而是着，那么，就此而言他仅仅是一种“依偶然而来的是者”（ὂν κατὰ συμβεβηκός）。进行挤压的是者之“是”（das Sein）——它作为进行挤压的是者，是挤压；挤压因某种东西进行挤压而是着。有生命的是者之“是”（das Sein）——它作为有生命的是者，是有生命；它因活着而是它所是的。现在，如果一个动物站在或躺在一个物体上而对之施加了某种挤压，那么，不仅进行挤压的是者实施了挤压以及动物活着是真的，而且下面这些也是真的，那就是：动物在进行挤压，并且就此而言它是着；进

τὸν ἄνθρωπον λευκὸν εἶναι συμβέβηκεν (οὔτε γὰρ ἀεὶ οὔθ᾽ ὡς ἐπὶ τὸ πολύ), ζῷον δ᾽ οὐ κατὰ συμβεβηκός. καὶ τὸ ὑγιάζειν δὲ τὸν οἰκοδόμον συμβεβηκός, ὅτι οὐ πέφυκε τοῦτο ποιεῖν οἰκοδόμος ἀλλὰ ἰατρός, ἀλλὰ συνέβη ἰατρὸν εἶναι τὸν οἰκοδόμον κ. τ. λ.）——作者

① 见前，第24页，注2。——作者

行挤压的是者活着，并且就此而言它是着。进行挤压的是者并非因它作为进行挤压者的本己的“是”（Sein）而活着，因此如果我们说：进行挤压的是者是着，那么，我们的意思并不是它因活着而有那种“是”（Sein），而是因为它进行挤压而有那种“是”；或者，如果我们意指第一种情形，那么，我们将已经把进行挤压的是者描述为一种“依偶然而来的是者”（ein Seiendes per accidens），即描述为一种 *ὂν κατὰ συμβεβηκός*。

亚里士多德在《形而上学》第五卷第 7 章用来进行说明而举的那些例子，尤其能解释“依偶然而来的是者”（*ὂν κατὰ συμβεβηκός*）；在那儿他说道：“某个东西被称作偶然地（*κατὰ συμβεβηκός*）是着，如当我们说，公正的人是懂音乐的，人是懂音乐的，音乐家是一个人，这就好比在说，音乐家造房子，因为建筑师是懂音乐的或音乐家是建筑师都是偶然发生的。因为这儿的这个是那个，说的就是后者偶然地属于前者。这同样适用于下面所说的那些事物。”[①] 他举了一个例子，特别地用来说明属于“依偶然而来的是者”（*ὂν κατὰ συμβεβηκός*）之存在（Existenz）的那种完全非本己的方式。他说，各种否定的东西，如非白的东西，偶然地（*κατὰ*

① 《形而上学》第五卷第 7 章，1017a. 8：根据偶然而来的“是者”，如当我们说，“公正的人是懂音乐的”，“人是懂音乐的”，“懂音乐的是人”。[说“公正的人是懂音乐的”] 近乎说“懂音乐的造房子”，因为“造房子的是懂音乐的”或“懂音乐的是造房子的”都是偶然发生的。因为在这儿，说“这个”是“那个”意指后者偶然地属于前者。对于下面所说的这些也同样如此。（*κατὰ συμβεβηκὸς μέν* [*λέγεται τὸ ὄν*], *οἷον τὸν δίκαιον μουσικὸν εἶναί φαμεν καὶ τὸν ἄνθρωπον μουσικὸν καὶ τὸν μουσικὸν ἄνθρωπον, παραπλησίως λέγοντες ὡσπερεὶ τὸν μουσικὸν οἰκοδομεῖν ὅτι συμβέβηκε τῷ οἰκοδόμῳ μουσικῷ εἶναι ἢ τῷ μουσικῷ οἰκοδόμῳ· τὸ γὰρ τόδε εἶναι τόδε σημαίνει τὸ συμβεβηκέναι τῷδε τόδε. οὕτω δὲ καὶ ἐπὶ τῶν εἰρημένων.*）——作者

συμβεβηκός）存在着，因为它们偶然地发生其间的东西存在着[①]。否定作为否定，当然不具有它自身的真实存在，但是，如果一个人是黑的，那么我们就能够说，黑的东西活着并作为人而存在；基于同样的理由我也能够说，非白的东西存在，不是作为非白的东西，而是作为人。

在第六卷中所说的与此一致，在那儿他说道，“依偶然而来的是者”（ὂν κατὰ συμβεβηκός）围绕着是者的其他的属，因此，无论它还是作为系词的“是”（das Sein der Copula），都并不会表示外在于心灵的是者的某种独特的本性[②]。并且前面已经提及的那一点现在也变得清楚了，那就是：任何“依偶然而来的是者”（κατὰ συμβεβηκός Seiendes）都不会先于“在其自身的是者”（das an sich Seiende）。此外，人们也能看出，为何不能说“依偶然而来的是者”（ὂν κατὰ συμβεβηκός）有着某种真实的原因，如《形而上学》第六卷第2章所说：“对于其他的是者有确定的导致它们的能力；但对于这种是者，则没有任何导致它们的确定的技艺和确定的能力；因为那偶然地（κατὰ συμβεβηκός）是着或生成的东西，也只能有着某种偶然的（κατὰ συμβεβηκός）原因。”[③] 在同一章

① 《形而上学》第五卷第7章，1017a. 18：因此，非白的东西也被称作是着，因为它偶然发生其上的东西是着。（οὕτω δὲ λέγεται καὶ τὸ μὴ λευκὸν εἶναι, ὅτι ᾧ συμβέβηκεν ἐκεῖνο, ἔστιν.）关于标点，参见施韦格勒的《亚里士多德的形而上学》，Ⅲ，第212页。——作者

② 《形而上学》第六卷第4章，1028a. 1：两者都与是者的剩下的属相关，它们都不表明是者还有某种本性在外面独立地是着。（καὶ ἀμφότερα περὶ τὸ λοιπὸν γένος τοῦ ὄντος, καὶ οὐκ ἔξω δηλοῦσιν οὖσάν τινα φύσιν τοῦ ὄντος.）——作者

③ 《形而上学》第六卷第4章，1027a. 5：因为对于另外的东西有时候能找到导致它们的能力，但对于这些东西则找不到任何能够导致它们的确定的技艺和能

前面不远处他也说道：“在那些以另外的方式是着的东西中，有生成和毁灭；但在那些偶然地是着的东西中，则没有。”[①] 当然！懂音乐的建筑师并不如能够笑的人所具有的那样有着一种来源。建筑师通过某一来源而生成出来，音乐家通过某一另外的来源而生成出来，但没有任何的来源能够让建筑师是懂音乐的。人们能够很容易发现在这儿诡辩术有着很多的机会来玩它的欺骗游戏，因为正如亚里士多德所注意到的：“智者们的推论主要在依偶然而来的是者（*ὂν κατὰ συμβεβηκός*）那儿打转。”[②] 例如，缺乏一个本己的来源就恰恰成为了某一诡辩的基础[③]。亚里士多德提示了另一个与之相关的错误推论[④]，它是这样的：文法学家不同于音乐家，但某

力。（*τῶν μὲν γὰρ ἄλλων ἐνίοτε δυνάμεις εἰσὶν αἱ ποιητικαί, τῶν δ' οὐδεμία τέχνη οὐδὲ δύναμις ὡρισμένη.*）参见，同上 b. 34 以及第十一卷第 8 章中的相应段落。——作者

① 《形而上学》第六卷第 2 章，1026b. 22：生成和毁灭属于那些以另外的方式而是着的东西，而不属于依偶然而来的是者。（*τῶν μὲν γὰρ ἄλλον τρόπον ὄντων ἔστι γένεσις καὶ φθορά, τῶν δὲ κατὰ συμβεβηκὸς οὐκ ἔστιν.*）——作者

② 《形而上学》第六卷第 2 章，1026b. 15：正如我们所说，智者们的推论主要是关于偶然的东西的。（*εἰσὶ γὰρ οἱ τῶν σοφιστῶν λόγοι περὶ τὸ συμβεβηκὸς ὡς εἰπεῖν μάλιστα πάντων.*）参见第一卷第 8 章，1064b. 28，由偶然而来的欺骗（fallacia per accidens）是最有效的；参见《辩谬篇》第一卷。——作者

③ 《形而上学》第六卷第 2 章，1026b. 18：是否所有已经是着的东西，并不总是是着，而是生成出来的，以至于一个是音乐家的人已经成为了文法学家，而一个是文法学家的人已经成为了一个音乐家。（*καὶ εἰ πᾶν ὃ ἂν ᾖ, μὴ ἀεὶ δέ, γέγονεν, ὥστ' εἰ μουσικὸς ὢν γραμματικὸς γέγονε, καὶ γραμματικὸς ὢν μουσικός.*）参见《论题篇》第一卷第 11 章，104b. 25 以及策尔（Zell）在其《工具论》的翻译中对这一段的注释。——作者

策尔，全名为卡尔・策尔（Karl Zell, 1793—1873），德国古典语言学家，编译有《亚里士多德著作集：工具论，或逻辑学著作》（*Aristoteles Werke: Organon, oder Schriften zur Logik*）。——译者

④ 《形而上学》第六卷第 2 章，1026b. 16：懂音乐的和懂文法的是不同的呢还是相同的，懂音乐的科里斯柯斯和科里斯科斯是不同的呢还是相同的？（*πότερον ἕτερον ἢ ταὐτὸν μουσικὸν καὶ γραμματικόν, καὶ μουσικὸς Κορίσκος καὶ Κορίσκος.*）——作者

一音乐家却是文法学家，因此，某位音乐家不是他所是的。对此的解决是这样的：“依自身而来的”（καθ᾽ αὑτό）音乐家不同于文法学家，并且他仅仅“偶然地”（κατὰ συμβεβηκός）是文法学家。柏拉图就已经认定“不是者”（das Nichtseiende）乃诡辩术的对象[①]。亚里士多德之所以同意这一论断，就因为智者们的各种诡辩主要围绕着“依偶然而来的是者”（ὂν κατὰ συμβεβηκός）进行。他说，“依偶然而来的是者”这种东西接近“不是者”[②]，仿佛仅仅在名称上是着[③]。这根据我们前面所说的也是清楚的，因为由于“是者”（ὄν）和“一”（ἕν）是同一的（见上），故任何东西之所以是一个是者，就在于它是“一”；但在两个事物那儿——其中一个偶然地（κατὰ συμβεβηκός）是另一个，就没有本己的“一”。“它仿佛仅仅在名称上是着”这一表达能够通过下面这一点而变得较为清楚。我们已经发现，在“依自身而来的是者”（ὂν καθ᾽ αὑτό）那儿，某个东西因某种本己的“是”（das Sein）而是着；但在“依偶然而来的是者”（ὂν κατὰ συμβεβηκός）那儿，某个东西因与之偶然地相联系的另一个东西的“是”（das Sein）而是着。音乐家是文法学家，不是因为音乐家之“是”（das Sein），而是因为文法学家之“是”（das Sein）；同样，文法学家通过“是懂音乐的”（das Tonkundigsein）——这并不是他本己的“是”（das Sein）——而

① 《形而上学》第六卷第 2 章，b. 14 以及第十一卷第 8 章，1064b. 29。参见柏拉图的《智者篇》，尤其是 235a 和 240c。——作者

② 《形而上学》第六卷第 2 章，1026b. 21：依偶然而来的东西显然近乎某种“不是者”。（φαίνεται γὰρ τὸ συμβεβηκὸς ἐγγύς τι τοῦ μὴ ὄντος.）——作者

③ 《形而上学》第六卷第 2 章，1026b. 13：因为依偶然而来的东西仅仅是某种名称而已。（ὥσπερ γὰρ ὄνομά τι μόνον τὸ συμβεβηκός ἐστιν.）——作者

是懂音乐的。无论怎样，“懂音乐的”能够真实地谓述文法学家，因此，这两者一方面都分有着音乐家这同一个名称，另一方面又不分有同一个“是”（Sein）和“本质”（Wesen）。它是“依名称”（*κατὰ τοὔνομα*）而不是“依逻各斯”（*κατὰ τὸν λόγον*）[①] 而来的谓述，即使人们想扩展后面的那种谓述之范围使之超出《范畴篇》一书为之规定的那种较为狭窄的边界，并让它包含所有属于本质的东西。因为与我们在前面所谈到的那种属于“依偶然”（*κατὰ συμβεβηκός*）而来的东西相反[②]，在这儿既不可能根据谓词而获得关于主词之本性的某种认识，也不可能根据一物由之被称作“是着”（seiend）的那种“是”（Sein）而洞察到该物之本质。甚至前者最极端的反面也绝不影响和区分后者[③]。我们刚刚已经打量过一个例子，在那儿某一“所是”之“是”——如人这一“所是”之

① 参见《范畴篇》第 5 章，2a. 27：但那些在一个载体中的东西，大多——无论其名称还是逻各斯——不能谓述主词。然而，有时也没有什么可以阻止其名称谓述主词——尽管逻各斯是不可能的。例如，白，一方面它是在载体中——即在身体中，另一方面它谓述这一主词（因为我们说身体是白的）。然而，白的逻各斯却绝不能谓述身体。（*τῶν δ' ἐν ὑποκειμένῳ ὄντων ἐπὶ μὲν τῶν πλείστων οὔτε τοὔνομα οὔτε ὁ λόγος κατηγορεῖται τοῦ ὑποκειμένου· ἐπ' ἐνίων δὲ τοὔνομα μὲν οὐδὲν κωλύει κατηγορεῖσθαι τοῦ ὑποκειμένου, τὸν δὲ λόγον ἀδύνατον. οἷον τὸ λευκὸν ἐν ὑποκειμένῳ ὂν τῷ σώματι κατηγορεῖται τοῦ ὑποκειμένου (λευκὸν γὰρ σῶμα λέγετα), ὁ δὲ λόγος τοῦ λευκοῦ οὐδέποτε κατὰ τοῦ σώματος κατηγορηθήσεται.*）在这儿，单纯的“依名称而来的谓述”（*κατὰ τοὔνομα κατηγορεῖσθαι*）足以进一步变形为“依偶然而来的是者”（*ὂν κατὰ συμβεβηκός*）。——作者

② 见上，第 25 页。——作者

③ 《形而上学》第十卷第 9 章，1058b. 3：一个人身上的白或黑都不会产生出它［即种差］，白人之不同于黑人也不是由于种差，甚至无法为他们中的每一个赋予一个名称。（*ἀνθρώπου λευκότης οὐ ποιεῖ οὐδὲ μελανία*［sc. *διαφοράν*］, *οὐδὲ τοῦ λευκοῦ ἀνθρώπου ἔστι διαφορὰ κατ' εἶδος πρὸς μέλανα ἄνθρωπον, οὐδ' ἂν ὄνομα ἓν τεθῇ.*）——作者

“是”，甚至“偶然地”（κατὰ συμβεβηκός）被归在某一实际上缺乏所有本质和所有真实存在的否定之下。因此，当亚里士多德在《后分析篇》第二卷第 8 章中说，对于我们知道它“偶然地”（κατὰ συμβεβηκός）是着的东西，我们并不真正知道它是着[①]，他是完全正确的。因此，任何“依偶然”（κατὰ συμβεβηκός）而是着的东西，也即是仅仅在名称上是着的东西[②]。正因为如此，没有什么科学是关乎“依偶然而来的是者”（ὂν κατὰ συμβεβηκός）的，因为“偶然地”（κατὰ συμβεβηκός）属于其对象的东西，对于认识该对象的本性不能提供丝毫的帮助；对于那仅仅在少数情况下才发生的东西，也不可能有关于它的科学。因为科学总是关乎普遍，关乎那总是

① 《后分析篇》第二卷第 8 章，93a. 24：当我们偶然地知道某个东西是着时，我们必定全然不了解它是什么。因为我们并不真正知道它是着。在不知道一个东西是着的情况下就去探究它是什么，这样的探究等于无。（ὅσα μὲν οὖν κατὰ συμβεβηκὸς οἴδαμεν ὅτι ἔστιν, ἀναγκαῖον μηδαμῶς ἔχειν πρὸς τὸ τί ἐστιν· οὐδὲ γὰρ ὅτι ἔστιν ἴσμεν· τὸ δὲ ζητεῖν τί ἐστι μὴ ἔχοντας ὅτι ἔστι, μηδὲν ζητεῖν ἐστιν.）——作者

② 人们可能尝试以另外的方式阐释“仅仅在名称上是着”（ὀνόματι μόνον ἐστι），那就是将它同刚才在从《形而上学》第十卷所引的那段话中的“甚至无法为他们中的每一个赋予一个名称”（οὐδ' ἂν ὄνομα ἓν τεθῇ）相联系。因此，《形而上学》第七卷第 4 章（1029b. 25）以下阐述说，两个东西——其中一个“偶然地”（κατὰ συμβεβηκός）属于另一个，是如何经常被一个单一的名称所命名的（ἔστω δὴ ὄνομα αὐτῷ ἱμάτιον[让我们用“披风”这个名称来命名该复合物]），就像如当白色的马被称作飞马那样。人们可能认为，飞马的定义就是白色的马，既然定义是对本质的表达，故飞马或白色的马是一种本质。但这是错误的，因为对某一名称的单纯解释并未给出任何客观的定义。单一的名称并不导致事物的统一。因此，这种统一是“仅仅在名称上的”（ὀνόματι μόνον）。但是，首先仅仅在极少情形下才会给出这样一种单一的名称，从而“依偶然而来的是者”（ὂν κατὰ συμβεβηκός）将根本不以任何方式存在，但这显然不是亚里士多德本人的意见。其次，“飞马是一种白色的马”并非一种“依偶然而来的是者”（ὂν κατὰ συμβεβηκός）。在这儿，“是”并不等于“偶然出现”（συμβέβηκε），而是等于“意指”（σημαίνει）。——作者

或经常发生的东西[①]。

但我们刚刚不是已经追随亚里士多德确定了“依偶然而来的是者”（*ὂν κατὰ συμβεβηκός*）的诸特性吗？由此我们就已经让它经受住了科学的考察吗？当然，但我们必须加以妥善的区分。“依偶然而来的是者”（*ὂν κατὰ συμβεβηκός*）这一概念并不是某种“依偶然而来的是者”（*ὂν κατὰ συμβεβηκός*），就像个体这一概念自身并不是个体一样。尽管不可能有任何关乎个体的科学[②]，但个体概念以及它同种之间的关系等等，能够加以科学的讨论；普泛个体能够分为个体性的“所是”和个体性的属性[③]。同样，不可能对那些“偶然地”（*κατὰ συμβεβηκός*）是着的东西进行某种科学的考察，这并不会取消能够科学地考察那“偶然地‘是’”（*κατὰ συμβεβηκός εἶναι*）的东西是什么。因此，如果在第五卷第7章中区分出了“依偶然而来的是者”（*ὂν κατὰ συμβεβηκός*）的不同方式，我们无须对此感到惊讶。在那儿他说道：“当我们说人是懂音乐的以及音乐家是人，或者白净的人是懂音乐的，或者音乐家是白净的，那么，我们之所以这样说，在后两种情形下，那是因为两者都偶然地属

---

① 《形而上学》第六卷第2章，1026b. 3：必须首先说说偶然的东西，关于它没有任何的理论……。（*πρῶτον περὶ τοῦ κατὰ συμβεβηκὸς λεκτέον, ὅτι οὐδεμία ἐστὶ περὶ αὐτὸ θεωρία. κ. τ. λ.*）1026b. 12：这是合情合理的，因为偶然的东西仿佛仅仅是一个名称而已。（*καὶ τοῦτ' εὐλόγως συμπίπτει· ὥσπερ γὰρ ὄνομά τι μόνον τὸ συμβεβηκός ἐστιν.*）同上，1027a. 19：显然没有关于偶然东西的知识，因为所有的知识要么关乎总是出现的东西，要么关乎经常出现的东西……。（*ὅτι δ' ἐπιστήμη οὐκ ἔστι τοῦ συμβεβηκότος φανερόν· ἐπιστήμη μὲν γὰρ πᾶσα ἢ τοῦ ἀεὶ ἢ τοῦ ὡς ἐπὶ τὸ πολύ. κ. τ. λ.*）——作者

② 《后分析篇》第一卷第18章，81b. 6：感觉才能把握个体，因为不可能有关乎个体的知识。（*τῶν γὰρ καθ' ἕκαστον ἡ αἴσθησις. οὐ γὰρ ἐνδέχεται λαβεῖν αὐτῶν τὴν ἐπιστήμην.*）——作者

③ 《范畴篇》第2章，1b. 6。——作者

于同一东西，反之，在第一种情形那儿，那是因为它（是懂音乐的）偶然地出现在人这个是者身上；而我们说音乐家是人，那是因为是懂音乐的偶然属于人。”[①] 因此，在这儿指出了三种方式。也即是说，（1）一个基体（suppositum）[②] 之所以是“偶然的”（*κατὰ συμβεβηκός*），那是就某一属性偶然地属于它来说的；或者，（2）一个东西之所以偶然地出现在某一基体（suppositum）身上，那是因为它属于该基体，即属于某种“依偶然而来的是者”（*ὂν κατὰ συμβεβηκός*）；最后，（3）多个东西“偶然地”（*κατὰ συμβεβηκός*）属于同一基体（suppositum），其中一个东西因另一东西之“是”（das Sein）而是某种“依偶然而来的是者”（*ὂν κατὰ συμβεβηκός*）。因此，白净的人是懂音乐的以及音乐家是白净的。

对“依偶然而来的是者”（*ὂν κατὰ συμβεβηκός*）的这三种方式的区分是清楚明白的，尽管人们可以怀疑其完整性。因为懂音乐似乎不仅能够谓述人，而且也能够谓述懂音乐的人；在这儿似乎带有必然性却没有内在的统一性[③]。于是，在这儿似乎还有着“依

① 《形而上学》第五卷第 7 章，1017a. 13：我们说“人是懂音乐的”，“懂音乐的是人”，以及“白净的是懂音乐的”或“懂音乐的是白净的”，我们之所以这样说，在第三种情形下，那是因为两者都偶然地属于同一东西；反之，在第一种情形那儿，那是因为其中一个偶然地出现在另一个是着的东西身上；而我们说“懂音乐的是人”，那是因为“懂音乐的”偶然属于人。（*τὸν γὰρ ἄνθρωπον ὅταν μουσικὸν λέγωμεν καὶ τὸν μουσικὸν ἄνθρωπον, ἢ τὸν λευκὸν μουσικὸν ἢ τοῦτον λευκόν, τὸ μὲν ὅτι ἄμφω τῷ αὐτῷ συμβεβήκασι, τὸ δ' ὅτι τῷ ὄντι συμβέβηκε, τὸ δὲ μουσικὸν ἄνθρωπον ὅτι τούτῳ τὸ μουσικὸν συμβέβηκεν.*）——作者

② suppositum 来自动词 suppono（放到下面），意为“被放到下面的东西”，我们这儿将之译为“基体”，以区别于“载体”（subjectum）。——译者

③ 参见《形而上学》第五卷第 6 章开始所说的，以及第 9 章开始所说的，“依偶然而来的‘一’”（*ἓν κατὰ συμβεβηκός*）和“依偶然而来的同一”（*τὸ αὐτὸ κατὰ συμβεβηκός*）。——作者

偶然而来的是者”（ὂν κατὰ συμβεβηκός）的其他方式——它们的数量也将由此而极大地被增加。我们也已经发现有时候各种否定也被称作“偶然地”（κατὰ συμβεβηκός）是着，必须得问，它们是否会形成“依偶然而来的是者”（ὂν κατὰ συμβεβηκός）的某种本己的方式，或者它们是否能够被归约到上述方式中的某一种中。

为了首先回答后一个问题，亚里士多德本人紧接着对这个问题做出了抉择，他说，这类否定——它们是偶然的（κατὰ συμβεβηκός），能够归约到“依偶然而来的是者”（ὂν κατὰ συμβεβηκός）的第二种方式中[①]。任何不是着的东西，也不是白净的；因此，如果某一不白净的东西是着，活着，并且是人，那么，它属于某一基体（suppositum），这对它来说是偶然的，它“偶然地”（κατὰ συμβεβηκός）存在着，因为基体（suppositum）存在着，就像白净的东西是人一样，等等。是否能将之归约到第三种方式，亚里士多德当然不想加以完全排除；它出现在某一属性被归属到某一否定的情形那儿，如当我们说，不白的是绿的、红的、大的、有学识的，或者其他能够是别的什么的。仅仅就第一种方式而言没有“依偶然而来的是者”（ὂν κατὰ συμβεβηκός）处在否定中，因为取消掉“所是”也就连带取消掉了所有偶然上的“是”（Sein）[②]，由此，一旦没有“所是”，也就不可能有某种东西会“偶然地”（κατὰ

① 《形而上学》第五卷第 7 章，1017a. 18：同样，不白净的也被说成是着，因为它偶然出现其间的那个东西是着。（οὕτω δὲ λέγεται καὶ τὸ μὴ λευκὸν εἶναι, ὅτι ᾧ συμβέβηκεν, ἐκεῖνο ἔστιν.）——作者

② 《范畴篇》第 5 章，2b. 5：如果没有“第一所是”，那么也就不可能有任何其他的东西。（μὴ οὐσῶν οὖν τῶν πρώτων οὐσιῶν ἀδύνατον τῶν ἄλλων τι εἶναι.）参见后面第 5 章，§ 6。——作者

συμβεβηκός）是着。但是，即使非三叶的谓述三叶草，在此并不意味着一种“依自身而来的不是者”（μὴ ὂν καθ' αὑτό）是某种真实的“依偶然而来的是者”（ὂν κατὰ συμβεβηκός），相反，意味着某种“依自身而来的是者”（ὂν καθ' αὑτό）是某种“依偶然而来的不是者”（μὴ ὂν κατὰ συμβεβηκός），它自然能够被归约到第一种方式中。因为三叶草是三叶的偶然地不属于三叶草。如果有人想坚持区分“不是三叶的”和“是非三叶的”[①]，那么，就不得不反驳说，这样一种“不确定的表达”（ὄνομα ἀόριστον）之谓述并不指任何真实的“依偶然而来的是者”（ὂν κατὰ συμβεβηκός），而是指“偶然在真之含义上的是者”（ὂν ὡς ἀληθές κατὰ συμβεβηκός）[②]——关于这一点我们将在下一章中加以指出。

至于第一种考虑也同样不得不反驳说，当懂音乐的人被称作是懂音乐的，这也绝没有构成“依偶然而来的是者”（ὂν κατὰ συμβεβηκός）的一种新方式。懂音乐的人是懂音乐的这一断言，仅仅在表面上是一个断言，实际上它由两个断言构成；即使我们将一个单一的名称赋予懂音乐的人，依然还是两个断言。其中一个断言是音乐家是懂音乐的，这是一个同语反复；音乐家作为音乐家是一种“依自身而来的是者”（ὂν καθ' αὑτό）。因此，这个命题的普遍性和必然性植根于这一断言中。第二个断言是人是懂音乐的，

① 在《后分析篇》中的一个段落中亚里士多德以下面这种方式澄清了这种区分：正如“我不认识一个白净的人”（ich kenne nicht einen Weißen）和“我认识一个非白净的人”（ich kenne einen Nichtweißen）是有区别的，同样，严格说来“我不是一个白净的人”（ich bin nicht ein Weißer）和“我是一个非白净的人”（ich bin ein Nichtweißer）之间也是有区别的。——作者

② 参见《解释篇》第 13 章，23b. 15。——作者

在此我们显然拥有一种在前面所提及过的第一种方式上的“依偶然而来的是者”（*ὂν κατὰ συμβεβηκός*）。浏览一下亚里士多德在《解释篇》（*De interpretaione*）第11章中所说的，就能够确信这一解决方案不仅自身清楚明了，而且也同亚里士多德的意见相一致[①]。

因此，上面所列举的“依偶然而来的是者”（*ὂν κατὰ συμβεβηκός*）——即那种因为某种异于它、偶然地同它相结合的“是”（Sein）而被称作是着（seiend）的是者（Seiendes）——的三种方式，作为一种详尽的列举，单单保留了下来。它们是：（1）它之所以是一种是者（ein Seiendes），乃是就某一是者偶然地寓于它之中来说的；（2）它之所以是一种是者（ein Seiendes），乃是就某一是者偶然地支撑着它来说的；最后，（3）“依偶然而来的是者”（*ὂν κατὰ συμβεβηκός*）之所以是一种是者，乃是就一种是者同它一道偶然地属于同一个载体来说的。关于“是者”（das Seiende）这一名称的第一种也是非真正的含义就说这么多。

① 《解释篇》第11章，20b. 13：无论是“一”肯定或否定“多”，还是“多”肯定或否定“一”，都不是单一的肯定或否定，除非由多而来的结合构成了某种单一的东西。如果多个东西存在着某个单一的名称，但却没有由它们而来的某个单一的东西，那我就不会说“一”。例如，人或许是动物，是两足的，是驯化了的，但从这些东西那儿产生了某种单一的东西；但是，从白、人和走这些东西那儿却不会产生某种单一的东西。因此，如果某种“一”肯定这些东西，这并不是某种单一的肯定，而是单一的语词和多个肯定；同样，如果它们肯定“一”，也是多个肯定。（*τὸ δὲ ἓν κατὰ πολλῶν ἢ πολλὰ καθ’ ἑνὸς καταφάναι ἢ ἀποφάναι, ἐὰν μὴ ἕν τι ᾖ τὸ ἐκ τῶν πολλῶν συγκείμενον, οὐκ ἔστι κατάφασις μία οὐδὲ ἀπόφασις. λέγω δὲ ἓν οὐκ ἐὰν ὄνομα ἓν ᾖ κείμενον, μὴ ᾖ δὲ ἕν τι ἐξ ἐκείνων, οἷον ὁ ἄνθρωπος ἴσως ἐστὶ καὶ ζῷον καὶ δίπουν καὶ ἥμερον, ἀλλὰ καὶ ἕν τι γίγνεται ἐκ τούτων. ἐκ δὲ τοῦ λευκοῦ καὶ τοῦ ἀνθρώπου καὶ τοῦ βαδίζειν οὐχ ἕν. ὥστε οὔτ’ ἐὰν ἕν τι κατὰ τούτων καταφήσῃ τις μία κατάφασις, ἀλλὰ φωνὴ μὲν μία καταφάσεις δὲ πολλαί, οὔτ’ ἐὰν καθ’ ἑνὸς ταῦτα, ἀλλ’ ὁμοίως πολλαί.*）——作者

第 三 章

ὂν ὡς ἀληθές，即在真的东西这一含义上的“是者”①

我们进而解释“在真的东西这一含义上的是者”（ὂν ὡς ἀληθές），亚里士多德用该名称特指那处于具有多重含义的“是者”（ὄν）之下的第二重概念。

“在真的东西这一含义上的是者”（ὂν ὡς ἀληθές），或者如贝萨里翁（Bessarion）② 所翻译的“如真的东西一样的是者”（ens tanquam verum），意味着什么？希腊语 ὡς 显然意味着“在……含义上”（in der Bedeutung von），因此，ὂν ὡς ἀληθές 就是那被称作“在真的东西之意义上”（in dem Sinne des Wahren）的“是者”（das Seiende）。于是，“真”（die Wahrheit）和“假”（die Falschheit）这一对概念将相应于“在真的东西这一含义上的是者”

① 该标题德文原文为：das ὂν ὡς ἀληθές，das Seiende in der Bedeutung des Wahren. 我们将 die Wahrheit 和 die Falschheit 译为“真”和“假”，将 das Wahre 和 das Falsche 译为“真的东西”和“假的东西”，将 wahr 和 falsch 译为“真的”和“假的”。——译者

② 贝萨里翁，全名为巴西利乌斯·贝萨里翁（Basilius Bessarion，1403—1472），早年在君士坦丁堡接受教育，后来成为罗马天主教的红衣主教。他是公元 15 世纪著名的希腊学学者，尤其精于柏拉图和亚里士多德的研究。——译者

（*ὂν ὡς ἀληθές*）以及与之相对立的“在假的东西这一含义上的不是者”（*μὴ ὂν ὡς ψεῦδος*）。

§1. 论真的东西和假的东西[①]

亚里士多德不仅在《形而上学》的许多段落中，而且在他的其他著作，尤其是在其逻辑学著作以及《论灵魂》（*περὶ ψυχῆς*）一书的第三卷中，都论到了真的东西和假的东西。在那些地方他是如何规定真的东西和假的东西的呢？

亚里士多德多次提醒，真的东西和假的东西只能出现在判断中，即出现在肯定或否定中。他在《论灵魂》第三卷第 8 章中说：“真的东西或假的东西是知性的诸概念的一种连接。”[②] 他在《形而上学》第四卷中同样说道：“真的东西或假的东西就是肯定或否定。”[③] 诚然，还有着另外一种心灵上的认识，这种认识不是判断，

① 该标题的德文原文为 Von dem Wahren und Falschen。——译者

② 《论灵魂》第三卷第 8 章，432a. 11：真的东西或假的东西是思想之对象间的连接。（*συμπλοκὴ γὰρ νοημάτων ἐστὶ τὸ ἀληθὲς ἢ ψεῦδος.*）——作者

③ 《形而上学》第四卷第 8 章，1012b. 8：（根据博尼茨 * 修订，《对亚里士多德〈形而上学〉的批评考察》[*observ. crit.*]，第 117 页以下）“如果肯定或否定就是真的东西或假的东西……”（*εἰ δὲ μηθὲν ἄλλο ἢ φάναι ἢ ἀποφάναι τὸ ἀληθὲς ἢ ψεῦδός ἐστιν...*）亚历山大 ** 则如下面这样给出了这句话：“如果真的东西就是肯定一个东西如它所是的那样，反之，否定它是如此的那样就是假的东西……。”（*εἰ μηθὲν ἄλλο τὸ ἀληθές ἐστιν ἢ τὸ οὕτως ἔχον φάναι οὕτως ἔχειν, καὶ πάλιν τὸ οὕτως ἔχον ἀποφάναι ψεῦδος...*）《亚里士多德著作的注释》（*Schol.*）685b. 2。——作者

“如果肯定或否定就是真的东西或假的东西……”（*εἰ δὲ μηθὲν ἄλλο ἢ φάναι ἢ ἀποφάναι τὸ ἀληθὲς ἢ ψεῦδός ἐστιν...*）这句话的希腊文根据罗斯（W. D. Ross）的校订当为“*εἰ δὲ μηθὲν ἄλλο τὸ ἀληθὲς φάναι ἢ ἀποφάναι ψεῦδός ἐστιν...*”从而这句话就也可

通过它我们把握到那些不可分的东西、简单的东西，通过它我们概念性地将事物的本质表象给我们自己；但正如《范畴篇》[①]、《解释篇》[②]、《论灵魂》第三卷[③]以及《形而上学》第六卷所一致主张

以译为"如果肯定真的东西就是否定假的东西"。——译者

* 博尼茨，全名为赫尔曼·博尼茨（Hermann Bonitz, 1814—1888），德国古典语言学家和哲学家，尤其在柏拉图和亚里士多德研究方面成绩卓著。编有《亚里士多德索引》（*Index Aristotelicus*）等，其翻译的亚里士多德《形而上学》影响很大。** 亚历山大，即阿弗洛狄西亚的亚历山大（Ἀλέξανδρος ὁ Ἀφροδισεύς, Alexander of Aphrodisias，鼎盛时期在公元 200 年左右），晚期希腊化时期最著名的漫步学派哲学家和亚里士多德著作的评注者，他出生于小亚细亚西南部的一个海岛城市阿弗洛狄西亚，后来生活和居住在雅典。在漫步学派对亚里士多德的评注中，阿弗洛狄西亚的亚历山大的评注最为杰出，代表了该学派对亚里士多德著作进行评注的最高成就。公元 176 年罗马皇帝马克·奥勒留（Marcus Aurelius, 121-180）在雅典建立了四个主持位置，分别代表柏拉图、亚里士多德、伊壁鸠鲁和斯多亚这四个传统学派，阿弗洛狄西亚的亚历山大于公元 198—209 年间被任命为亚里士多德学派的主持。阿弗洛狄西亚的亚历山大评注了大量的亚里士多德著作，现在保持下来的评注有《〈前分析篇〉第 1 卷评注》（*In Aristotelis Analyticorum Priorum Librum I Commentaria*）、《〈论题篇〉评注》（*In Aristotelis Topicorum Libros Octo Commentaria*）、《〈天象学〉评注》（*In Aristotelis Meteorologicorum Libros Commentaria*）、《〈论感觉和可感觉物〉评注》（*In Librum de Sensu Commentarium*）以及《〈形而上学〉评注》（*In Aristotelis Metaphysica Commentaria*）；佚失的有关于《范畴篇》、《解释篇》、《后分析篇》、《物理学》、《论天》、《论生成和毁灭》、《论灵魂》、《论记忆》等的评注。他对亚里士多德著作的评注在古代以至中世纪的影响都是如此巨大，以致人们称他为"评注者"（ὁ ἐξηγητής），在这方面，只有后来的阿拉伯哲学家阿维罗伊（Averroes, 1126—1198）可与之媲美。——译者

① 《范畴篇》第 4 章 2a. 7：因为似乎任何肯定要么是真的，要么是假的；而那些不是根据任何复合而加以表达的东西，则既不是真的东西，也不是假的东西。（*ἅπασα γὰρ δοκεῖ κατάφασις ἤτοι ἀληθὴς ἢ ψευδὴς εἶναι, τῶν δὲ κατὰ μηδεμίαν συμπλοκὴν λεγομένων οὐδὲν οὔτε ἀληθὲς οὔτε ψεῦδός ἐστιν.*）——译者

② 《解释篇》第 1 章，16a. 12：因为假的东西和真的的东西位于结合和分离那儿。（*περὶ γὰρ σύνθεσιν καὶ διαίρεσίν ἐστι τὸ ψεῦδός τε καὶ τὸ ἀληθές.*）——译者

③ 《论灵魂》第三卷第 6 章，430a. 26：因此，对不可分的东西的思维位于下面这些东西中，那就是关于它们不可能有假；在将思想之对象联结为"一"的

的，无论“真”（Wahrheit）还是“假”（Falschheit）都不属于这种认识，并且如在上面所提及的最后一处，他还进而补充道，它们都不会外在于心灵而位于事物当中①。这同样还出现在《解释篇》第4章，在那儿亚里士多德试图对判断（das Urteil）给予某种定义，他通过它所具有的特质来规定它，那就是“真”（Wahrheit）和“假”（Falschheit）属于它。他说：“并非任何句子（die Rede）都是命题（die Aussage）②，只有那具有说出了真的东西或假的东西这一点的句子才是命题。”③

然而，尽管亚里士多德在这儿以及其他地方都明确主张判断是“真”（Wahrheit）和“假”（Falschheit）的唯一的承负者，尽管他也坚决否认思想之外的事物以及孤立的概念也对“真”

地方，才有真和假。（*ἡ μὲν οὖν τῶν ἀδιαιρέτων νόησις ἐν τούτοις περὶ ἃ οὐκ ἔστι τὸ ψεῦδος, ἐν οἷς δὲ καὶ τὸ ψεῦδος καὶ τὸ ἀληθές σύνθεσίς τις ἤδη νοημάτων ὥσπερ ἓν ὄντων...*）430b. 1：因为假总是位于联结中；即使说白是不白，也已经联结了不白。也能够说所有这些情形都是分离。（*τὸ γὰρ ψεῦδος ἐν συνθέσει ἀεί. καὶ γὰρ ἂν τὸ λευκὸν μὴ λευκόν, τὸ μὴ λευκὸν συνέθηκεν. ἐνδέχεται δὲ καὶ διαίρεσιν φάναι πάντα.*）参见《范畴篇》第4章2a. 7。《解释篇》第1章，16a. 12。——作者

① 《形而上学》第六卷第4章，1027b. 20：因为真是对联结的肯定以及对分离的否定，而假则是这种安排的对立面……真和假不在事物中——仿佛善是真的而恶立马就是假的似的，而是在思想中；那些单纯的东西和是什么，甚至不在思想中。（*τὸ μὲν γὰρ ἀληθὲς τὴν κατάφασιν ἐπὶ τῷ συγκειμένῳ ἔχει τὴν δ' ἀπόφασιν ἐπὶ τῷ διῃρημένῳ, τὸ δὲ ψεῦδος τούτου τοῦ μερισμοῦ τὴν ἀντίφασιν...οὐ γάρ ἐστι τὸ ψεῦδος καὶ τὸ ἀληθὲς ἐν τοῖς πράγμασιν, οἷον τὸ μὲν ἀγαθὸν ἀληθὲς τὸ δὲ κακὸν εὐθὺς ψεῦδος, ἀλλ' ἐν διανοίᾳ, περὶ δὲ τὰ ἁπλᾶ καὶ τὰ τί ἐστιν οὐδ' ἐν διανοίᾳ.*）——作者

② “并非任何句子都是命题”这句话的德文原文为“Nicht jede Rede ist eine Aussage.”也可以译为“并非任何言说都是陈述。”——译者

③ 《解释篇》第4章，17a. 2：并非所有的东西（即句子）都是命题，只有真或假位于其中的句子才是命题。（*ἀποφαντικὸς δὲ οὐ πᾶς*（*sc. λόγος*），*ἀλλ' ἐν ᾧ τὸ ἀληθεύειν ἢ ψεύδεσθαι ὑπάρχει.*）——作者

（Wahrheit）和“假”（Falschheit）有着某种参与，但似乎他还是在一些别的地方主张了截然相反的观点。让我们听听他所讲的一些话，如他在《形而上学》第五卷中所列举的各种不同的假的东西。他以下面这些话开始：“所谓假的东西，一种方式是这样的，如当人们称某一事物是假的，事实上这是因为一个陈述标示出它要么联结了不被联结的东西，要么联结了不能加以联结的东西；例如，当人们说正方形的对角线同它的边长是可通约的，或者说你坐着。因为它们中前一个总是假的，而后一个则有时是假的。在这种方式中，假的东西即是一种不是者。但另外一些东西，尽管有某种‘是’（Sein）但依然被称作是假的，因为它们看起来要么不是如其所是的那样，要么看起来如它们所不是的东西；例如剪影或梦境。因为它们尽管是某种东西，但又不是它们引起其表象的东西。因此，事物被称作是假的，要么因为它们不是着，要么因为它们引起了某种并不是着的东西的表象。”[①] 因此，这里谈到

① 《形而上学》第五卷第 29 章，1024b. 17：所谓假，一种方式是作为假的事物，这要么是因为该事物不被联结，要么是不能够加以联结；例如，当人们说正方形的对角线同它的边长是可通约的，或者说你坐着。因为它们中一个总是假的，而另一个则有时是假的。它们两者都是不是者。一些东西，尽管是着，但在本性上显得不是如其所是的那样，或者看起来是它们所不是的东西；例如剪影或梦境。因为它们尽管是某种东西，但又不是它们引起其表象的东西。因此，事物被称作是假的，要么因为它们不是着，要么因为从它们那儿生起的表象是那并不是着的东西的表象。（*τὸ ψεῦδος λέγεται ἄλλον μὲν τρόπον ὡς πρᾶγμα ψεῦδος, καὶ τούτου τὸ μὲν τῷ μὴ συγκεῖσθαι ἢ ἀδύνατον εἶναι συντεθῆναι, ὥσπερ λέγεται τὸ τὴν διάμετρον εἶναι σύμμετρον ἢ τὸ σὲ καθῆσθαι· τούτων γὰρ ψεῦδος τὸ μὲν ἀεὶ τὸ δὲ ποτέ· οὕτω γὰρ οὐκ ὄντα ταῦτα. τὰ δὲ ὅσα ἔστι μὲν ὄντα, πέφυκε μέντοι φαίνεσθαι ἢ μὴ οἷά ἐστιν ἢ ἃ μὴ ἔστιν, οἷον ἡ σκιαγραφία καὶ τὰ ἐνύπνια· ταῦτα γὰρ ἔστι μέν τι, ἀλλ' οὐχ ὧν ἐμποιεῖ τὴν φαντασίαν. πράγματα μὲν οὖν ψευδῆ οὕτω λέγεται, ἢ τῷ μὴ εἶναι αὐτά, ἢ τῷ τὴν ἀπ' αὐτῶν φαντασίαν μὴ ὄντος εἶναι.*）——作者

了事物能够被称作是假的的几重方式，根据字面意思将与所引的《形而上学》第六卷中的那段话相矛盾：“真和假不在事物中”（*οὐ γάϱ ἐστι τὸ ψεῦδος καὶ τὸ ἀληϑὲς ἐν τοῖς πϱάγμασιν*）。在《论灵魂》一书中他还教导说，“真”（Wahrheit）和“假”（Falschheit）甚至会出现在感觉能力中，在想象中，以及在其他的外部感觉中。在该书第三卷第3章中他说道：“外部感觉就它自身的对象而言是真的，或者仅仅在极少数情形下容许有假。但感官也会延伸到那些附着在即偶然出现在其感觉之本己对象身上的东西上去，在这里就的确会出现感觉是假的，等等。”[①] 同样地，在同一章的前面他这样论及想象：“诸外部感觉总是真的，但想象力的各种表象则大多是假的。”“也有着各种假的想象。”[②] 最后，在同一卷的第6章，他将“真”（Wahrheit）归给那进行表象的知性：“陈述乃就某物说某物——如肯定，并且每一个陈述或者是真的，或者是假的。但这并不适用于所有的思想；相反，那根据其概念描述了本质的思维是真的，尽管它并未就某物说某物，但它是真的，正如对本己的

---

① 《论灵魂》第三卷第3章，428b. 18：首先，关乎本己对象的感觉是真的，或者仅仅在极少数情形下容许有假。其次，对感官之偶然对象的感觉，这可能会遭到欺骗……第三，对于那些共同的、伴随着偶然对象的感觉——感觉的本己对象位于它们之中……对于它们，感觉尤其会遭到欺骗。（*ἡ αἴσθησις τῶν μὲν ἰδίων ἀληϑής ἐστιν ἢ ὅτι ὀλίγιστον ἔχουσα τὸ ψεῦδος. δεύτεϱον δὲ τοῦ συμβεβηκέναι ταῦτα· καὶ ἐνταῦϑα ἤδη ἐνδέχεται διαψεύδεσϑαι·... τϱίτον δὲ τῶν κοινῶν καὶ ἑπομένων τοῖς συμβεβηκόσιν, οἷς ὑπάϱχει τὰ ἴδια·... πεϱὶ ἃ μάλιστα ἤδη ἔστιν ἀπατηϑῆναι κατὰ τὴν αἴσϑησιν.*）参见《论灵魂》第三卷第3章，427b. 11。——作者

② 《论灵魂》第三卷第3章，428a. 11：（感觉）总是真的，但想象则大多会成为假的……。（*εἶτα αἱ μὲν ἀληϑεῖς ἀεί, αἱ δὲ φαντασίαι γίνονται αἱ πλείους ψευδεῖς...*）428a. 18：因为想象可以是假的。（*ἔστι γὰϱ φαντασία καὶ ψευδής.*）参见《形而上学》第四卷第5章，1010b. 1。——作者

对象（即颜色）的看是真的一样。”① 当《形而上学》第五卷第29章接下来说出下面这番话时，甚至在概念中真的东西和假的东西也得到了区分：“一个概念是假的，乃是就它描述了某一不是者而言，它是假的。因此，每一概念对于它所适用的对象乃说是真的，用于之外的其他对象则是假的，例如，圆的概念对于三角形来说就是一个假概念……但其他的概念在根本没有与之相应的东西这一点上是假的。”②

现在我们该如何解决我们的哲学家在这些较后的和前面所引的那些主张之间的矛盾呢？简单的做法就是我们要对“真的”（wahr）和“真的”（wahr）之间，以及“假的”（falsch）和“假的”（falsch）之间加以区分。正如“是者”（das Seiende）这个名称在本论文中我们根据它的多重含义来认识它，同样，“真的东

① 《论灵魂》第三卷第6章，430b. 6：陈述是就某种东西说出某种东西——如肯定，它们全都要么是真的，要么是假的。但这并不适用于所有的思想；相反，在“是其所是”的意义上对“是什么”的思想一方面是真的（即就它认识一物是什么来说），另一方面又并未就某种东西说出某种东西，正如对本己的对象的看是真的一样。（*ἔστι δ' ἡ μὲν φάσις τι κατά τινος, ὥσπερ καὶ ἡ ἀπόφασις, καὶ ἀληθὴς ἢ ψευδὴς πᾶσα· ὁ δὲ νοῦς οὐ πᾶς, ἀλλ' ὁ τοῦ τί ἐστι κατὰ τὸ τί ἦν εἶναι*（d. h. insofern er erkennt, was eine Sache ist）*ἀληθής, καὶ οὐ τὶ κατά τινος· ἀλλ' ὥσπερ τὸ ὁρᾶν τοῦ ἰδίου ἀληθές.*）——作者

② 《形而上学》第五卷第29章，1024b. 26：一个逻各斯是假的，它之所以是假的，乃是就它关乎不是者来说的（在这儿逻各斯指的是概念或对某种东西的定义）。因此，所有的逻各斯对于那异于它自身的对象的东西来说——对于它自身的对象来说它是真的，都是假的；例如，圆的逻各斯对于三角形来说就是假的……严格地讲，假的逻各斯乃不是关于任何东西的逻各斯。（*λόγος δὲ ψευδὴς ὁ τῶν μὴ ὄντων ᾗ ψευδής*（*λόγος* ist hier der Begriff oder die Definition von etwas）. *διὸ πᾶς λόγος ψευδὴς ἑτέρου ἢ οὗ ἐστὶν ἀληθής, οἷον ὁ τοῦ κύκλου ψευδὴς τριγώνου…ὁ δὲ ψευδὴς λόγος οὐθενός ἐστιν ἁπλῶς λόγος.*）——作者

西”(das Wahre)也是一个有着多重含义的词，它以同名异义的方式归诸不同的东西。当我们谈到进行判断的知性时，我们是在一种意义上说“真”(Wahrheit)；当我们谈到各种单纯表象和定义之“真”(Wahrheit)时，或者当我们称诸事物本身是真的时，我们是在另一种意义说“真”(Wahrheit)。以上三种情形并不是同一回事，即使它们全都与同一东西相关；它们不是以相同的方式，而是以类比的方式被称作“真的”[不是“根据一”(*καθ' ἓν*)，尽管或许是“关乎同一种本性”(*πρὸς ἓν καὶ μίαν φύσιν*)，《形而上学》第四卷第2章，1003a. 33[①]；不是“根据某一理念”(*κατὰ μίαν ἰδέαν*)，尽管是“根据类比”(*κατ' ἀναλογίαν*)，《尼各马可伦理学》[②]第一卷第4章，1096b. 25。][③]

为了让这一点变得更为清楚，有必要再次更加仔细地注意亚里士多德究竟将“真”(Wahrheit)理解为什么。对于他来说，“真”就是认识和事物之间的一致。在前面所引的《形而上学》第

① 《形而上学》第四卷第2章，1003a. 33：“是（者）”被以多重方式加以言说，但都关乎“一”即关乎某种单一的本性，并且不是同名同义地，而是如健康的东西关乎健康那样。(*τὸ δὲ ὂν λέγεται μὲν πολλαχῶς, ἀλλὰ πρὸς ἓν καὶ μίαν τινὰ φύσιν καὶ οὐχ ὁμωνύμως ἀλλ' ὥσπερ καὶ τὸ ὑγιεινὸν ἅπαν πρὸς ὑγίειαν.*)——译者

② 《尼各马可伦理学》第一卷第4章，1096b. 25：因此，善不是根据某一理念而来的某种共同的东西，但它是如何被说的呢？许多东西被称作善，因为它们似乎不是“偶然的同名异义者”；那它们被称作是善的是因为出于某种“一”或全都朝向某种“一”呢，还是主要根据类比？例如视觉在身体中是善的，努斯在灵魂中是善的，以及其他类似的情形。(*οὐκ ἔστιν ἄρα τὸ ἀγαθὸν κοινόν τι κατὰ μίαν ἰδέαν. ἀλλὰ πῶς δὴ λέγεται; οὐ γὰρ ἔοικε τοῖς γε ἀπὸ τύχης ὁμωνύμοις. ἀλλ' ἆρά γε τῷ ἀφ' ἑνὸς εἶναι ἢ πρὸς ἓν ἅπαντα συντελεῖν, ἢ μᾶλλον κατ' ἀναλογίαν; ὡς γὰρ ἐν σώματι ὄψις, ἐν ψυχῇ νοῦς, καὶ ἄλλο δὴ ἐν ἄλλῳ.*)——译者

③ 关于类比概念，参见第5章，§3。——作者

六卷第4章（1027b. 20）的那段话中[①]，他足够明确地说道：“真的东西是对联结的肯定以及对分离的否定，而假的东西则是这两方面的对立面。”第九卷第10章甚至说得更为清楚：“那认为分离的东西是分离的，联结的东西是联结的，他就在思‘真的’（wahr）；而那主张与实际相反的东西的，就是在犯错。”[②] 由此就产生了永恒的、必然的“真”（Wahrheit）同有时间的、可变化的“真”之间的区分：“因此，如果一些事物总是站在一起并且不可能被分开，而另一些事物则总是分开着并且绝不允许联结在一起，最后，还有一些事物能够容许上面对立的双方……因此，就最后一种情形来说，同一意见和同一言说既可以成为真的，又可以成为假的；它能够有时是正确的，有时是错误的；但对于那不能够是他者的东西来说，同一意见则不会有时为真，有时为假，而是永远为真和永远为假。”[③] 从“真的思想同事情相一致”（die Uebereinstimmung

① 见前，第43页，注1。——作者

② 《形而上学》第九卷第10章，1051b. 3：那认为分离者分离和联结者联结的人，就是在说真话，而那反过来主张事情的人就是在说假话。（*ὥστε ἀληθεύει μὲν ὁ τὸ διῃρημένον οἰόμενος διῃρῆσθαι καὶ τὸ συγκείμενον συγκεῖσθαι, ἔψευσται δὲ ὁ ἐναντίως ἔχων ἢ τὰ πράγματα.*）——作者

③ 《形而上学》第九卷第10章，1051b. 9：如果一些东西总是联结在一起而不能分离，另一些东西总是分离而不能联结在一起，还有一些东西则容许对立的双方……就那些容许对立双方的东西来说，同一意见和同一逻各斯既能够成为假的，也能够成为真的；它容许有时是真的，有时是假的。但对于那些不能够有其他情形的东西来说，则不可能有时成为真，有时成为假，相反，同一个东西总是要么为真，要么为假。（*εἰ δὴ τὰ μὲν ἀεὶ σύγκειται καὶ ἀδύνατα διαιρεθῆναι, τὰ δ᾽ ἀεὶ διῄρηται καὶ ἀδύνατα συντεθῆναι, τὰ δ᾽ ἐνδέχεται τἀναντία…περὶ μὲν οὖν τὰ ἐνδεχόμενα ἡ αὐτὴ γίγνεται ψευδὴς καὶ ἀληθὴς δόξα καὶ ὁ λόγος ὁ αὐτός, καὶ ἐνδέχεται ὁτὲ μὲν ἀληθεύειν ὁτὲ δὲ ψεύδεσθαι· περὶ δὲ τὰ ἀδύνατα ἄλλως ἔχειν οὐ γίγνεται ὁτὲ μὲν ἀληθὲς ὁτὲ δὲ ψεῦδος, ἀλλ᾽ ἀεὶ ταὐτὰ ἀληθῆ καὶ ψευδῆ.*）——作者

des wahren Denkens mit der Sache）这一要求出发，对它的思考在亚里士多德那儿就产生出了进一步的要求，那就是，在事物中没有联结的地方，这些事物也就不可能通过联结即通过某一谓词同某一主词的结合而被知性所认识。他问道：“在非结合而成的东西那儿，‘是’（sein）和‘不是’（nichtsein），‘真的’（wahr）和‘假的’（falsch）是什么？”对此他回答说，把握和表达在这儿指的是真的（也即是说，肯定和表达——*κατάφασις* 和 *φάσις* 不是一回事，参见《解释篇》第 4 章，16b. 28[①]），在这儿与真的东西相对立的不是错误，而是无知[②]。因此，亚里士多德宣称，就那些关于单纯“所是”的观念而言，即就那些摆脱了任何质料和潜能的东西的观念而言——如神、纯粹形式、绝对单纯的行动，它们不可能通过某种进行结合的思想而被认识，而是只能通过一种单纯的把握被认识，因此，关于它们不可能有任何的欺骗，只可能有知道或不知道。他说：“关于那些非复合的‘所是’，人们不可能被欺骗。”“关于那是某一‘什么’和是现实的东西，没有任何的欺

---

① 《解释篇》第 4 章，16b. 28：句子是有意义的声音，它的诸部分——作为表达而不是作为肯定，各自也都是某种有意义的东西。我的意思是：例如，人意指某种东西，但并不意指“他是”或“他不是”（但如果某种东西被加进来，则他将是某种肯定或否定。）但人的每一个音节，则不意指任何东西。（*λόγος δέ ἐστι φωνὴ σημαντική, ἧς τῶν μερῶν τι σημαντικόν ἐστι κεχωρισμένον, ὡς φάσις ἀλλ' οὐχ ὡς κατάφασις. λέγω δέ, οἷον ἄνθρωπος σημαίνει τι, ἀλλ' οὐχ ὅτι ἔστιν ἢ οὐκ ἔστιν (ἀλλ' ἔσται κατάφασις ἢ ἀπόφασις ἐάν τι προστεθῇ)· ἀλλ' οὐχ ἡ τοῦ ἀνθρώπου συλλαβὴ μία.*）——译者

② 《形而上学》第九卷第 10 章，1051b. 17：关于那些非结合的东西，“是”或“不是”，“真”或“假”是什么？……然而……把握和表达是真（因为肯定和表达不是一回事），无知是不把握。（*περὶ δὲ δὴ τὰ ἀσύνθετα τί τὸ εἶναι ἢ μὴ εἶναι καὶ τὸ ἀληθὲς καὶ τὸ ψεῦδος; ...ἀλλ' ἔστι...τὸ μὲν θιγεῖν καὶ φάναι ἀληθές (οὐ γὰρ ταὐτὸ κατάφασις καὶ φάσις), τὸ δ' ἀγνοεῖν μὴ θιγγάνειν.*）——作者

骗，有的只可能是知道或不知道。”①

从以上所有这些那儿，我们前面的主张得到了证实，那就是：根据亚里士多德，“真”（Wahrheit）处在知性与物的一致中，处在两者的符合中②。“思”（Denken）与“是”（Sein）之间的这种相对

① 《形而上学》第九卷第10章，1051b. 26：这同样适合于那些非复合的“所是”，因为关于它们不可能有欺骗。它们全都在现实上是着，而不是在潜能上是着；否则它们就将生成和毁灭。然而，“是（者）”自身既不生成也不毁灭，不然它就会从某物那儿生成出来。所有那些在“是什么”和“现实”上是着的东西，关于它们不可能有欺骗，而是要么认识要么不认识。（*ὁμοίως δὲ καὶ περὶ τὰς μὴ συνθετὰς οὐσίας· οὐ γὰρ ἔστιν ἀπατηθῆναι. καὶ πᾶσαι εἰσὶν ἐνεργείᾳ, οὐ δυνάμει· ἐγίγνοντο γὰρ ἂν καὶ ἐφθείροντο· νῦν δὲ τὸ ὂν αὐτὸ οὐ γίγνεται οὐδὲ φθείρεται· ἔκ τινος γὰρ ἂν ἐγίγνετο. ὅσα δή ἐστιν ὅπερ εἶναί τι καὶ ἐνέργειαι, περὶ ταῦτα οὐκ ἔστιν ἀπατηθῆναι ἀλλ' ἢ νοεῖν ἢ μή.*）在这儿要注意（与《论灵魂》第三卷相一致），关于“是什么”（*τί ἐστιν*），只可能“偶然地”（*κατὰ συμβεβηκός*）有某种错误；因此，这同样适用于各种单纯的“所是”，根据在《形而上学》第七卷和第八卷中所发展出来的理论，在单纯“所是”那儿，“是者”（das Seiende）和“是其所是”（*τί ἦν εἶναι*）是同一的。但在复合物的“是什么”（*τί ἐστιν*）那儿，错误会以两重方式发生（参见上面第44页）；不仅当某一定义用在那被定义的事物身上时会发生错误，而且尤其当该定义由彼此矛盾的部分所构成时。例如，如果有人说，3是连续的数量。在各种单纯的“所是”那儿——对它们的本质规定不可能通过属和种差构成，这种错误就同样是不可能的。它们的本质没有部分，它们的概念同样没有。我们不会以这种方式拥有在其单纯性中实现了的、与神圣“所是”相应的神之观念。亚里士多德这样说道：“真意味着知道这些东西。在这里没有假，也没有欺骗，有的是无知，但又不是如盲瞎一样，因为盲瞎类似于思想能力的某种完全丧失。”（*τὸ δὲ ἀληθὲς τὸ νοεῖν ταῦτα· τὸ δὲ ψεῦδος οὐκ ἔστιν, οὐδὲ ἀπάτη, ἀλλὰ ἄγνοια, οὐχ οἵα ἡ τυφλότης· ἡ μὲν γὰρ τυφλότης ἐστὶν ὡς ἂν εἰ τὸ νοητικὸν ὅλως μὴ ἔχοι τις.*）如果对于这种认识的能力能够被赋予给我们，那么，一种是态学上的证明之可能性由此也就同时被承认了。一种通过自身而必然已经是着的东西，基于它那被把握了的本性，它的存在（Existenz）将能够直接加以推出。——作者

② 关于这一点也可以参见《范畴篇》第5章，4a. 37。《解释篇》第9章，等等。——作者

关系，如每一种相对关系一样，是相互的[①]；但是，它不能以如在大多数相对关系那儿所表现出来的那种方式进行反转。知同被知者的关系在知中有着一种实在的基础，然而被知者同知的反转关系显然只能通过知性的运用而发生；因此，那现在已经被接纳为关系中的相关物的东西方才是关系的真正基础，被知者并不是因为它同某一另外的东西相关而是“相对物”（*πρός τι*），而是因为某一另外的东西同它相关[②]。

我们在《形而上学》第五卷第15章中所发现的这一学说之基础，容易理解。我们的思想同事物之间的和谐或不和谐并不会对事物的持存施加任何变化；事物独立于我们的思想，并且始终不

① 《范畴篇》第7章，6b. 28：所有的相对物都被说成是相互的；例如，我们说奴隶是主人的奴隶，主人是奴隶的主人……。（*πάντα δὲ τὰ πρός τι πρὸς ἀντιστρέφοντα λέγεται, οἷον ὁ δοῦλος δεσπότου λέγεται δοῦλος καὶ ὁ δεσπότης δούλου δεσπότης, κ. τ. λ.*）参见，同上，7b. 12。——作者

② 《形而上学》第五卷第15章，1021a. 26：因此，就数目和能力来说的所有相对物，之所以是相对物，乃是因为其所是本身处在同他物的关系中，而不是因为他物处在同它的关系中。而可测度的东西、可知的东西以及可思的东西之所以被称作是相对物，乃是因为他物同它们相关。因为可思想的东西意指有着关于该东西的思想，但思想并不是思想所涉及的那种东西的思想，否则同一件东西将会被说两遍。（*τὰ μὲν οὖν κατ᾽ ἀριθμὸν καὶ δύναμιν λεγόμενα πρός τι πάντα ἐστὶ πρός τι τῷ ὅπερ ἐστὶν ἄλλου λέγεσθαι αὐτὸ ὅ ἐστιν, ἀλλὰ μὴ τῷ ἄλλο πρὸς ἐκεῖνο. τὸ δὲ μετρητὸν καὶ τὸ ἐπιστητὸν καὶ τὸ διανοητὸν τῷ ἄλλο πρὸς αὐτὸ λέγεσθαι πρός τι λέγονται. τό τε γὰρ διανοητὸν σημαίνει ὅτι ἔστιν αὐτοῦ διάνοια, οὐκ ἔστι δ᾽ ἡ διάνοια πρὸς τοῦτο οὗ ἐστὶ διάνοια· δὶς γὰρ ταὐτὸν εἰρημένον ἂν εἴη.*）“可思想的东西”（*διανοητόν*）和“思想”（*διάνοια*）被视作能力，那被实际认识的东西和认识活动自然也被视作能力，如1021a. 17所讲的，如“能够加热的东西”（*τὸ θερμαντικόν*）和“能够被加热的东西”（*τὸ θερμαντόν*）一样，“加热的东西”（*τὸ θερμαῖνον*）和“被加热的东西”（*τὸ θερμαινόμενον*）以同样的方式彼此相应。参见《形而上学》第十卷第6章，1056b. 34和1057a. 9。——作者

为它所影响。《形而上学》第九卷第 10 章说道：“并不因为我们真地相信你是白的，你便是白的。”相反，我们的思想依赖于事物，为了是真的就必须以它们为准绳：“反之，因为你是白的，说出这一点的我们说出了‘真’（Wahrheit）。”[①] 同样，在《范畴篇》第 5 章中他说道：“因为事物是或不是，我们才会说一个陈述是真的或是假的。”[②] 不是事物是我们思想的映像，我们的思想反倒反映着事物，就像语词反映着思想一样（《解释篇》第 1 章，16a. 6）[③]；我们的知性只有通过科学达到同事物的这种符合，即到达“真”（Wahrheit），它方才抵达它的目标。因此，在第一哲学的开篇处就这样说道：“所有的人在本性上就渴望求知。”（*Πάντες ἄνθρωποι τοῦ εἰδέναι ὀρέγονται φύσει.*）

善是意志努力追求的东西，同样，真的东西是知性将之作为目标加以指向的东西。但这两者之间有着下面这一区别：意志要能够享有它所要求的东西，要能够抵达它所要求的东西，取决于它所愿望的对象在它之外实际地存在着；相反，当知性活动的对

① 《形而上学》第九卷第 10 章，1051b. 6：不是因为我们真地认为你是白的你便是白的，相反，因为你是白的，说出了这一点的我们在说真话。（*οὐ γὰρ διὰ τὸ ἡμᾶς οἴεσθαι ἀληθῶς σε λευκὸν εἶναι εἶ σὺ λευκός, ἀλλὰ διὰ τὸ σὲ εἶναι λευκὸν ἡμεῖς οἱ φάντες τοῦτο ἀληθεύομεν.*）——作者

② 《范畴篇》第 5 章，4b. 8：因为人们说陈述是真的或假的，乃根据事物的“是”或“不是”。（*τῷ γὰρ τὸ πρᾶγμα εἶναι ἢ μὴ εἶναι, τούτῳ καὶ ὁ λόγος ἀληθὴς ἢ ψευδὴς εἶναι λέγεται.*）——作者

③ 《解释篇》第 1 章，16a. 6：心灵的感受本身——语词首先指称着它们，对于所有人来说是共同的，并且那些感受所反映的事物也是共同的。（*ὧν μέντοι ταῦτα σημεῖα πρώτων, ταὐτὰ πᾶσι παθήματα τῆς ψυχῆς, καὶ ὧν ταῦτα ὁμοιώματα πράγματα ἤδη ταὐτά.*）——作者

象在知性之内取得其存在时，知性就抵达了它的目标。其中一个的目标就是它的对象；而另一个的目标则是对其对象的认识，并且处于心灵本身之中。因此，就有下面这样的话：“真的东西和假的东西不在事物中——仿佛善是真的而恶立马就是假的似的，而是在知性中。”（《形而上学》第六卷第4章）[①] 善和恶就它们与意志的关系来看，它们位于事物中；善之概念，当它附着在欲求能力之上时，它就从与被欲求的事物相应的概念中生起。我们称那意欲了善的东西的意志是善的。反之，“真”（Wahrheit）位于那进行认识的心灵中。

然而，只有当心灵进行判断时，它才会认识“真”（Wahrheit）。如果“真”是认识能力同被思想的对象的符合的话，那么，这就意味着只有当认识能力把握了它同实际的符合时，该认识能力方才会认识到“真”。任何感觉力都做不到这一点。外感、想象，最多能在它们自身中创生出实际东西的映像，但它们绝不能抵达对该图像与对象之间的关系的认识。只要知性将它的活动限制在表象活动和概念构造上，那么，它也抵达不到这一点；只有当它判断事物是如它所认识的那样，它才认识到“真”。因此，关于判断的那个定义（参见《解释篇》第4章）才会是这样的[②]：判断是一种思想活动，它乃是对真的东西和假的东西的思想。

但是，即使以这种方式确定“真”（Wahrheit）在首要的和最真实的意义上仅仅在知性的判断中有其处所，这也并未排除“真的”（wahr）这一名称在次要的和类比的方式上也能够适用于感

① 《形而上学》第六卷第4章，1027b. 20：参见第23页，注4。——作者

② 《解释篇》第4章，17a. 2。参见第43页，注3。——作者

官本性之能力和概念构造的能力，以及适用于事物本身。正如健康这一名称，它首先用在健康的身体上，但它然后能加以延伸，以致一些东西因保持了健康而被称作是健康的，另一些东西因导致了健康而被称作是健康的，还有一些东西因是健康的标志或能够健康而被称作是健康的（参见《形而上学》第四卷第2章，1003a. 35[①]）；“真”（Wahrheit）这一名称同样首先用在真的判断之上，进而延伸到概念、感觉表象以及外部事物之上，所有这些都同它有着紧密的关系。因为如我们所看到的，“实际性”（die Wirklichkeit）[②] 乃是我们的判断之真所取决于的那种东西；而概念就是被那进行判断的知性认识为同“是”（das Sein）相符合或不相符合的东西，即使它们并未实施出一致，那它们至少包含着与这个对象的某种一致，与那个对象的某种不一致。这同样适用于各种感觉表象。

因此，我们有着关于“真的”（wahr）和“假的”（falsch）的多重概念：（1）在首要和最真实的意义上的“真”（Wahrheit）

---

① 《形而上学》第四卷第2章，1003a. 35：一种东西因保持健康而是健康的东西，一种东西因导致健康而是健康的东西，一种东西因是健康的标志而是健康的东西，一种东西因能够接受健康而是健康的东西 。或者如医术上的东西关乎医术那样；一种东西因拥有医术而被称作是医术上的东西，一种东西因天生很好地适用于医术而被称作是医术上的东西，一种东西因是医术的功用而被称作是医术上的东西。（*τὸ δὲ ὂν λέγεται μὲν πολλαχῶς, ἀλλὰ πρὸς ἓν καὶ μίαν τινὰ φύσιν καὶ οὐχ ὁμωνύμως ἀλλ᾽ ὥσπερ καὶ τὸ ὑγιεινὸν ἅπαν πρὸς ὑγίειαν, τὸ μὲν τῷ φυλάττειν τὸ δὲ τῷ ποιεῖν τὸ δὲ τῷ σημεῖον εἶναι τῆς ὑγιείας τὸ δ᾽ ὅτι δεκτικὸν αὐτῆς. καὶ τὸ ἰατρικὸν πρὸς ἰατρικήν· τὸ μὲν γὰρ τῷ ἔχειν ἰατρικὴν λέγεται ἰατρικὸν τὸ δὲ τῷ εὐφυὲς εἶναι πρὸς αὐτὴν τὸ δὲ τῷ ἔργον εἶναι τῆς ἰατρικῆς.*）——译者

② die Wirklichkeit，该词来自动词 wirken（起作用，生效），也可以译为“真实性”、“实在性”或“现实性”。——译者

和错误（Irrtum）。它们仅仅位于判断中。这也首先意味着对于判断来说不可能同时既是真的又是假的。（2）真的（wahr）和假的（falsch），正如它们适用于单纯的知性把握（Verstandesperception），它们也适用于定义和感觉。这以双重方式发生：首先，当根本没有任何实际的东西与之相应时，某一表象或某一思想被称作是假的；就此而言，所有其他的情形是真的。其次，每一知觉和定义，就它们被用于其他东西身上而言——该东西不同于它们真正是其定义和肖像的东西，是假的；在相反的情形下则是真的。因此，正如我们在前面已经了解到的，每一定义，如果它是一物的真定义，那它就是另一物的假定义；例如，圆的真定义对于三角形来说就是一个假定义（见前）。所以，一个概念在一定的方式上能够同时既是真的又是假的。在自己那儿是真的，通过同那异于它的东西的关系就能够是假的；在自己那儿是假的，通过偶性就能够是真的，正如当有人说，人首马身的东西是神话中的怪物。（3）在事物中的“真”（Wahrheit）和“假”（Falschheit）。真的东西和假的东西的这种方式与前面所思考的那两种方式有关系，但同它们中的任何一种既不等同，也不同名同义。我们已经看到，根据亚里士多德，善和恶首先位于事物中，然后一种意志就其欲求某种善的东西或恶的东西而言也被称作是善的或恶的。现在，如果真的东西和假的东西首先位于进行判断的心灵中，那么，一个事物将如何被称作是真的或假的？显然只能就它构成了某一真的或假的判断之对象而言。因此，鉴于我们的判断，事物才被称作是真的或假的，这也以双重方式发生：a. 它们“是”或者“不是”，这要么是它们能够“是”但却“不是”，并由此对其存在（Existenz）的断言将是假的，要么该断言包含着某种矛盾。例如，正方形的边长同其对角线可通约，《形而上学》第五卷第29章就将之举作这种假的事物的例子。在这儿还可以举出于《形而上学》第二卷第1章结尾处所说的，即每一东西分得了多少“是”（Sein），也就分得了多少“真”（Wahrheit）[①]。于是，那将矛盾的属性集于一身的东西，不可能的东西，总是假的，并且是最假的东西；具有偶然的“是”（Sein）的东西，有时是真的，有时是假的；必然的东西、摆脱了所有潜能的东西，是永远真的，并且是最真的东西[②]。b. 事物是真的或假的，乃是就它是下面这类东西来说的，它招致了关于它的某种真的或假的意见，一幅通过幻灯机所形成的图画——它很容易被以为是人自身，或者一个梦，或者一块当作一枚银币流通的铅块，都以这种方式被称作是假的。还可以就下面这类东西来说，即任何不是由“所是”和偶性、属和种差所结合而成的东西（见上，第50页，注1.），以及那无论怎样都在其“是”（Sein）上被把握的东西，它们不仅排除了任何的欺骗，而且还排除了混杂错误的所有可能性，它们是最远离假的东西。（4）最后，尤其用于人身上的“真”（Wahrheit）和“假”（Falschheit）。一个人被称作是假的，或者因为他喜欢假的言辞，并且爱说不真的话——即使从中并未得到任何好处（说谎者），或者因为他向他人教授了假的看法，在这种情形下他相似于那些导

① 《形而上学》第二卷第1章，993b. 30：每一东西对“是”的拥有是怎样的，对“真”的拥有也就是怎样的。（*ὥσθ' ἕκαστον ὡς ἔχει τοῦ εἶναι, οὕτω καὶ τῆς ἀληθείας.*）——作者

② 《形而上学》第二卷第1章，993b. 28。参见993b. 11。——作者

致某种假象的事物。与之相反的乃“真的人”这一概念；因为在《小希庇阿斯篇》中试图诡辩地阐述真的东西和假的东西是一回事的柏拉图是不正确的，因为他把会说谎的人看作说谎者，从而把能够说谎的人和爱说谎的人混为一谈[①]。

因此，从以真的东西和假的东西的名称来加以标明的不同概念的类比那儿我们认识到，亚里士多德在前面所引的他的不同表述那儿并没有任何的自相矛盾。“真”（Wahrheit）这一基本概念始终是进行认识的心灵同被认识的事物的一致。

§2. 论真的东西和假的东西——基于“在真之含义上的是者”（*ὂν ὡς ἀληθές*）以及“在假之含义上的不是者”（*μὴ ὂν ὡς ψεῦδος*）这两个概念进行考察

前面所进行的研究已经显示出，亚里士多德在多重含义上使

① 《形而上学》第五卷第 29 章，1025a. 1：这些东西就这样被称作是假的，而假的人就是那擅长和宁愿说这些话的人——他们这样做并不为了别的什么而是自愿，以及那向他人教授了这些话的人——就像我们说那导致了假象的事物是假的一样。因此，在《小希庇阿斯篇》中，说真和假是同一的这话并不正确；因为它假定能够说假话的人——即有所知的人和智慧的人，就是说假话的人，并进而得出那有意为恶的人是更好的……。（*τὰ μὲν οὖν οὕτω λέγεται ψευδῆ, ἄνθρωπος δὲ ψευδὴς ὁ εὐχερὴς καὶ προαιρετικὸς τῶν τοιούτων λόγων, μὴ δι᾽ ἕτερόν τι ἀλλὰ δι᾽ αὐτό, καὶ ὁ ἄλλοις ἐμποιητικὸς τῶν τοιούτων λόγων, ὥσπερ καὶ τὰ πράγματά φαμεν ψευδῆ εἶναι ὅσα ἐμποιεῖ φαντασίαν ψευδῆ. διὸ ὁ ἐν τῷ Ἱππίᾳ λόγος παρακρούεται ὡς ὁ αὐτὸς ψευδὴς καὶ ἀληθής. τὸν δυνάμενον γὰρ ψεύσασθαι λαμβάνει ψευδῆ, οὗτος δ᾽ ὁ εἰδὼς καὶ ὁ φρόνιμος· ἔτι τὸν ἑκόντα φαῦλον βελτίω κ. τ. λ.*）参见柏拉图《小希庇阿斯篇》。——作者

用“真的”（wahr）和“假的”（falsch）这两个术语；因此，现在要做的就是确定，当他讨论“在真之含义上的是者”（ὂν ὡς ἀληθές）和“在假之含义上的不是者”（μὴ ὂν ὡς ψεῦδος）时，他是在这些含义中的哪一种上使用它们的。

这一问题似乎并不难以决定，因为亚里士多德在《形而上学》第六卷第4章[①]中通过下面这一澄清而对之进行了阐明，那就是：“真之含义上的是者”（ὂν ὡς ἀληθές）和“假之含义上的不是者”（μὴ ὂν ὡς ψεῦδος）仅仅处在判断中——要么是进行肯定的东西要么是进行否定的东西，此外无他。作为真的东西的“是者”（das Seiende）和作为假的东西的“不是者”（das Nichtseiende），都位于结合和分离中，两者都位于对矛盾的分派中；因为真的东西于结合的东西那儿有肯定，于分离的东西那儿有否定，而假的东西则在这两种情形那儿都是相反的。……因为真的东西和假的东西不位于事物中，……而是在知性中，但就单纯的概念来说，它们也不位于知性中。”显然，在这儿判断被称作真的和假的，由此也被称作“是着”（Seiend）和“不是着”（Nichtseiend）；判

① 《形而上学》第六卷第4章，1027b. 18：“在真之含义上的是者”和“在假之含义上的不是者”都位于结合和分离那儿，两者都关乎对矛盾的分派。因为真的东西对结合者进行肯定，对分离者进行否定，而假的东西对这种分派是相反的。……因为真的东西和假的东西不位于事物中，……而位于思想中。但就那些单纯的东西来说，它们也不位于思想中。（τὸ δὲ ὡς ἀληθὲς ὄν, καὶ μὴ ὂν ὡς ψεῦδος, ἐπειδὴ παρὰ σύνθεσίν ἐστι καὶ διαίρεσιν, τὸ δὲ σύνολον περὶ μερισμὸν ἀντιφάσεως. τὸ μὲν γὰρ ἀληθὲς τὴν κατάφασιν ἐπὶ τῷ συγκειμένῳ ἔχει τὴν δ᾽ ἀπόφασιν ἐπὶ τῷ διῃρημένῳ, τὸ δὲ ψεῦδος τούτου τοῦ μερισμοῦ τὴν ἀντίφασιν…οὐ γάρ ἐστι τὸ ψεῦδος καὶ τὸ ἀληθὲς ἐν τοῖς πράγμασιν, …ἀλλ᾽ ἐν διανοίᾳ · περὶ δὲ τὰ ἁπλᾶ καὶ τὰ τί ἐστιν οὐδ᾽ ἐν διανοίᾳ.）——作者

断自身是作为谓词的“是”（das Seiende als Prädicat）所相应的主词。因此，他在这儿所说的“是”（das Sein）不是在命题自身中联结主词和谓词的系词，尤其因为一个进行否定的判断也被称作“是着”（Seiend），而一个进行肯定的判断也被称作“不是着”（Nichtseiend）；相反，这儿所涉及的乃是一种“是者”（ein Seiendes），它谓述整体的、完整加以表达了的判断。一个例子可以澄清这一点。我们假定，一个人想向另一个人证明三角形的三内角之和等于两直角，并且他要求下面这一假设作为证明的起点，那就是：一个外角等于两个不相邻的内角和。现在的问题是：这一假设“是”（ist）或“不是”（ist nicht）？即这一假设是真的，还是假的？“它是！”（es ist!）即它是真的。在这一意义上《后分析篇》要求人们必须事先已经认识一门科学的原理之“它是”（*ὅτι ἔστι*）[①]

我们现在将之同来自《形而上学》第五卷中的另一段话加以比较。他在那儿的第 7 章中说道：“此外，‘是’（Sein）和‘它是’（ist）表明某种东西是真的；而‘不是’（Nichtsein）表明某种东西不是真的，而是假的。这既适用于肯定的表达，也适用于否定的表达。例如，苏格拉底是懂音乐的，即这是真的；或者苏格拉

---

① 《后分析篇》第一卷第 1 章，71a. 11：预先的知识是必须的，有两种情形。有时必须先行假定某些东西“它是”，有时必须理解被说出的东西是什么；有时则两者都必需。（*διχῶς δ' ἀναγκαῖον προγινώσκειν. τὰ μὲν γάρ, ὅτι ἔστι, προϋπολαμβάνειν ἀναγκαῖον, τὰ δέ, τί τὸ λεγόμενόν ἐστι, ξυνιέναι δεῖ, τὰ δ' ἄμφω.*）第一种是各种原理——当然无须要求关乎它们的定义；第二种是必须加以证明的各种属性；第三种是科学之载体（*ὑποκείμενον*）。——作者

底不是白净的，即这也是真的。反之，对角线不是可通约的，即这是假的。”[①] 在这儿，我们在那真正的含义上具有“真的”和“假的”，即它们位于判断中；但我们在这两处注意到某种差异，而该差异并非是无关紧要的。在第一处，“它‘是’”（das“ist”）被当作如判断的某种谓词规定那样加以使用——判断被标明为真的；判断就它自身那方而言占据着主词的位置：（判断）a 是 b，是（真的）。反之，在第二处，“它‘是’”（das“ist”）成为了被宣称为真的命题自身的一个要素，因为它作为系词联结起了主词和谓词：a 是 b。在第一种情形那儿，“它‘是’”（das“ist”）表明一个给出的判断同实际是一致的；但在第二种情形那儿，它自身构成着判断。在前一种情形那儿，“真的”和“假的”既谓述肯定的断言也谓述否定的断言；但在第二种情形那儿，“真的”位于肯定的一方（尽管它有时同一个肯定的规定在一起，有时同一个否定的规定在一起），而“假的”总是位于否定的一方。亚历山大在其评注中对这段话这样说道：“因此，真的东西位于肯定中，而

---

① 《形而上学》第五卷第 7 章，1017a. 31：此外，“是”和“它是”意指着是真的，而“不是”意指着不是真的而是假的，就肯定和否定而言同样如此。例如，“苏格拉底是懂音乐的”，这是真的；或者“苏格拉底不是白净的”，这也是真的。但是，“对角线不是可通约的”，意指“对角线是可通约的”是假的。（*ἔτι τὸ εἶναι σημαίνει καὶ τὸ ἔστιν ὅτι ἀληθές, τὸ δὲ μὴ εἶναι ὅτι οὐκ ἀληθὲς ἀλλὰ ψεῦδος, ὁμοίως ἐπὶ καταφάσεως καὶ ἀποφάσεως, οἷον ὅτι ἔστι Σωκράτης μουσικός, ὅτι ἀληθὲς τοῦτο, ἢ ὅτι ἔστι Σωκράτης οὐ λευκός, ὅτι ἀληθές· τὸ δ᾽ οὐκ ἔστιν ἡ διάμετρος σύμμετρος, ὅτι ψεῦδος.*）根据博尼茨的校订，见《对亚里士多德〈形而上学〉的批评考察》；亚历山大也读为“可通约的”（*σύμμετρος*），参见下面的注。——作者

假的东西位于否定中。”[①] 当施韦格勒反对贝克尔（Bekker）[②] 文本

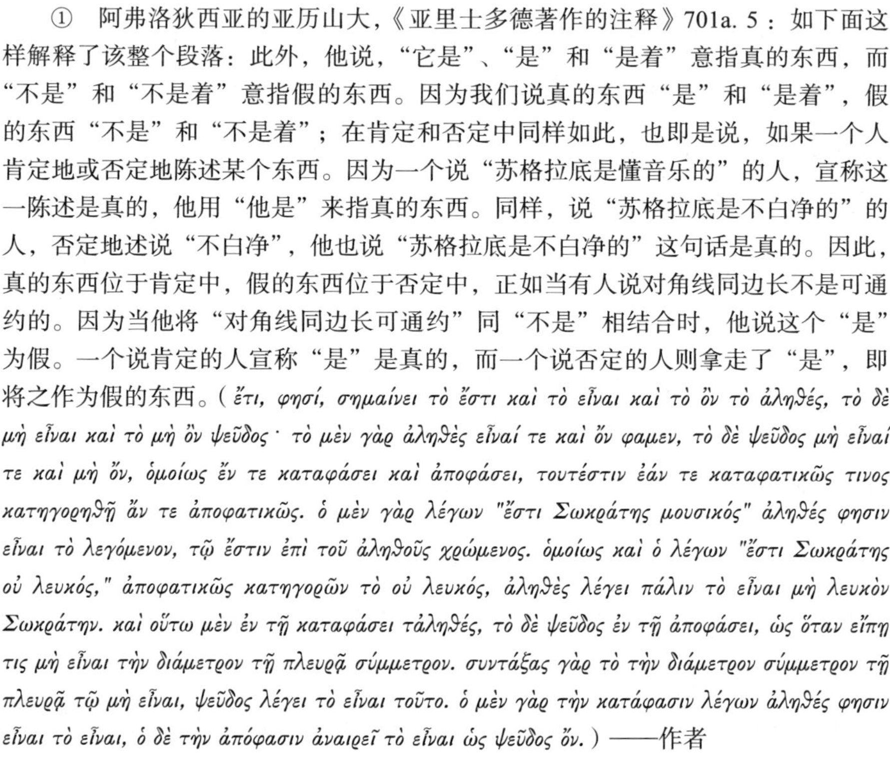

① 阿弗洛狄西亚的亚历山大,《亚里士多德著作的注释》701a. 5：如下面这样解释了该整个段落：此外，他说，“它是”、“是”和“是着”意指真的东西，而“不是”和“不是着”意指假的东西。因为我们说真的东西“是”和“是着”，假的东西“不是”和“不是着”；在肯定和否定中同样如此，也即是说，如果一个人肯定地或否定地陈述某个东西。因为一个说“苏格拉底是懂音乐的”的人，宣称这一陈述是真的，他用“他是”来指真的东西。同样，说“苏格拉底是不白净的”的人，否定地述说“不白净”，他也说“苏格拉底是不白净的”这句话是真的。因此，真的东西位于肯定中，假的东西位于否定中，正如当有人说对角线同边长不是可通约的。因为当他将“对角线同边长可通约”同“不是”相结合时，他说这个“是”为假。一个说肯定的人宣称“是”是真的，而一个说否定的人则拿走了“是”，即将之作为假的东西。（*ἔτι, φησί, σημαίνει τὸ ἔστι καὶ τὸ εἶναι καὶ τὸ ὂν τὸ ἀληθές, τὸ δὲ μὴ εἶναι καὶ τὸ μὴ ὂν ψεῦδος· τὸ μὲν γὰρ ἀληθὲς εἶναί τε καὶ ὄν φαμεν, τὸ δὲ ψεῦδος μὴ εἶναί τε καὶ μὴ ὄν, ὁμοίως ἔν τε καταφάσει καὶ ἀποφάσει, τουτέστιν ἐάν τε καταφατικῶς τινος κατηγορηθῇ ἄν τε ἀποφατικῶς. ὁ μὲν γὰρ λέγων "ἔστι Σωκράτης μουσικός" ἀληθές φησιν εἶναι τὸ λεγόμενον, τῷ ἔστιν ἐπὶ τοῦ ἀληθοῦς χρώμενος. ὁμοίως καὶ ὁ λέγων "ἔστι Σωκράτης οὐ λευκός," ἀποφατικῶς κατηγορῶν τὸ οὐ λευκός, ἀληθὲς λέγει πάλιν τὸ εἶναι μὴ λευκὸν Σωκράτην. καὶ οὕτω μὲν ἐν τῇ καταφάσει τἀληθές, τὸ δὲ ψεῦδος ἐν τῇ ἀποφάσει, ὡς ὅταν εἴπῃ τις μὴ εἶναι τὴν διάμετρον τῇ πλευρᾷ σύμμετρον. συντάξας γὰρ τὸ τὴν διάμετρον σύμμετρον τῇ πλευρᾷ τῷ μὴ εἶναι, ψεῦδος λέγει τὸ εἶναι τοῦτο. ὁ μὲν γὰρ τὴν κατάφασιν λέγων ἀληθές φησιν εἶναι τὸ εἶναι, ὁ δὲ τὴν ἀπόφασιν ἀναιρεῖ τὸ εἶναι ὡς ψεῦδος ὄν.*）——作者

② 贝克尔，全名为奥古斯特·伊曼纽尔·贝克尔（August Immanuel Bekker, 1785—1871），德国古典语言学家，其最为杰出的贡献就是对亚里士多德全集的编订。19 世纪普鲁士王家科学院（Academia Regia Borussica）编辑出版了《亚里士多德著作集》（*Aristotelis Opera*），该著作集一共 5 卷，出版时间跨度为 40 年（1831—1870）。第一、二卷由贝克尔主编，包括当时所能见到的全部亚里士多德著作的希腊原文（Graece）；第三卷是各种各样的拉丁文译本（Latine）；第四卷是由布朗迪斯（Brandis）收集的各种对亚里士多德著作的注释（Scholia in Aristotelem）；第五卷包括三个部分，一是由瓦伦丁·罗瑟（Valentin Rose）收集的亚里士多德著作残篇（Fragmenta），二是对亚里士多德著作注释的补遗（Scholia in Aristotelem, Supplementum），三是由赫尔曼·博尼茨（Hermann Bonitz）编辑的亚里士多德索引（Index Aristotelicus）。普鲁士王家科学院版的第一、二卷共收集亚里士多德著作 45 部，其希腊文本成为了整个学术界的标准本，

中的“对角线是不可通约的”（ἡ διάμετρος ἀσύμμετρος）时，他也说道：“对角线不是不可通约的，即它是可通约的——这的确是一个假的断言；换句话说，上面那句话包含着一个假的陈述。但在这一上下文中所处理的并不是它。”① 差异是清楚的；当亚里士多德在《形而上学》第四卷中试图证明那允许一个命题为真的或假的的人也必须得允许无数的其他命题为真的或假的时，他本人澄清了该差异：“反之，即使他们主张有一个例外，一个人（他宣称一切皆是真的）面对对立的主张，就宣称唯有这一主张不是真的，而另一个人（宣称一切皆是假的），面对他自己的主张，就宣称唯有这一主张不是假的，但他们依然还是假设了无数真的和假的命题，因为那称一个真命题是真的的命题自身也是真的，其结果就是走向无穷。”② 但下面这一点依然肯定是正确的，那就是：如那通过第二个判断宣称第一个判断自身同事实相一致的人一样，那作出第一个判断的人，也同样进行了知性——也即位于其中的诸

后来出现的各种亚里士多德希腊文本以及学者们对亚里士多德希腊原文的引用都根据它的页码和行次。贝克尔所编辑的亚里士多德希腊文每页分为左右（即a、b）两列，因此，后世在引用亚里士多德希腊原文时先写页，然后写列，最后写行。例如，《形而上学》以980a. 22开始，这意味着它在贝克尔版本中的第980页a列第22行。——译者

① 施韦格勒，《亚里士多德的形而上学》，Ⅲ，第213页。——作者

② 《形而上学》第四卷第8章，1012b. 18：即使一个人选择唯有那对立的不是真的，另一个人选择唯有他自己的不是假的，但他们依然还是要求了无数真和假的命题。因为那称一个真命题为真的命题自身也是真的，这将走向无穷。（ἐὰν δ' ἐξαιρῶνται ὁ μὲν τὸν ἐναντίον ὡς οὐκ ἀληθὴς μόνος ἐστίν, ὁ δὲ τὸν αὑτοῦ ὡς οὐ ψευδής, οὐδὲν ἧττον ἀπείρους συμβαίνει αὐτοῖς αἰτεῖσθαι λόγους ἀληθεῖς καὶ ψευδεῖς. ὁ γὰρ λέγων τὸν ἀληθῆ λόγον ἀληθῆ ἀληθής, τοῦτο δ' εἰς ἄπειρον βαδιεῖται.）——作者

表象——同事物之间的比较。下面这一点也是确定无疑的：系词“是”（das “sein” der Copula）并不标明对“是”（das Sein）的一种强调，并不标明一种实在的属性，因为我们也肯定地陈述各种否定和缺失、各种纯粹虚构的关系以及其他完全任意的思想构造物，正如在前面所引的《形而上学》第四卷第2章中亚里士多德所说的：“因此，我们也说，‘不是者’（das Nichtseiende）是一个‘不是者’（ein Nichtseiendes）。”[①] 我们还会说“每一种量都同它自身相等。”——即使在事物的本性中肯定找不到如相等这样的一种“关系”（πρός τι），以及“人首马身的东西是神话中的怪物，朱庇特是一位假神。”等等。显然我们并未因所有这些肯定而同意任何一种实在。在这儿，“它‘是’”（das “ist”）仅仅标明“那是真的”。亚历山大在前面所引的那儿说道：“那表达肯定的人，说它是真的；而那进行否定的人，则将‘是’（das Sein）当作某种假的东西加以取消。”因此，系词“是”（das sein der Copula）除了“真之含义上的‘是’”（εἶναι ὡς ἀληθές）外，别无他意。本节开头所引的那段话（《形而上学》第六卷第4章），尽管并未清楚地包含这一点，但肯定也不会排除这一点。

由此而来的立马是更广泛的“真之含义上的‘是者’”（ὂν ὡς ἀληθές），现在不仅判断属于它，而且诸概念也被纳入它的领域——只要关于它们能够形成一个肯定的断言并且系词“是”（das sein der Copula）由之能够被赋予它们；以这种方式，甚至“不是者”（das Nichtseiende）——既然它是一个“不是

---

① 《形而上学》第四卷第2章，1003b. 6。参见前面第16页。——作者

者”（ein Nichtseiendes），也“是一个不是者”（ein Nichtseiendes seiend）[①]，因此，一种“真之含义上的是者”（ὂν ὡς ἀληθές），以及所有的思想产物——即所有那些存在于我们的心灵中能够客观地成为一个真的、肯定的断言之主词的东西，都属于它。没有什么我们在我们的心灵中所构成的东西会被剥夺所有的实在，以至于完全从“真之含义上的是者”（ὂν ὡς ἀληθές）这一领域中给排除出去；亚里士多德也确认了这一点，他在《形而上学》第五卷第12章（1019b. 6）中说：“缺失（στέρησίς）在一定程度上是一种状态（ἕξις）；如果真是如此，那么，每一东西都将因某种肯定的东西属于它而是某种东西。然而，‘是者’（das Seiende）是一种以同名异义的方式加以述说的东西。”[②]他想说的是，在某种情形下缺失也能够被看作是一种状态（ἕξις），即被看作是一种肯定的状态；由此就意味着，被剥夺（Beraubtsein）也是一种具有，即对剥夺的具有。因此，所有一切都通过某种具有，即通过某种肯定的状态而是它所是的[③]。但是，缺失之所以能够被标明为某种状态（ἕξις）

① 在前面当我们讨论“依偶然而来的是者”（ὂν κατὰ συμβεβηκός）时，我们已经认识了如否定能够被称为一种“是者”（ein Seiendes）的那样一种方式（见前第29页）。我们在这儿所谈论的这种方式是一种不同的方式，但它也清楚地出现在前面那一段落中。因为在那儿也说不白净是着；既然不白净偶然发生其间的东西（συμβέβηκε，参见《解释篇》第13章，23b. 16）是着，因此，这种偶然发生也是一种“是”（ein Sein），但不是实在的“是”，它是一种“真之含义上的是者”（ὂν ὡς ἀληθές），因为人是不白净的，这是真的。——作者

② 《形而上学》第五卷第12章，1019b. 6：如果缺失在某种程度上是一种具有，那么，所有的东西都将因具有而是某种东西。但“是”乃同名异义加以述说的东西。（εἰ δ᾽ ἡ στέρησίς ἐστιν ἕξις πως, πάντα τῷ ἔχειν ἂν εἴη τι. ὁμωνύμως δὲ λεγόμενον τὸ ὄν.）参见第四卷，第2章，1003b. 6。——作者

③ 参见施韦格勒，《亚里士多德的形而上学》，Ⅲ，第225页。——作者

和一个人所具有的某种东西，乃是因为“是者”（*ὄν*）被同名异义地加以述说——在那儿甚至缺失和否定在某种方式上也是物。这恰恰是我们这儿所说的“真之含义上的是者”（*ὂν ὡς ἀληθές*）的这一方式。它总是和“实际的‘是’”（das wirkliche Sein）同名异义地使用着同一个名称，甚至“在真的东西之意义上的‘是’”（das Sein in dem Sinne des Wahren）、作为系词的“是”（das Sein der Copula），也同那些在心灵之外有着实际存在（die wirkliche Existenz）的事物联系起来；甚至它作为某种偶然的东西必须同它们“在本质上的‘是’”（das essentielle Sein）区分开，正如我们已经听说的，因为当在“真”（Wahrheit）上宣称某种关于它的东西时它对于每一事物来说都是偶然的[①]。

因此，即使命题之主词是一个实在的概念，“系词‘是’”（die Copula “Sein”）和“作为真的东西的‘是者’”（das Seiende als Wahres）都以下面这种方式关乎“是者”的余下种类（*περὶ τὸ λοιπὸν γένος τοῦ ὄντος*），那就是，它们并未揭示出“是者”的任何独特的、存在于心灵之外的本性（*οὐκ ἔξω οὖσάν τινα φύσιν τοῦ ὄντος δηλοῦσιν*）[②]。其原因在于那进行联结和分离、肯定和否定的人类知

---

① 因此，他在《形而上学》第十卷第6章（1056b. 33：）中说：……它们如那些就其自身并不是相对物的相对物那样是彼此对立的。我们在其他地方已经做出了区分，那就是相对物在双重含义上被说，一种是如相反者那样；另一种是如知识对于可知的东西那样，即一种东西之所以被说，乃是因为另外的东西与之相关。（*…ταῦτα δὲ ὡς τὰ πρός τι, ὅσα μὴ καθ' αὑτὰ τῶν πρός τι. διῄρηται δ' ἡμῖν ἐν ἄλλοις ὅτι διχῶς λέγεται τὰ πρός τι, τὰ μὲν ὡς ἐναντία, τὰ δ' ὡς ἐπιστήμη πρὸς ἐπιστητόν, τῷ λέγεσθαί τι ἄλλο πρὸς αὐτό.*）——作者

② 《形而上学》第六卷第4章，1028a. 1。见前面第29页，注2；参见《形

性的运用[①]，而不在于形而上学力图从中认识“是者作为是者”（ὂν ᾗ ὄν）的那些最高的实在原则。因此，如“依偶然而来的是者”（ὂν κατὰ συμβεβηκός）一样，它也同样被排除在形而上学的思考之外[②]。但是，这并不意味着它如前者一样，根本不可能对之进行科学的探究；相反，亚里士多德说，它应当加以考察，只不过不属于形而上学罢了[③]。如果我们没有弄错的话，整个逻辑学所关涉的对象无非是属、种、种差、定义、判断和推论。所有这些都不具有任何外在于心灵的“是”（Sein）[④]。因此，对于它们来说剩下的唯有“真之含义上的是者”（ὂν ὡς ἀληθές）；逻辑学作为纯粹的形式科学，也有别于哲学的其余那些实在部分[⑤]。

而上学》第六卷第4章，1027b. 31。——作者

① 《形而上学》第六卷第4章，1027b. 34：原因在于……思想的某种情状。（τὸ γὰρ αἴτιον...τοῦ δὲ τῆς διανοίας τι πάθος.）《形而上学》第十一卷第8章，1065a. 22：（“在真之含义上的是者”）位于思想的结合中，它是思想的情状。（(τὸ ὡς ἀληθὲς ὄν) ἔστιν ἐν συμπλοκῇ τῆς διανοίας καὶ πάθος ἐν ταύτῃ.）——作者

② 《形而上学》第六卷第4章，1028a. 2：因此，让我们抛开这两者，应当加以考察的乃作为“是者”的“是者”自身的各种原因和原理。（διὸ ταῦτα μὲν ἀφείσθω, σκεπτέον δὲ τοῦ ὄντος αὐτοῦ τὰ αἴτια καὶ τὰς ἀρχὰς ᾗ ὄν.）——作者

③ 《形而上学》第六卷第4章，1027b. 28：理当研究这种意义上的“是者”和“不是者”，我们在后面将予以考察。（ὅσα μὲν οὖν δεῖ θεωρῆσαι περὶ τὸ οὕτως ὂν καὶ μὴ ὄν, ὕστερον ἐπισκεπτέον.）——作者

④ 属、种等以及一般普遍的东西诚然位于心灵之外，并且是事物（参见《解释篇》第7章，17a. 38），但是，没有普遍的东西作为普遍的东西而存在，而是仅仅就某一包含于其下的个体存在来说的。命题“人是一个种”仅仅将人思考为一种“在真之含义上的是者”（ὂν ὡς ἀληθές）。——作者

⑤ 逻辑学属于理论科学，不属于实践科学或创制科学（参见布兰迪斯，《希腊-罗马哲学》，Ⅱ，2，1，第139页）；但在将理论科学划分为物理学、数学和第一哲学时，它并未找到它自己的位置。这一引人注目的现象通过下面这一点而得到解释，那就是：唯有后面那些学科考察“实在的‘是’”（das reelle Sein），它们根

据位于其思考方式中的抽象的三种程度而区别开来，而逻辑学讨论仅仅“理性上的‘是’”（das rationelle Sein），即“真之含义上的是者”（ὂν ὡς ἀληθές）。因此，《形而上学》第四卷第3章（1005b. 3）将它标明为探究“真”（περὶ τῆς ἀληθείας）。当布兰迪斯（《希腊–罗马哲学》，第41页）谈到逻辑学就其对象来说似乎同其他科学并无本质上的不同时，这能够从前面所说的“真之含义上的是者”（ὂν ὡς ἀληθές）那儿得到解释，它关乎“是者”的余下种类（περὶ τὸ λοιπὸν γένος τοῦ ὄντος）。《形而上学》第六卷第4章，1028a. 1。——作者

第　四　章

潜能和现实上的“是者”

（ὂν δυνάμει καὶ ἐνεργείᾳ）

我们还必须得加以讨论的“是者”（das Seiende）之两种含义——即被分到诸范畴中的“是者”以及“潜能和现实上的是者”（ὂν δυνάμει καὶ ἐνεργείᾳ），是共属一体的，并且彼此紧密联系在一起[①]。因此，对于它们来说有着共同点，那就是：关于“是者”的科学（die Wissenschaft des Seienden），即形而上学，以相同的方式研究它们两个[②]；但正如我们所看见的，“依偶然而来的是者”（ὂν κατὰ συμβεβηκός）和在真的东西这一含义上的“是者”（das Seiende）都一起被从形而上学那儿给排除出去了。既然“是者”（das Seiende）作为最普遍者述说一切[③]，由此对于形而上学之对象来说就意味着：就它在心灵之外有某种“是”（ein Sein）来说——这种“是”与它

① 参见布兰迪斯，《希腊-罗马哲学》，Ⅲ，1. 第 46 页，注 85。以及从普伦德尔（Prantl）那儿所引的那个段落。——作者

普伦德尔，全名为卡尔·冯·普伦德尔（Carl von Prantl, 1820—1888），德国哲学家，著有多卷本的《西方逻辑学史》（*Geschichte der Logik im Abendland*）。——译者

② 第七卷和第八卷分别讨论诸范畴中的“是者”（ὂν）和“所是”（οὐσία），第九卷讨论“潜能和现实上的是者”（δυνάμει καὶ ἐνεργείᾳ ὄν）。——作者

③ 见前，第 4 页。——作者

同一并且在真正的方式上属于它，它包含着所有的东西。因此，结果就是：正如那些分入诸范畴中的“是者”（das Seiende）一样，在我们现在要加以讨论的含义上的“是者”（das Seiende）是一种“在其自身的和外在于心灵的是者”（ὂν καθ' αὑτὸ ἔξω τῆς διανοίας）。

§1. 被分入“现实上的是者”（ὂν ἐνεργείᾳ）和“潜能上的是者”（ὂν δυνάμει）中的那种“是者”（das Seiende）是下面这一含义上的“是者”，在该含义中，“是者”这个名称不仅赋予那实现了的东西、在完全现实性上存在着的东西、现实地-是着的东西，而且也赋予了朝向“是”（das Sein）的单纯实在的潜能

“潜能上的是者”（ὂν δυνάμει）如质料（ὕλη）概念一样，在亚里士多德的哲学中扮演着重要的角色，事实上它们是同时发生的[①]；而“现实上的是者”（ὂν ἐνεργείᾳ），要么是纯粹形式，要么被

① 参见策勒尔（Zeller）*，《希腊哲学》（*Philosophie der Griechen*），Ⅱ，2，第238页，注5。“质料”（ὕλη）当然必定在一种宽泛的意义上加以理解，即除了“原始质料”（πρώτη ὕλη）之外，还含有诸偶性之载体。从而策勒尔的意见是正确的：“事物之所以是‘潜能的’（δυνάμει），就在于它于其自身那儿具有‘质料’（ὕλη）。”《形而上学》第十四卷第1章，1088b. 1：每一事物的质料，必定是那在潜能上的东西。（ἀνάγκη τε ἑκάστου ὕλην εἶναι τὸ δυνάμει τοιοῦτον）——作者

* 策勒尔，全名为爱德华·戈特罗布·策勒尔（Eduard Gottlob Zeller, 1814—1908），德国哲学家和神学家，在哲学方面著有《希腊哲学史纲》（*Grundriß der*

形式现实化了。

人们在较新近的时候谈到某种可能的东西（ein Mögliches）并将之同现实的东西（das Wirkliche）相对照，为此必然的东西（das Notwendige）被增添为第三种东西；这种可能的东西与我们在这儿所说的“潜能上的东西”（“有能力的东西”［δυνατόν］或“潜能上的是者”［δυνάμει ὄν］）是完全不同的。它是一种可能的东西（ein Mögliches），它从被称作可能的那种东西的所有实在性（Realität）中抽象出来，仅仅宣称某种东西只要其存在（existenz）不会导致矛盾它就能够存在（existiren）。它不存在于事物中，而是存在于客观的概念中和进行思考的心灵对概念的联结中，它是一种纯然理性的东西。

正如《解释篇》一书所显示的，亚里士多德完全熟悉这样加以理解的可能的东西之概念；但这同他的“潜能上的是者”（ὂν δυνάμει）毫无关系，因为如果是那样，后者就将同“真之含义上的是者”（ὂν ὡς ἀληθές）一道必然从形而上学之对象那儿给排除出去。他在《形而上学》第五卷第 12 章以及第九卷第 1 章中提到“不可能的东西，其反面必然是真的”（ἀδύνατον μὲν οὗ τὸ ἐναντίον ἐξ ἀνάγκης ἀληθές，《形而上学》第五卷第 12 章，1019b. 23[①]），因此，

Geschichte der Griechischen Philosophie），以及多卷本的《希腊哲学》，该书的全名为《在其历史发展中的希腊哲学》（*Die Philosophie der Griechen in ihrer geschichtlichen Entwicklung*）。——译者

① 《形而上学》第五卷第 12 章，1019b. 21—1020a. 2：一些东西因这种无能而被称作是无能力的东西，而另一些东西则在其他的意义上被称作是无能力的东西——如可能的东西和不可能东西。其反面必然是真的东西就是不可能的东西（如正方形的对角线是可通约的这件事是不可能的，也即是说，它是可通约的这件事

无疑剩下的是，与这种不可能的东西相应的可能的东西（δυνατόν）不同于因关乎某种能力（δύναμις）而被称为的那种可能的东西（δυνατόν）——后者仅仅在名称上是相同的[①]，它不同于a^2、b^3之类的那种数学之能力——这种能力仅仅在比喻上（κατὰ μεταφοράν）

是假的，而其反面即它是不可通约的这件事不仅是真的而且是必然的；而可通约这件事不仅是假的，而且必然是假的。）。不可能的东西之反面——当它作为反面并不必然是假的时，就是可能的东西；例如，人坐着这件事是可能的，因为不坐着并不必然是假的。因此，正如已经说过的，可能的东西，一种方式指某个东西并不必然是假的，另一种方式指某个东西是真的，还有一种方式指某个东西允许是真的。在几何学中被称作的能力，乃是在比喻上说的。以上这些可能的东西都不是依照潜能而来的。而所有依照潜能而被称作有能力的，全都与第一种含义相关，即它是在他物中或作为他物的变化的本源。（*καὶ ἀδύνατα δὴ τὰ μὲν κατὰ τὴν ἀδυναμίαν ταύτην λέγεται, τὰ δὲ ἄλλον τρόπον, οἷον δυνατόν τε καὶ ἀδύνατον, ἀδύνατον μὲν οὗ τὸ ἐναντίον ἐξ ἀνάγκης ἀληθές (οἷον τὸ τὴν διάμετρον σύμμετρον εἶναι ἀδύνατον ὅτι ψεῦδος τὸ τοιοῦτον οὗ τὸ ἐναντίον οὐ μόνον ἀληθὲς ἀλλὰ καὶ ἀνάγκη [ἀσύμμετρον εἶναι]· τὸ ἄρα σύμμετρον οὐ μόνον ψεῦδος ἀλλὰ καὶ ἐξ ἀνάγκης ψεῦδος)· τὸ δ' ἐναντίον τούτῳ, τὸ δυνατόν, ὅταν μὴ ἀναγκαῖον ᾖ τὸ ἐναντίον ψεῦδος εἶναι, οἷον τὸ καθῆσθαι ἄνθρωπον δυνατόν· οὐ γὰρ ἐξ ἀνάγκης τὸ μὴ καθῆσθαι ψεῦδος. τὸ μὲν οὖν δυνατὸν ἕνα μὲν τρόπον, ὥσπερ εἴρηται, τὸ μὴ ἐξ ἀνάγκης ψεῦδος σημαίνει, ἕνα δὲ τὸ ἀληθές [εἶναι], ἕνα δὲ τὸ ἐνδεχόμενον ἀληθὲς εἶναι. κατὰ μεταφορὰν δὲ ἡ ἐν γεωμετρίᾳ λέγεται δύναμις. ταῦτα μὲν οὖν τὰ δυνατὰ οὐ κατὰ δύναμιν· τὰ δὲ λεγόμενα κατὰ δύναμιν πάντα λέγεται πρὸς τὴν πρώτην [μίαν]· αὕτη δ' ἐστὶν ἀρχὴ μεταβολῆς ἐν ἄλλῳ ἢ ᾗ ἄλλο.*）——译者

① 《形而上学》第五卷第12章，1019b. 21：一些东西因这种无能而被称作是无能力的东西，而另一些东西则在其他的意义上被称作是无能力的东西——如可能的东西和不可能东西……。（*καὶ ἀδύνατα δὴ τὰ μὲν κατὰ τὴν ἀδυναμίαν ταύτην λέγεται, τὰ δὲ ἄλλον τρόπον, οἷον δυνατόν τε καὶ ἀδύνατον κ. τ. λ.*）他列举下面这些作为属于这种仅仅在理性上的可能（δυνατόν）：可能的第一种方式意指……并不必然为假，另一种方式意指是真的，还有一种方式意指允许是真的。（*τὸ μὲν οὖν δυνατὸν ἕνα μὲν τρόπον…τὸ μὴ ἐξ ἀνάγκης ψεῦδος σημαίνει, ἕνα δὲ τὸ ἀληθές εἶναι, ἕνα δὲ τὸ ἐνδεχόμενον ἀληθὲς εἶναι.*）参见《形而上学》第九卷第1章，1046a. 8。——作者

被如此称呼[①]。因此，他在这儿谈及了一种在可能性上实在的是者；这基于他自己的观点，根据该观点，一种不现实的东西——在真正的意义上即“不是者”（μὴ ὄν）[②]，就其在潜能上“是”（ist）而言，也在某种程度上存在（existirt），正是这一点将他引向下面这点之上，那就是：在实在的是者之某种特殊的、宽泛的含义上，包含着在可能性上是着的东西。

那么，可能的东西（δυνατόν）——它作为实在的东西属于形而上学之对象，并且作为“潜能上的是者”（ὂν δυνάμει）而与“现实上的是者”（ὂν ἐνεργείᾳ）相对立——究竟是什么呢？亚里士多德在第九卷第 3 章中将之定义如下：“如果某个东西在含有那被称作具有某种能力的东西之现实上没有任何将是不可能的，那么，该东西就是可能的。”[③] 在这一定义那儿，要注意两点：（1）亚里士多德似乎通过一物自身来定义该物，因为他通过“不可

① 《形而上学》第五卷第 12 章，1019b. 33：在几何学中被称作的能力，乃是在比喻上说的。（κατὰ μεταφορὰν δὲ ἡ ἐν γεωμετρίᾳ λέγεται δύναμις.）参见《形而上学》第九卷第 1 章，1046a. 7. 一些在类比上被这样称呼（ὁμοιότητί τινι λέγονται）。相似性在于：正如从“潜能上的是者”（ὂν δυνάμει）变为“现实上的是者”（ὂν ἐνεργείᾳ），同样，底数的乘方产生出以该数为底数的数。——作者

② 《形而上学》第十四卷第 2 章，1089a. 28。——作者

③ 《形而上学》第九卷第 3 章，1047a. 24：如果某个东西在含有那被称作具有某种能力的东西之现实上没有任何将是不可能的，那么，该东西就是可能的。我的意思是，例如：如果某个东西在含有坐这种能力上没有任何将是不可能的，那么，该东西就是能够坐的，坐对于它来说是被容许的。某种东西被运动或运动、站或被站、是或生成、不是或不生成，也同样如此。（ἔστι δὲ δυνατὸν τοῦτο ᾧ, ἐὰν ὑπάρξῃ ἡ ἐνέργεια, οὗ λέγεται ἔχειν τὴν δύναμιν, οὐθὲν ἔσται ἀδύνατον. λέγω δὲ οἷον, εἰ δυνατὸν καθῆσθαι καὶ ἐνδέχεται καθῆσθαι, τούτῳ ἐὰν ὑπάρξῃ τὸ καθῆσθαι, οὐδὲν ἔσται ἀδύνατον. καὶ εἰ κινηθῆναι ἢ κινῆσαι ἢ στῆναι ἢ στῆσαι ἢ εἶναι ἢ γίγνεσθαι ἢ μὴ εἶναι ἢ μὴ γίγνεσθαι, ὁμοίως.）——作者

能”（ἀδύνατον）来定义“可能”（δυνατόν）;（2）他依据“现实”（ἐνέργεια）这一概念来进行他的定义，因此，对于现实概念的理解被他预设为了前提。

第一个疑虑能够这样加以解决：这儿的“不可能”（ἀδύνατον）相对应的不是我们正力图对之加以理解的那种“可能”（δυνατόν），而是我们刚才已经谈及过的那种逻辑上的可能。这儿的不可能指的是一种自相矛盾的东西。

第二个疑虑则迫使我们首先将我们的注意力放到“现实”（ἐνέργεια）之上。如果不借助于“现实”（ἐνέργεια）概念，“潜能上的是者”（δυνάμει ὄν）不可能加以定义；因为如《形而上学》第九卷第8章所阐述的，前者在概念和“所是”上都先于后者，他说：“现实在概念和本质上都先于所有这些潜能。”他还进而说道，“关于前者的概念和认识都先于关于后者的概念和认识。”[①]

亚里士多德注意到，ἐνέργεια（现实［Wirklichkeit］）一词来自ἔργω（生效［wirken］）这一同运动相关的动词，因为正如他所说的，运动似乎特别是一种现实（ἐνέργεια）[②]。但是，这一概念之范围并不局限于此[③]。那么，什么是“现实”（ἐνέργεια）? 亚里士多德并

---

① 《形而上学》第九卷第8章，1049b. 10：现实在逻各斯和“所是”上都先于所有这样的潜能。……b. 16。因此，关于现实的逻各斯和认识必然先于对潜能的认识。（πάσης δὴ τῆς τοιαύτης προτέρα ἐστὶν ἡ ἐνέργεια καὶ λόγῳ καὶ τῇ οὐσίᾳ. ... b. 16. ὥστ' ἀνάγκη τὸν λόγον προϋπάρχειν καὶ τὴν γνῶσιν τῆς γνώσεως.）——作者

② 《形而上学》第九卷第3章，1047a. 30：现实这个词——它与“实现”相联系，最主要来自运动，然后延伸到其他的东西。因为现实似乎首要地是运动……。（ἐλήλυθε δ' ἡ ἐνέργεια τοὔνομα, ἡ πρὸς τὴν ἐντελέχειαν συντιθεμένη, καὶ ἐπὶ τὰ ἄλλα ἐκ τῶν κινήσεων μάλιστα· δοκεῖ γὰρ ἡ ἐνέργεια μάλιστα ἡ κίνησις εἶναι. κ. τ. λ.）——作者

③ 《形而上学》第九卷第3章，1048a. 25。——作者

未给予我们任何关于它的定义，并且明确宣称：在此根本无须要求任何定义，因为“现实”（ἐνέργεια）这一概念是如此源始的、简单的概念以至于它不容许任何的定义，而是只能经由归纳，通过例子来加以澄清[①]。他将进行认识者举为这样的东西：如果该名称所表明的是那正在对被认识的对象进行思考的人，那么，这个人也就是正在“现实地”（ἐνεργείᾳ）进行认识。此外，一座赫尔墨斯雕像如果已经准备立起来了，不再是作为艺术家尚未经手的原木或大理石毛块，那么，它就是现实的（ἐνεργείᾳ）。如果一个人知道某种东西，但他目前并未进行认识活动，或者一块石头还是原石，尚未加以雕琢，那么，前者并未现实地进行认识——即使他能够实施认识活动，后者也不现实地是一座雕像——即使它在可能性上是雕像[②]。因此，我们发现我们又被引回到到“潜能上的是者”（ὂν δυνάμει）那儿；根据“现实”（ἐνέργεια）和“潜能”（δύναμις）的关联最能澄清“现实”（ἐνέργεια）概念。它们是相关联的，“正如那正在造屋的之于能够造屋的、醒着的之于睡着的、正在看的之于那有视力但闭着眼的、那已经从质料中塑形了的之于质料、

① 《形而上学》第九卷第 3 章，1048a. 35：我们所意指的东西通过归纳在诸个别的东西那儿得以显明，不必为每一个寻求定义。（δῆλον δ' ἐπὶ τῶν καθ' ἕκαστα τῇ ἐπαγωγῇ ὃ βουλόμεθα λέγειν, καὶ οὐ δεῖ παντὸς ὅρον ζητεῖν.）——作者

② 《形而上学》第九卷第 3 章，1048a. 30：“现实”指的是事物存在——但不是以我们所说的“潜能”的方式。我们说在潜能上存在，例如，赫尔墨斯在木头中，半条线在整条线中，因为它能够被分离出来；我们甚至称一个并未进行研究的人是有知识的人，只要他能够进行研究。与之相反的则是在现实上存在。（ἔστι δὴ ἐνέργεια τὸ ὑπάρχειν τὸ πρᾶγμα μὴ οὕτως ὥσπερ λέγομεν δυνάμει · λέγομεν δὲ δυνάμει οἷον ἐν τῷ ξύλῳ Ἑρμῆν καὶ ἐν τῇ ὅλῃ τὴν ἡμίσειαν, ὅτι ἀφαιρεθείη ἄν, καὶ ἐπιστήμονα καὶ τὸν μὴ θεωροῦντα, ἂν δυνατὸς ᾖ θεωρῆσαι · τὸ δὲ ἐνεργείᾳ.）参见《形而上学》第五卷第 7 章。——作者

那已经加工了的东西之于那未加工的。在这些对立中，现实被指派给一方，而潜能则指派给另一方。”[①]从这些搜集起来的例子中我们清楚地看见：如果某物存在于已经完成了的现实性中，那么，它就是现实的（*ἐνεργείᾳ*）；而“潜能上的是者”（*ὂν δυνάμει*）缺乏这种现实性，尽管“对于那在潜能上（*δυνάμει*）是着的东西来说，就它含有那被称作具有某种能力的东西之现实上没有任何将是不可能的。”（见前）因此，亚里士多德经常交替使用“现实”（*ἐνέργεια*）和“实现”（*ἐντελέχεια*）这两个称号[②]，正如亚历山大和辛普里柯俄斯（Simplicius）[③]所注意到的[④]，后者等同于“完成”（*τελειότης*）[⑤]。

① 《形而上学》第九卷第6章，1048a. 36：不必为每一个都寻求定义，而是要领会类比：如那正在造屋的之于能够造屋的、醒着的之于睡着的、正在看的之于那有视力但闭着眼的、那已经从质料中分离出来了的之于质料、那已经加工了的东西之于原材料。在这些对立中，现实被指派给一方，而潜能则指派给另一方。（*οὐ δεῖ παντὸς ὅρον ζητεῖν ἀλλὰ καὶ τὸ ἀνάλογον συνορᾶν, ὅτι ὡς τὸ οἰκοδομοῦν πρὸς τὸ οἰκοδομικόν, καὶ τὸ ἐγρηγορὸς πρὸς τὸ καθεῦδον, καὶ τὸ ὁρῶν πρὸς τὸ μῦον μὲν ὄψιν δὲ ἔχον, καὶ τὸ ἀποκεκριμένον ἐκ τῆς ὕλης πρὸς τὴν ὕλην, καὶ τὸ ἀπειργασμένον πρὸς τὸ ἀνέργαστον. ταύτης δὲ τῆς διαφορᾶς θατέρῳ μορίῳ ἔστω ἡ ἐνέργεια ἀφωρισμένη, θατέρῳ δὲ τὸ δυνατόν.*）参见施韦格勒对这段话的解读。——作者

② 参见施韦格勒，《亚里士多德的形而上学》，Ⅳ，第222页。——作者

③ 辛普里柯俄斯（*Σιμπλίκιος*, Simplicius，约公元490—560）。新柏拉图主义者，赫尔米亚的阿莫尼俄斯的学生。公元529年东罗马帝国皇帝查士丁尼关闭雅典学园后，辛普里柯俄斯是被迫离开雅典的七位哲学家之一。他著有大量关于亚里士多德著作的评注，目前保存下来的尚有《〈论天〉评注》（*In Aristotelis Quattuor Libros de Caelo Commentaria*）、《〈范畴篇〉评注》（*In Aristotelis Categorias Commentarium*）、《〈物理学〉评注》（*In Aristotelis Physicorum Libros Commentaria*）、和《〈论灵魂〉评注》（*In Aristotelis Libros de Anima Commentaria*）等。——译者

④ 另见《物理学》，358a. 19以下。——作者

⑤ 古代以及新近的解释者们就“*ἐνέργεια*”（现实）和“*ἐντελέχεια*”（实现）之间的区别展开了争论；但非常肯定的是，他们观点之间的差异远大于由这两个不同

但这当作何理解？在事物中的一种单纯的可能性，一个仅仅可能存在的东西，它岂不是一个正存在着的东西吗？它岂不是还不拥有存在吗？这难道不是一种矛盾和一种不可能？麦加拉学派的人至少想在这儿发现某种矛盾，并且如经常发生的那样，从那应当加以解决的矛盾那儿取走了是者的基础；因此他们否认所有单纯可能的东西，否认一个事物尽管尚未已经现实地是某种东西但却能够是某种东西。但正如亚里士多德所说[①]，将这样一种主张

名称所标明的概念间的差异。它们的确适用于不同的事物；不但一个名称不同于另一个名称，而且其中每一个名称也因使用的不同而不同于它自己本身。因为正如我们讨论范畴时将会认识到的，“现实上的是者”（ὂν ἐνεργείᾳ）不是同名同义者，而是一种类比地加以使用的名称。因此就可能出现，评注者们基于各自讨论的不同段落而得出截然相反的观点。当许多人将更加完满的现实性之特性归给 ἐντελέχεια 而不是归给 ἐνέργεια 时，施韦格勒则宣称（出处同上）：ἐνέργεια 是在已经完成了的“特定是者”（Dasein）中的活动（自我实现），而 ἐντελέχεια 则是还同“潜能”（δύναμις）交织在一起的、正在竭力争取的活动。ὂν ἐνεργείᾳ（现实上的是者）和 ὂν ἐντελεχείᾳ（实现了的是者）都意味着那实现了的以及通过形式完成了的东西。但是，ἐντελέχεια 这个名字在名称中就已经表达出了这一点，而 ἐνέργεια 这个名称则取自运动——正如亚里士多德所教导的（参见第 72 页，注 2），不是因为在运动中被把握的东西最是“现实上的东西”（ἐνεργείᾳ），而是因为运动在其他现实性之前首先落入我们的眼帘。人们不会用运动去述说任何不现实的事物，而其他那些谓词，如可思想的、可向往的，也能用在“不是者”身上（亚里士多德，同上）。——作者

① 《形而上学》第九卷第 3 章，1046b. 29：有一些人，如麦加拉学派的人说，只有当一个东西是现实的，它才会有某种能力；当它不是现实的，它就没有能力。例如，那没有正在建房的人就没有能力建房；只有那正在建房的人，当他在建房时，（他有能力建房）。这同样适用于其他情形。不难看出其结论的荒谬。因为下面这一点是显然的：（基于这种理论）无人将是建筑师，除非它正在建房；因为“是建筑师”即是“是有能力建房的”……。（εἰσὶ δέ τινες οἵ φασιν, οἷον οἱ Μεγαρικοί, ὅταν ἐνεργῇ μόνον δύνασθαι, ὅταν δὲ μὴ ἐνεργῇ οὐ δύνασθαι, οἷον τὸν μὴ οἰκοδομοῦντα οὐ δύνασθαι οἰκοδομεῖν, ἀλλὰ τὸν οἰκοδομοῦντα ὅταν οἰκοδομῇ· ὁμοίως δὲ καὶ ἐπὶ τῶν ἄλλων. οἷς τὰ συμβαίνοντα ἄτοπα οὐ χαλεπὸν ἰδεῖν. δῆλον γὰρ ὅτι οὔτ' οἰκοδόμος ἔσται ἐὰν μὴ οἰκοδομῇ·

归于荒谬（ad absurdum）并不困难。因为那样一来，如果一位建筑师没有正在建房，那他就不是建筑师，其结果就是没有任何人会持续地拥有某种技能。但下面这一点却是肯定的，那就是：一位已经运用过某种技能的人绝不会立即忘记和丧失他的知识和他的能力；同样肯定的是，他无须在每一次新的使用中都得重新学习和取得它；同样肯定的还有，一位艺术家即使暂时终止了他的艺术活动，他依然是艺术家。此外，如果一个东西没有正被某个人所感觉的话，那它就不是冷的和热的、苦的和甜的；那样一来普罗泰戈拉的命题就会有其正确性，他让所有的"真"（Wahrheit）都取决于主观的感受和意见[①]。此外，一位拥有健康的眼睛和耳朵的人就会在一天内常常变得瞎和聋，因为当他闭上眼睛而停止现实地看时他也就不再在能力上是能进行看的，即他已经丧失了看的那种能力[②]。最后，事物所有的出现和消失都将变得完全不可能；因为所有的东西都将是它能够是的，但那不能够是的就将永不能够生成，人们对将来或过往的事物的任何言说都将是一个谎言[③]。

亚里士多德以这种方式反驳了麦加拉学派的人，并且向我们澄清了他的"潜能上的是者"（*δυνάμει ὄν*）的存在和理由；在这儿他所另外举出的那些例子致力于让我们解除对"潜能上的是者"（*δυνάμει ὄν*）之含义的怀疑。但是，在我们这儿或许还有着进行澄清的另外一种方式，该方式就是我们在前面规定"依偶然而来的

τὸ γὰρ οἰκοδόμῳ εἶναι τὸ δυνατῷ εἶναί ἐστιν οἰκοδομεῖν· κ. τ. λ.）——作者

① 《形而上学》第九卷第 3 章，1047a. 4。——作者

② 《形而上学》第九卷第 3 章，1047a. 7。——作者

③ 《形而上学》第九卷第 3 章，1047a. 10。——作者

是者”（ὂν κατὰ συμβεβηκός）时所使用的那种方式。我的意思是对不同种类的在可能性上的是者进行列举，或者更确切地说是对不同事物分有这同一名称的不同方式进行列举；因为实际情形是，“潜能上的是者”（δυνάμει ὄν）不是同名同义者，相反，它以某种“类比的统一”（Einheit der Analogie）而用在那些归属其下的不同概念身上。

在《形而上学》第五卷第12章中，举出了一物被称作是“潜能”（δύναμις）的四种方式。在是某物的本源这一点上[①]，它们全都是一致的；并且它们都回溯到一个本源上——所有其他的本源都从该本源那儿获得了名称，它们之间的类比就基于此[②]。亚里士多德区分出来的“潜能”（δύναμις）或“能力”（das Vermögen）的第一种方式是在某个他物中的运动或变化的本源——就它是某个他物而言[③]。之所以要加上后面这句话，那是因为主动的本源也许能够包含在受动者自身之中，例如，当某个东西自己运动自己；甚至在那时，进行运动和被运动、产生影响和遭受影响也不是同一回事；同一个东西引起和接受了影响，但不是就它是同一个东西而言的，而是就它是某个他物而言的[④]。第二种方式是被动的能力，它是本源，由于它某物被某个他物所运动——就它是某个他物而

① 《形而上学》第九卷第1章，1046a. 9：它们全都是某种本源。（πᾶσαι ἀρχαί τινές εἰσιν.）——作者

② 见本书后面第5章，§3。——作者

③ 《形而上学》第五卷第12章，1019a. 15：所谓潜能，指在他物中或在作为他物的同一物中的运动或变化的本源；例如……（δύναμις λέγεται ἡ μὲν ἀρχὴ κινήσεως ἢ μεταβολῆς ἡ ἐν ἑτέρῳ ᾗ ἕτερον, οἷον κ. τ. λ.）——作者

④ 参见本书第5章，§13。——作者

言[①]。后面这句话被加上，也基于同一个理由，因为即使某个东西从它自己本身那儿遭受了某种东西，它这样做，不是就它是同一个东西而言的，而是就它是某个另外的东西而言的。能力的第三种方式是如他在《形而上学》第九卷第1章（1046a. 13[②]）所称的那种“无动于衷的品质”（Eigenschaft der Impassibilität）即“无动于衷的状态”（ἕξις ἀπαθείας），也即某一事物的一种倾向，根据该倾向，某物完全无力遭受或变化，或者至少不容易变成更差的东西。它就是我们所说的“抵抗力”（Widerstandskraft）[③]。最后，某物于其中被称作是能力的第四种方式，是下面这种本源，它不仅引起（或遭受）某事，而且很好地和有意地做该事。因此，例如，我们并不把一个跛行口吃的人称作一个能走会说的人，我们说那能够没有障碍和没有错误地做这种事的人是那种人。同样，绿色的木头被称作是不能够燃烧的，而干木头被称作是能够燃烧

① 《形而上学》第五卷第12章，1019a. 20：所谓潜能，指被他物或被作为他物的同一物所运动或变化的本源……。（ἡ δὲ［δύναμις λέγεται ἀρχὴ μεταβολῆς ἢ κινήσεως］ὑφ’ ἑτέρου ᾗ ἕτερον · κ. τ. λ.）——作者

② 《形而上学》第九卷第1章，1046a. 13：另一种能力，指面对被他物或被作为他物的自身即被变化之本源所变坏和毁灭而无动于衷的状态。（ἡ δ’ ἕξις ἀπαθείας τῆς ἐπὶ τὸ χεῖρον καὶ φθορᾶς τῆς ὑπ’ ἄλλου ἢ ᾗ ἄλλο ὑπ’ ἀρχῆς μεταβλητικῆς.）——译者

③ 《形而上学》第五卷第12章，1019a. 26：所有那些倾向——根据它们事物完全是无动于衷的、或没有能力变化的、或者不容易变坏的，也被称作潜能。因为事物被打烂、破碎、弯曲以及一般意义上的毁灭，都不是由于能力，而是由于没有能力和缺乏某种东西。面对这些情形，一物无动于衷，它完全不受或很少受其影响，这是因为潜能、有能力和具有某种特定的品质。（ἔτι ὅσαι ἕξεις καθ’ ἃς ἀπαθῆ ὅλως ἢ ἀμετάβλητα ἢ μὴ ῥᾳδίως ἐπὶ τὸ χεῖρον εὐμετακίνητα, δυνάμεις λέγονται · κλᾶται μὲν γὰρ καὶ συντρίβεται καὶ κάμπτεται καὶ ὅλως φθείρεται οὐ τῷ δύνασθαι ἀλλὰ τῷ μὴ δύνασθαι καὶ ἐλλείπειν τινός · ἀπαθῆ δὲ τῶν τοιούτων ἃ μόλις καὶ ἠρέμα πάσχει διὰ δύναμιν καὶ τῷ δύνασθαι καὶ τῷ ἔχειν πώς.）——作者

的，等等[①]。

相应于潜能（δύναμις）的这四种方式，也有四种“有能力的东西”（δυνατόν）[②]；我们不能用我们语言中的“可能的”（möglich）或“有力的”（mächtig）来描述它，描述它最合适的语词是“有能力的”（vermögend）或“能干的”（fähig）。这四种东西都因关乎“某种能力（ein Vermögen）”（“根据潜能”［κατὰ δύναμιν］）而被称作是“有能力的”（vermögend），就与逻辑学家以“可能的东西”（δυνατόν）这个名称所联系的概念相比，它是完全同名异义的概念[③]；作为类比的概念，它们全都能够归约为“有能力的东西”（δυνατόν）和“潜能”（δύναμις）的第一种方式，归约为“在作为他物的他物中的变化的本源”（ἀρχὴ μεταβολῆς ἐν ἑτέρῳ ᾗ ἕτερον）——由之它们得以被命名[④]。

现在要问的是，这儿所指出的“潜能”（δύναμις）和“有能力

---

① 《形而上学》第五卷第 12 章，1019a. 23：此外，潜能还指这样一种本源，那就是很好地或有意做某种……对于遭受也同样如此。（ἔτι ἡ τοῦ καλῶς τοῦτ' ἐπιτελεῖν ἢ κατὰ προαίρεσιν.... ὁμοίως δὲ καὶ ἐπὶ τοῦ πάσχειν.）这种“潜能”（δύναμις）在这儿实际上被举为第三种潜能，根据第九卷第 1 章所遵循的次序，以及与“有能力的东西”（δυνατά）相应的那种次序，我们将之置于第四种。——作者

② 《形而上学》第五卷第 12 章，1019a. 32 以下。——作者

③ 见前面第 70 页，注 1。——作者

④ 《形而上学》第五卷第 12 章，1019b. 35：所有依照潜能而被称作有能力的，全都与第一种含义相关，即它是在作为他物的他物中的变化的本源。其他东西之所以被称作是有能力的东西，乃是由于另外某个东西对它们具有或不具有或在一定方式上具有这种潜能……。（τὰ δὲ λεγόμενα κατὰ δύναμιν［δυνατὰ］πάντα λέγεται πρὸς τὴν πρώτην［μίαν］· αὕτη δ' ἐστὶν ἀρχὴ μεταβολῆς ἐν ἄλλῳ ᾗ ἄλλο. τὰ γὰρ ἄλλα λέγεται δυνατὰ τῷ τὰ μὲν ἔχειν αὐτῶν ἄλλο τι τοιαύτην δύναμιν, τὰ δὲ μὴ ἔχειν, τὰ δὲ ὡδὶ ἔχειν. κ. τ. λ.）——作者

的东西”（δυνατόν）的这种方式是否能达成我们的目的，该目的就是弄清“潜能上的是者”（δυνάμει ὄν）的不同方式。或许我们的“潜能上的是者”（δυνάμει ὄν）与这儿所提及的“有能力的东西”（δυνατόν）是一回事？如果我们要维系住“潜能上的是者”（δυνάμει ὄν）这一概念——如我们在前面已经足够清楚地加以展示的那样，那我们就必须否定这一问题。正如《物理学》和《形而上学》所一致教导我们的，运动的第一本源要在“神”（die Gottheit）那儿寻找，但神——尽管他肯定是一种“有能力的东西”（δυνατόν），绝不是一种“潜能上的是者”（δυνάμει ὄν），因为他在该词最卓越的意义上是一种“现实上的是者”（ὂν ἐνεργείᾳ）[①]。因此，“有能力的东西”（δυνατόν）的这种方式——根据上面的次序它占据着第三个位置，指示我们绝不能在“有能力的东西”（δυνατόν）的那些方式中寻找“潜能上的是者”（δυνάμει ὄν）之方式。那如何寻找？难道我们的“潜能上的是者”（δυνάμει ὄν）之方式只有一种，并且这个概念是一个属概念——用该名称所意指的所有东西都作为同名同义的东西而分有它？我们由之获得对那潜能上的是者之不同方式的认识的方法是什么？

第九卷第 3 章向我们谈到了某种“有能力的东西”（δυνατόν）；正如整个文本和例子本身所清楚显示的，在那儿这种东西等同于“潜能上的是者”，即等同于 δυνάμει ὄν，它位于每一范畴之中[②]。这

① 某个东西是“潜能上的是者”（δυνάμει ὄν），这并不足以得出某一活动之本源也位于其中，相反，作为真正偶性的“行动”（ποιεῖν）也必须属于它（见后面第 5 章，§ 13）。这不适用于神。——作者

② 《形而上学》第九卷第 3 章，1047a. 20：因此，下面这一点是允许的，那就是：某物有能力“是”（εἶναι）但却还“不是”（μὴ εἶναι），有能力“不是”（μὴ εἶναι）但却还“是”（εἶναι）；这同样适用于其他范畴，如有能力走但却不走，有能

自然也同样适用于“现实上的是者”（ὂν ἐνεργείᾳ）；因此，同一卷的第 10 章和第五卷的第 7 章声称，在每一范畴中一些被称作在现实中是着，一些被称作在潜能中是着[①]。如果真是这样，那么下面这一点就是清楚的，那就是我们在多重方式上说“潜能上的是者”（δυνάμει ὄν）和“现实上的是者”（ὂν ἐνεργείᾳ），它们都仅仅在类比上能够是“一”；因为正如亚里士多德在《尼各马可伦理学》第一卷第 4 章（1096a. 19）[②]以及其他一些地方所明确指出的，对于超出了范畴的范围之外的所有东西，这都是必然的。当我们论及范畴理论时，我们将进一步证明并从其根据上认识这一点[③]。因此，亚里士多德也这样明确主张“现实上的是者”（ὂν ἐνεργείᾳ）：“所有的东西并不是在相同的方式上而是在类比的方式上被称作在现实

力不走但却走。（ὥστε ἐνδέχεται δυνατὸν μέν τι εἶναι μὴ εἶναι δέ, καὶ δυνατὸν μὴ εἶναι εἶναι δέ, ὁμοίως δὲ καὶ ἐπὶ τῶν ἄλλων κατηγοριῶν δυνατὸν βαδίζειν ὂν μὴ βαδίζειν, καὶ μὴ βαδίζειν δυνατὸν ὂν βαδίζειν.）——作者

① 《形而上学》第九卷第 10 章，1051a. 34：“是者”和“不是者”或者是就范畴之诸样式来说的，或者是就这些样式之潜能和现实及其反面来说的。……（ἐπεὶ δὲ τὸ ὂν λέγεται καὶ τὸ μὴ ὂν τὸ μὲν κατὰ τὰ σχήματα τῶν κατηγοριῶν, τὸ δὲ κατὰ δύναμιν ἢ ἐνέργειαν τούτων ἢ τἀναντία ....）《形而上学》第五卷第 7 章，1017a. 35：此外，在上述那些东西中，“是”（τὸ εἶναι）和“是者”（τὸ ὄν）有时意指潜能上的东西，有时意指实现了的东西。（ἔτι τὸ εἶναι σημαίνει καὶ τὸ ὂν τὸ μὲν δυνάμει ῥητὸν τὸ δ᾽ ἐντελεχείᾳ τῶν εἰρημένων τούτων.）（在这之前已经讨论过了范畴。）也参见《论灵魂》第二卷第 1 章，412a. 6。——作者

② 《尼各马可伦理学》第一卷第 4 章，1096a. 19：在“是什么”、在“质”、在“相对物”中都可以说善；但是，那依自身而来的东西即“所是”，在本性上先于“相对物”（它似乎是“是者”的衍生物和偶性）。因此，对于这些东西来说并无某种共同的理念。（τὸ δ᾽ ἀγαθὸν λέγεται καὶ ἐν τῷ τί ἐστι καὶ ἐν τῷ ποιῷ καὶ ἐν τῷ πρός τι, τὸ δὲ καθ᾽ αὑτὸ καὶ ἡ οὐσία πρότερον τῇ φύσει τοῦ πρός τι (παραφυάδι γὰρ τοῦτ᾽ ἔοικε καὶ συμβεβηκότι τοῦ ὄντος)· ὥστ᾽ οὐκ ἂν εἴη κοινή τις ἐπὶ τούτοις ἰδέα.）——译者

③ 见后面第 5 章，§ 3。——作者

上‘是着’（seiend）；正如这个在这个之中或关乎这个，那个在那个之中或关乎那个。也即是说，一些如行动之于潜能，另一些如形式之于质料。”[①] 就“潜能上的是者”（*δυνάμει ὄν*）而言，他用它主要是为了责备柏拉图和柏拉图主义者，即他们没有认识到每一范畴作为一种不同的“是之方式”（Seinsweise）是如何假定了“能力”（das Vermögen）的一种特定的规定和方式[②]。我们已经触及到了“潜能上的和现实上的是者”（*ὂν δυνάμει καὶ ἐνεργείᾳ*）同分解在诸范畴中的“是者”（*ὄν*）之间的紧密关系[③]，当我们讨论范畴时我们还将返回到这一点之上。在这儿，我们遭遇到了这一事实的结果，那就是概念的多义性——无论是在“潜能上的是者”那儿还是“在现实性上的是者”那儿。有多少范畴，也就有多少种“在潜能上的是者”（*ὂν δυνάμει*）和“在现实上的是者”（*ἐνεργείᾳ*）的方式；在前者那儿我们同时将认识到后者的数量及其与前者的区别。

---

① 《形而上学》第九卷第 6 章，1048b. 6：所有的东西并不同样而是类比地被称作是现实的，正如这个在这个之中或朝向这个，那个在那个之中或朝向那个。（关于文句，参见博尼茨《对亚里士多德〈形而上学〉的批评考察》。）因为一些如运动之于潜能，另一些如“所是”之于质料。（*λέγεται δὲ ἐνεργείᾳ οὐ πάντα ὁμοίως ἀλλ’ ἢ τῷ ἀνάλογον, ὡς τοῦτο ἐν τούτῳ ἢ πρὸς τοῦτο, τόδ’ ἐν τῷδε ἢ πρὸς τόδε*·（vergl. Über die Lesart Bonity observ. crit.）· *τὰ μὲν γὰρ ὡς κίνησις πρὸς δύναμιν, τὰ δ’ ὡς οὐσία πρός τινα ὕλην.*）参见后面，第 5 章，§ 13。——作者

② 《形而上学》第十四卷第 2 章，1089a. 34：探究“是者”作为“什么”如何是多，但却不探究它作为“质”和“量”如何是多，这是荒唐的。（*ἄτοπον δὴ τὸ ὅπως μὲν πολλὰ τὸ ὂν τὸ τί ἐστι ζητῆσαι, πῶς δὲ ἢ ποιὰ ἢ ποσά, μή.*）1089b. 15：对于这些东西而言，是多的原因是什么？正如我们所说的，对于它们当中的每一个而言都必须假定“在潜能上的是者”。（*τούτοις δὴ τί αἴτιον τοῦ πολλὰ εἶναι; ἀνάγκη μὲν οὖν, ὥσπερ λέγομεν, ὑποθεῖναι τὸ δυνάμει ὂν ἑκάστῳ.*）参见《形而上学》第十卷第 3 章，1054b. 28。——作者

③ 见本章的开始。——作者

然而，为了充分规定“在潜能上的是者”（ὂν δυνάμει），我们还有些事要做。问题在于：某物何时在潜能上“是”，而在这方面对于那在现实上的是者来说则没有任何疑问。如果有人说一个新生的孩子有能力说、走，甚至有能力研究科学的那些最艰深的原理，那这肯定是不正确的。下面这点是必须的，那就是：他的力量首先得慢慢增强，其资质的胚种得到展开，以便他日后或许能够获得他现在尚欠缺的上述那些能力。因此，说泥土在潜能上是一座雕塑也是不正确的；因为在它通过其本质的变化——如成为青铜之前，人们不可能用它建造雕像[①]。那么，如何能够一般地确定某物何时是一种“潜能上的是者”（δυνάμει ὄν）？

所有在潜能上是某物的东西，如果没有某种“动力因”（eine wirkende Ursache）[②]的影响，都不会向现实过渡。因此，“在潜能上的是者”那儿都相应地有着某一特定的动力因及其活动，无论该动力因是人为的——在此现实之原则位于“在潜能上的是者”之外，还是自然的——在此现实之原则居于“在潜能上的是者”之内。如果自然或技艺能够通过某一单一的行动而将某物提升于现实中，那么，该物就是在潜能中的。如果在没有外力阻碍的情形下有技艺者只要愿意就能够将某物现实化，那么，该物就是通过技艺而是潜能的；例如，某物被称作在潜能上是健康的（可治愈的），因为它通过医术的某种实施而能够变得健康。如果在没有外

---

① 《形而上学》第九卷第 7 章，1049a. 17：正如泥土在潜能上还不是雕像，因为它通过变化后才会是青铜。（ὥσπερ ἡ γῆ οὔπω ἀνδριὰς δυνάμει· μεταβαλοῦσα γὰρ ἔσται χαλκός.）——作者

② “动力因”（eine wirkende Ursache），也可以译为“作用因”。——译者

力阻碍的情形下某物通过它本己的主动原则、通过位于它自己之内的“自然力量”（die natürlich Kraft）而能够被引向现实，那么，该物就是通过自然而是潜能的；以这种方式某物在潜能上是健康的——如果在“自然”（die Natur）[①] 能够实施其治愈作用之前没有任何必须得加以清除的东西位于生病的躯体中。但是，只要某物在能够开始它自己的现实化这一过程之前还须假定首先得有其他的各种变化，那么，它就还不是在潜能上的。树首先必须得被砍和加工，或者质料应首先转化为树，否则房子就还不是在潜能上的；当横梁已经摆在那儿了——从它们那儿人们能够开始组装房子，人们就能够说：房子“在潜能上”（*δυνάμει*）是着。因此，泥土在潜能上不是一个人，精子也还不是；但是，当胎儿通过某种本己的主动原则能够在现实上成为一个人时，那时它就在潜能上已经是一个人了[②]。

① die Nautr 既有“自然”的意思，也有“本性”的意思。——译者

② 《形而上学》第九卷第 7 章，1049a. 3：正如并非每一样东西都能通过医术或通过运气而得到治愈，相反，只有那有此能力的东西才行，这种东西就是在潜能上健康的东西。从在潜能上的是者通过思想变为实现了的是者这一变化之标志就在于：在没有外在东西加以阻碍的情形下，只要它愿意，就能够出现这种变化；在被加以治疗的东西那儿，只要在它身上没有什么东西加以阻碍，那它就能被治愈。同样，如果在事物中，即在质料中没有什么阻碍它生成为房子，没有什么必须得加以增添或加以拿走或加以改变，那么，就有着潜能上的房子；这就是潜能上的房子，这同样适用于其他那些其生成的本源来自外面的东西以及那些自身就具有其生成的本源的东西——只要没有外在的东西加以阻碍它通过自身就能生成。例如，精子还不在潜能上就是人，因为它还需要在他物中和变化。如果一物通过自身的本源就已经是该物了，那它就是在潜能上的东西。但就精子来说它还需要其他的本源；正如泥土在潜能上还不是雕像，因为它通过变化后才会是青铜。（*ὥσπερ οὖν οὐδ' ὑπὸ ἰατρικῆς ἅπαν ἂν ὑγιασθείη οὐδ' ἀπὸ τύχης, ἀλλ' ἔστι τι ὃ δυνατόν ἐστι, καὶ τοῦτ' ἔστιν*

通过所有这些，“在现实上的是者”（ὂν ἐνεργείᾳ）和“在潜能上的是者”（ὂν δυνάμει）这对概念，即已经实现了的是者或仅仅还处在潜能中的是者这对概念，在其上面所给出的那些规定上再次得到了证实，以至于对亚里士多德用“是者”（ὄν）这个名称所集合起来的含义就下面这点而言不存在任何的疑问：他让它既包含已经实现了的是者，也包含尚未实现的是者——这种是者尚在潜能中是它所是的并仿佛在渴望和追求其形式[①]。

§2. 潜能状态和现实状态之间的联系。运动（κίνησις）作为现实，它构成了位于潜能状态中的东西作为位于潜能状态中的东西

我们已经在上一节中考察了亚里士多德是如何理解他的“在现实上的是者”（ὂν ἐνεργείᾳ）和“在潜能上的是者”（δυνάμει ὄν）。后者表现为这种尚未完成的是者；因此，结果就是：完满的、分

ὑγιαῖνον δυνάμει. ὅρος δὲ τοῦ μὲν ἀπὸ διανοίας ἐντελεχείᾳ γιγνομένου ἐκ τοῦ δυνάμει ὄντος, ὅταν βουληθέντος γίγνηται μηθενὸς κωλύοντος τῶν ἐκτός, ἐκεῖ δ' ἐν τῷ ὑγιαζομένῳ, ὅταν μηθὲν κωλύῃ τῶν ἐν αὐτῷ. ὁμοίως δὲ δυνάμει καὶ οἰκία· εἰ μηθὲν κωλύει τῶν ἐν τούτῳ καὶ τῇ ὕλῃ τοῦ γίγνεσθαι οἰκίαν, οὐδ' ἔστιν ὃ δεῖ προσγενέσθαι ἢ ἀπογενέσθαι ἢ μεταβαλεῖν, τοῦτο δυνάμει οἰκία· καὶ ἐπὶ τῶν ἄλλων ὡσαύτως ὅσων ἔξωθεν ἡ ἀρχὴ τῆς γενέσεως, καὶ ὅσων δὴ ἐν αὐτῷ τῷ ἔχοντι, ὅσα μηθενὸς τῶν ἔξωθεν ἐμποδίζοντος ἔσται δι' αὑτοῦ· οἷον τὸ σπέρμα οὔπω· δεῖ γὰρ ἐν ἄλλῳ καὶ μεταβάλλειν. ὅταν δ' ἤδη διὰ τῆς αὑτοῦ ἀρχῆς ᾖ τοιοῦτον, ἤδη τοῦτο δυνάμει· ἐκεῖνο δὲ ἑτέρας ἀρχῆς δεῖται, ὥσπερ ἡ γῆ οὔπω ἀνδριὰς δυνάμει· μεταβαλοῦσα γὰρ ἔσται χαλκός.）——作者

① 参见《物理学》第一卷第9章，192b. 16。——作者

离的“所是”，神，绝不分有“在潜能上的是者”（*δυνάμει ὄν*），相反，它是纯粹的“现实”（*ἐνέργεια*）。反之，所有由“所是”和偶性、质料和形式所组合而成的事物——恰恰由于它们的这种不完满，都无法摆脱潜能；在它们那儿，“在现实上的是者”（*ὂν ἐνεργείᾳ*）乃是由“在潜能上的是者”（*δυνάμει ὄν*）和现实（*ἐνέργεια*）结合而成[①]；正如从“在潜能上的是者”（*ὂν δυνάμει*）之定义本身那儿所显明的，这儿并无什么矛盾。

但是，除了确定“在潜能上的是者”（*ὂν δυνάμει*）和“在现实上的是者”（*ὂν ἐνεργείᾳ*）之“什么”（das Was）外，我们还确定了这两者的“何时”（ein Wann）。就“在潜能上的是者”（*ὂν δυνάμει*）而言，我们至少通过追随亚里士多德而进行了确定；而对于“在现实上的是者”（*ὂν ἐνεργείᾳ*）来说，下面这一点就其自身来说就是清楚的，那就是：通过形式而来的现实化之状态必须相应于该状态的完成。但是，尽管无疑存在着“在潜能上的是者”（*ὂν δυνάμει*）和“在现实上的是者”（*ὂν ἐνεργείᾳ*）的结合，但与这两者中的这一个或那一个相应的那些状态的某种结合则似乎是不可能的，因为与尚未现实化的“在潜能上的是者”（*ὂν δυνάμει*）相应的状态是一种在现实化之前的状态，尽管某种单一的生成能够导致现实化（参见 §1）。即使如此，它们的结合在某种方式上也不是矛盾的；

---

① 例如，《论灵魂》第二卷第 1 章，412a. 6：我们将是者的一个属称为“所是”，而“所是”具有以下三重含义：首先，作为质料，就它自身而言它不是这一个；其次，作为形状和形式，因它事物被称作这一个；第三，前两者的结合。质料是潜能，而形式是实现。（*λέγομεν δὴ γένος ἕν τι τῶν ὄντων τὴν οὐσίαν, ταύτης δὲ τὸ μέν, ὡς ὕλην, ὃ καθ’ αὑτὸ οὐκ ἔστι τόδε τι, ἕτερον δὲ μορφὴν καὶ εἶδος, καθ’ ἣν ἤδη λέγεται τόδε τι, καὶ τρίτον τὸ ἐκ τούτων. ἔστι δ’ ἡ μὲν ὕλη δύναμις, τὸ δ’ εἶδος ἐντελέχεια.*）——作者

诚然，我们在这儿自然不会谈及某种同时的结合；因为，如果某一身体现在在潜能上是白的，然后在现实上是白的，那么，在载体上的这种结合并不能真正被称作是状态的结合，就此而言也不存在任何的疑问。然而，（1）一种同时的结合以下面这种方式是可能的：例如，那在现实上是青铜的东西，就某一确定的形象而言或许还处在潜能这一状态之中，等等。这种结合也就是如某一现实的是者同某一第二个、第三个现实的是者相结合的那种结合；例如，同一载体同时现实地是身体、现实地是大的、现实地是绿的，等等。在现实中的是者的“现实性”（Actualität）在此并不属于作为在潜能中的是者的在潜能中的是者；例如，青铜的现实性属于作为青铜的青铜，而不属于作为潜能的雕像的青铜[①]。以同样的方式也能够解释在潜能上的尸体和在现实中活着的东西之间的结合，等等。但是，（2）还有着两种状态结合在一起的第二种方式，并且这发生在生成着的东西之状态中，如亚里士多德所讲的，即发生在“在运动中的是者”（ὂν κινήσει）中。

在《形而上学》第十一卷第 9 章中，他向我们给出了关于“运动”（κίνησις）的如下奇特的定义；关于“潜能”（δύναμις）和“现实”（ἐνέργεια）无论他已经教给我们多少，该定义都是极其不易理解的。他这样说道：“我将‘潜能上的是者’（τοῦ δυνάμει ὄντος）之‘现实’（ἐνέργεια）——就其是潜能上的是者来说，称作运动。”同样，在《物理学》第三卷第 1 章中他也说道：“既然是者根据每一属都被分成现实上的是者和潜能上的是者，那么，作为潜能上的

① 参见《物理学》第三卷第 1 章，201a. 29 :《论灵魂》，第二卷第 1 章，412a. 21。——作者

是者的潜能上的是者之实现（ἐντελέχεια），就是运动。”进而还说：“显然，作为潜能的东西的潜能的东西之现实，就是运动。”[①]

在这一定义那儿首先变得非常清楚的是，那位于潜能这一状态中的东西将根据“潜能上的是者”（δυνάμει ὄν）或“潜能的东西”（δυνατόν）来加以理解；因为，如果以下面这种方式来理解这一点，即每一质料作为质料——即便它同形式结合之后，都被称为某种仅仅在潜能上的东西，那么，除了那些分离的“所是”之外，每一形式也都将被称为某一潜能上的是者之现实，由此一来，没有任何特有的东西将归诸运动。

但还有着其他会引起疑问的东西。也即是说，“潜能中的是者之现实”（die Wirklichkeit des in Möglichkeit Seienden）这一表达容许如下面这样的双重理解，那就是，每一形式或现实——只要它不是分离的“所是”，都能够以如下两种方式被称作是某种东西的现实：（1）作为其载体的现实，例如，当我们说灵魂乃是那在潜能上有着生命的自然身体的现实时[②]；（2）作为通过形

① 《形而上学》第十一卷第9章，1065b. 16：我将作为“潜能上的是者”的“潜能上的是者”之现实，称作运动。（τὴν τοῦ δυνάμει ὄντος ᾗ τοιοῦτόν ἐστιν ἐνέργειαν λέγω κίνησιν.）《物理学》第三卷第1章，201a. 9。既然根据每一属是者都被分为实现的是者和潜能上的是者，那么，作为潜能上的是者的潜能上的是者之实现，就是运动。（διῃρημένου δὲ καθ' ἕκαστον γένος τοῦ μὲν ἐντελεχείᾳ τοῦ δὲ δυνάμει, ἡ τοῦ δυνάμει ὄντος ἐντελέχεια, ᾗ τοιοῦτον, κίνησίς ἐστιν.）同上，201b. 4：显然，潜能的东西作为潜能的东西，其实现就是运动。（ἡ τοῦ δυνατοῦ, ᾗ δυνατόν, ἐντελέχεια φανερὸν ὅτι κίνησίς ἐστιν.）——作者

② 《论灵魂》第二卷第1章，412a. 19：因此，灵魂作为在潜能上有着生命的自然身体的形式，必然是“所是”。而“所是”是实现。（ἀναγκαῖον ἄρα τὴν ψυχὴν οὐσίαν εἶναι ὡς εἶδος σώματος φυσικοῦ δυνάμει ζωὴν ἔχοντος. ἡ δ' οὐσία ἐντελέχεια.）——作者

式与质料的结合而构成的复合物的现实，例如，当我们说灵魂乃是活着的东西的现实时。既然在我们的定义中"运动"（κίνησις）被标明为某物的现实，即被标明为潜能中的是者之现实，因此，问题在于是否这种潜能中的是者被看作载体，或被看作通过运动所构建起来的东西。两种理解，尽管它们是不同的，但都给出了一个真的、同前面的讨论相应的、并且从而在本质上最终彼此相一致的意义。我们打算通过更加深入地进入到这两者中来证明这一点。

根据第一种解释——注家们惯常采纳的[①]，我们的定义将把运动规定为下面这种形式：当它将它的载体从其相应的潜能状态带到现实（ἐνέργεια）时，它让该状态继续处在同某物（即"潜能上

① 如辛普里柯俄斯（Simplicius）的注释，358a. 7：当一个东西从潜能向现实变化，只要潜能还处在该东西中，该东西就被称作在运动。（ὅταν ἀπὸ τοῦ δυνάμει μεταβάλλῃ εἰς τὸ ἐνεργείᾳ, μένοντος ἐν αὐτῷ τοῦ δυνάμει, τότε λέγεται κινεῖσθαι.）忒米斯提俄斯*（Themistius）等人，以及新近的一些人也持这种看法，如施韦格勒，他在下面这种意义上将上面这段希腊文翻译为："只要在潜能中的东西依然还是一个在潜能中的东西，那么，我就将潜能中的东西之现实称作运动。"——作者

* 忒米斯提俄斯（Θεμίστιος, Themistius，鼎盛时期为公元 340—384/385），古希腊哲学家和修辞学家，一生主要在拜占庭度过。除了对柏拉图和毕达哥拉斯哲学有浓厚兴趣之外，主要致力于亚里士多德哲学的研究，并撰写了大量的评注，故学术界也将之视为晚期漫步学派的亚里士多德著作的评注者。目前保存下来的他对亚里士多德著作的评注有《〈后分析篇〉释义》（*Analyticorum Posteriorum Paraphrasis*）、《〈物理学〉释义》（*In Aristotelis Physica Paraphrasis*）、《〈论灵魂〉释义》（*In Aristotelis Libros de Anima Paraphrasis*）、《〈小自然学著作〉评注》（*in Parva Naturalia Commentarium*）和保持在希伯来文和拉丁文翻译中的《〈论天〉释义》（*In libros Aristotelis De caelo paraphrasis*）、《〈形而上学〉释义》（*In Metaphysicorum librum paraphrasis*）等。他对柏拉图著作的评注已经全部遗失。——译者

的是者”［τοῦ δυνάμει ὄντος］）的关联中；载体之所以处在对于该物的潜能中，恰恰就在于它处在相对于（运动［κίνησις］自身的）这种现实的潜能中（作为潜能的东西［ᾗ τοιοῦτόν ἐστιν］）。

为了理解这一点，我们必须记起在上一节中就某物何时是“潜能上的是者”（ὂν δυνάμει）这一问题所确定下来的东西。当自然或技艺能够通过某种单一的行动将某物置于现实中，也就是说当某物能够通过某种单一的生成而成为现实时，该物就是在潜能中的。但是，即使这种生成必须是某种单一的生成，但它并不由此必须是一种瞬间的生成。如果一具黑色的身体通过某一单一的变化而成为白色的，这并不等于说它通过一种突然的变化而成为那样。“生成”（Werden）和“实现”（Vollendung）在这儿并不同时发生；载体首先参与生成，然后才抵达其“终点”（Terminus）。因此，载体在这儿处于双重潜能中，（1）相对于“形式之生成”（das Werden der Form）来说，（2）相对于“形式自身”（die Form selbst）来说；但即使这样，潜能的这一双重状态，无论是在绝对的意义上，还是就概念来说，都仅仅是一种单一的潜能。因为，只要一具黑色的身体有能力通过某一单一的生成而成为白的（因此它处在相对于白的东西这一形式来说的潜能中），那它显然处在相对于“成为白的”（zum Weißwerden）这点来说的潜能中；并且，只要一具黑色的身体无须其他预先的变化就有能力成为白的（因此它处在相对于形式之生成来说的潜能中），那它显然处在相对于“白的东西”（zum Weißen）来说的潜能这一状态中。于是，当载体就生成来说从潜能这种状态转变为现实时，就形式自身来说——它是生成之终点，它就被提升入一个新的、提高了的潜能

状态中[①]。就生成状态是载体由之直接抵达完成了的现实来说，它恰恰进入到了一个提高了的状态中，而生成之前的状态必须首先变为生成状态，以便载体随后被提升到完成了的现实之状态中。评注者们将之描述为在单纯的潜能和单纯的现实之间的一种第三的、居间的状态[②]。依照行动而来的一种业已现实的趋势之状态，就是“在运动中的是者”（ὂν κινήσει），而运动是那现实化着的并且

① 《亚里士多德著作的注释》，358a. 36。他们这样解释运动（忒米斯提俄斯对之做了少许改变）：运动是潜能上的是者作为潜能上的是者之最初的实现，因为最后的实现是向它以后停留其中的形式的转变，而最初的实现是朝向最后的实现的行进。这就是运动。（*ἀποδίδωσι δὲ τὴν κίνησιν ὁ Θεμίστιος ὀλίγον μεταβαλών, ὅτι ἔστιν ἡ τοῦ δυνάμει ὄντος πρώτη ἐντελέχεια, ᾗ τοιοῦτόν ἐστιν· ὑστάτην μὲν γὰρ εἶναι ἐντελέχειαν τὴν εἰς τὸ εἶδος μεταβολὴν, ἐν ᾧ ἠρεμεῖ λοιπόν, πρώτην δὲ τὴν ἐπ' ἐκεῖνο πορείαν, ἥτις ἐστὶ κίνησις.*）菲洛珀诺斯 *（Philoponus）——作者

* 菲洛珀诺斯（*Φιλόπονος*, Philoponus，约公元 490–570），也叫约翰 · 菲洛珀诺斯（*Ἰωάννης ὁ Φιλόπονος*）。亚历山大里亚的著名基督教神学家和亚里士多德的评注者，后因对三位一体问题的理解在公元 7 世纪被东部教会谴责为异端。他的亚里士多德评注，尤其是《物理学》评注对文艺复兴时期的思想家影响很大。他对亚里士多德的评注保存下来的有:《〈范畴篇〉评注》(*In Aristotelis Categorias Commentarium*)、《〈前分析篇〉评注》(*In Aristotelis Analytica Priora Commentaria*)、《〈后分析篇〉评注》(*In Aristotelis Analytica Posteriora Commentaria*)、《〈天象学〉评注》(*In Aristotelis Meteorologicorum Librum Primum Commentaria*)、《〈论生成与毁灭〉评注》(*In Aristotelis Libros de Generatione et Corruptione Commentaria*)、《〈论动物的生殖〉评注》(*In Libros de Generatione Animalium Commentaria*)、《〈论灵魂〉评注》(*In Aristotelis Libros de Anima Commentaria*) 和《〈物理学〉评注》(*In Aristotelis Physicorum Libros Commentaria*)。——译者

② 《亚里士多德著作的注释》，358a. 5：因此，就现实来说，它根本就不运动。就潜能中的东西仅仅在潜能中和仅仅具有能力而言，也不会说到运动。但当它从潜能向现实变化，并且潜能停留在它里面时，它就被称作在运动。（*οὕτως ἄρα καθὸ ἐνεργείᾳ ἐστὶν, οὐδὲν κινεῖται. οὐ μέντοι οὐδὲ καθὸ δυνάμει, μένον δυνάμει καὶ ἐν μόνῃ τῇ ἐπιτηδειότητι, οὐκ ἂν λέγοιτο κινεῖσθαι· ἀλλ' ὅταν ἀπὸ τοῦ δυνάμει μεταβάλλῃ εἰς τὸ ἐνεργείᾳ, μένοντος ἐν αὐτῷ τοῦ δυνάμει, τότε λέγεται κινεῖσθαι.*）——作者

没有完全耗尽潜能的生成。

因此，对定义的理解不再有任何困难。“作为是这样的东西”（ᾗ τοιοῦτόν ἐστιν）的潜能上的是者不同于前面所提及过的那种潜能状态和现实状态的结合，例如，在那儿，作为青铜的青铜之现实与雕像之潜能共存[①]。

然而，尽管几乎所有的评注者都谈到了这种解释，但正如已经说过的，另一种解释还是有可能的，而这种解释具有它的一些独特的优点。即使第一种解释给出了一种真的和与“运动”（κίνησις）相适应的意义，但它还是看起来无法免于有些不准确。因为，如果载体的两种潜能无论是在绝对的意义上还是就概念来说（ἁπλῶς καὶ κατὰ τὸν λόγον,《物理学》第三卷第1章，201a. 32）都只是单一的潜能，那么，下面这点就是不可能的，即这种状态就一方面来说已经结束了，就另一方面来说还在继续。因为，如果它就其总是要是的来说停止了，那它就绝对地停止了，从而两方面都停止了；如果仅仅形式之生成已经变成现实的了，而形式自身还处在潜能中，那它就不是停留在先前的潜能状态中，而是被提升到一个新的、更靠近的潜能状态，也就是它的生成状态。因此，载体在一定程度上停留在了潜能状态中，正如我能够说某个东西，它现在是白的，然后是红的，就颜色来说它已经停留在现实状态中，尽管同先前相比，它现在通过另一种现实状态而是彩色的；但在严格的意义上载体并不停留在了一种潜能状态中，而是被从一种潜能状态提升到相对于同一形式来说的另一种潜能

① 《物理学》第三卷第1章，201a. 29以及《形而上学》第十一卷第9章。——作者

状态，即被提升到由“运动”（κίνησις）所构成的生成这一状态。

因此，如果那些拥护第一种观点的人的巨大权威不会让我感到靠不住的话，那么，我会无条件地赋予第二种观点以优先性，根据它定义被规定如下：

“运动”（κίνησις）是作为潜能的潜能之现实，正如青铜的形式是作为青铜的青铜之现实一样；也即是说，它是使得“潜能中的是者”（τοῦ δυνάμει ὄντος）进入到“作为是这样的东西”（ᾗ τοιοῦτόν ἐστιν）、即进入到这种潜能上的是者之“现实”（ἐνέργεια）；或者换句话说，它构成或形成了潜能的东西作为潜能的东西（处在潜能状态中的东西作为处在这种状态的东西）。基于以上所说，以这种方式加以把握的定义不再有任何困难；这种解释的优点不仅在于根据它定义看起来更加准确，而且更加简单。下面这些会有助于更好地理解它，在此我们总是会参考亚里士多德的相关段落，以便表明我们的论证符合他的意思。我们将指出，（1）有着一些潜能，它们作为潜能是由某种现实构成的；（2）这并不适用于所有的潜能状态；（3）它适用于下面这种情形，即那构成现实的东西是某种“运动”（κίνησις）。

第一点最有可能激起怀疑和反驳，因此，我们打算特别仔细地讨论它，我们如下面这样引出我们的证明，我们指出：（1）在许多情形下，有着与同一现实状态相关的两种不同的潜能状态；（2）在有着不少这样的潜能状态的地方，至少其中一个这样的潜能状态必定被某种现实所构成（或形成）。我们通过参考前一节来开始我们的工作，在那儿，我们发现除了有着处在现实状态中的东西，即“在现实上的是者”（ἐνεργείᾳ ὄν）之外，还有着处在潜能状态中

的东西，即“在潜能上的是者”（*ὂν δυνάμει*）[①]。那么，什么东西于“在现实上的是者”（*ἐνεργείᾳ ὄν*）这一状态上构成某物？显然是某种形式或现实。但于“在潜能上的是者”（*ὂν δυνάμει*）那儿又如何呢？它作为这样的东西也是被某种东西所构成（形成）的吗？事实上的确难以相信一种潜能状态作为潜能状态能够被某一形式所构成——而该形式又的确是一种现实[②]；然而，正如我们刚刚已经说过的（见前第 92 页），只要就同一形式来说有着双重的潜能状态，就会有这种情形。

我们打算再次思考和肯定这一事实。我们已经说过，经常有着就同一现实来说的双重潜能状态，我们是从前面已经证明了的（见前第 90 页）另一“真”（Wahrheit）那儿引出这一点的，即有着潜能的双重状态，也即是说，有着一些事物，它们由于同一状态，确切地说，由于无论在绝对的意义上还是就概念来说（*ἁπλῶς καὶ κατὰ τὸν λόγον*）的同一状态，处在相对于两种现实的潜能中。例如，某一在潜能上的白的东西由于同一种状态而位于相对于“白的东西”（zum Weißen）和相对于“白东西之生成”（zum werden des Weißen）的潜能中，因为两者都能够被某一单一的行动，即“使白”（Weißmachen）现实化（见前）。由此我们已经得

① 《物理学》第三卷第 1 章，201a. 9：根据每一属，是者都被分为“实现了的是者”和“潜能上的是者”。（*διῃρημένου δὲ καθ' ἕκαστον γένος τοῦ μὲν ἐντελεχείᾳ, τοῦ δὲ δυνάμει...*）同样，《形而上学》第十一卷第 9 章。——作者

② 《论灵魂》第二卷第 1 章，412a. 8：质料是潜能，而形式是实现。（*ἔστι δ' ἡ μὲν ὕλη δύναμις, τὸ δ' εἶδος ἐντελέχεια.*）《形而上学》第八卷第 2 章，1043a. 27：（“所是”）一是作为质料，另一是作为形状和现实。（*ἡ μὲν γὰρ ὡς ὕλη*［*οὐσία ἐστὶ*］，*ἡ δ' ὡς μορφὴ καὶ ἐνέργεια.*）——作者

出下面这一结论，那就是：如果两种现实只能依次出现，那么，它们中的第一个就第二个来说必定结束了持存着的潜能状态；因为，其中一种潜能状态同那与其自身相应的另一种潜能状态是同一的，而它显然已经结束了。然而，既然载体对于第二种形式来说依然停留在潜能中，那么，它要能够做到这一点就只能是由于相对于该形式的第二个、新的潜能状态（见前第 92 页）。由此下面这一点就是清楚的，那就是：与这种现实相应的有两种潜能状态。因此，就同一现实来说有着双重的潜能状态。

我们还能够从第二个角度支持这一论证。如果就某一形式来说有着一种潜能状态——从该形式并且由于该形式载体能够直接获得对现实的拥有，如果就同一形式有着一种潜能状态——从该形式并由于该形式载体不能够直接获得对现实的拥有，那么，这两种状态是不同的，从而就同一形式来说有着双重的潜能状态。然而，既然这一条件句的前件（antecedens）是真的，那么，后件（consequens）也是真的。下面这一点是真的，那就是：一个被抛的石头，对于它向之被抛的那一确定的地点来说它位于潜能中，并且它从它作为被抛者现在所处的那个状态那儿，直接在要抵达的目标那儿过渡到了静止状态；而下面这一点也是真的，那就是：静止在某一地点上的一个石头，对于另一个地点来说它是在潜能中，因为它能够通过单一的抛掷而抵达那儿，但它不能够直接从它在被抛掷前所处的那个状态那儿抵达该地点，而是必须首先进入到被抛掷的状态中。因此，我们在此有一个例子，在该例子那儿，有着就同一现实来说的两种潜能状态。我们从亚里士多德本人那儿取得这一论证，他在《形而上学》第二卷中说，某物

从某物中生成有两种方式，正如男人从向着男人成熟的男孩那儿生成，或者，正如气从水那儿生成；在前者那儿，那已经生成的东西（das Gewordene）来自正在生成的东西（das Werdende），或者，那已经完成了东西（现实的东西）来自还处在完成（现实化）过程中的东西。他说：“因为总是有着某一中间者；正如‘生成’（das Werden）位于‘是’（das Sein）和‘不是’（das Nichtsein）之间，于是‘**正在生成的东西**’（das Werdende）也位于‘是者’（das Seiende）和‘不是者’（das Nichtseiende）之间”[①]。

从同一段落那儿我们还取得了对我们的主张的进一步确认；因为，在这儿是两种不同的状态，之所以会这样乃是由于一个特征，其中一种状态本已地具有该特征，而另一状态则缺乏该特征。某种东西从生成状态抵达现实状态，但不能反过来；因为已经是白的东西不可能成为白的。但是，某种东西从在生成之前的潜能

---

① 《形而上学》第二卷第 2 章，994a. 22：因为这个从那个中生成有两种方式，但不是如奥林匹亚运动会从伊斯特摩斯运动会而来那样指这个后于那个，而是指：要么如男人通过男孩的变化来自男孩，要么如气来自水。我们说男人从男孩生成，指的是已经生成的东西来自正在生成的东西，或者已经完成的东西来自正在完成的东西。正如生成总是位于‘是’和‘不是’之间，由此正在生成的东西也总是位于‘是者’和‘不是者’之间。正在学习的人是生成着的有知识的人，意思是说有知识的人从进行学习的人那儿生成。而水来自气，指的是一个的生成来自另一个的毁灭。（*διχῶς γὰρ γίγνεται τόδε ἐκ τοῦδε, ἢ ὡς τόδε λέγεται μετὰ τόδε, οἷον ἐξ Ἰσθμίων Ὀλύμπια, ἢ οὐχ οὕτως, ἀλλ’ ὡς ἐκ παιδὸς ἀνὴρ μεταβάλλοντος, ἢ ὡς ἐξ ὕδατος ἀήρ. ὡς μὲν οὖν ἐκ παιδὸς ἄνδρα γίγνεσθαί φαμεν, ὡς ἐκ τοῦ γιγνομένου τὸ γεγονὸς ἢ ἐκ τοῦ ἐπιτελουμένου τὸ τετελεσμένον· ἀεὶ γάρ ἐστι μεταξύ, ὥσπερ τοῦ εἶναι καὶ μὴ εἶναι γένεσις, οὕτω καὶ τὸ γιγνόμενον τοῦ ὄντος καὶ μὴ ὄντος. ἔστι γὰρ ὁ μανθάνων γιγνόμενος ἐπιστήμων, καὶ τοῦτ’ ἐστὶν ὃ λέγεται, ὅτι γίγνεται ἐκ μανθάνοντος ἐπιστήμων. τὸ δ’ ὡς ἐξ ἀέρος ὕδωρ, φθειρομένου θατέρου.*）——作者

状态抵达现实状态，并且能反过来；因为黑的东西在潜能上是白的，当它现实地成为白的之后，它在潜能上是黑的，并且能够再次返回到同一状态[①]。

因此，就同一形式有着双重的潜能状态，能够加以确定的无疑就这么多。

但是，凡是有着这种多重潜能状态的地方，至少其中一个作为潜能状态，必须是被某一现实所构成（形成）的。这是极其清楚和确定的。因为缺失作为缺失，不会构成任何东西；它自身仅仅是一种“依偶然而来的是者”（*ὂν κατὰ συμβεβηκός*），就其自身来考虑，它没有任何存在（Existenz）[②]；而质料作为质料，是无差别的，因为它们全都从形式那儿获得其规定——通过形式它是它实际上所是的，因此，就同一形式来说也只有一种质料[③]。因此，质料如何能够导致生成状态和在生成之前对于同一形式来说的潜能状态之间的差异呢？不可能！相反，只有一点是可能的，那就是：形式导致了两种潜能状态之间的差异，因而至少两种状态中的一个作为这样的状态被某一现实所构成（形成）。这就是我们首先想阐明的；第一眼就最能激起怀疑的，就是有着一些潜能状态，它们

① 《形而上学》第二卷第 2 章，994a. 31：因此，前一种生成是不可逆的，男孩不能从男人生成。因为正在生成的东西不出于生成，而是后于生成。同样，白天出于清晨，指的是它在清晨之后，因而清晨不能出于白天。而其他的生成则是可逆的。（*διὸ ἐκεῖνα μὲν οὐκ ἀνακάμπτει εἰς ἄλληλα, οὐδὲ γίγνεται ἐξ ἀνδρὸς παῖς· οὐ γὰρ γίγνεται ἐκ τῆς γενέσεως τὸ γιγνόμενον ἀλλ' ἔστι μετὰ τὴν γένεσιν· οὕτω γὰρ καὶ ἡμέρα ἐκ τοῦ πρωΐ, ὅτι μετὰ τοῦτο· διὸ οὐδὲ τὸ πρωῒ ἐξ ἡμέρας. θάτερα δὲ ἀνακάμπτει.*）——作者

② 见前面第 28 页。——作者

③ 《形而上学》第八卷第 2 章，1043a. 12：质料不同，现实和逻各斯也不同。（*ἡ ἐνέργεια ἄλλη ἄλλης ὕλης καὶ ὁ λόγος.*）——作者

作为潜能状态被某一现实所构成。

一旦前面所证明的原理得到了确定，即同一种潜能状态，确切地说，同一种无论是在绝对的意义上还是在概念上（见前第90页）的潜能状态，乃是就两种现实来说的潜能状态，那么，就还可以以另一种方式加以阐明。因为，如果两种现实就其自身来看是“二”，那么，它们必定在对于这种潜能状态的次序上是“一”，从而其中一个必定向着另一个被安排了，于是，它必定给予了载体一种向着它的现实的趋势，即构成了一种向着它的新的、更近的潜能状态，一种介于最初的东西和现实之间的中间状态[①]。

我们现在前往第二点那儿。如果经过前面的研究下面这一点已经变得清楚了，即一些处在潜能状态中的东西，作为这样的东西，它们被形式所构成，那么，并不由此就会说，在所有处在对于某种东西来说的潜能状态中的东西那儿，都必定如此。相反，这是错误的，亚里士多德在《物理学》第三卷和《形而上学》第十一卷的相应部分都反对这一点。我们打算在这儿以更加完整的方式贯彻他的论证。如果某种东西处在潜能状态中，作为这样的东西它被某一现实所构成，那么，（1）它必定是一种处于在现实之前的状态中的某种东西，（2）作为这样的东西，它必定具有某种形式，因而也必定具有规定该形式的某种本质和某种概念。由此就会得出：例如，一个静静地位于某处和在潜能上是某种立方体的蜡球，作为处于这种状态中的东西，并不被某种现实所构成。因为，（1）就位于蜡球中的所有形式来说，它都只能是蜡作为蜡

① 《形而上学》第二卷第2章。见前面第96页，注1。——作者

的现实，或者是蜡的柔软——它赋予蜡易于重塑的特定倾向。但是，如果蜡球已经变成了立方体，那么，作为蜡的蜡之形式以及它的柔软依然保留着，蜡由之被在形式上构成的所有东西也依然保留着；于是，如果这是一种潜能状态，因而是在现实之前的一种状态，那么，那已经生成出来的立方体就还不是立方体，这是自相矛盾的。因此，就必定得相信，乃是作为球的蜡球之形式，构成了对于立方体来说的处在潜能状态中的蜡球；因为，那已经被塑形为球的东西，当然不能同时是立方体。（2）与之相反的还有一个论证，它就前面所提到的蜡之形式来说是极有说服力的。正如蜡球对于立方体之形式来说是在潜能中，同样，对于千百种其他形状来说，它也是在潜能中。因此，如果蜡球作为球（作为蜡）是一种处在潜能状态中的东西，那么，所有的这些潜能状态必定被球（或蜡）之形式所构成；结果就是，它们必定与作为球的球（作为蜡的蜡）在绝对的意义上和概念上都相同一。但这是不可能的；因为，在两个东西都与某一共同的第三个东西相同一的地方，这两个东西自身也相同一，其结果就是：在这儿数不清的相对于立方体、四面体、十二面体、二十面体以及其他规则和不规则的形式来说的潜能状态，在绝对的意义上和概念上（ἁπλῶς καὶ κατὰ τὸν λόγον）都将是同一的，但是，它们作为这些形式本身是不同的，它们根据不同的方向而彼此分开。因此，下面这一点就得到了证明，那就是：蜡制的球——作为蜡它被蜡之现实所构成，作为球它被球形所构成——处在相对于立方体的潜能状态中，作为这样的东西，它不被它的任何现实所构成；因此，它是一种处在这种潜能状态中的东西，作为这样的东西，它不被某一现实

所构成[①]。

我们现在前往第三点。在我们已经看清有两种潜能状态之后——其中一个作为潜能状态被现实所构成，而另一个则不，现在的问题就是，哪些潜能状态是被现实所构成的潜能状态，或者，这等于说，哪些现实是那构成了潜能状态作为潜能状态的现实。

所有在潜能上的是者作为在潜能上的是者，都同某一现实性的原则相关联；因为载体如果能够通过某一现实性原则的单一行动而成为现实，那它就是在潜能上的某种东西。因此，那些被现实所构成的潜能状态，也必须就其与某一现实性的原则及其“作用”（das Wirken）之间的关联来加以考虑。于是，去成为某物的一种这样的潜能状态，要么在“作用”之前存在于载体中，要么在“作用”期间存在于载体中，要么在力的“作用”之后存在于载体中——通过该力的活动它过渡到现实状态中。然而，显然它能不存在于“作用”之后；因为，如果“作用”已经过去了，那么，就不再有任何能够通过该“作用”而实现的东西；该“作用”能够加以现实化的东西，要么现在存在于现实中，要么已经存在

① 《物理学》第三卷第 1 章，201a. 31：因为是青铜和是在潜能上某一被运动的东西，不是一回事。（*οὐ γὰρ τὸ αὐτὸ τὸ χαλκῷ εἶναι καὶ δυνάμει τινί κινητῷ...*）201a. 34：在对立的东西那儿这是显然的。因为有能力健康和有能力生病不是一回事；如果是一回事，那么，生病和健康就是一回事。然而，健康和生病这两者的载体——无论是体液还是血液，是同一个东西，是“一”。既然不是一回事，正如颜色和可见的东西不是一回事，那么，显然潜能的东西作为潜能的东西之实现，就是运动。（*δῆλον δ' ἐπὶ τῶν ἐναντίων· τὸ μὲν γὰρ δύνασθαι ὑγιαίνειν καὶ δύνασθαι κάμνειν ἕτερον. καὶ γὰρ ἂν τὸ κάμνειν καὶ τὸ ὑγιαίνειν ταὐτὸν ἦν· τὸ δὲ ὑποκείμενον καὶ τὸ ὑγιαῖνον καὶ τὸ νοσοῦν, εἴθ' ὑγρότης εἴθ' αἷμα, ταὐτὸν καὶ ἕν. ἐπεὶ δ' οὐ ταὐτόν, ὥσπερ οὐδὲ χρῶμα ταὐτὸν καὶ ὁρατόν, ἡ τοῦ δυνατοῦ, ᾗ δυνατόν, ἐντελέχεια φανερὸν ὅτι κίνησίς ἐστιν.*）——作者

于现实中，但至少就其与该“作用”的关联来说，它绝不存在于潜能中——无论该潜能是否被某一形式所构成。因此，剩下要考虑的就是载体之状态在“作用”之前和在“作用”期间。然而，在“作用”之前存在于载体中的那种潜能状态不可能被某一现实所构成。因为那时在载体中只有三种能够加以考虑的形式。一种形式被思考为变化“由之出发的起点”（Terminus a quo），例如，在那要被塑形为立方体的蜡那儿的球形。另一种形式——它最能导致假象，因而单单被亚里士多德加以考虑的，是那构成了载体的东西——载体作为载体是现实的；在蜡球这一例子中，它就是那构成了作为蜡的蜡的现实。最后，第三种形式就是那赋予载体某一特定倾向的东西，如在这儿，对于蜡来说就是柔软[①]。但在讨论第二点的时候，我们已经指出，这三种形式中没有一个构成了作为潜能上的是者的潜能上的是者。因此，潜能上的是者作为潜能上的是者，不拥有任何现实。反之，载体在主动原则之“作用”期间位于其中的那种潜能状态，作为潜能状态，它的确是被某一现实所构成的状态。因为原则只能在载体接受了某种影响并因而成为某种现实的东西之范围内起作用。如果载体就这种力及其活动来说还是处在潜能中，那正如我们在前面谈论第一点时已经阐明过的，这是由于一种新的潜能状态，并且在那儿所有余下被说的在这儿依然适用。

因此，唯一剩下的问题是，我们如何称呼在主动原则发挥“作用”期间的那些潜能状态，以及什么是那些可以说把载体潜能

① 《物理学》第三卷第1章。参见上一个注。——作者

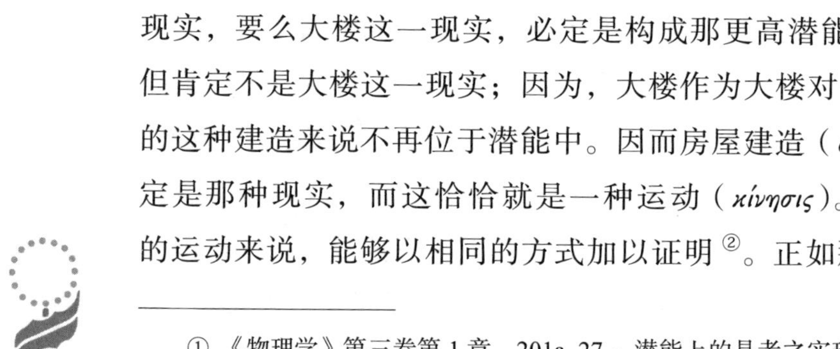

化的现实的名称。众所周知，我们把它们称为生成状态或运动状态[①]；作为运动，它们也应被称作构成潜能作为潜能的现实。归纳会证明这一点。当建筑师建筑时，它用以进行建筑的东西处在被现实所构成的那种潜能状态中，而建筑材料作为建筑材料仅仅位于对于房屋建造和大楼来说的潜能中。因此，要么房屋建造这一现实，要么大楼这一现实，必定是构成那更高潜能状态的东西。但肯定不是大楼这一现实；因为，大楼作为大楼对于建筑师和他的这种建造来说不再位于潜能中。因而房屋建造（*οἰκοδόμησις*）必定是那种现实，而这恰恰就是一种运动（*κίνησις*）。就所有其他的运动来说，能够以相同的方式加以证明[②]。正如那处在对于大

① 《物理学》第三卷第 1 章，201a. 27：潜能上的是者之实现，当它不是作为它自身而是作为能被运动的东西已经实现和活动时，就是运动。所谓“作为”，我说的是这样：青铜在潜能上是雕像，但运动不是青铜作为青铜的实现。因为是青铜和是在潜能上某一被运动的东西，不是一回事。……（*ἡ δὲ τοῦ δυνάμει ὄντος, ὅταν ἐντελεχείᾳ ὂν ἐνεργῇ οὐχ ᾗ αὐτὸ ἀλλ᾽ ᾗ κινητόν, κίνησίς ἐστιν. λέγω δὲ τὸ ᾗ ὡδί. ἔστι γὰρ ὁ χαλκὸς δυνάμει ἀνδριάς, ἀλλ᾽ ὅμως οὐχ ἡ τοῦ χαλκοῦ ἐντελέχεια, ᾗ χαλκός, κίνησίς ἐστιν· οὐ γὰρ τὸ αὐτὸ τὸ χαλκῷ εἶναι καὶ δυνάμει τινὶ κινητῷ. κ. τ. λ.*）——作者

② 《物理学》第三卷第 1 章，201b. 5：因此，显然这就是运动，当实现作为实现发生时，被运动就发生了，既不在前，也不在后。因为每一个东西都能够有时现实着，有时不现实着；例如，能够被建筑的东西，能够被建筑的东西作为能够被建筑的东西之现实，就是建筑。因为能够被建筑的东西之现实，要么是建筑，要么是房屋。但是，当房屋已经是着时，能够被建筑的东西也就不再是着了；相反，能够被建筑的东西正在被建筑，因此，必然建筑是现实。而建筑就是一种运动。这同一原理也适用于其他的运动。（*ὅτι μὲν οὖν ἐστιν αὕτη, καὶ ὅτι συμβαίνει τότε κινεῖσθαι ὅταν ἡ ἐντελέχεια ᾖ αὐτή, καὶ οὔτε πρότερον οὔτε ὕστερον, δῆλον· ἐνδέχεται γὰρ ἕκαστον ὁτὲ μὲν ἐνεργεῖν ὁτὲ δὲ μή, οἷον τὸ οἰκοδομητόν, καὶ ἡ τοῦ οἰκοδομητοῦ ἐνέργεια, ᾗ οἰκοδομητόν, οἰκοδόμησίς ἐστιν· ἢ γὰρ οἰκοδόμησις ἡ ἐνέργεια τοῦ οἰκοδομητοῦ ἢ ἡ οἰκία· ἀλλ᾽ ὅταν οἰκία ᾖ, οὐκέτ᾽ οἰκοδομητὸν ἔστιν· οἰκοδομεῖται δὲ τὸ οἰκοδομητόν. ἀνάγκη οὖν οἰκοδόμησιν τὴν ἐνέργειαν εἶναι· ἡ δ᾽ οἰκοδόμησις κίνησίς τις. ἀλλὰ μὴν ὁ αὐτὸς ἐφαρμόσει λόγος καὶ ἐπὶ τῶν ἄλλων κινήσεων.*）——作者

楼而言的潜能状态的东西，当它作为这样的东西被某一现实所构成，它就正在被建造，这就是房屋建造，因而就是运动；在医治、翻滚、跳跃等等情形那儿，也同样如此[①]。因此，运动是处在潜能状态中的东西作为这样的东西之现实，是潜能的东西作为潜能的东西之现实。例如，朝向质的运动（变化［ἀλλοίωσις］）构成了位于朝向某种质这一潜能状态中的那正在生成为“具有质的东西”（ποιόν）的东西；同样，朝向量的运动（增加和减少［αὔξησις καὶ φθίσις］）构成了位于朝向某种量这一潜能状态中的那正在生成为“具有量的东西”（πόσον）的东西；此外，地点上的运动（位移［φορά］）构成了位于朝向某个地点这一潜能状态中的那正在接近某一目标的东西。如果在“所是”上的东西之范围内也有着一种这样的潜能之中间状态，那么，“所是”的生成状态和消亡状态也同样必定在形式上被生成和毁灭（γένεσις καὶ φθορά）所构成；而这些也将是运动[②]。

① 《物理学》第三卷第 1 章，201a. 15：这就是运动，从下面这些就能加以揭示：当能够被建筑的东西——作为我们称之为是这样的东西，已经处在实现中时，它就正在被建筑，并且这就是建筑。对于学习、医治、翻滚、跳跃、成熟、衰老等来说，也同样如此。（ὅτι δὲ τοῦτο ἔστιν ἡ κίνησις, ἐντεῦθεν δῆλον. ὅταν γὰρ τὸ οἰκοδομητόν, ᾗ τοιοῦτον αὐτὸ λέγομεν εἶναι, ἐντελεχείᾳ ᾖ, οἰκοδομεῖται, καὶ ἔστιν τοῦτο οἰκοδόμησις. ὁμοίως δὲ καὶ μάθησις καὶ ἰάτρευσις καὶ κύλισις καὶ ἅλσις καὶ ἅδρυνσις καὶ γήρανσις.）——作者

② 《物理学》第三卷第 1 章，201b. 4：显然，潜能的东西作为潜能的东西，其实现就是运动。（ἡ τοῦ δυνατοῦ, ᾗ δυνατόν, ἐντελέχεια φανερὸν ὅτι κίνησίς ἐστιν.）201a. 10：作为潜能上的是者的潜能上的是者之实现，就是运动。例如，能够变化的东西作为能够变化的东西之实现，就是变化；能够增加的东西及其对立面能够减少的东西（因为对于这两者来说没有共同的名称）之实现，就是增加和减少；能够生成的东西和能够毁灭的东西之实现，就是生成和毁灭；能够移动的东西之实现，就是位移。（ἡ τοῦ δυνάμει ὄντος ἐντελέχεια, ᾗ τοιοῦτον, κίνησίς ἐστιν, οἷον τοῦ μὲν ἀλλοιωτοῦ,

在阐述和正面建立了自己关于运动的观点之后，在《物理学》第三卷第2章和《形而上学》第十一卷的相应部分，亚里士多德试图通过反驳以前的哲学家们的规定——在那儿事实上主要针对柏拉图[①]，再次肯定自己的观点。正如在别的地方他的辩驳绝非是徒劳的，因为它试着到处寻找和剥离在错误的东西中的正确的东西，在这儿也同样如此。如他所指出的，过往的那些尝试，将运动规定为“相异”（die Andersheit）、“不等”（die Ungleichheit）和“不是者”（das Nichtseiende）。所有这些规定都没有揭示出运动的本质；因为，所有这些，无论是“相异”的东西，还是“不等”的东西和“不是着”（nichtseiend）的东西，都不必然被运动；而下面这点是生成状态独有的，那就是：正如我们在前面已经看到的[②]，那正在生成的东西处在朝着已经生成出来的东西之状态的潜能中，而那已经生成出来的东西却不处在朝着它由之生成出来了的那种生成的潜能中；但在这儿，相等的东西过渡到不相等的东西和不相等的东西过渡到相等的东西是一样的，是者过渡到不是者和不是者过渡到是者也是一样的，等等[③]。但是，究竟是什么引

ᾗ ἀλλοιωτόν, ἀλλοίωσις, τοῦ δὲ αὐξητοῦ καὶ τοῦ ἀντικειμένου φθιτοῦ (οὐδὲν γὰρ ὄνομα κοινὸν ἐπ' ἀμφοῖν) αὔξησις καὶ φθίσις, τοῦ δὲ γενητοῦ καὶ φθαρτοῦ γένεσις καὶ φθορά, τοῦ δὲ φορητοῦ φορά.）——作者

① 参见《亚里士多德著作的注释》，360a. 8 和 15。——作者

② 《形而上学》第二卷第2章。见前面第98页，注2。——作者

③ 《物理学》第三卷第2章，201b. 19：这是显然的，如果我们考察一些人如何对待运动的，他们宣称运动就是“相异”、“不等”和“不是着”。但是，无论是“相异”的东西，还是“不等”的东西，还是“不是着”的东西，它们都并不必然被运动。变化既不朝向它们，也不出于它们，而是朝向和出于它们的对立面。（*δῆλόν τε σκοποῦσιν ὡς τιθέασιν αὐτὴν ἔνιοι, ἑτερότητα καὶ ἀνισότητα καὶ τὸ μὴ ὂν*

起了这些错误的规定？在运动的本性中的确有着某种能够诱使人们将之置于缺失序列[①]中的东西；既然正在生成的东西并不构成事物的任何特殊的属，而是必须被归约到已经完成了的是者之诸属中[②]，因此，正如那正在变大的东西之于大，那正在取得性质的东西之于性质，人们会认为它是某种不确定的东西和缺乏形式的东西。此外，人们还会从运动那儿得出什么？“潜能”（δύναμις）——某物由之位于潜能中，不是运动，而那处在“现实”（ἐνεργείᾳ）中的东西也不处在运动中；因此，唯一剩下的似乎就是：宣称它是一种未完成的“现实”（ἐνέργεια），宣称它是一种尚未结束的“实现”（ἐντελέχεια），

φάσκοντες εἶναι τὴν κίνησιν. ὧν οὐδὲν ἀναγκαῖον κινεῖσθαι, οὔτ᾽ ἂν ἕτερα ᾖ οὔτ᾽ ἂν ἄνισα οὔτ᾽ ἂν οὐκ ὄντα· ἀλλ᾽ οὐδ᾽ ἡ μεταβολὴ οὔτ᾽ εἰς ταῦτα οὔτ᾽ ἐκ τούτων μᾶλλόν ἐστιν ἢ ἐκ τῶν ἀντικειμένων.）——作者

① 根据毕达哥拉斯学派的人的次序。参见《亚里士多德著作的注释》359b. 30。——作者

② 《物理学》第三卷第 2 章，201b. 24：将运动置于这些属中的原因就在于，运动似乎是某种不确定的东西，由于缺失，另一列中的那些本源全都是不确定的；因为它们中没有一个是“这个”，也没有一个是“这样”以及其他的那些范畴（αἴτιον δὲ τοῦ εἰς ταῦτα τιθέναι ὅτι ἀόριστόν τι δοκεῖ εἶναι ἡ κίνησις, τῆς δὲ ἑτέρας συστοιχίας αἱ ἀρχαὶ διὰ τὸ στερητικαὶ εἶναι ἀόριστοι· οὔτε γὰρ τόδε οὔτε τοιόνδε οὐδεμία αὐτῶν ἐστιν, ὅτι οὐδὲ τῶν ἄλλων κατηγοριῶν.）《物理学》第三卷第 12 章，200b. 32：在事物之外没有运动。因为变化者的变化总是体现在“所是”、“量”、“质”、“地点”等方面；诚如我们所说，对于那些既不是“这个”，也不是“量”，也不是“质”，也不是其他谓词中的任何一个的，要找到它们的某种共性是根本不可能的。因此，在上述那些东西之外，没有任何的运动和变化；因为在上述那些东西之外，没有任何东西是着。（οὐκ ἔστι δὲ κίνησις παρὰ τὰ πράγματα· μεταβάλλει γὰρ ἀεὶ τὸ μεταβάλλον ἢ κατ᾽ οὐσίαν ἢ κατὰ ποσὸν ἢ κατὰ ποιὸν ἢ κατὰ τόπον, κοινὸν δ᾽ ἐπὶ τούτων οὐδὲν ἔστι λαβεῖν, ὡς φαμέν, ὃ οὔτε τόδε οὔτε ποσὸν οὔτε ποιὸν οὔτε τῶν ἄλλων κατηγορημάτων οὐθέν· ὥστ᾽ οὐδὲ κίνησις οὐδὲ μεταβολὴ οὐθενὸς ἔσται παρὰ τὰ εἰρημένα, μηθενός γε ὄντος παρὰ τὰ εἰρημένα.）——作者

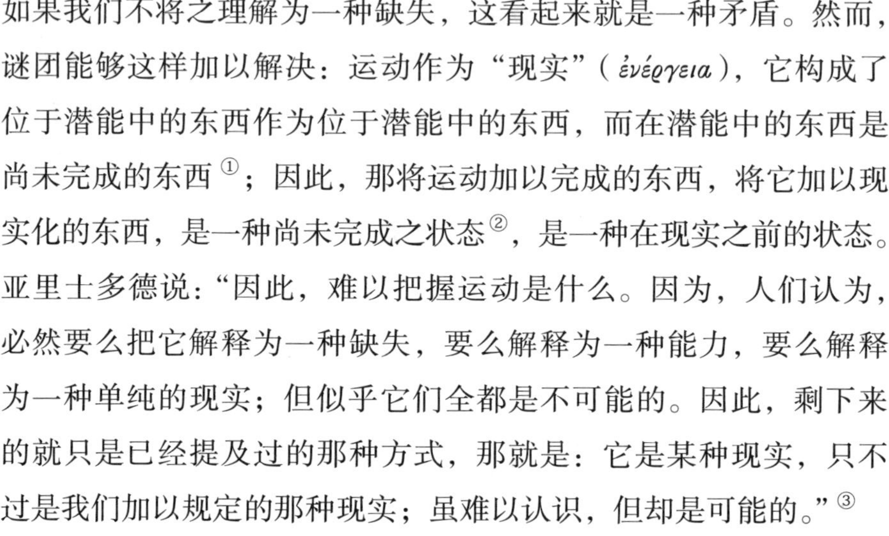

如果我们不将之理解为一种缺失，这看起来就是一种矛盾。然而，谜团能够这样加以解决：运动作为“现实”（*ἐνέργεια*），它构成了位于潜能中的东西作为位于潜能中的东西，而在潜能中的东西是尚未完成的东西[①]；因此，那将运动加以完成的东西，将它加以现实化的东西，是一种尚未完成之状态[②]，是一种在现实之前的状态。亚里士多德说：“因此，难以把握运动是什么。因为，人们认为，必然要么把它解释为一种缺失，要么解释为一种能力，要么解释为一种单纯的现实；但似乎它们全都是不可能的。因此，剩下来的就只是已经提及过的那种方式，那就是：它是某种现实，只不过是我们加以规定的那种现实；虽难以认识，但却是可能的。”[③]

---

① 《物理学》第三卷第 2 章，201b. 27：运动之所以被认为是不确定的，原因就在于它既不能被归之于是者之潜能，也不能被归之于是者之现实。因为，无论是在潜能中的量，还是在现实中的量，它们都不必然被运动；运动似乎是某种现实，但又尚未完成。原因就在于潜能中的东西就是其现实还尚未完成的东西。（*τοῦ δὲ δοκεῖν ἀόριστον εἶναι τὴν κίνησιν αἴτιον ὅτι οὔτε εἰς δύναμιν τῶν ὄντων οὔτε εἰς ἐνέργειαν ἔστιν θεῖναι αὐτήν· οὔτε γὰρ τὸ δυνατὸν ποσὸν εἶναι κινεῖται ἐξ ἀνάγκης οὔτε τὸ ἐνεργείᾳ ποσόν, ἥ τε κίνησις ἐνέργεια μὲν εἶναί τις δοκεῖ, ἀτελὴς δέ· αἴτιον δ' ὅτι ἀτελὲς τὸ δυνατόν, οὗ ἐστιν ἐνέργεια.*）《论灵魂》第三卷第 7 章，431a. 6. 因为运动就是那尚未完成的东西之现实。（*ἡ γὰρ κίνησις τοῦ ἀτελοῦς ἐνέργεια ἦν.*）——作者

② 那赞同第一种解释的人会引起下面这些困难（参见《亚里士多德著作的注释》358a. 19）：亚里士多德不仅将“运动”（*κίνησις*）称作“现实”（*ἐνέργεια*），而且也将之称作“实现”（*ἐντελέχεια*）——它意味着“完成（*τελειότης*）”（见前 §1）我们很容易解释这一点。正如“运动”（*κίνησις*）构成了生成状态并实现了该状态——因而它是“现实”（*ἐνέργεια*），同样，它也完成了生成状态作为生成状态——因而它被称作“实现”（*ἐντελέχεια*）；它确立了更近、更高、因而可以说是已经完成了的潜能状态。——作者

③ 《物理学》第三卷第 2 章，201b. 33：因此，要把握运动是什么就是困难的。因为，必然要么把它归于缺失，要么归于潜能，要么归于单纯的现实；但它们中没有一个看起来是可能的。因此，剩下来的就是已经提及过的那种方式，即是

因此，在对定义的这种解释那儿，亚里士多德关于“运动”（κίνησις）的全部教导表现得是多么的和谐。因为我们刚才所提及的，即运动并不构成是者的任何特殊的属，而是伴随着是者的不同的属——全然的“现实”（ἐνέργεια）和“潜能”（δύναμις）也同样如此，也与之是完全协调的。既然作为“现实”（ἐνέργεια）的运动所构成的东西，是一种潜能状态，而潜能状态与相应的现实状态属于同一个属，正如潜能中的身体同现实中的身体一道属于“所是”这个属，潜能中的白同现实中的白一道属于颜色这个属和质这个属，等等，同样，“在运动中的是者”（ὂν κινήσει）和“运动”（κίνησις）——它被归约到每次通过它而生成出来的是者之各个种中，也必定同那已经完成了“是”（Sein）一道属于同一个属。但是，正如不会说“潜能”（δύναμις）和“现实”（ἐνέργεια）必定位于是者的每一属中，同样，也不会说一种“运动”（κίνησις）必定位于是者的每一属中。一种逐渐的、连续的生成——在那儿一种由本己的“运动”（κίνησις）所形成的生成状态即潜能的第二种状态能够发生，只能出现在有着各种相反概念并因而有着各种中间物的东西那儿——在矛盾的对立者之间则缺乏中间物。从“不是者”到“是者”的转化只能是一种突然的东西和瞬间的东西。在《物理学》第三卷第1章和《形而上学》第十一卷第9章宣称“运动

某种现实，只不过是我们已经说的那种现实；虽难以认识，但其“是”却是可能的。（καὶ διὰ τοῦτο δὴ χαλεπὸν αὐτὴν λαβεῖν τί ἐστιν· ἢ γὰρ εἰς στέρησιν ἀναγκαῖον θεῖναι ἢ εἰς δύναμιν ἢ εἰς ἐνέργειαν ἁπλῆν, τούτων δ᾽ οὐδὲν φαίνεται ἐνδεχόμενον. λείπεται τοίνυν ὁ εἰρημένος τρόπος, ἐνέργειαν μέν τινα εἶναι, τοιαύτην δ᾽ ἐνέργειαν οἵαν εἴπαμεν, χαλεπὴν μὲν ἰδεῖν, ἐνδεχομένην δ᾽ εἶναι.）——作者

和变化的种类同是者的种类一样多。”① 之后，亚里士多德在《物理学》第三卷（以及《形而上学》第十一卷的相应部分）对之进行了较为详细的阐发②，并进行了限制，即将真正的“运动”（*κίνησις*）限制到“质”、“量”和“地点”这三个范畴里，正如他通过认真的研究所证明的，只有在它们中各种必需的条件才被给出③。

然而，我们并不想真正反对第一种解释；正如已经注意到的，尽管两种解释在形式上的差异是非常大的，但最终它们并无本质上的不同。根据这两种解释，我们都发现在“运动中的是者”（*ὂν κινήσει*）那儿，有着潜能状态和现实状态的结合的一种独特方式。只不过第二种解释能够特别清楚地在对运动的定义中解释这一点，因为它说，运动是一种现实，它通过确立其现实状态而构成了一种潜能状态，构成了潜能的东西作为潜能的东西。我们发现，在这儿，那正在生成的载体，如果它位于更远的潜能和现实之间的

① 《物理学》第三卷第 1 章，201a. 8：因此，有多少种“是者”，就有多少种运动和变化。（*ὥστε κινήσεως καὶ μεταβολῆς ἔστιν εἴδη τοσαῦτα ὅσα τοῦ ὄντος.*）以及《形而上学》第十一卷第 9 章。——作者

② 参见《形而上学》第十一卷第 11 章，1067b. 14 以下。以及《物理学》第三卷。——作者

③ 《形而上学》第十一卷第 12 章，1068a. 8：如果范畴分为“所是”、“质”、“地点”、“行动”、“遭受”、“相对物”和“量”，那么，运动必然有三种，即“质”之运动、“量”之运动和“地点”之运动。（*εἰ οὖν αἱ κατηγορίαι διῄρηνται οὐσίᾳ, ποιότητι, τόπῳ, τῷ ποιεῖν ἢ πάσχειν, τῷ πρός τι, τῷ ποσῷ, ἀνάγκη τρεῖς εἶναι κινήσεις, ποιοῦ ποσοῦ τόπου.*）以及《物理学》第三卷。有些事物在生成之前的状态和现实状态之间不容许有中间状态，因而对于它们来说根本没有“运动”（*κίνησις*）；正如我们所听到的，除了“质”（*ποιόν*）、“量”（*ποσόν*）和“地点”（*πού*）之外，对于其他所有范畴来说，在生成之前的潜能状态——作为这样的东西它不被任何形式所构成，显然要被称作最近的潜能状态。它的生成状态首先是现实状态。——作者

一种中间状态中，那它就同时具有潜能状态和现实状态，但不是就同一个东西来说同时在潜能状态和现实状态中。它在现实中，乃是就生成来说的，即就“运动”（*κίνησις*）来说的；它在潜能中，是就被“运动”（*κίνησις*）所准备的形式来说的。

那些在其身上显现出不可能有任何耗尽了的现实同潜能相应这一独特现象的潜能也能够取得这种中间状态。正如运动概念在其自身就具有某种难以把握的东西——它首先激起的是对其定义之正确性的惊异和怀疑（参见《形而上学》第一卷第2章，983a. 14[①]），同样，既然每一潜能都只能是关乎某一现实来说的，那么，不少人起初也就无法承认可能有着不相应于任何现实的一种潜能，即使有着某一被思想出来并且包含在其概念中的这种潜能，但至少没有存在于事物中的这种潜能。然而正如“线”之例子和“体”之例子所显明的，这是可能的。在现实上是“一”的线，作为可二等分的东西，在潜能上是“二”；既然一半还能再次进行二等分，它在潜能上是“四”。因此，它在潜能上是“二”、“四”、“八”、“十六”等等。什么是这种潜能之限度？它没有限度；当它在现实上是“一”时，它在潜能上是无限多的东西。但这种潜能绝不被某一现实所耗尽。无限多的线——它们现在作为部分在潜能上被包含在一条线中，从不作为无限多的现实的线而存在。无

① 《形而上学》第一卷第2章，983a. 12—16：正如我们所讲过的，一切都始于对事物居然就是这样的好奇；例如，关于各种奇妙机关的自动，或者关于太阳的回归，或者关于对角线的不可通约。（*ἄρχονται μὲν γάρ, ὥσπερ εἴπομεν, ἀπὸ τοῦ θαυμάζειν πάντες εἰ οὕτως ἔχει, καθάπερ ⟨περὶ⟩ τῶν θαυμάτων ταὐτόματα ἢ περὶ τὰς τοῦ ἡλίου τροπὰς ἢ τὴν τῆς διαμέτρου ἀσυμμετρίαν.*）——译者

论是在这儿，还是在所有讨论具有体的东西的地方[①]，当一种划分被取作无限划分时，无限的东西都总是存在于某一潜能状态中，要么存在于在“运动”（*κίνησις*）之前的潜能状态中（一条线有无限多的部分），要么作为“在运动中的是者”（*ὂν κινήσει*）而存在。类似的情形也适用于面、体等等[②]。

关于那共同地包含着位于实在的潜能中和位于生成中的东西以及位于完成了的“是”（Sein）之中的东西的是者，即关于在“潜能和现实上的是者”（*ὂν δυνάμει καὶ ἐνεργείᾳ*）这一含义上的“是者”（*ὄν*），就说这么多。

① 参见《物理学》第三卷第 5 章，204a. 8。——作者

② 《形而上学》第九卷第 6 章，1048b. 9：与许多是者相比——如在看的东西、在走的东西和被看的东西，无限的东西、空虚的东西等以不同的方式被称作在潜能中的是者和在现实中的是者。因为前面那些东西有时能够绝对地被真实地加以言说；被看的东西，有时指正在被看，有时指有能力被看。但无限的东西不以这样的方式位于潜能中，仿佛它将分离地位于现实中似的，相反，它仅仅分离地位于认识中。因为划分不会停止，这就使得这种现实位于潜能中，而不是位于分离中。（*ἄλλως δὲ καὶ τὸ ἄπειρον καὶ τὸ κενόν, καὶ ὅσα τοιαῦτα, λέγεται δυνάμει καὶ ἐνεργείᾳ πολλοῖς τῶν ὄντων, οἷον τῷ ὁρῶντι καὶ βαδίζοντι καὶ ὁρωμένῳ. ταῦτα μὲν γὰρ ἐνδέχεται καὶ ἁπλῶς ἀληθεύεσθαί ποτε. τὸ μὲν γὰρ ὁρώμενον ὅτι ὁρᾶται, τὸ δὲ ὅτι ὁρᾶσθαι δυνατόν· τὸ δ᾽ ἄπειρον οὐχ οὕτω δυνάμει ἔστιν ὡς ἐνεργείᾳ ἐσόμενον χωριστόν, ἀλλὰ γνώσει. τὸ γὰρ μὴ ὑπολείπειν τὴν διαίρεσιν ἀποδίδωσι τὸ εἶναι δυνάμει ταύτην τὴν ἐνέργειαν, τὸ δὲ χωρίζεσθαι οὔ.*）——作者

第　五　章

根据范畴表而来的“是者”①

§1. 引导性的说明。范畴被亚里士多德以确定的数目加以了列举。新近注家对亚里士多德范畴的不同看法

我们已经在三种含义上认识了“是者”（das Seiende），但我们工作中最困难的部分尚未完成；因为“是者”的第四层含义——在该含义中“是者”被进一步标画为“根据范畴表而来的‘是者’”（*τὸ ὂν κατὰ τὰ σχήματα τῶν κατηγοριῶν*，《形而上学》第九卷第10章，1051a. 34②），是一切中最重要的，还因为它本身复又——正如我们将详细看到的——包含着许多的含义，因此，对

---

① 德文原文为“Das Seiende nach den Figuren der Kategorien”，也可以译为“根据范畴之样式而来的‘是者’”或“根据范畴之形态而来的‘是者’”。——译者

②《形而上学》第九卷第10章，1051a. 34：“是者”和“不是者”或者是就范畴之诸样式来说的。（*ἐπεὶ δὲ τὸ ὂν λέγεται καὶ τὸ μὴ ὂν τὸ μὲν κατὰ τὰ σχήματα τῶν κατηγοριῶν.*）——译者

于我们的论文来说，它不仅特别有用，而且困难重重。然而，在这方面我们将在新近研究者们的工作中找到不少的帮助，尤其是在特伦德伦堡那价值卓著的《范畴学说史》（*Geschichte der Kategorenlehre*）一书中，对之我们深表感激。我们将不时引证他那透彻的阐述，以防我们试图继续追寻某个会把我们引向歧途的问题。

正如我们现在要加以考察的，亚里士多德根据不同的范畴来划分“是者”（das Seiende）。因此，下面这一问题是尤其重要的：他向我们所举出的那些范畴之数目是否不仅囊括了这种“是者”的整个范围，而且穷尽了范畴的多样性？还是如看起来的那样他仅仅向我们给出了一些范畴的例子——人们能够轻易予以增添？亚里士多德在不同的地方列举出了不同数目的范畴（在一个地方，即在《形而上学》第十四卷第2章1089b. 20[①]，他甚至似乎仅仅设想了三个范畴：所是［*οὐσία*］，情状［*πάθη*］和相对关系［*πρός τι*］[②]），普伦德尔在其《逻辑学史》（*Geschichte der Logik*）[③]中由此认为，他可以推断亚里士多德并不真的认为范畴的数目是

① 《形而上学》第十四卷第2章1089b. 20：如果要探究是者如何是多，那就不能仅仅在同一范畴中进行探究，如探究“所是”如何是多，“质”如何是多，而且还要探究是者究竟如何是多。因为，是者要么是“所是”，要么是“情状”，要么是“相对物”。（*εἰ ἐζήτει πῶς πολλὰ τὰ ὄντα, μὴ τὰ ἐν τῇ αὐτῇ κατηγορίᾳ ζητεῖν, πῶς πολλαὶ οὐσίαι ἢ πολλὰ ποιά, ἀλλὰ πῶς πολλὰ τὰ ὄντα· τὰ μὲν γὰρ οὐσίαι τὰ δὲ πάθη τὰ δὲ πρός τι.*）——译者

② 参见布兰迪斯《亚里士多德学说概要》（*Uebers. d. Aristot. Lehrgeb.*），第41页以下。——作者

③ 普伦德尔，《西方逻辑学史》（*Gesch. D. Log. Im Abendl.*），Ⅰ，第205页以下。——作者

十个，甚至并不真的认为范畴的数目是固定的；他甚至认为：“任何一个有理性的人都会满足于对这三个范畴的归约，正如他也会满足于七个或八个范畴一样。”[①] 在此，已经先行设定将“行动”（ποιεῖν）、“遭受”（πάσχειν）、“姿态”（κεῖσθαι）和“有”（ἔχειν）归约到前两个范畴上，或者归约为一个单一的范畴，即“运动”（κίνησις）。因为在《范畴篇》一书中亚里士多德列举了以下十个范畴：“在那些不是根据任何复合而加以表达的东西中，它们中的每一个或者意指‘所是（eine Subatanz）’（οὐσία），或者意指‘量（ein Großes）’（ποσόν），或者意指‘质（ein Beschaffenes）’（ποιόν），或者意指‘相对物（ein Relatives）’（πρός τι），或者意指‘某地（ein Wo）’（ποῦ），或者意指‘某时（ein Wann）’（ποτέ），或者意指‘姿态（ein Liegen）[②]’（κεῖσθαι），或者意指‘有（ein Anhaben）[③]’（ἔχειν），或者意指‘行动（ein Tun）’（ποιεῖν），或者意指‘遭受（ein Leiden）’（πάσχειν）。”[④] 如果有人对《范畴篇》一书的真实性怀有疑虑[⑤]，那公认真实的《论题篇》的第一卷也给出

① 普伦德尔，《西方逻辑学史》，Ⅰ，第 206 页。——作者

② “姿态”（ein Liegen），德语动词 liegen 本意是“躺”、“卧”。——译者

③ “有”（ein Anhaben）。德语动词 anhaben 本意是“穿戴”。——译者

④ 《范畴篇》第 4 章，1b. 25：在那些不是根据任何复合而加以表达的东西中，它们中的每一个或者意指“所是”，或者意指“量”，或者意指“质”，或者意指“相对物”，或者意指“地点”，或者意指“时间”，或者意指“姿态”，或者意指“有”，或者意指“行动”，或者意指“遭受”。*τῶν κατὰ μηδεμίαν συμπλοκὴν λεγομένων ἕκαστον ἤτοι οὐσίαν σημαίνει ἢ ποσὸν ἢ ποιὸν ἢ πρός τι ἢ ποὺ ἢ ποτὲ ἢ κεῖσθαι ἢ ἔχειν ἢ ποιεῖν ἢ πάσχειν.* 参见《论题篇》第一卷第 9 章，103b. 21：它们的数目是十个。……（*ἔστι δὲ ταῦτα τὸν ἀριθμὸν δέκα. κ. τ. λ.*）——作者

⑤ 参见布兰迪斯，他一再坚称其真实性；最后见他的《亚里士多德学说概要》，第 47 页，注 86。——作者

了相同的数目[①]。在普伦德尔看来，正如该数目能够加以减少和归约为很少几个（但由于其更大的普遍性，它们依然会囊括是者的整个领域；普伦德尔坚持这种要求），同样，它们也能够轻易地加以增加，“在亚里士多德那儿范畴意味着什么，对于任何一位对之加以理性解释的人来说，如果其数目是 17 个或 18 个，以及被特别加以列举出来的范畴是 17 个或 18 个，这都是完全无关紧要的。”[②] 然而，在研究这位斯塔吉拉哲人的古代评注者那里找不到一位如普伦德尔那样想的人，似乎也没有哪位新近的研究者打算附和他的看法；相反，布兰迪斯在其《亚里士多德学说概要》以及策勒尔在其《希腊哲学》（Ⅱ，2.）中都试图阐明，这样一种归约或扩展根本不符合亚里士多德的本意[③]。我必须承认，他们似乎已经以完全令人信服的方式就之说服了我。他们引证了如此众多的段落——在那些地方我们的哲学家非常清楚地认识到他已经提出了确定数目的范畴并且认为它们是完备的，以至于不会再有某种

① 《论题篇》第一卷第 9 章，103b. 20：在此之后应区分范畴这种属——上述四谓词全都位于它们之中。它们的数目是十个，即“是什么”、“量”、“质”、“相对物”、“地点”、“时间”、“姿态”、“有”、“行动”、“遭受”。偶性、属、固有属性和定义总是这些范畴中的某一个；因为由之形成的所有命题，要么揭示“是什么”，要么揭示“量”，要么揭示“质”，要么揭示其他范畴中的某一个。（*μετὰ τοίνυν ταῦτα δεῖ διορίσασθαι τὰ γένη τῶν κατηγοριῶν, ἐν οἷς ὑπάρχουσιν αἱ ῥηθεῖσαι τέτταρες. ἔστι δὲ ταῦτα τὸν ἀριθμὸν δέκα, τί ἐστι, ποσόν, ποιόν, πρός τι, ποῦ, ποτέ, κεῖσθαι, ἔχειν, ποιεῖν, πάσχειν. ἀεὶ γὰρ τὸ συμβεβηκὸς καὶ τὸ γένος καὶ τὸ ἴδιον καὶ ὁ ὁρισμὸς ἐν μιᾷ τούτων τῶν κατηγοριῶν ἔσται· πᾶσαι γὰρ αἱ διὰ τούτων προτάσεις ἢ τί ἐστιν ἢ ποσὸν ἢ ποιὸν ἢ τῶν ἄλλων τινὰ κατηγοριῶν σημαίνουσιν.*）——译者

② 普伦德尔，《西方逻辑学史》（*Gesch. D. Log. Im Abendl.*），Ⅰ，第 206 页。——作者

③ 布兰迪斯，《希腊-罗马哲学》，Ⅲ，1，第 41 页以下。策勒尔《希腊哲学》，第二版，Ⅱ，2，第 189 页，注 2。——作者

质疑是能够得到辩护的[①]。另一方面，下面这种意见也得到了传播，那就是：亚里士多德后来悄悄放弃了原初十个范畴中的两个，即“姿态”（κεῖσθαι）和“有”（ἔχειν）这两个范畴；而之所以原初提出的范畴数目是十个，或许是由于老毕达哥拉斯主义者和柏拉图主义者对数字十的偏好[②]。策勒尔在其《希腊哲学》中，布兰迪斯在其《希腊-罗马哲学史》(*Gesch. d. Griech-Röm. Philos.*)[③]卷三中，

① 因此，亚里士多德在《后分析篇》第一卷第 22 章（83b. 15.）中说：“范畴这种属是有限的”（πεπέρανται τὰ γένη τῶν κατηγοριῶν）。《辩谬篇》第 22 章（178a. 5）：“既然我们拥有范畴这种属”（ἐπείπερ ἔχομεν τὰ γένη τῶν κατηγοριῶν.）。在《论题篇》第一卷第 9 章（103b. 39）中，他列举了诸范畴后说道：“它们就这么多”（ταῦτα καὶ τοσαῦτά ἐστι.）。此外，他还经常说“已经识别出来了的诸范畴”（αἱ διαιρεθεῖσαι κατηγορίαι），如《论灵魂》第一卷第 1 章（402a. 24），以及同卷第 5 章（410a. 14）。对此还可以比较《前分析篇》第一卷第 37 章（49a. 7）中的那句话以及其他一些段落：“识别出了多少范畴”（ὁσαχῶς αἱ κατηγορίαι διῄρηνται）。在另外一些地方，他在列举出一些范畴后，他称那些未被指出的范畴为“其他范畴”（αἱ ἄλλα κατηγορίαι），这显然暗示了有一个内容确定的范畴表。——作者

② 关于这一点，在古代已经有相关记载。如辛普里柯俄斯在其《〈范畴篇〉评注》中就曾指出，毕达哥拉斯学派的阿尔库塔斯（Ἀρχύτας, Archytas, BC. 428–347）早在亚里士多德之前就已经提出了十范畴（其具体内容不得而知），并根据毕达哥拉斯学派对于数的神秘理解来解释范畴数目当为十的合法性：“所有的技艺和知识都是某种得到合理安排和确定的实在东西，而这类东西在数目上被确定了下来。全部数是十，因此，所有的事物也应合理地被分成十，所有的形式也是十，理想的数目也是十；此外，身体也有十个部分。因此，整个逻各斯的要素也是十。”（τέχνην γὰρ πᾶσαν καὶ ἐπιστήμην φησὶν τεταγμένον τι εἶναι καὶ ὡρισμένον πρᾶγμα· τὸ δὲ τοιοῦτον ἐν ἀριθμῷ ἀφο ρίζεσθαι· τὸν δὲ σύμπαντα ἀριθμὸν δεκάδα εἶναι, καὶ εἰκότως ἄρα τὰ πάντα εἰς δέκα διῃρῆσθαι καὶ τὰ εἴδη πάντα δέκα εἶναι καὶ τοὺς εἰδητι κοὺς ἀριθμοὺς δέκα ὑπάρχειν, ἔτι δὲ καὶ τὰ ἀκρωτήρια τοῦ σώματος ἔχειν δέκα μέρη. καὶ τὰ στοιχεῖα οὖν τοῦ παντὸς λόγου δέκα εἶναι. Simplicius, *In Aristotelis Categorias Commentarium*, 68. 23–28.）——译者

③ 布伦塔诺有时将该书简称为《希腊-罗马哲学》。——译者

以及博尼茨在其《论亚里士多德的范畴》（*Ueber die Kategorien d. Arist.*）中，都似乎没有拒斥这种意见；特伦德伦堡在其《范畴学说史》中也没有[①]。我们后面会详细检查这一的确很有可能的看法；就目前来看，亚里士多德坚持这一数目是八至少是完备和确定的这一点是充分的[②]。

---

① 《希腊哲学》，第二版，Ⅱ，2，第 191 页以下。《希腊-罗马哲学》，Ⅲ，1，第 43 页。博尼茨《王家科学院哲学-历史班会议报告》（*Sitzb. d. k. Acad. d. Wiss. Philos. histor. Cl.*），X. 5. 1853，第 643 页。特伦德伦堡《范畴学说史》，第 142 页。——作者

② 除了在《范畴篇》和《论题篇》完整列举出 10 范畴之外，亚里士多德在许多地方都对范畴进行了或多或少的列举，即使没有完整地进行列举，往往在列举出几个之后，都会加上“其他诸如此类的东西”（*ἕτερα τοιαῦτα*）或“其他的范畴”（*αἱ ἄλλαι κατηγορίαι*）这类话。根据统计，在目前所能见到的著作中，对范畴的列举最多是 10 个，依次往下的有 8 个、7 个、6 个、5 个、4 个、3 个、2 个和 1 个。亚里士多德在列举范畴时仅仅列举 1 个作为代表的极少，典型的例子就是《形而上学》第 12 卷第 4 章（1070b. 1。）：“除了‘所是’和其他那些谓词之外，没有共同的东西。”（*παρὰ γὰρ τὴν οὐσίαν καὶ τἆλλα τὰ κατηγορούμενα οὐδέν ἐστι κοινόν.*）与完整列举 10 范畴相比，亚里士多德更多列举的是 8 范畴，在现今所能见到的整个亚里士多德著作中，一共出现了 4 次：（1）《后分析篇》第一卷第 22 章，83a. 21：因此，当一个东西谓述另一个东西时，它要么在“是什么”上进行谓述，要么在“质”、“量”、“相对物”、“行动”、“遭受”、“地点”或“时间”上进行谓述。（*ὥστε ἢ ἐν τῷ τί ἐστιν ἢ ὅτι ποιὸν ἢ ποσὸν ἢ πρός τι ἢ ποιοῦν τι ἢ πάσχον ἢ ποὺ ἢ ποτέ, ὅταν ἓν καθ᾽ ἑνὸς κατηγορηθῇ.*）（2）《后分析篇》第一卷第 22 章，83b. 11：它们全都是属性，只能谓述“所是”。然而，它们也不能向上是无限多的。因为每一个东西进行谓述时，要么意指“质”，要么意指“量”，要么意指这些属性中的其他某个，要么意指那些位于“所是”中的东西。这些属性是有限的，范畴这种属也是有限的，因为它们要么是“质”，要么是“量”，要么是“相对物”，要么是“行动”，要么是“遭受”，要么是“地点”，要么是“时间”。（*πάντα γὰρ ταῦτα συμβέβηκε καὶ κατὰ τῶν οὐσιῶν κατηγορεῖται. ἀλλὰ δὴ ὅτι οὐδ᾽ εἰς τὸ ἄνω ἄπειρα ἔσται· ἑκάστου γὰρ κατηγορεῖται ὃ ἂν σημαίνῃ ἢ ποιόν τι ἢ ποσόν τι ἢ τι τῶν τοιούτων ἢ τὰ ἐν τῇ οὐσίᾳ· ταῦτα δὲ πεπέρανται, καὶ τὰ γένη τῶν κατηγοριῶν πεπέρανται· ἢ γὰρ ποιὸν ἢ ποσὸν ἢ πρός τι ἢ ποιοῦν ἢ πάσχον*

但是，即使无法否认亚里士多德确信其范畴表的有效性和完备性这一点，下面这一问题依然会生起，那就是：究竟什么能够给以他这种确信。在近代，这将研究引向了亚里士多德是如何能够获得这些范畴的方法上去；在这方面特伦德伦堡的一项假设尤其取得了很大的声誉，即使攻击它的人远多于捍卫它的人。为了赢得决断这些问题的坚实基础，人们开始详细探究范畴的真实本质和含义；就此特别能够区分出三种观点，它们在下面这一点上完全一致，那就是：范畴不可能是仅仅主观有效的概念规定，因为这种想法完全远离了亚里士多德的实在论①。

这些意见中的第一种认为：诸范畴并未给出实在的概念，而

ἢ ποὺ ἢ ποτέ.)(3)《物理学》第五卷第 1 章，225b. 5：因此，如果诸范畴被划分为“所是”、“质”、“地点”、“时间”、“相对物”、“量”、“行动”和“遭受”的话，那么，运动就必然有三种——“质”之运动、“量”之运动和“地点”之运动。(εἰ οὖν αἱ κατηγορίαι διῄρηνται οὐσίᾳ καὶ ποιότητι καὶ τῷ ποὺ [καὶ τῷ ποτὲ] καὶ τῷ πρός τι καὶ τῷ ποσῷ καὶ τῷ ποιεῖν ἢ πάσχειν, ἀνάγκη τρεῖς εἶναι κινήσεις, τήν τε τοῦ ποιοῦ καὶ τὴν τοῦ ποσοῦ καὶ τὴν κατὰ τόπον.)(4)《形而上学》第五卷第 7 章，1017a. 22：所谓在其自身而“是”，其含义与范畴的诸样式所意指的一样多；因为范畴的诸样式有多少种述说，“是”也就有多少种意指。在诸进行谓述的东西中，有的意指“是什么”，有的意指“质”，有的意指“量”，有的意指“相对物”，有的意指“行动”，有的意指“遭受”，有的意指“地点”，有的意指“时间”；它们中的每一个与“是”的一种意指相应。(καθ’ αὑτὰ δὲ εἶναι λέγεται ὅσαπερ σημαίνει τὰ σχήματα τῆς κατηγορίας· ὁσαχῶς γὰρ λέγεται, τοσαυταχῶς τὸ εἶναι σημαίνει. ἐπεὶ οὖν τῶν κατηγορουμένων τὰ μὲν τί ἐστι σημαίνει, τὰ δὲ ποιόν, τὰ δὲ ποσόν, τὰ δὲ πρός τι, τὰ δὲ ποιεῖν ἢ πάσχειν, τὰ δὲ πού, τὰ δὲ ποτέ, ἑκάστῳ τούτων τὸ εἶναι ταὐτὸ σημαίνει.)与 10 范畴的列举相比，在所有这 8 范畴的列举中都共同省掉了“姿态”(κεῖσθαι)和“有”(ἔχειν)这两个范畴。——译者

① 见前面第三章，§2 结尾处。在那儿，所有不“外在于心灵”(ἔξω τῆς διανοίας)的东西都被从形而上学的对象中排除出去，而范畴却包含在形而上学的对象中。——作者

是仅仅给出了所有实在概念都必须记入其中的框架；范畴仅仅摆置出了各种"视点"（die Gesichtspuncte），当思维对象被区分出来后诸概念由之得以分类。布兰迪斯似乎怀有这种看法，例如，他说："范畴表应是对我们必加运用的诸一般规定和问题的完整组合，以便将所有的对象接纳入思维中并获得对于它们的概念规定。它们是陈述的各种消除了句子结合并与之相分离的形式或属，即它们自身并不是确定实在的属概念。"[①] 并且还立马说道："诸范畴应仅仅是对各种视点的确定，为了对各种问题点进行完备的讨论它们才被收入眼帘。"[②] 策勒尔同样说道："诸范畴并不打算根据其实际的性质来描述事物，也不想引出一些为此必须的普遍概念；相反，它们满足于指出在一种这样的描述中能够被收入眼帘的那些各个不同的角度。根据哲学家的观点，它们不应向我们给出诸实在的概念，而是仅仅给出所有实在概念被纳入其中的框架。"[③] "诸范畴自身并不直接就是谓词，它们仅仅为各个确定的谓词标画出了位置。"[④] 策勒尔还引用了施特伦培尔（Strümpell）[⑤] 的观点，后者在其《理论哲学史》（*Geschichte der theoretischen Philosophie*）中也将诸范畴标画为"谓述的种类"，因而不是"进行谓述的东西"[⑥]。

---

① 《希腊-罗马哲学》，Ⅱ，2，1，第 394 页。——作者

② 同上。

③ 《希腊哲学》，Ⅲ，2，第 188 页以下。——作者

④ 《希腊哲学》，Ⅲ，2，第 189 页，注 1。——作者

⑤ 施特伦培尔，全名为路德维希·阿道夫·海因里希·冯·施特伦培尔（Ludwig Adolf Heinrich von Strümpell, 1812—1899），德国哲学家和教育家，著有《理论哲学史》（*Geschichte der theoretischen Philosophie*），该书的全名为《希腊理论哲学史》（*Geschichte der theoretischen Philosophie der Grieche*）。——译者

⑥ 《理论哲学史》（*Gesch. d. theoret. Philos.*），第 211 页。——作者

第二种看法不把诸范畴标画为陈述的诸形式，不把它们标画为进行谓述的概念之种类，而是将它们标画为概念；但它们既不被当作自在自为的概念，它们也不标画心灵的各种简单表象，它们之所以被视为概念，乃是因其与判断的关联，即它们能够是判断的部分，确切地说，它们能够是谓词。据此，诸范畴从简单句中产生，它们是分离出来的谓词，是最普遍的谓词。它们的分类不是源于实在的观察，而是生自语法关系的差异——与之相应的逻辑关系之差异在此似乎被取作了前提。简而言之，这似乎是特伦德伦堡的看法；因为他最初在其《论范畴》（*De Categoriis*，柏林，1833年）一文中尝试根据语法关系说明诸范畴的起源，后来又在《亚里士多德逻辑概要》（*Elementa Logices Aristoteleae*），尤其是在其杰出的《范畴学说史》（*Geschichte der Kategorienlehre*，柏林，1846年）一书中更加详尽地发展了这种看法。他说道（第20页）：“因此，诸范畴看起来是简单句的谓词落入其中的那些普遍概念，……诸范畴是最普遍的谓词。”并进而说道：“诸最后的范畴完全因其形式而表现为谓词；如果人们通过那进行联接（*συμπλοκή*）的系词而建立起陈述，那么，所有其余的范畴都会被理解为谓词。”[①] 据此，即使那在真正的意义上只能是主词的“第一所是”[②]，也将归入谓词中；特伦德伦堡试图通过指出“第一所是”有时并不以真正的方式进行谓述来理解这一点[③]，他引证《前分析篇》（第一卷第27章）说：“我们有时说：那个白净的人是苏

① 《范畴学说史》，第23页。——作者

② 参见《范畴篇》第5章，2a. 11。——作者

③ 特伦德伦堡，《范畴学说史》，第6页。——作者

格拉底，那个走过来的人是卡里阿斯。”① 比泽（Biese）② 在其《亚里士多德的哲学》（*Philos. D. Aristoteles*）中同意这种看法③，而魏茨（Waitz）④ 在其出版的《工具论》（*Organon*）中似乎也不反感这种看法，因为他至少赞同它们源于语法关系⑤。人们也能够这样想，那就是：亚里士多德的古代翻译者会满意这种看法，因为它们用“谓词”（praedicamenta）来翻译“范畴”（*κατηγορίαι*），而特伦德伦堡认为，注疏者们的各种看法，如阿弗洛狄西亚的亚历山大（Alexander Aphrodisiensis）、埃格的亚历山大（Alexander Aegeus）⑥、珀尔菲琉斯（Porphyrius）⑦ 等也都表明他们以类似的方

① 《前分析篇》第一卷第 27 章，43a. 35：因为有时我们也会说，那个白净的人是苏格拉底，那个正走近的人是卡里阿斯。（*φαμὲν γάρ ποτε τὸ λευκὸν ἐκεῖνο Σωκράτην εἶναι καὶ τὸ προσιὸν Καλλίαν.*）——作者

② 比泽，全名为弗朗茨·比泽（Franz Biese, 1803—1895），德国古典语言学家、教育家，著名的亚里士多德研究专家。——译者

③ 比泽，《亚里士多德的哲学》，Ⅰ，第 49 页。“范畴，这些思想的基本概念……（第 53 页）但它们自身不是那些指出了某个对象之本质性的东西的属概念，而是陈述的最普遍的种类（*τὰ γένη τῶν κατηγοριῶν*，《论题篇》第一卷第 9 章）。”——作者

④ 魏茨，全名为西奥多·魏茨（Theodor Waitz, 1821—1864），德国心理学家和人类学家，代表作为六卷本的《原始民族的人类学》（*Die Anthropologie der Naturvölker*）。1844 年编辑出版了《亚里士多德的工具论》（*Aristotelis Organon*）——译者

⑤ 魏茨，《亚里士多德的工具论》（*Aristotelis Organon*），Ⅰ，第 268 页。——作者

⑥ 埃格的亚历山大（*Ἀλέξανδρος*, Alexander Aegeus, 鼎盛时期在公元 1 世纪），漫步学派的哲学家，他是罗马皇帝尼禄的老师，著有关于《范畴篇》、《论天》等的评注，不过都已经佚失。——译者

⑦ 珀尔菲琉斯（*Πορφύριος*, Porphyrius, 234—305），也译为波菲利，新柏拉图主义者，早年在雅典接受教育，后来前往罗马成为普罗提诺斯的学生。他编辑出

式理解范畴概念[①]（“范畴”［κατηγορία］这一表达被用来表明它们谓述事物[②]）。

最后，第三种看法在下面这一点上与第二种看法相一致，那就是，诸范畴不是一种单纯的概念框架，相反，它们是实在的概念；但它比第一种观点更加坚决地否认范畴仅仅涉及谓词，或者范畴表仅仅鉴于逻辑和语法关系而被拟定出来。对这种看法而言，诸范畴是各种不同的最高概念——它们由“是者”（ὄν）这一共同的名称所标画出来。博尼茨在其论文“论亚里士多德的范畴”（Ueber die Kategorien des Aristoteles）中尤其支持和发展了这种看法。他说：“在亚里士多德的意义上，诸范畴指示出我们于其中表达‘是者’（das Seiende）这个概念的不同含义；它们标画着最高的属——所有的‘是者’都必须能够从属于它们中的某一个。因此，它们在经验所给出的东西之领域中起着定向作用。”[③]在另一个地方他又说道：“因此，范畴（κατηγορία）并不仅仅和单单意味

版了普罗提诺斯的著作《九章集》（Ἐννεάδες，*Enneads*），并撰写了普罗提诺斯的生平传记。珀尔菲琉斯著述颇为丰富，涉猎面也很广，但绝大部分已经佚失。除了传播新柏拉图主义的思想外，他也致力于阐发亚里士多德的思想。他有两个《〈范畴篇〉评注》，一个已经佚失，另一个保存了下来，即我们今天所见到的《以问答的方式对亚里士多德〈范畴篇〉的解释》（*In Aristotelis categorias expositio per interrogationem et responsionem*）；他撰写的对亚里士多德《范畴篇》及一般逻辑学的《导论》（εἰσαγωγή，*Isagoge*）在拜占庭、阿拉伯世界一直是标准的教科书，经波厄提乌斯（Boethius, 480–524）翻译成拉丁文并加以评注后，也成为整个西方中世纪的哲学入门书和标准教材。——译者

① 特伦德伦堡，《论范畴》（*De categoriis*）。——作者

② 辛普里柯俄斯，fol. 3，b（巴塞尔，1551）。所谓范畴，指的是那述说事物的语词。（ἡ μὲν λέξις κατηγορία λέγεται, ὡς κατὰ τοῦ πράγματος ἀγορευομένη.）——作者

③ 《王家科学院哲学–历史班会议报告》，X，5，第 623 页。——作者

着某一概念归属另一作为谓词的概念，相反，一般来说，某一概念在确定的含义上被说或被陈述，这并不意味着它同某一另外的概念的关系无论如何都被思考了。据此，复数的诸范畴（κατηγορίαι）将能够标画出某一概念于其中得到陈述的不同方式，能够标画出人们将之同其陈述相联系的不同含义；因此，‘是者’之诸范畴（κατηγορίαι τοῦ ὄντος）标画出人们将之同对‘是者’（ὄν）这一概念的陈述相联系的不同含义，这就等于下面这类表达：‘是者’被以多重方式加以言说（πολλαχῶς λέγεται τὸ ὄν），‘是者’被以如此多的方式加以言说（ποσαχῶς λέγεται τὸ ὄν）……‘是者’之诸范畴（κατηγορίαι τοῦ ὄντος）这一表达……对于作为是者（das Seiende）之最高属的诸范畴来说，显然真正是完整的名称。”[①] 里特尔（Ritter）[②] 在其《哲学史》（*Geschichte der Philosophie*）第三卷中所说的与这种看法相一致：“亚里士多德将诸范畴理解为简单语词所标画出来的东西之最普遍的种类。”[③] 黑格尔也把在亚里士多德意义上的诸范畴称为“诸单纯的本质，诸普遍的规定”[④]。

现在我们已经了解了截然不同的三种意见，也是时候我们决定要支持哪一方了。因为，如果我们目前仅仅专注于基本观点上的差异——我的意思是指对范畴的含义进行规定，并且对于诸如亚里士多德是如何发现诸范畴这样的问题，以及关于这类问题的

① 《王家科学院哲学-历史班会议报告》，X，5，第 621 页。——作者

② 里特尔，全名为海因里希·里特尔（Heinrich Ritter, 1791—1869），德国哲学家。著有 12 卷本的《哲学史》（*Geschichte der Philosophie*），该书在当时的影响极大。——译者

③ 里特尔，《哲学史》，Ⅲ，第 77 页。——作者

④ 《黑格尔著作集》，XIV，第 402 页。——作者

可能的不同回答，无论它们同眼前的问题交织得多么紧密，但都暂时加以搁置，那么，前面梳理出来的那些看法似乎已经在类型上穷尽了可能差异的整个范围，以至于不可能有任何空间留给某种新的、与上述三种意见相左的观点。因为从对我们的范畴所进行的所有谈论中都清楚地表明①，它们并非如判断那样关乎复合的思想（*κατηγορία*［范畴］=*κατάφασις*［肯定］）②，而是关乎简单概念——亚里士多德明确向我们担保了这一点（《范畴篇》第 4 章，1b. 25）③；因此，唯一可能的就是：诸范畴要么被理解为概念性的陈述之各种不同的形式，要么被理解为各种不同的最高概念本身。如果我们取前者，那么我们赞同第一种看法所教导的。如果我们取后者，那么，我们要么就每一概念自身都是一个整全、是一个完成了的思想这点而言将诸范畴理解为概念④，从而我们赞同第三种意见的支持者所主张的；要么我们将诸范畴理解为概念，不是在自在自为的意义上，而是就概念在命题或判断中占据了一个位置这点而言，也就是说，在这儿是就谓词乃判断的一个部分这点

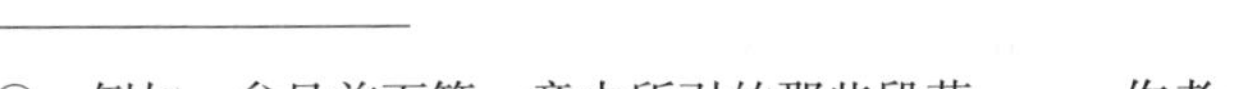

① 例如，参见前面第一章中所引的那些段落。——作者

② 例如，在《前分析篇》第一卷第 46 章，52a. 15：范畴（*κατηγορία*）这个名称就等同于肯定（*κατάφασις*）被加以使用：就这个排列而言，缺失同样关乎范畴。A 表示相等，B 表示非相等，C 表示不等，D 表示非不等。（*ὁμοίως δ' ἔχουσι καὶ αἱ στερήσεις πρὸς τὰς κατηγορίας ταύτῃ τῇ θέσει. ἴσον ἐφ' οὗ τὸ A, οὐκ ἴσον ἐφ' οὗ B, ἄνισον ἐφ' οὗ Γ, οὐκ ἄνισον ἐφ' οὗ Δ.*）——作者

③ 《范畴篇》第 4 章，1b. 25：在那些不是根据任何复合而加以表达的东西中，它们中的每一个或者意指“所是”，或者意指“量”，或者意指“质”……（*τῶν κατὰ μηδεμίαν συμπλοκὴν λεγομένων ἕκαστον ἤτοι οὐσίαν σημαίνει ἢ ποσὸν ἢ ποιὸ κ. τ. λ.*）——作者

④ 《解释篇》第 3 章，16b. 20：因为一旦进行说的人停止了思想，那进行听的人也就静了下来。（*ἵστησι γὰρ ὁ λέγων τὴν διάνοιαν, καὶ ὁ ἀκούσας ἠρέμησεν.*）——作者

而言，从而我们主张第二种看法。诚然，还剩下一种最后的可能性，因为就某一三段推论能从概念那儿构建出来来说，概念也会被视为词项；但这是行不通的，因为对于每个人来说下面这点是清楚的，那就是没有任何谈论涉及在三段推论和亚里士多德的范畴之间有某种直接的联系。

既然在这方面那些业已存在的各种意见已经立场分明地穷尽了所有可能性，并排除了任何其他可能的新尝试，那我们就必须坦率地宣称，在我们看来第三种看法比另外两种看法更可取；但我们同时要加以补充的是：我们不可能赞同它的所有处理，同意所有那些进一步的、诚然与该问题的解决密切相关的各种规定——正如尤其在博尼茨那值得赞扬的论文中所经验到的；相反，我们也会赞同另外两种意见中的那些合理的、在我们看来同第三种意见完全相容的成分。在我们看来，前两种意见的支持者也并不如他们在其个别言论中所表现的那样，生硬和片面地持有那些意见。或许他们在那些地方仅仅要强调下面这点：对于他们来说，这些东西就范畴的含义而言仅仅是主要的，但终究并非唯一的东西。因此，当布兰迪斯打算让诸范畴仅仅被视为在属的划分中的视点时，当策勒尔将它们仅仅视为确定谓词的处所时，或许他们仅仅以相似的方式说出了这一点，就像普伦德尔在其《逻辑学史》中毫不顾忌说的：“严格地讲，就范畴是范畴而言，它们被塑造为‘逻各斯的地点’（*τόποι* des *λόγος*），这是我们现在要加以讨论的范畴之真正含义。”[①] 就在这句话的前面他已经明确指出：“因此，亚

① 《西方逻辑学史》，Ⅰ，第 196 页。——作者

里士多德本人明确地称那些规定（诸范畴）……为‘一般谓词’（κοινῇ κατηγορούμενα），它们与他称之为‘属’（γένη）的东西是同一的。”[①] 策勒尔甚至用下面的话开始了他对亚里士多德哲学进行阐述的相关章节：“根据亚里士多德，我们思维的所有对象全都落入以下十个概念中的某一个：所是、量，等等。这些最高的概念或范畴……”[②] 布兰迪斯也在许多地方称范畴为“普遍和第一属概念，是者的最高属，等等。”另一方面，特伦德伦堡尽管非常强调在范畴划分中的逻辑关系，但他也承认在这一结构中有着“实在起源”（reale Genesis）同“逻辑接纳”（die logische Subsumtion）的冲突，承认亚里士多德“把通过形式的方法加以发现的诸范畴视为实在的。”[③] 总的说来，我们认为，我们在前面所给出的那些关于亚里士多德观点的见解，以及在反对他的争论中所反复出现的那些见解，都不完全符合他的本意。说诸范畴根据不同的谓述方式而彼此有别，以及鉴于判断和命题的谓词它们才被发现出来，这能很好地同另一种主张共存，那就是：如我们将详细看到的，诸范畴会指示出那些被绝对拾取出来的概念之间的差异。如果人们问特伦德伦堡：范畴给予我们关于什么的分类，是关于“谓词”（das Prädicat）的分类，还是关于“是者”（das Seiende）的分类？“所是”（οὐσία）、“质”（ποιόν）、“量”（πόσον）隶属于什么，是隶属于谓词概念呢，还是隶属于“是者”（ὄν）？那么，我们完全相信他会同我们一道选择后者。但是，由于题材充满巨大的难度，我们

① 《西方逻辑学史》，Ⅰ，第 196 页。——作者

② 《希腊哲学》，Ⅱ，2，第 186 页。——作者

③ 《范畴学说史》，第 210 页。——作者

打算小心且一步一步地阐述那在我们看来最可靠的观点，并为之给出理由。因此我们说：

§2. I. 诸范畴不仅仅是一种概念框架，而且它们自身就是实在的概念，是“外在于心灵的在其自身的是者”（*ὄντα καθ᾽ αὑτὸ ἔξω τῆς διανοίας*）

这是亚里士多德的意见，它是如此清楚和一再加以表达，以至于——如我所言——我无法相信在他的解释者那儿除了某种字面上的差异之外还有别的什么。首先，如果形而上学家必须加以论及的“是者”（*ὄν*）自身是一个概念，更确切地说是一个实在的概念——因为仅仅存在于心灵中的东西在前面已经给排除出去了，那么，就诸范畴来说无疑也同样如此，正如《形而上学》第七卷第4章（1030b. 11）足够清楚指出的：“‘是者’（das Seiende）的一个含义指‘某个’，另一个含义指‘量’，另一个含义指‘质’。”[①]《论灵魂》第二卷第1章（412a. 6）[②]，《形而上学》第五卷

① 《形而上学》第七卷第4章，1030b. 11：“是者”或者意指“某个”，或者意指“量”，或者意指“质”。（*τὸ δὲ ὂν τὸ μὲν τόδε τι, τὸ δὲ ποσὸν, τὸ δὲ ποιόν τι σημαίνει.*）——作者

② 《论灵魂》第二卷第1章，412a. 6：我们将诸“是者”中的一个属称为“所是”。它包含了下面这些：首先是质料，就它自身而言它不是“这个”；其次是形状或形式，正是根据它而说出“这个”；第三是由它们组合而成的东西。（*λέγομεν δὴ γένος ἕν τι τῶν ὄντων τὴν οὐσίαν, ταύτης δὲ τὸ μέν, ὡς ὕλην, ὃ καθ᾽ αὑτὸ οὐκ ἔστι τόδε τι, ἕτερον δὲ μορφὴν καὶ εἶδος, καθ᾽ ἣν ἤδη λέγεται τόδε τι, καὶ τρίτον τὸ ἐκ τούτων.*）——译者

第7章（1017a. 22）[①]、第八卷第6章（1045a. 36）[②]、第九卷第1章（1045b. 32）[③]，以及许多其他的段落也都说了同样的话；当我们在后面详细检查未加规定的“是（者）”（ὄν）同诸范畴之间的关系时我们立马就会引用其中的一些[④]。

此外，我们的主张之正确性产生自亚里士多德选来标画诸范畴的那些表达。如在《物理学》第三卷中，他称它们为“一般概念（die Allegmeinbegriffe[⑤]）”（κοινά）。“我们说，人们不可能为

① 《形而上学》第五卷第7章，1017a. 22：所谓在其自身而“是”，其含义与范畴的诸样式所意指的一样多；因为范畴的诸样式有多少种述说，“是”也就有多少种意指。在诸进行谓述的东西中，有的意指“是什么”，有的意指“质”，有的意指“量”，有的意指“相对物”，有的意指“行动”，有的意指“遭受”，有的意指“地点”，有的意指“时间”；它们中的每一个与“是”的一种意指相应。（καθ' αὑτὰ δὲ εἶναι λέγεται ὅσαπερ σημαίνει τὰ σχήματα τῆς κατηγορίας· ὁσαχῶς γὰρ λέγεται, τοσαυταχῶς τὸ εἶναι σημαίνει. ἐπεὶ οὖν τῶν κατηγορουμένων τὰ μὲν τί ἐστι σημαίνει, τὰ δὲ ποιόν, τὰ δὲ ποσόν, τὰ δὲ πρός τι, τὰ δὲ ποιεῖν ἢ πάσχειν, τὰ δὲ πού, τὰ δὲ ποτέ, ἑκάστῳ τούτων τὸ εἶναι ταὐτὸ σημαίνει.）——译者

② 《形而上学》第八卷第6章，1045a. 36：那些不具有质料的东西——既不具有可思想的质料也不具有可感觉的质料，每个都直接是某种“一”。也如同是某种“是者”，即是“这个”，是“质”，是“量”；因此，“是（者）”和“一”都不位于定义中，“是其所是”直接是某种“一”和某种“是（者）”。（ὅσα δὲ μὴ ἔχει ὕλην, μήτε νοητὴν μήτε αἰσθητήν, εὐθὺς ὅπερ ἕν τί εἶναί ἐστιν ἕκαστον. ὥσπερ καὶ ὅπερ ὄν τι, τὸ τόδε, τὸ ποιόν, τὸ ποσόν. διὸ καὶ οὐκ ἔνεστιν ἐν τοῖς ὁρισμοῖς οὔτε τὸ ὂν οὔτε τὸ ἕν, καὶ τὸ τί ἦν εἶναι εὐθὺς ἕν τί ἐστιν ὥσπερ καὶ ὄν τι.）——译者

③ 《形而上学》第九卷第1章，1045b. 32：既然“是者”不仅被划分为“某个”、“量”或“质”，而且还根据潜能和实现，即根据功能而得到划分，故我们接下来讨论潜能和实现。（ἐπεὶ δὲ λέγεται τὸ ὂν τὸ μὲν τὸ τὶ ἢ ποιὸν ἢ ποσόν, τὸ δὲ κατὰ δύναμιν καὶ ἐντελέχειαν καὶ κατὰ τὸ ἔργον, διορίσωμεν καὶ περὶ δυνάμεως καὶ ἐντελεχείας.）——译者

④ 见§3。——作者

⑤ die Allegmeinbegriffe，也可以译为“普遍概念”。——译者

这些东西找到既不是‘某一所是’也不是‘某一量’也不是‘某一质’也不是其他某个范畴的某种共性。”参见《后分析篇》第二卷第13章,《形而上学》第十二卷第4章[①]。我们后面还会回到这一点[②]。此外,范畴也被称为“属”(γένη),如在《论灵魂》第一卷中:“首先,必须得考察灵魂位于何种属中,以及它是什么;我的意思是它是否是某种单一的东西即某种‘所是’,或者是某种‘质’,或者是某种‘量’,或者是我们已经区分出来的范畴中某一另外的。”后面还会引用另外一些段落。[③]但是,在一些地方诸范畴并不简单被称为“属”(τὰ γένη),而是被称为“范畴的属”(τὰ γένη τῶν κατηγοριῶν)[④];博尼茨将这种属格解释为同位语属格(同上)[⑤],因而它们同在前面那些地方所说的具有相同的意思。即使

① 《物理学》第三卷第1章,200b. 34:正如我们所说,不可能为这些东西找到既不是“这个”也不是“量”也不是“质”也不是其他某个范畴的某种共性。(κοινὸν δ' ἐπὶ τούτων οὐδὲν ἔστι λαβεῖν, ὡς φαμέν, ὃ οὔτε τόδε οὔτε ποσὸν οὔτε ποιὸν οὔτε τῶν ἄλλων κατηγορημάτων οὐθέν.)《后分析篇》第二卷第13章,96b. 20.《形而上学》第十二卷第4章,1070b. 1。——作者

② 见§4。——作者

③ 《论灵魂》第一卷第1章,402a. 22:或许首先必须得确定灵魂位于哪一个属中,以及它是什么;我指的是它是某一这个即“所是”呢,还是“质”或“量”或已经区分出来的诸范畴中某一另外的。(πρῶτον δ' ἴσως ἀναγκαῖον διελεῖν ἐν τίνι τῶν γενῶν καὶ τί ἐστι, λέγω δὲ πότερον τόδε τι καὶ οὐσία ἢ ποιὸν ἢ ποσόν ἢ καί τις ἄλλη τῶν διαιρεθεισῶν κατηγοριῶν.)——作者

④ 《论题篇》第一卷第15章,107a. 3。第九章,103b. 20。《辩谬篇》第22章,178a. 5。《后分析篇》第一卷第22章,83b. 15以及别的一些地方。——作者

⑤ 希腊语的属格除了表示所属关系外,还有一种用法是表“同位语”,即对前面的名词进行限定和说明,这种用法在语法上称为“同位语属格”(appositive genitive)。因此,τὰ γένη τῶν κατηγοριῶν,字面上翻译当为“范畴的属”,但基于理解当译为“范畴这种属”。其意思是“范畴意义上的属”、“作为范畴的属”,即范畴自身就是属、是最高的属、是严格意义上的属——即只能作属的属;我们不能将

有人想将之解释为“谓词的属”，这也于我们无损；因为被谓述的东西的属同样必须是属，因而必须是概念。最后，无论我们是追随特伦德伦堡所给出的解释，还是追随博尼茨所给出的解释[①]，“范畴”（*κατηγορίαι*）这个名称本身——尤其是在其他一些地方有着“能够进行谓述的东西”（*κατηγορήματα*）、“进行谓述的东西”（*κατηγορούμενα*）（《物理学》第三卷第1章，201a. 1[②]；《形而上学》第七卷第1章，1028a. 33[③] 第十二卷第4章，1070b. 1[④] 以及其他一些地方）和“进行述说的东西”（*λεγόμενα*）（如《论天》第三卷第

之理解为“关于范畴的属”。亚里士多德本人在其著作中不止一次使用这种表达，如：《后分析篇》第一卷第22章，83b. 15：范畴这种属是有限的。（*καὶ τὰ γένη τῶν κατηγοριῶν πεπέρανται.*）《论题篇》第一卷第15章，103b. 20：在此之后，应区分范畴这种属，上述四谓词就位于其中。（*μετὰ τοίνυν ταῦτα δεῖ διορίσασθαι τὰ γένη τῶν κατηγοριῶν, ἐν οἷς ὑπάρχουσιν αἱ ῥηθεῖσαι τέτταρες.*）《论题篇》第一卷第15章，107a. 3：还要考察语词所表示的范畴这种属，看它们是否在各方面都是一样的。（*σκοπεῖν δὲ καὶ τὰ γένη τῶν κατὰ τοὔνομα κατηγοριῶν, εἰ ταὐτά ἐστιν ἐπὶ πάντων.*）《辩谬篇》第22章，178a. 5：既然我们具有范畴这种属（*ἐπείπερ ἔχομεν τὰ γένη τῶν κατηγοριῶν.*）——译者

① 参见前面第121页和第119页，以及§5。——作者

② 《物理学》第三卷第1章，201a. 1：诚如我们所说，对于那些既不是“这个”，也不是“量”，也不是“质”，也不是其他“能够进行谓述的东西”中的任何一个的，要找到它们的某种共性是根本不可能的。（*κοινὸν δ᾽ ἐπὶ τούτων οὐδὲν ἔστι λαβεῖν, ὥς φαμέν, ὃ οὔτε τόδε οὔτε ποσὸν οὔτε ποιὸν οὔτε τῶν ἄλλων κατηγορημάτων οὐθέν.*）——译者

③ 《形而上学》第七卷第1章，1028a. 33：“首要的”具有多重含义，但“所是”在各方面都是“首要的”，无论是在逻各斯上，还是在认识和时间上。其他“能够进行谓述的东西”都不能独立存在，唯有它能够独立存在。（*πολλαχῶς μὲν οὖν λέγεται τὸ πρῶτον· ὅμως δὲ πάντως ἡ οὐσία πρῶτον, καὶ λόγῳ καὶ γνώσει καὶ χρόνῳ. τῶν μὲν γὰρ ἄλλων κατηγορημάτων οὐθὲν χωριστόν, αὕτη δὲ μόνη.*）——译者

④ 《形而上学》第十二卷第4章，1070b. 1：除了“所是”和其他那些“进行谓述的东西”之外，没有任何共同者。（*παρὰ γὰρ τὴν οὐσίαν καὶ τἆλλα τὰ κατηγορούμενα οὐδέν ἐστι κοινόν.*）——译者

1 章，298a. 28[①]《范畴篇》第 4 章，1b. 25[②] 以及其他一些地方）这样的替代表达——都表明我们在范畴那儿拥有概念，而不是仅仅拥有概念的处所。称诸范畴为“诸分类”（*διαιρέσεις*）——如《论题篇》第四卷第 1 章（120b. 36[③]），这仅仅等于说它们是“诸被划分出来的东西”（*διαιρεθέντα*）（参见《前分析篇》第一卷第 37 章，49a. 7[④]《物理学》第五卷第 1 章，225b. 5[⑤]），即它们是“是者”（das Seiende）被划归（*διαιρεῖται τὸ ὄν*）其中的诸概念[⑥]。但它们也

① 《论天》第三卷第 1 章，298a. 28：既然在本性上“进行述说的东西”中，一些是“所是”，一些是“所是”的功能和情状。（*ἐπεὶ δὲ τῶν φύσει λεγομένων τὰ μέν ἐστιν οὐσίαι, τὰ δ᾽ ἔργα καὶ πάθη τούτων.*）——译者

② 《范畴篇》第 4 章，1b. 25：在那些不是根据任何复合而“进行述说的东西”中，它们中的每一个或者意指“所是”，或者意指“量”，或者意指“质”，或者意指“相对物”，或者意指“地点”，或者意指“时间”，或者意指“姿态”，或者意指“有”，或者意指“行动”，或者意指“遭受”。（*τῶν κατὰ μηδεμίαν συμπλοκὴν λεγομένων ἕκαστον ἤτοι οὐσίαν σημαίνει ἢ ποσὸν ἢ ποιὸν ἢ πρός τι ἢ ποὺ ἢ ποτὲ ἢ κεῖσθαι ἢ ἔχειν ἢ ποιεῖν ἢ πάσχειν.*）——译者

③ 《论题篇》第四卷第 1 章，120b. 36：此外，属和种是否在同一“分类”中，而是一个为“所是”，另一个为“质”，或者一个为“相对物”，另一个为“质”。（*ἔτι εἰ μὴ ἐν τῇ αὐτῇ διαιρέσει τὸ γένος καὶ τὸ εἶδος, ἀλλὰ τὸ μὲν οὐσία τὸ δὲ ποιόν, ἢ τὸ μὲν πρός τι τὸ δὲ ποιόν.*）——译者

④ 《前分析篇》第一卷第 37 章，49a. 7：范畴被划分为多少，这个属于那个以及这个真实地述说那个就有多少。（*τὸ δ᾽ ὑπάρχειν τόδε τῷδε καὶ τὸ ἀληθεύεσθαι τόδε κατὰ τοῦδε τοσαυταχῶς ληπτέον ὁσαχῶς αἱ κατηγορίαι διῄρηνται.*）——译者

⑤ 《物理学》第五卷第 1 章，225b. 5：因此，如果诸范畴被划分为“所是”、“质”、“地点”、“时间”、“相对物”、“量”、“行动”和“遭受”的话，那么，运动就必然有三种——“质”之运动、“量”之运动和“地点”之运动。（*εἰ οὖν αἱ κατηγορίαι διῄρηνται οὐσίᾳ καὶ ποιότητι καὶ τῷ ποὺ [καὶ τῷ ποτὲ] καὶ τῷ πρός τι καὶ τῷ ποσῷ καὶ τῷ ποιεῖν ἢ πάσχειν, ἀνάγκη τρεῖς εἶναι κινήσεις, τήν τε τοῦ ποιοῦ καὶ τὴν τοῦ ποσοῦ καὶ τὴν κατὰ τόπον.*）——译者

⑥ 关于“诸分类”（*διαιρέσεις*）的含义，参见《前分析篇》第一卷第 31 章，《后分析篇》第二卷第 13 章，96b. 25。——作者

被称作“诸情形”（πτώσεις）[①]，该如何解释这一名称？博尼茨正当地提醒我们注意：“πτώσεις这个词不是孤立地而是只有在同‘是者’（ὄν）和‘不是者’（μὴ ὄν）相结合（根据各种情形而来的‘不是者’[τὸ κατὰ τὰς πτώσεις μὴ ὄν]）才同范畴相联系。”因此他说，我们可以假设在亚里士多德那儿，这个词自身似乎并不如“属”（γένη）或“诸首要的东西”（τὰ πρῶτα）那样足以用来充作范畴的名称[②]。然而，《欧德谟伦理学》[③]一书却径直在同一意义上使用“情形”（πτῶσις）和“范畴”（κατηγορία）[④]，但该书被归于亚里士多德的一位门徒，而不归于亚里士多德本人。他的“根据各种情形而

① 《形而上学》第十四卷第2章，1089a. 26：根据各种“情形”而来的“不是者”其含义同范畴一样多。（τὸ μὲν κατὰ τὰς πτώσεις μὴ ὂν ἰσαχῶς ταῖς κατηγορίαις λέγεται.）——作者

πτώσεις是名词πτῶσις的复数，在语法上指名词的变格。屈折语言的变格一般都在词尾进行，因此甚至可以转译为词尾；例如，《范畴篇》第1章，1a. 12，所谓派生者，指的是从其他东西而来，并且从该东西的名称那儿获得其称呼，仅仅词尾不同；例如，男文法学家由文法学而来，勇士从勇敢而来。（παρώνυμα δὲ λέγεται ὅσα ἀπό τινος διαφέροντα τῇ πτώσει τὴν κατὰ τοὔνομα προσηγορίαν ἔχει, οἷον ἀπὸ τῆς γραμματικῆς ὁ γραμματικὸς καὶ ἀπὸ τῆς ἀνδρείας ὁ ἀνδρεῖος.）——译者

② 博尼茨，《王家科学院哲学-历史班会议报告》，第614页。——作者

③ 《欧德谟伦理学》，第一卷第8章，1217b. 29。——作者

④ 《欧德谟伦理学》，第一卷第8章，1217b. 29：善有多重含义，与“是者”的含义一样多。因为正如在其他地方所划分的，“是者”要么意指“是什么”，要么意指“质”、“量”、“时间”等，其中一些还位于运动和被运动中。而善位于这些“情形”的每一个中：在“所是”中，是努斯和神；在“质”中，是公正；在“量”中，是适度；在“时间”中，是时机；就运动而言，则是教和被教。（πολλαχῶς γὰρ λέγεται καὶ ἰσαχῶς τῷ ὄντι τὸ ἀγαθόν. τό τε γὰρ ὄν, ὥσπερ ἐν ἄλλοις διῄρηται, σημαίνει τὸ μὲν τί ἐστί, τὸ δὲ ποιόν, τὸ δὲ ποσόν, τὸ δὲ πότε, καὶ πρὸς τούτοις τὸ μὲν ἐν τῷ κινεῖσθαι τὸ δὲ ἐν τῷ κινεῖν, καὶ τὸ ἀγαθὸν ἐν ἑκάστῃ τῶν πτώσεών ἐστι τούτων, ἐν οὐσίᾳ μὲν ὁ νοῦς καὶ ὁ θεός, ἐν δὲ τῷ ποιῷ τὸ δίκαιον, ἐν δὲ τῷ ποσῷ τὸ μέτριον, ἐν δὲ τῷ πότε ὁ καιρός, τὸ δὲ διδάσκον καὶ τὸ διδασκόμενον περὶ κίνησιν.）——译者

来的‘是者’”（τὸ κατὰ τὰς πτώσεις ὄν）这一表达，再次让诸范畴只能显现为“诸是者”（ὄντα），因而显现为概念而不仅仅是用来放概念的格子。

我们说不仅仅作为用来放概念的格子，因而也就并未否定它们确实也提供了其余实在的概念被纳入其中的框架，也未否定它们规定了其余实在的概念被分派其中的不同位置。相反，如果诸范畴真的是一般的属概念，那将必然导致上述情形是真的；因为每一个属都用一个单一的界限包含着所有隶属于它的种和个体，它们都位于它之中，也即是说，它在某种程度上是它们的位置。但是，反转过来也似乎是必然的，也即是说，概念的共同场所通过某一属或某一类似的一般概念而得到规定。因此，仅仅以理性的方法这种方式就产生了下面这一结果，那就是：如果正如那些人所宣称的诸范畴是概念的框架，那么，它们不可能仅仅是概念的某种框架，相反，它们自身同时必须是概念。

我们说：

§3. Ⅱ. 诸范畴是“是（者）”（ὄν）的不同含义，“是（者）”（ὄν）以类比的方式（κατ' ἀναλογίαν）述说它们，确切地说，以双重方式述说它们，即以成比例之类比这一方式和关乎同一端点之类比这一方式

前面那一标题从该标题这儿获得了进一步的确证。它包含三

种主张：（1）根据范畴表（*κατὰ τὰ σχήματα τῆς κατηγορίας*）[1]加以划分的“是（者）”（*ὄν*），并非如某一同名同义的概念即并非如某一“属”那样被划分为它的各个种，而是如依照其诸含义加以区分的同名异义者（*ὁμώνυμον*）那样被划分；（2）统摄不同范畴的“是（者）”（*ὄν*），即使是同名异义者，但并非一种单纯偶然在名称上的相同（偶然的同名异义者［*ἀπὸ τύχης ὁμώνυμον*］），相反，在诸范畴中有着一种类比的统一；（3）最后，它们中的这种类比是双重的，即不仅仅是一种成比例之类比，而且也是一种关乎同一端点之类比。我们希望根据我们哲学家的不同表达详尽地阐述这一点，直至获得充分的可靠性。

就第一点所涉及的问题来说，我们记得在我们探索的开初我们主要致力于将“是（者）”（*ὄν*）具有多重含义确立为亚里士多德的意见，我们发现这一意见以这样的话加以表达：*τὸ ὂν λέγεται πολλαχῶς*，即“是者”（das Seiende）被以多重方式加以言说。*πολλαχῶς* 不仅仅标示某物再三即多次述说许多东西，而且也标示它在多重含义上进行述说。但是，我们发现“是（者）”被以多重方式加以言说（*τὸ ὂν λέγεται πολλαχῶς*）这一表达不仅关乎“是（者）”（*ὄν*）的最初划分——该划分奠基着我们论文之次第，而且还关乎诸范畴上的“是者”（*ὄν*）于何处被划分入诸范畴中。因此，在《形而上学》第七卷的开始之处亚里士多德说道：“‘是者’被以多重方式加以言说；因为一方面它意指某一‘所是’，即某一

① *κατὰ τὰ σχήματα τῆς κατηγορίας* 也可以译为“根据范畴之诸样式”或“根据范畴之诸形态”。——译者

个体性的东西，另一方面意指某一‘质’，或者某一‘量’，或者意指如此进行谓述的东西中别的某一个。”[①] 同样，在第五卷中他说道：“诸范畴之形态所意指的被称作作为‘是者’的‘是者’（*καθ' αὑτὰ*）；因为‘是’（das Sein）有多少种含义，它也就以多少种方式被加以言说。既然那进行谓述的东西中，其中一些标示某一‘所是’，另一些则标示某一‘质’，或标示某一‘量’，或标示某一‘相对物’，或标示某一‘行动’，或标示某一‘遭受’，或标示某一‘地点’，或标示某一‘时间’，因此，‘是’（das Sein）所意指的就是它们当中的每一个。”[②] 在第十四卷第 2 章中，*πολλαχῶς* 的意义通过上下文表现得尤其清楚；他在那儿说道：“但是，首先‘是者’（das Seiende）以多重方式被加以言说。它时而标示某一‘所是’，时而标示某一‘质’，时而标示某一‘量’，以及诸如此

① 《形而上学》第七卷第 1 章，1028a. 10：正如我们前面在词典卷中所说的，“是者”被以多重方式加以言说；因为它要么意指“是什么”即“这一个”，要么意指“质”，要么意指“量”，要么意指其他如此进行谓述的东西中的某一个。（*τὸ ὂν λέγεται πολλαχῶς, καθάπερ διειλόμεθα πρότερον ἐν τοῖς περὶ τοῦ ποσαχῶς· σημαίνει γὰρ τὸ μὲν τί ἐστι καὶ τόδε τι, τὸ δὲ ποιὸν ἢ ποσὸν ἢ τῶν ἄλλων ἕκαστον τῶν οὕτω κατηγορουμένων.*）——作者

② 《形而上学》第五卷第 7 章，1017a. 22：所谓在其自身而“是”（*εἶναι*），其含义与范畴的诸样式所意指的一样多；因为范畴的诸样式有多少种述说，“是”（*τὸ εἶναι*）也就有多少种意指。在诸进行谓述的东西中，有的意指“是什么”，有的意指“质”，有的意指“量”，有的意指“相对物”，有的意指“行动”，有的意指“遭受”，有的意指“地点”，有的意指“时间”；它们中的每一个与“是”（*τὸ εἶναι*）的一种意指相应。（*καθ' αὑτὰ δὲ εἶναι λέγεται ὅσαπερ σημαίνει τὰ σχήματα τῆς κατηγορίας. ὁσαχῶς γὰρ λέγεται, τοσαυταχῶς τὸ εἶναι σημαίνει. ἐπεὶ οὖν τῶν κατηγορουμένων τὰ μὲν τί ἐστι σημαίνει, τὰ δὲ ποιόν, τὰ δὲ ποσόν, τὰ δὲ πρός τι, τὰ δὲ ποιεῖν ἢ πάσχειν, τὰ δὲ πού, τὰ δὲ ποτέ, ἑκάστῳ τούτων τὸ εἶναι ταὐτὸ σημαίνει.*）——作者

类的其他范畴。”[①]

基于对柏拉图主义者的反对，结果就是他在该章中也否认“在潜能上的‘是者’”（*δυνάμει ὄν*）能够是一种单一的概念，因为它会被发现在具有多重含义的“是者”（*ὄν*）之每一范畴中[②]。我们已经在前面的章节中触及到这一点，并且在那儿当我们谈及“运动”（*κίνησις*）时我们也已经注意到，它也位于多个范畴中，因而亚里士多德宣称对于所有的范畴来说运动不可能是“一”，因为根本无法为这些范畴找到共同的概念[③]。因此，《形而上学》第五卷第10章宣称，既然“是者”（das Seiende）以多重方式被加以言说，那么，赋予给它的所有其他概念也同样如此，从而“相同”、“相异”、“相反”在每一范畴中也被称作是不同的[④]。《尼各马可伦理学》中的一段话尤其清楚地表达了这一点，特伦德伦堡为此加以了引用：“因为‘善’如‘是者’（das Seiende）一样被以多重方式加以言说（它在‘所是性的东西’中被说，如神和知性；在‘质’中被说，如德性；在‘量’中被说，如适度；在‘相对物’中被

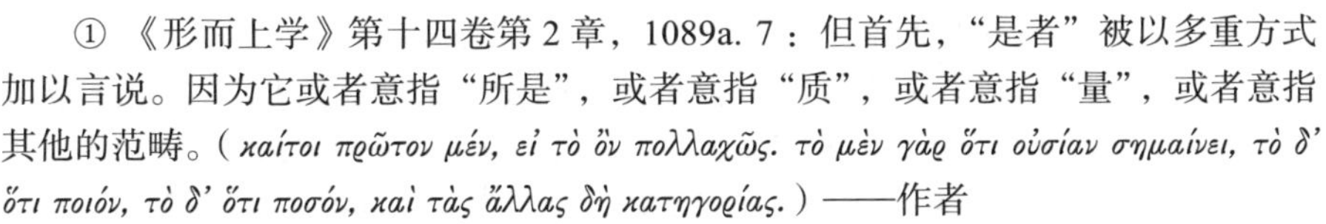

① 《形而上学》第十四卷第2章，1089a. 7：但首先，“是者”被以多重方式加以言说。因为它或者意指“所是”，或者意指“质”，或者意指“量”，或者意指其他的范畴。（*καίτοι πρῶτον μέν, εἰ τὸ ὂν πολλαχῶς. τὸ μὲν γὰρ ὅτι οὐσίαν σημαίνει, τὸ δ᾽ ὅτι ποιόν, τὸ δ᾽ ὅτι ποσόν, καὶ τὰς ἄλλας δὴ κατηγορίας.*）——作者

② 参见前面第82页，注2。——作者

③ 《物理学》第三卷第1章，200b. 34以及《形而上学》第十一卷。——作者

④ 《形而上学》第五卷第10章，1018a. 35：既然“一”和“是”都以多重方式被加以言说，这必然导致与之相关的其他东西也同样如此，从而“相同”、“相异”和“相反”在每一范畴那儿也是不同的。（*ἐπεὶ δὲ τὸ ἓν καὶ τὸ ὂν πολλαχῶς λέγεται, ἀκολουθεῖν ἀνάγκη καὶ τἆλλα ὅσα κατὰ ταῦτα λέγεται, ὥστε καὶ τὸ ταὐτὸν καὶ τὸ ἕτερον καὶ τὸ ἐναντίον, ὥστ᾽ εἶναι ἕτερον καθ᾽ ἑκάστην κατηγορίαν.*）——作者

说，如用途；在‘时间’中被说，如时机；在‘地点’中被说，如居处，以及诸如此类的等等)，故它显然不可能对于所有范畴来说是某一共同和单一的概念；因为那样一来，它就不会在所有范畴中被说，而是仅仅在某一单个范畴中被说。”[①]

《形而上学》第五卷第28章也同样明确地宣称：属于不同范畴的东西没有共同的属，诸范畴既不能彼此归约，也不能归约到某一更高的东西[②]。与此相应，亚里士多德在其他地方也否认“是者”(das Seiende)能够是一种“属”，例如在《形而上学》第三卷中：“无论是‘一’(das Eine)还是‘是者’(das Seiende)，对于

① 《尼各马可伦理学》第一卷第4章，1096a. 23：此外，“是者”以多少种方式被言说，“善”也就以多少种方式被言说。(因为，它能够在“某个”的意义上被说，如神和努斯；能够在“质”的意义上被说，如诸德性；能够在“量”的意义上被说，如适度；能够在“相对物”的意义上被说，如用途；能够在“时间”的意义上被说，如时机；能够在“地点”的意义上被说，如居处；以及诸如此类的等等。)显然它不可能是某种普遍共同的东西和“一”。因为如果是那样，它就不会在所有范畴中被说，而是仅仅在一个范畴中被说。(*ἔτι δ' ἐπεὶ τἀγαθὸν ἰσαχῶς λέγεται τῷ ὄντι (καὶ γὰρ ἐν τῷ τί λέγεται, οἷον ὁ θεὸς καὶ ὁ νοῦς, καὶ ἐν τῷ ποιῷ αἱ ἀρεταί, καὶ ἐν τῷ ποσῷ τὸ μέτριον, καὶ ἐν τῷ πρός τι τὸ χρήσιμον, καὶ ἐν χρόνῳ καιρός, καὶ ἐν τόπῳ δίαιτα καὶ ἕτερα τοιαῦτα), δῆλον ὡς οὐκ ἂν εἴη κοινόν τι καθόλου καὶ ἕν. οὐ γὰρ ἂν ἐλέγετ' ἐν πάσαις ταῖς κατηγορίαις, ἀλλ' ἐν μιᾷ μόνῃ.*)——作者

② 《形而上学》第五卷第28章，1024b. 9：那些原初载体不同的东西，被称作是在属上不同的东西，它们不能彼此归约，也不能将两者归入到同一东西中；例如……以及那些归入是者的不同范畴中的东西(因为一些是者意指‘是什么’，一些意指‘质’，有些意指前面所划分出来的其他范畴)。它们不能彼此归约，也不能一起归入到某种“一”中。(*ἕτερα δὲ τῷ γένει λέγεται ὧν ἕτερον τὸ πρῶτον ὑποκείμενον καὶ μὴ ἀναλύεται θάτερον εἰς θάτερον μηδ' ἄμφω εἰς ταὐτόν, οἷον.... ὅσα καθ' ἕτερον σχῆμα κατηγορίας τοῦ ὄντος λέγεται (τὰ μὲν γὰρ τί ἐστι σημαίνει τῶν ὄντων τὰ δὲ ποιόν τι τὰ δ' ὡς διῄρηται πρότερον)· οὐδὲ γὰρ ταῦτα ἀναλύεται οὔτ' εἰς ἄλληλα οὔτ' εἰς ἕν τι.*)参见《前分析篇》第一卷第27章，43a. 29以及《形而上学》第十卷第3章，1054b. 27。——作者

‘诸是者’（die Seiende）来说都不可能是其属。[①]”《形而上学》第八卷也同样教导说，“是者”（das Seiende）不能够如“属”分裂为“种”那样通过种差得到划分，而是根据其含义直接一个是“所是”，另一个是“质”，另一个是“量”[②]，等等；此外，在《形而上学》第七卷中“是（者）”（ὄν）被标示为一种无规定的表达，这种无规定的表达只能通过诸范畴方才获得规定[③]。

现在我们前往我们在第二个方面所主张的，即亚里士多德将一种统一性归诸“是（者）”（ὄν）——就像“是（者）”（ὄν）被归给诸范畴一样，但这种统一性不是“属”的那种严格的统一性，而是类比的统一性，它包含的范围更宽，甚至包含诸“同名异义者”（ὁμώνυμα）。我们在“词典卷”（περὶ τῶν ποσαχῶς）即《形而上学》第五卷中第 6 章中发现，这种类比的统一性不同于属的统一

① 《形而上学》第三卷第 3 章，998b. 22：无论‘一’还是‘是’，都不可能是是者的属。（οὐχ οἷόν τε δὲ τῶν ὄντων οὔτε τὸ ἓν οὔτε τὸ ὂν εἶναι γένος.）——作者

② 《形而上学》第八卷第 6 章，1045a. 36：亚里士多德解释了以何种方式那些不由形式和质料构成的分离的“所是”是“一”：那些不具有质料的东西——既不具有可思想的质料也不具有可感觉的质料，每个都直接是某种“一”。（ὅσα δὲ μὴ ἔχει ὕλην, μήτε νοητὴν μήτε αἰσθητήν, εὐθὺς ὅπερ ἕν τί εἶναί ἐστιν ἕκαστον.）并且他通过“是（者）”（ὄν）之例子来说明这一点，“是（者）”无需其他某种东西作为种差而直接分裂为诸范畴，因而它成为这个或那个范畴：也如同是某种“是（者）”，即是“这个”，是“质”，是“量”；因此，“是（者）”和“一”都不位于定义中，“是其所是”直接是某种“一”和某种“是（者）”。……（ὥσπερ καὶ ὅπερ ὄν τι, τὸ τόδε, τὸ ποιόν, τὸ ποσόν. διὸ καὶ οὐκ ἔνεστιν ἐν τοῖς ὁρισμοῖς οὔτε τὸ ὂν οὔτε τὸ ἕν, καὶ τὸ τί ἦν εἶναι εὐθὺς ἕν τί ἐστιν ὥσπερ καὶ ὄν τι. κ. τ. λ.）——作者

③ 《形而上学》第七卷第 3 章，1029a. 20：我把质料称为下面这种东西：它自身既不被称作“某个”，也不被称作“量”，也不被称作“是”由之得到规定的其他某个范畴。（λέγω δ᾽ ὕλην ἣ καθ᾽ αὑτὴν μήτε τὶ μήτε ποσὸν μήτε ἄλλο μηδὲν λέγεται οἷς ὥρισται τὸ ὄν.）——作者

性，并且位居其上：“一些在数目上（个体的）是‘一’，一些根据种是‘一’，一些根据属是‘一’，一些根据类比是‘一’。那有同一种质料的，乃就个体而言是‘一’；那在定义上一致的，乃就种而言是‘一’；那有着统一范畴形态的，乃就属而言是‘一’；那如一个东西与另一个东西成比例那样的关系的，乃就类比而言是‘一’。但后面的情形总是同前面的情形相结合。那在个体上是‘一’的，在种上也是‘一’；但在种上是‘一’的，并不全都在个体上是‘一’。那在种上是‘一’的，在属上也全是‘一’；但在属上是‘一’的，并不全都在种上是‘一’，而是全在类比上是‘一’。但在类比上是‘一’的，并不全都在属上是‘一’。”①（参见

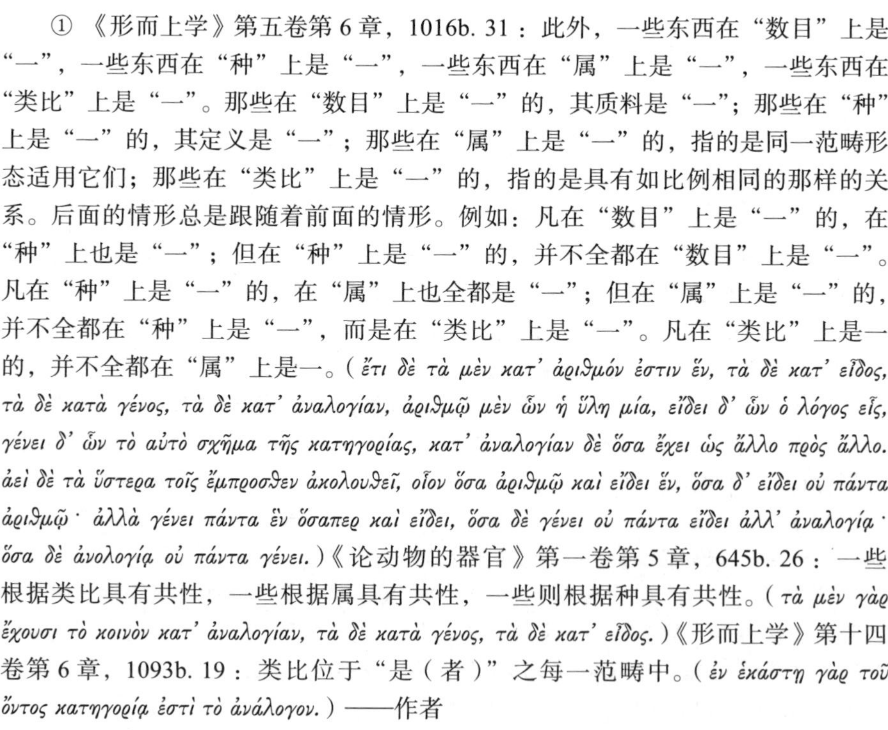

①《形而上学》第五卷第6章，1016b. 31：此外，一些东西在“数目”上是“一”，一些东西在“种”上是“一”，一些东西在“属”上是“一”，一些东西在“类比”上是“一”。那些在“数目”上是“一”的，其质料是“一”；那些在“种”上是“一”的，其定义是“一”；那些在“属”上是“一”的，指的是同一范畴形态适用它们；那些在“类比”上是“一”的，指的是具有如比例相同的那样的关系。后面的情形总是跟随着前面的情形。例如：凡在“数目”上是“一”的，在“种”上也是“一”；但在“种”上是“一”的，并不全都在“数目”上是“一”。凡在“种”上是“一”的，在“属”上也全都是“一”；但在“属”上是“一”的，并不全都在“种”上是“一”，而是在“类比”上是“一”。凡在“类比”上是一的，并不全都在“属”上是一。（*ἔτι δὲ τὰ μὲν κατ᾽ ἀριθμόν ἐστιν ἕν, τὰ δὲ κατ᾽ εἶδος, τὰ δὲ κατὰ γένος, τὰ δὲ κατ᾽ ἀναλογίαν, ἀριθμῷ μὲν ὧν ἡ ὕλη μία, εἴδει δ᾽ ὧν ὁ λόγος εἷς, γένει δ᾽ ὧν τὸ αὐτὸ σχῆμα τῆς κατηγορίας, κατ᾽ ἀναλογίαν δὲ ὅσα ἔχει ὡς ἄλλο πρὸς ἄλλο. ἀεὶ δὲ τὰ ὕστερα τοῖς ἔμπροσθεν ἀκολουθεῖ, οἷον ὅσα ἀριθμῷ καὶ εἴδει ἕν, ὅσα δ᾽ εἴδει οὐ πάντα ἀριθμῷ· ἀλλὰ γένει πάντα ἓν ὅσαπερ καὶ εἴδει, ὅσα δὲ γένει οὐ πάντα εἴδει ἀλλ᾽ ἀναλογίᾳ· ὅσα δὲ ἀνολογίᾳ οὐ πάντα γένει.*）《论动物的器官》第一卷第5章，645b. 26：一些根据类比具有共性，一些根据属具有共性，一些则根据种具有共性。（*τὰ μὲν γὰρ ἔχουσι τὸ κοινὸν κατ᾽ ἀναλογίαν, τὰ δὲ κατὰ γένος, τὰ δὲ κατ᾽ εἶδος.*）《形而上学》第十四卷第6章，1093b. 19：类比位于“是（者）”之每一范畴中。（*ἐν ἑκάστῃ γὰρ τοῦ ὄντος κατηγορίᾳ ἐστὶ τὸ ἀνάλογον.*）——作者

《论动物的器官》第一卷第 5 章，645b. 26；《形而上学》第十四卷第 6 章，1093b. 19）既然属于不同范畴的概念全都被称作“是者”（*ὄντα*），那么，如果我把类比的统一赋予“是（者）”（*ὄν*），亚里士多德最后所加上的那番话就是正确的。亚里士多德明确指出了这一点，例如，在《形而上学》第四卷中：“事实上，‘是者’（das Seiende）在多重含义上被说，但都关乎某种‘一’，关乎某种单一的本性，并且不是同名同义的东西，而是如所有健康的东西与健康相关一样。一种东西是健康的东西，因为它保持健康；一种东西是健康的东西，因为它带来健康；一种东西是健康的东西，因为它是健康的标志；一种东西是健康的东西，因为它能够接受健康。或者，如医术上的东西同医术之间的关系那样，等等。”[①] 在第

① 《形而上学》第四卷第 2 章，1003a. 33：“是（者）”被以多重方式加以言说，但都关乎“一”即关乎某种单一的本性，并且不是同名同义地，而是如健康的东西关乎健康那样。一种东西因保持健康而是健康的东西，一种东西因导致健康而是健康的东西，一种东西因是健康的标志而是健康的东西，一种东西因能够接受健康而是健康的东西 。或者如医术上的东西关乎医术那样；一种东西因拥有医术而被称作是医术上的东西，一种东西因天生很好地适用于医术而被称作是医术上的东西，一种东西因是医术的功用而被称作是医术上的东西。我们还会发现其他一些与之类似的用语。因此，“是（者）”也被以多重方式加以言说，但全都与同一个本源相关；因为一些东西因是“所是”而被称作“是者”，一些东西因是“所是”的属性。……（*τὸ δὲ ὂν λέγεται μὲν πολλαχῶς, ἀλλὰ πρὸς ἓν καὶ μίαν τινὰ φύσιν καὶ οὐχ ὁμωνύμως ἀλλ᾽ ὥσπερ καὶ τὸ ὑγιεινὸν ἅπαν πρὸς ὑγίειαν, τὸ μὲν τῷ φυλάττειν τὸ δὲ τῷ ποιεῖν τὸ δὲ τῷ σημεῖον εἶναι τῆς ὑγιείας τὸ δ᾽ ὅτι δεκτικὸν αὐτῆς. καὶ τὸ ἰατρικὸν πρὸς ἰατρικήν· τὸ μὲν γὰρ τῷ ἔχειν ἰατρικὴν λέγεται ἰατρικὸν τὸ δὲ τῷ εὐφυὲς εἶναι πρὸς αὐτὴν τὸ δὲ τῷ ἔργον εἶναι τῆς ἰατρικῆς. ὁμοιοτρόπως δὲ καὶ ἄλλα ληψόμεθα λεγόμενα τούτοις, οὕτω δὲ καὶ τὸ ὂν λέγεται πολλαχῶς μὲν ἀλλ᾽ ἅπαν πρὸς μίαν ἀρχήν. τὰ μὲν γὰρ ὅτι οὐσίαι, ὄντα λέγεται, τὰ δ᾽ ὅτι πάθη οὐσίας. κ. τ. λ.*）《形而上学》第七卷第 4 章，1030a. 32：因为必定要么同名异义地要么有所增减地说这些东西（即质和量等）是“是者”，就像说不可知

七卷第 4 章[①] 和第十一卷第 3 章[②] 中也同样如此。

的东西是可知的一样。正确的是：既不同名异义地说，也不以完全等同的方式说，而是如把许多东西称作医术上的东西一样，它们关乎同一个东西但又都不是那同一个东西，也不同名异义地是它。因为身体、功能和器材都被称作是医术上的东西，但既不同名异义地也不根据某种“一”而这么说，而是关乎某种“一”而这么说。（*δεῖ γὰρ ἢ ὁμωνύμως ταῦτα(sc. τὸ ποιὸν καὶ ποσὸν)φάναι εἶναι ὄντα, ἢ προστιθέντας καὶ ἀφαιροῦντας, ὥσπερ καὶ τὸ μὴ ἐπιστητὸν ἐπιστητόν, ἐπεὶ τό γε ὀρθόν ἐστι μήτε ὁμωνύμως φάναι μήτε ὡσαύτως ἀλλ' ὥσπερ τὸ ἰατρικὸν τῷ πρὸς τὸ αὐτὸ μὲν καὶ ἕν, οὐ τὸ αὐτὸ δὲ καὶ ἕν, οὐ μέντοι οὐδὲ ὁμωνύμως. οὐδὲ γὰρ ἰατρικὸν σῶμα καὶ ἔργον καὶ σκεῦος λέγεται οὔτε ὁμωνύμως οὔτε καθ' ἓν ἀλλὰ πρὸς ἕν.*）参见《形而上学》第十一卷第 3 章，1060b. 32。——作者

① 《形而上学》第七卷第 4 章 1030a. 28 ：因此现在所说的就是清楚的，“是其所是”同样首先和绝对地归属“所是”，然后才归属其他的东西；正如“是什么”并不绝对地就是“是其所是”，而是“质”的“是其所是”、“量”的“是其所是”。因为必定要么同名异义地要么有所增减地说这些东西是“是者”，就像说不可知的东西是可知的一样。正确的是：既不同名异义地说，也不以完全等同的方式说，而是如把许多东西称作医术上的东西一样，它们关乎同一个东西但又都不是那同一个东西，也不同名异义地是它。因为身体、功能和器材都被称作是医术上的东西，但既不同名异义地也不根据某种“一”而这么说，而是关乎某种“一”而这么说。（*διὸ καὶ νῦν ἐπεὶ τὸ λεγόμενον φανερόν, καὶ τὸ τί ἦν εἶναι ὁμοίως ὑπάρξει πρώτως μὲν καὶ ἁπλῶς τῇ οὐσίᾳ, εἶτα καὶ τοῖς ἄλλοις, ὥσπερ καὶ τὸ τί ἐστιν, οὐχ ἁπλῶς τί ἦν εἶναι ἀλλὰ ποιῷ ἢ ποσῷ τί ἦν εἶναι. δεῖ γὰρ ἢ ὁμωνύμως ταῦτα φάναι εἶναι ὄντα, ἢ προστιθέντας καὶ ἀφαιροῦντας, ὥσπερ καὶ τὸ μὴ ἐπιστητὸν ἐπιστητόν, ἐπεὶ τό γε ὀρθόν ἐστι μήτε ὁμωνύμως φάναι μήτε ὡσαύτως ἀλλ' ὥσπερ τὸ ἰατρικὸν τῷ πρὸς τὸ αὐτὸ μὲν καὶ ἕν, οὐ τὸ αὐτὸ δὲ καὶ ἕν, οὐ μέντοι οὐδὲ ὁμωνύμως. οὐδὲ γὰρ ἰατρικὸν σῶμα καὶ ἔργον καὶ σκεῦος λέγεται οὔτε ὁμωνύμως οὔτε καθ' ἓν ἀλλὰ πρὸς ἕν.*）——译者

② 《形而上学》第十一卷第 3 章，1060b. 31 ：既然哲学家的科学一般地关乎“是者作为是者”而不关乎它的部分，而“是者”在多重含义上而不是在一重含义上被说，因此，如果是者只是同名异义的东西而无任何共性，那它们就不会落入同一门科学之下（因为这类东西没有单一的属），但如果有着某种共性，那它们就会落入同一门科学之下。这儿所说的这种方式，就像说医疗和健康一样，因为它们两者都在多重含义上被说。……所有的是者也以同样的方式被说；因为每一东西被称作“是者”，要么是“是者作为是者”的情状，要么是它的状态，要么是它的形势，要么是它的运动，要么是它的别的什么。（*ἐπεὶ δ' ἐστὶν ἡ τοῦ φιλοσόφου ἐπιστήμη*

在《范畴篇》的开始，亚里士多德将所有共同有着同一名称的事物分为“同名异义者”（*ὁμώνυμα*）和“同名同义者”（*συνώνυμα*）。他区分它们的方式排除了任何第三种可能，因为他说：“那仅仅有着某一共同的名称但指称它的概念是一种不同的概念的东西，被称为同名异义的东西；例如，马和画出来的马都是一种动物。……而那不仅仅在名称上是同一的而且在概念上也是同一的东西，被称为同名同义的东西；例如，马和牛都是一种动物。”[①] 根据这些规定，落入不同范畴中的“是者”（*ὄν*）必然是某种“同名异义者”，因为正如我们已经看到的，它绝非“同名同义者”（*συνώνυμα*）。因此，如果在加以引用了的《形而上学》的诸段落中亚里士多德似乎将“同一者”和“不同者”之间的居间位置赋予给了它，那么，他是在一种较为狭义的意义上使用“同名异义者”（*ὁμώνυμα*）这个词，在这个意义上它仅仅包含他在别处称作的那种“偶然的同名异义者”（*ἀπὸ τύχης ὁμώνυμον*），这种同名异义

τοῦ ὄντος ᾗ ὂν καθόλου καὶ οὐ κατὰ μέρος, τὸ δ᾽ ὂν πολλαχῶς καὶ οὐ καθ᾽ ἕνα λέγεται τρόπον· εἰ μὲν οὖν ὁμωνύμως κατὰ δὲ κοινὸν μηδέν, οὐκ ἔστιν ὑπὸ μίαν ἐπιστήμην (οὐ γὰρ ἓν γένος τῶν τοιούτων), εἰ δὲ κατά τι κοινόν, εἴη ἂν ὑπὸ μίαν ἐπιστήμην. ἔοικε δὴ τὸν εἰρημένον λέγεσθαι τρόπον καθάπερ τό τε ἰατρικὸν καὶ ὑγιεινόν· ...τὸν αὐτὸν δὴ τρόπον καὶ τὸ ὂν ἅπαν λέγεται· τῷ γὰρ τοῦ ὄντος ᾗ ὂν πάθος ἢ ἕξις ἢ διάθεσις ἢ κίνησις ἢ τῶν ἄλλων τι τῶν τοιούτων εἶναι λέγεται ἕκαστον αὐτῶν ὄν.）——译者

① 《范畴篇》第 1 章，1a. 1：所谓同名异义者，指仅仅其名称是共同的，但与名称相应的“逻各斯-所是”是不同的，例如人和肖像都可以是“动物”。……而所谓同名同义者，指其名称是共同的，并且与名称相应的“逻各斯—所是”也是相同的，例如，人和牛都是动物。（*ὁμώνυμα λέγεται ὧν ὄνομα μόνον κοινόν, ὁ δὲ κατὰ τοὔνομα λόγος τῆς οὐσίας ἕτερος, οἷον ζῷον ὅ τε ἄνθρωπος καὶ τὸ γεγραμμένον...συνώνυμα δὲ λέγεται ὧν τό τε ὄνομα κοινὸν καὶ ὁ κατὰ τοὔνομα λόγος τῆς οὐσίας ὁ αὐτός, οἷον ζῷον ὅ τε ἄνθρωπος καὶ ὁ βοῦς.*）——作者

者与“根据类比而来的同名异义者”（*ὁμώνυμον κατ' ἀναλογίαν*）相对立[①]。因此，对于诸范畴来说，“是者”（das Seiende）不是一种这样的“偶然的同名异义者”（*ἀπὸ τύχης ὁμώνυμον*），它以类比的方式用在它们身上。

但为了理解这意味着什么，我们就必须得知道亚里士多德在这儿以及一般地将他的“类比”（*ἀναλογία*）理解为什么；我们打算就第三点来讨论这一问题。特伦德伦堡已经在其《范畴学说史》中对类比的含义进行了深入的探究[②]。他所教导我们的如下：

他说，首要和原初含义上的类比是带有量的某种东西，它是数学上的比例，并且它的本质位于比值的相等（*ἰσότης λόγων*）中[③]。但在质的领域中比例也是可能的，我们刚刚从《尼各马可伦

① 《尼各马可伦理学》第一卷第 4 章，1096b. 25：因此，善不是根据某一理念而来的某种共同的东西，但它是如何被说的呢？许多东西被称作善，因为它们似乎不是“偶然的同名异义者”；那它们被称作是善的是因为出于某种“一”或全都朝向某种“一”呢，还是主要根据类比？例如视觉在身体中是善的，理性在灵魂中是善的，以及其他类似的情形。（*οὐκ ἔστιν ἄρα τὸ ἀγαθὸν κοινόν τι κατὰ μίαν ἰδέαν. ἀλλὰ πῶς δὴ λέγεται; οὐ γὰρ ἔοικε τοῖς γε ἀπὸ τύχης ὁμωνύμοις. ἀλλ' ἆρά γε τῷ ἀφ' ἑνὸς εἶναι ἢ πρὸς ἓν ἅπαντα συντελεῖν, ἢ μᾶλλον κατ' ἀναλογίαν; ὡς γὰρ ἐν σώματι ὄψις, ἐν ψυχῇ νοῦς, καὶ ἄλλο δὴ ἐν ἄλλῳ.*）——作者

② 《范畴学说史》，第 152 页以下。——作者

③ 《尼各马可伦理学》第五卷第 6 章，1131a. 31。——作者

《尼各马可伦理学》第五卷第 6 章，1131a. 25—31：所有人都同意，位于各种分配中的公正应当基于某种配享，但他们每个人所说的配享却并不是一回事；相反，民主派人士说的是“自由”，寡头派人士说的是“财富”——他们有时也说是“好出身”，而贵族派人士则说是“德性”。因此，公正就是某种比例；但比例不仅是抽象数量所具有的特性，而且是一般数量所具有的特性。因为比例就是比值的相等。（*τὸ γὰρ δίκαιον ἐν ταῖς νομαῖς ὁμολογοῦσι πάντες κατ' ἀξίαν τινὰ δεῖν εἶναι, τὴν μέντοι ἀξίαν οὐ τὴν αὐτὴν λέγουσι πάντες [ὑπάρχειν], ἀλλ' οἱ μὲν δημοκρατικοὶ ἐλευθερίαν,*

理学》中所引用的那段话就是关于这点的一个例子：正如视力位于身体中，同样，知性位于灵魂中[①]。特伦德伦堡所引的那两段话证明（他较少明确强调的），一种这样的质上的比例以两重方式发生：（1）**同一质以相同或不同的程度**（因为质容许“更多或更少”［*τὸ μᾶλλον καὶ τὸ ἧττον*］[②]）属于不同的载体，例如，A 物体比 B 物体更热，就像 B 物体比 C 物体更热一样。在一定程度上这儿依然出现了根据**量**、根据尺度而来的一种比较，但不是“根据作为量的量”（*κατὰ τὸ ποσὸν ᾗ ποσόν*），而是根据能力之量（*ᾗ δύνανταί τι*），或其他诸如此类的东西。（2）**不同的质以相同的方式**同多个载体相关，例如，我们说：正如这是热的，同样那是白的[③]。这后一种才

οἱ δ' ὀλιγαρχικοὶ πλοῦτον, οἱ δ' εὐγένειαν, οἱ δ' ἀριστοκρατικοὶ ἀρετήν. ἔστιν ἄρα τὸ δίκαιον ἀνάλογόν τι. τὸ γὰρ ἀνάλογον οὐ μόνον ἐστὶ μοναδικοῦ ἀριθμοῦ ἴδιον, ἀλλ' ὅλως ἀριθμοῦ· ἡ γὰρ ἀναλογία ἰσότης ἐστὶ λόγων.）——译者

① 参见第 141 页注 2。《论题篇》第一卷第 17 章（108a. 7）给出了另外的例子。应当考察位于不同属中的东西之相似，正如 A 之于 B，同样 C 之于 D，例如，正如知识之于可知的东西，同样，感觉之于可感的东西。以及正如 A 在 B 中，同样 C 在 D 中，例如，正如视觉在眼睛中，同样理性在灵魂中；正如浪静在海中，同样风平在空中。（*τὴν δὲ ὁμοιότητα σκεπτέον ἐπί τε τῶν ἐν ἑτέροις γένεσιν, ὡς ἕτερον πρὸς ἕτερόν τι, οὕτως ἄλλο πρὸς ἄλλο, οἷον ὡς ἐπιστήμη πρὸς ἐπιστητόν, οὕτως αἴσθησις πρὸς αἰσθητόν. καὶ ὡς ἕτερον ἐν ἑτέρῳ τινί, οὕτως ἄλλο ἐν ἄλλῳ, οἷον ὡς ὄψις ἐν ὀφθαλμῷ, νοῦς ἐν ψυχῇ, καὶ ὡς γαλήνη ἐν θαλάσσῃ, νηνεμία ἐν ἀέρι.*）以及《前分析篇》第一卷第 46 章，51b. 22。《物理学》第一卷第 7 章，191a. 7。《论动物的器官》第一卷第 5 章，645b. 6，9。《形而上学》第九卷第 6 章，1048b. 5。——作者

② 《范畴篇》第 8 章，10b. 26：质容许有更多或更少。（*ἐπιδέχεται δὲ καὶ τὸ μᾶλλον καὶ τὸ ἧττον τὰ ποιά.*）——作者

③ 《论生成与毁灭》第二卷第 6 章，333a. 23：但如果它们不是在量上可比较——就像量出于量那样，而是在能力上可比——如一升水同十升气在冷却能力上相等，那么，即使这样，它们依然在量上——但不是作为量的量，而是作为某种能力的量——是可比的。此外，不通过对量的测度而通过类比也可以比较它们的

是亚里士多德专门用类比这个词所标示的那种类比[①]。因此，类比上的相同（*ἀνάλογον*）要比共性（*κοινόν*）更为普遍——如果它活动在同一范畴之内的话[②]；并且它还能够在不同范畴中间促成结合。在《形而上学》第十四卷中他说道[③]：“类比渗透到‘是者’的所有范畴中。正如直在长度中，同样宽在广度中；或许甚至偶数在数字中，白在颜色中。”也参见《形而上学》第五卷第6章（1016b. 31）[④]，第

能力，例如，正如这个是白的，同样那个是热的。这种类比在质上意指相似，在量上则意指相等。（*εἰ δὲ μὴ οὕτω κατὰ τὸ ποσὸν συμβλητὰ ὡς ποσὸν ἐκ ποσοῦ, ἀλλ' ὅσον δύναται, οἷον εἰ κοτύλη ὕδατος ἴσον δύναται ψύχειν καὶ δέκα ἀέρος, καὶ οὕτως κατὰ τὸ ποσὸν οὐχ ᾗ ποσὸν συμβλητά, ἀλλ' ᾗ δύναταί τι. εἴη δ' ἂν καὶ μὴ τῷ τοῦ ποσοῦ μέτρῳ συμβάλλεσθαι τὰς δυνάμεις, ἀλλὰ κατ' ἀναλογίαν, οἷον ὡς τόδε λευκὸν τόδε θερμόν. τὸ δ' ὡς τόδε σημαίνει ἐν μὲν ποιῷ τὸ ὅμοιον, ἐν δὲ τῷ ποσῷ τὸ ἴσον.*）——作者

① 《论动物的器官》第一卷第4章，644a. 16：凡仅在程度上有着或多或少差异的动物被归于同一个属中，凡具有类比关系的动物被分入不同的属中。我的意思是，例如，鸟和鸟仅仅在程度上不同（一些有较长的羽毛，一些有较短的羽毛），但鸟和鱼仅仅在类比上相同（因为在鸟那儿有羽毛，在鱼那儿有鳞片）。（*ὅσα μὲν γὰρ διαφέρει τῶν γενῶν καθ' ὑπεροχὴν καὶ τὸ μᾶλλον καὶ τὸ ἧττον, ταῦτα ὑπέζευκται ἑνὶ γένει, ὅσα δ' ἔχει τὸ ἀνάλογον, χωρίς· λέγω δ' οἷον ὄρνις ὄρνιθος διαφέρει τῷ μᾶλλον ἢ καθ' ὑπεροχήν (τὸ μὲν γὰρ μακρόπτερον τὸ δὲ βραχύπτερον), ἰχθύες δ' ὄρνιθος τῷ ἀνάλογον (ὃ γὰρ ἐκείνῳ πτερόν, θατέρῳ λεπίς).*）——作者

② 这是在词的严格意义上的共性（*κοινόν*）。参见前面第127页，注4；那儿从《物理学》第三卷第1章中引了一个段落。至于一种其他的语言使用，参见§4。——作者

③ 《形而上学》第十四卷第6章，1093b. 18：类比位于“是者”的每一范畴中，正如在长度中有直，同样在广度中有平，或许在数字中有奇，在颜色中有白。（*ἐν ἑκάστῃ γὰρ τοῦ ὄντος κατηγορίᾳ ἐστὶ τὸ ἀνάλογον, ὡς εὐθὺ ἐν μήκει, οὕτως ἐν πλάτει τὸ ὁμαλόν ἴσως, ἐν ἀριθμῷ τὸ περιττόν, ἐν δὲ χροιᾷ τὸ λευκόν.*）——作者

④ 《形而上学》第五卷第6章，1016b. 31：此外，一些东西在“数目”上是“一”，一些东西在“种”上是“一”，一些东西在“属”上是“一”，一些东西在“类比”上是“一”。（*ἔτι δὲ τὰ μὲν κατ' ἀριθμόν ἐστιν ἕν, τὰ δὲ κατ' εἶδος, τὰ δὲ κατὰ γένος, τὰ δὲ κατ' ἀναλογίαν.*）——译者

十二卷第4章（1070a. 31，b. 16，b. 26）[①]，第十二卷第5章（1071a. 30）[②] 等等。特伦德伦堡的结论是：“如果人们考虑诸范畴能够共同具有什么，那么，诸范畴于亚里士多德那儿所表现出来的就是这个样子。[③]”

我们的确能够把握在那些于名称上而不是于概念上相同的事物中间，即在那些“同名异义者”（*ὁμωνύμοις*）中间，那些如此加以理解的“在类比上相同的东西”（*ἀνάλογα*）如何同那些“偶然的

① 《形而上学》第十二卷第4章1070a. 31：在一种意义上，各种原因和本源对于不同事物来说是不同的，但在另一种意义上，如果人们普遍地和根据类比来说它们的话，那它们对于所有的事物来说都是相同的。（*τὰ δ' αἴτια καὶ αἱ ἀρχαὶ ἄλλα ἄλλων ἔστιν ὥς, ἔστι δ' ὡς, ἂν καθόλου λέγῃ τις καὶ κατ' ἀναλογίαν, ταὐτὰ πάντων.*）1070b. 16：这些事物具有相同的元素和本源，但不同的事物则具有不同的元素和本源。就此而言，不可以说所有的事物具有相同的元素和本源，但在类比的意义上则可以这么说，正如人们可以说有着三种本源，即形式、缺失和质料。但它们中每一个对于每一个属来说都是不同的。（*τούτων μὲν οὖν ταὐτὰ στοιχεῖα καὶ ἀρχαί (ἄλλων δ' ἄλλα), πάντων δὲ οὕτω μὲν εἰπεῖν οὐκ ἔστιν, τῷ ἀνάλογον δέ, ὥσπερ εἴ τις εἴποι ὅτι ἀρχαὶ εἰσὶ τρεῖς, τὸ εἶδος καὶ ἡ στέρησις καὶ ἡ ὕλη. ἀλλ' ἕκαστον τούτων ἕτερον περὶ ἕκαστον γένος ἐστίν.*）1070b. 26. 因此，根据类比，有三种元素，四种原因和本源。（*ὥστε στοιχεῖα μὲν κατ' ἀναλογίαν τρία, αἰτίαι δὲ καὶ ἀρχαὶ τέτταρες.*）——译者

② 《形而上学》第十二卷第5章，1071a. 30：追问“所是”、“相对物”和“质”的本源或元素是什么，它们是相同的还是不同的。显然，如果它们在多重含义上被说，那它们对于每一事物来说都是相同的，但如果它们被加以区分，那它们就不是相同的，而是不同的，除了在特点的意义上它们对于所有事物来说都是相同的，即根据类比它们是相同的；因为质料、形式、缺失、运动对于万物来说是相同的，并且在这个意义上“所是”的原因也是其他所有事物的原因，因为当“所是”毁灭了，其他所有事物也随之毁灭。（*τὸ δὲ ζητεῖν τίνες ἀρχαὶ ἢ στοιχεῖα τῶν οὐσιῶν καὶ πρός τι καὶ ποιῶν, πότερον αἱ αὐταὶ ἢ ἕτεραι, δῆλον ὅτι πολλαχῶς γε λεγομένων ἔστιν ἑκάστου, διαιρεθέντων δὲ οὐ ταὐτὰ ἀλλ' ἕτερα, πλὴν ὡδὶ καὶ πάντων, ὡδὶ μὲν ταὐτὰ ἢ τὸ ἀνάλογον, ὅτι ὕλη, εἶδος, στέρησις, τὸ κινοῦν, καὶ ὡδὶ τὰ τῶν οὐσιῶν αἴτια ὡς αἴτια πάντων, ὅτι ἀναιρεῖται ἀναιρουμένων.*）——译者

③ 《范畴学说史》，第157页。——作者

同名异义者”（*ἀπὸ τύχης ὁμώνυμον*）相区别，并且在对“同名异义者”（*ὁμώνυμον*）这一语词较为严格的使用上，前者作为较少“同名异义”的东西被完全排除在“同名异义者”之外。它们有点接近于“同名同义者”。因为除了具有共同的名称之外，它们即使不具有某一共性，至少也具有概念上的某种亲缘性；即使不等同，至少也相似；即使不具有本质上的相同，至少也具有比例上的相同。因此，当“马尔斯”（Mars）这个名称既用在火星身上，也用在战神身上，这是一种同名异义者；我们称为“王”的，在人中间是君主，在鸟中间是鹰，在棋盘上是王，等等，这是另一种“同名异义者”。这两种“同名异义者”是不同的。

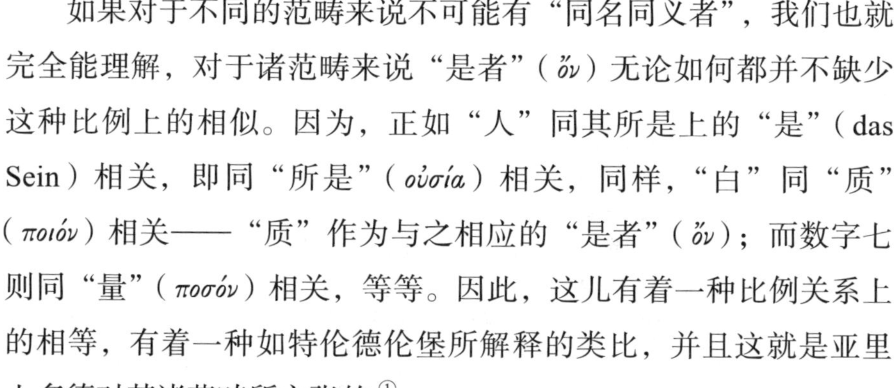

如果对于不同的范畴来说不可能有“同名同义者”，我们也就完全能理解，对于诸范畴来说“是者”（*ὄν*）无论如何都并不缺少这种比例上的相似。因为，正如“人”同其所是上的“是”（das Sein）相关，即同“所是”（*οὐσία*）相关，同样，“白”同“质”（*ποιόν*）相关——“质”作为与之相应的“是者”（*ὄν*）；而数字七则同“量”（*ποσόν*）相关，等等。因此，这儿有着一种比例关系上的相等，有着一种如特伦德伦堡所解释的类比，并且这就是亚里士多德对其诸范畴所主张的[①]。

---

① 例如，《形而上学》第七卷第 1 章（1028a. 36）清楚地指出了这一点：当我们认识了“是什么”，如认识了人“是什么”或火“是什么”，而不是仅仅认识了它们的“质”或“量”或“地点”等时，我们认为我们最为认识了每一个东西。因为只有当我们认识了量或质等“是什么”时，我们也才认识了这类东西中的每一个。（*καὶ εἰδέναι δὲ τότ᾽ οἰόμεθα ἕκαστον μάλιστα, ὅταν τί ἐστιν ὁ ἄνθρωπος γνῶμεν ἢ τὸ πῦρ, μᾶλλον ἢ τὸ ποιὸν ἢ τὸ ποσὸν ἢ τὸ πού, ἐπεὶ καὶ αὐτῶν τούτων τότε ἕκαστον ἴσμεν, ὅταν τί ἐστι τὸ ποσὸν ἢ τὸ ποιὸν γνῶμεν.*）——作者

然而，在我们看来亚里士多德的思想以及他试图据以将诸范畴之“是（者）”（ὄν）同真正的“同名异义者”区分开的理由还尚未以详尽的方式加以指出。在前面所引的那些段落中他并未强调，诸范畴之所以全都被标示为“是（者）”（ὄν），乃是因为，正如那属于某一范畴的东西同一个“是之概念”（Seinsbegriff）相关，同样，那包含在另一范畴中的东西同另一个“是之概念”相关。相反，他说：“‘是者’（das Seiende）被以多重方式加以言说，但都关乎“一”即关乎某种单一的本性。”[①] 并且正如我们从下面这段话中所推断出的，这种“一”，即这种单一的本性，就是“所是”：“一些东西因是‘所是’而被称作‘是者’，一些东西因是‘所是’的属性……”[②] 它在《形而上学》第七卷第1章中也同样说道[③]：“‘是者’（das Seiende）被以多重方式加以言说。……因为一种意指‘所是’，另一种意指某种带有质的东西或某种带有量的东西，等等。但既然‘是者’以如此多的含义被说，显然其中首要的‘是者’是那意指‘所是’的‘本质’（die Wesenheit）……而

① 《形而上学》第四卷第2章，1003a. 33。见前第139页，注1。——作者

② 《形而上学》第四卷第2章，1003a. 33。——作者

③ 《形而上学》第七卷第1章，1028a. 10：“是者”被以多重方式加以言说……因为它要么意指“是什么”即“这一个”，要么意指“质”，要么意指“量”，要么意指其他如此进行谓述的东西中的某一个。既然“是者”被如此多重地加以言说，显然其中首要的“是者”乃“是什么”，因为它指出了“所是”……其他那些之所以被称作“是者”，乃是因为它们或者是这样的“是者”的“量”，或者是它的“质”，或者是它的“遭受”，以及其他诸如此类的东西。（*τὸ ὂν λέγεται πολλαχῶς.... σημαίνει γὰρ τὸ μὲν τί ἐστι καὶ τόδε τι, τὸ δὲ ποιὸν ἢ ποσὸν ἢ τῶν ἄλλων ἕκαστον τῶν οὕτω κατηγορουμένων. τοσαυταχῶς δὲ λεγομένου τοῦ ὄντος φανερὸν ὅτι τούτων πρῶτον ὂν τὸ τί ἐστιν, ὅπερ σημαίνει τὴν οὐσίαν.... τὰ δ' ἄλλα λέγεται ὄντα τῷ τοῦ οὕτως ὄντος τὰ μὲν ποσότητες εἶναι, τὰ δὲ ποιότητες, τὰ δὲ πάθη, τὰ δὲ ἄλλο τι τοιοῦτον.*）——作者

剩下的那些之所以被称作‘是者’，乃是因为其中有的是如此是着的东西的质，有的是它的量，有的是它的遭受状态，或其他诸如此类的东西。”参见《形而上学》第九卷第1章（1045b. 28[①]）和第十一卷第3章（1061a. 8[②]）因此，特伦德伦堡所指出的那些例子（见前）诚然描述了作为一种质上的比例的类比，但亚里士多德为了说明“是（者）”（*ὄν*）如何根据类比（*κατ᾽ ἀναλογίαν*）同诸范畴相宜而向我们举出的那些例子，则没有显示出这类东西。如果饮食因保持了健康而被称作是健康的，那么，它分有该名称的理由在这儿显然不是一种真正意义上的同那被称作首先和第一含义上的健康的身体的比例，尽管该理由的确得在它同身体的某种关系，即在它同身体的某种联系中加以寻找。这同样适用于医药——它因促成了健康而被称作是健康的，以及脸色——因为它是健康的标志。它们全都处于同健康的某种联系中，并且因而处于互相联系中，但恰恰由此不处在一种比例关系中。因为在所有真正的比

① 《形而上学》第九卷第1章，1045b. 28：已经讨论了首要的是者——是者的所有其他范畴全都与之相关，即讨论了“所是”。因为根据“所是”概念，其他的东西方才被称作是者，被称作“质”、“量”以及其他这样被说的东西。正如我们在开初的讨论那儿所说的，所有的东西都包含有“所是”概念。（*περὶ μὲν οὖν τοῦ πρώτως ὄντος καὶ πρὸς ὃ πᾶσαι αἱ ἄλλαι κατηγορίαι τοῦ ὄντος ἀναφέρονται εἴρηται, περὶ τῆς οὐσίας. κατὰ γὰρ τὸν τῆς οὐσίας λόγον λέγεται τἆλλα ὄντα, τό τε ποσὸν καὶ τὸ ποιὸν καὶ τἆλλα τὰ οὕτω λεγόμενα· πάντα γὰρ ἕξει τὸν τῆς οὐσίας λόγον, ὥσπερ εἴπομεν ἐν τοῖς πρώτοις λόγοις.*）——译者

② 《形而上学》第十一卷第3章，1061a. 8：所有的是者也以同样的方式被说；因为每一东西被称作“是者”，要么是“是者作为是者”的情状，要么是它的状态，要么是它的形势，要么是它的运动，要么是它的别的什么。（*τὸν αὐτὸν δὴ τρόπον καὶ τὸ ὂν ἅπαν λέγεται· τῷ γὰρ τοῦ ὄντος ᾗ ὂν πάθος ἢ ἕξις ἢ διάθεσις ἢ κίνησις ἢ τῶν ἄλλων τι τῶν τοιούτων εἶναι λέγεται ἕκαστον αὐτῶν ὄν.*）——译者

例关系中，如果第二项等于第四项，那么，第一项就必须等于第三项；也就是说，如果 a:b = c:b，那么，a = c。因此，导致健康的东西之于健康，和健康的标准之于健康，不能形成一种比例关系，除非导致健康和健康之标志这两个概念意味着同一回事；但这显然不是真的。这同样适用于其他例子。医术从事其间的身体，它加以完成的任务，它所利用的手段，等等，都因关乎同一个“医疗”（*ἰατρικήν*）而被称作是“有关医疗的”（*ἰατρικόν*）。但它们并不形成同“医疗”的某种比例关系。

因此我们认为，除了特伦德伦堡加以讨论的那种类比方式之外，还必须得假设有着第二种类比方式，它与第一种方式一起同时占据着同名同义者和单纯的同名异义者之间的那个中间位置。在这儿那些异质的事物也是有亲缘关系的，在这儿它们也不是“偶然地”（*ἀπὸ τύχης*）而是“根据类比”（*κατ' ἀναλογίαν*）获得了它们所携带着的那个相同的名称；但这种亲缘关系与前述的那种关系完全不同。首先加以考察的那种类比显示出在概念间的差异中的一种比例关系上的相等，而我们在这儿发现了一种完全不同的关系，它是同作为“端点”（Terminus）[①] 的同一概念的一种关系，即与同一“本源”（*ἀρχή*）的一种联系（“全都与同一个本源相关”[*ἅπαν πρὸς μίαν ἀρχήν*]，《形而上学》第四卷第 2 章）。亚里士多德表达了这些类比物与“同名同义者”之间的差异，他说，后者在严格意义上被称作“根据‘一’”（*καθ' ἓν*），而前者则仅仅被称作“关乎‘一’”（*πρὸς ἕν*），或者仅仅在一定程度上被称作

① Terminus，该词除了具有“界限”、“终点”、“期限”的意思之外，也有“术语”、“词项”的意思。——译者

“根据‘一’”（καθ᾽ ἕν）[①]。

语言已经顾及到了事物中亲缘关系的这种方式；对于事物中的一些，我们冠以相同的名称，有些则冠以不同的名称，还有一些则以下面这样一种方式，那就是，语词虽然不同，但却来自同一根源，例外，我们称有些东西是“可治疗的”（heilbar），称另一些东西是“有疗效的”（heilsam）。但语言并不总是以如此精确的方式进行表达，它满足于所有共属一体和围绕某种“一”的东西以某种单一的家族名称来加以命名，而不在意其中每一东西是如何属于它的。因此，我们不仅仅把那具有王权的君王称为王家的，而且也会说到王家的权杖和服饰，以及王家荣誉、王家命令和王家血脉，等等；同样，在前面，“健康的”（ὑγιεῖνον）和“医疗的”（ἰατρικόν）也在多重含义上加以使用，并且还能轻易地举出很多例子[②]。

① 《形而上学》第四卷第2章，1003b. 13。参见第151页，注2。——作者

② 在《形而上学》第五卷第10章（1018a. 31）中，他将“相反者”（ἐναντίον）以这种方式解释为是类比性的东西：另外一些东西也被称作“相反者”。它们之所以被这样称呼，一些是因为具有上述这类性质；一些是因为能够容纳这些性质；一些是因为能够形成或遭受这些性质，要么形成或遭受了它们，要么丢失或获取了它们，要么缺失或具有它们。（*τὰ δ᾽ ἄλλα ἐναντία λέγεται τὰ μὲν τῷ τὰ τοιαῦτα ἔχειν, τὰ δὲ τῷ δεκτικὰ εἶναι τῶν τοιούτων, τὰ δὲ τῷ ποιητικὰ ἢ παθητικὰ εἶναι τῶν τοιούτων, ἢ ποιοῦντα ἢ πάσχοντα, ἢ ἀποβολαὶ ἢ λήψεις, ἢ ἕξεις ἢ στερήσεις εἶναι τῶν τοιούτων.*）在第五卷第12章（1019b. 35）中，他同样如此解释“有能力的东西”（δυνατόν）：所有依照潜能而被称作有能力的，全都与第一种含义相关，即它是在他物中或作为他物的变化的本源。其他东西之所以被称作是有能力的东西，乃是由于另外某个东西对它们具有或不具有或在一定方式上具有这种潜能。对于那些无能力的东西也同样如此。因此，原初潜能的严格定义是指那在他物中或作为他物的变化的本源。（*τὰ δὲ λεγόμενα κατὰ δύναμιν πάντα λέγεται πρὸς τὴν πρώτην μίαν· αὕτη δ᾽ ἐστὶν ἀρχὴ μεταβολῆς*

根据亚里士多德，那归属在诸范畴中的“是者”（ὄν）也以这种方式是类比的东西。不仅那种适用于不同“是者”（ὄν）的各种比例关系上的相等，而且那就同一端点而来的类比，都使得它们区别于那些仅仅偶然的同名异义者。在前面所引的那些段落中亚里士多德尤其强调后者，他视它为那种真正在类比上进行命名的方式——这种方式更为接近同名同义者而远离在较为严格的语词意义上的同名异义者[①]；他也根据它来证明有着一门单独的、研究在不同含义上的“是者”（das Seiende）的科学[②]；他进而由之得出结论说，在诸范畴中有着一个范畴，它在更为真正的意义上比

ἐν ἄλλῳ ᾗ ἄλλο. τὰ γὰρ ἄλλα λέγεται δυνατὰ τῷ τὰ μὲν ἔχειν αὐτῶν ἄλλο τι τοιαύτην δύναμιν τὰ δὲ μὴ ἔχειν τὰ δὲ ὡδὶ ἔχειν. ὁμοίως δὲ καὶ τὰ ἀδύνατα. ὥστε ὁ κύριος ὅρος τῆς πρώτης δυνάμεως ἂν εἴη ἀρχὴ μεταβλητικὴ ἐν ἄλλῳ ᾗ ἄλλο.）。反之，在几何学和逻辑学中虽然也会说到某种“能力”（*δύναμις*）和某种“可能物”（*δυνατόν*），但在那儿仅仅有着比例关系上的类比。见前，第 70 页，注 1、2。——作者

① 因此，《形而上学》第九卷第 1 章（1046a. 6）将那些具有多重含义但因有着相同的端点而以类比的方式具有一致名称的东西与同名异义者相区分，而那些根据比例关系而来的类比者则被算作同名异义者：“在它们当中，所有同名异义地被称作潜能的东西都可以被放在一边，因为一些是就某种类比而言的。……所有关乎同一形式的东西……。”（*τούτων δ᾽ ὅσαι μὲν ὁμωνύμως λέγονται δυνάμεις ἀφείσθωσαν· ἔνιαι γὰρ ὁμοιότητί τινι λέγονται. ...ὅσαι δὲ πρὸς τὸ αὐτὸ εἶδος. κ. τ. λ.*）——作者

② 《形而上学》第四卷第 2 章，1003b. 11：正如对于所有健康的东西来说只有一门科学，这对于其他事物来说也同样如此。因为不仅对于那些“根据‘一’”而被说的东西来说我们的研究属于一门科学，而且对于那些因“关乎‘一’种本性”而被说的东西来说也同样如此。因为后面这些东西在某种意义上也是“根据‘一’”而被说的。因此，显然研究“是者作为是者”属于一门科学。（*καθάπερ οὖν καὶ τῶν ὑγιεινῶν ἁπάντων μία ἐπιστήμη ἔστιν, ὁμοίως τοῦτο καὶ ἐπὶ τῶν ἄλλων. οὐ γὰρ μόνον τῶν καθ᾽ ἓν λεγομένων ἐπιστήμης ἐστὶ θεωρῆσαι μιᾶς ἀλλὰ καὶ τῶν πρὸς μίαν λεγομένων φύσιν· καὶ γὰρ ταῦτα τρόπον τινὰ λέγονται καθ᾽ ἕν. δῆλον οὖν ὅτι καὶ τὰ ὄντα μιᾶς θεωρῆσαι ᾗ ὄντα.*）——作者

所有的其他范畴享有“是者”（das Seiende）之名，正如在那些以类比的方式享有同一个名称的事物中总无处不见的情形一样。因此，健康的东西，当它述说健康的身体时，它在最真正的意义上是健康的；因为它作为这种东西，被作为形式的健康所构建，所有其他概念都依赖于这一作为形式的健康，并且那无论如何被称作是健康的所有东西都因关乎这一作为形式的健康而具有其名称[①]。在诸范畴中首要的和真正的“是者”（das Seiende）是“所是”（*οὐσία*）。亚里士多德说：“其他那些之所以被称作‘是着’（seiend），乃是因为它们或者是这样的‘是者’的‘量’，或者是它的‘质’，或者是它的‘遭受’，以及其他诸如此类的东西。”[②]并且我们在前面从第四卷中引用了类似的话。

因此，显然“是者”（das Seiende）对于不同的范畴来说是一个“同名异义者”（*ὁμώνυμον*），但它不是“偶然的同名异义者”（*ὁμώνυμα ἀπὸ τύχης*），而是“根据类比”（*κατ' ἀναλογίαν*）而来的“同名异义者”；确切来说是根据双重的类比，即根据比例关系上的相等这一类比和根据关乎同一端点这一类比。因为“所是”这种“是者”（*ὄν*）不仅仅关乎所有所是上的东西——就像“质”这种“是者”（*ὄν*）关乎所有具有质的东西一样，等等，而且所有的范畴都因“关乎‘一’和关乎‘同一本性’”（*πρὸς ἓν καὶ μίαν τινὰ φύσιν*）而被称作“是者”（Seiendes），都因关乎“所是”（*οὐσία*）

① 《形而上学》第四卷第 2 章，1003b. 16：（首要的东西），其他东西都有赖于它，并由之得以被言说。（*(τὸ πρῶτον), ἐξ οὗ τὰ ἄλλα ἤρτηται, καὶ δι' ὃ λέγονται.*）——作者

② 《形而上学》第七卷第 1 章，1028a. 18。见前，第 147 页，注 3；参见第 139 页，注 1。——作者

的某一“是”（Sein）而被称作“是者”（Seiendes）[①]。

我们说：

§4. Ⅲ. 诸范畴是最高的同名同义的普遍概念，是“是者”（das Seiende）的最高属

我们在前面的段落中已经就其同“是（者）”（ὄν）的关系思考了诸范畴，“是（者）”（ὄν）位于它们之上，并共同地标示它们——即使在真正的意义上它对它们来说并不是共同的。它们的统一性是一种类比的统一性，没有什么能作为“同名同义者”以相同的方式（ὡσαύτως，《形而上学》第七卷第4章，1030a. 32[②]）

① 拉韦松*（F. Ravaisson）在其被巴黎科学院给予奖励的《论亚里士多德的形而上学》（*Essai sur la metaphysique d' Aristote*）中（Ⅰ，第357页以下）注意到了“是者”（das Seiende）的这一双重类比：因此，诸范畴并不被统一于某一更高的属中，它们也不共同分有某一单一的本源或单一的理念。就像四因一样，它们被统一在一种朝向某一单一术语的共同关系中，正是这种关系使得诸范畴成为一门单独科学的对象。……但是，存在着一些对于一种完全不同本性的关系，它们在不同范畴之间建立起了一种亲缘联系；这些是“是者”的各种对立。……第363页：因此，正如是者自身在它的每一属中是不同的一样，每一对立中的相反两方在每一范畴中也必然是不同的。但是，以同样的方式，凡是有是者的地方，也同样有着对立：术语是不同的，但关系是相同的。……因此，各种对立在是者的十个属之间建立起了关系的相等、比例和类比：三个同名同义的术语。——作者

*拉韦松，全名为菲利克斯·拉韦松（Félix Ravaisson，1813—1900），法国哲学家和考古学家。曾在德国慕尼黑听过谢林的课。在《论亚里士多德的形而上学》一书中，他不仅批评和解释了亚里士多德和漫步学派的理论，而且还发展出了一种现代的哲学体系。——译者

② 《形而上学》第七卷第4章，1030a. 32：因为必定要么同名异义地要么有所增减地说这些东西是“是者”，就像说不可知的东西是可知的一样。正确的是：

归于它们。并且已经指出，没有任何更高的同名同义的概念。现在我们转而思考诸范畴同那些位于其下的事物之间的关系，相反，我们在这儿发现，所有属于同一范畴中的事物都是同名同义者。诸范畴在真正的意义上都是一些“普遍概念（Allgemeinbegriffe）”（*κοινά*），都是事物的“属”（*γένη*）。

很容易就能得出这一证明，因为有着大量的段落，在那儿亚里士多德一再表达了这一点。在亚里士多德那儿，“普遍者”（*κοινόν*）① 有着一种较为严格的含义和一种较为宽泛的含义。在较为宽泛的含义上，那根据类比而是“一”的东西，即作为“根据类比而来的普遍者”（*κοινὸν κατ' ἀναλογίαν*）②，也属于“普遍者”（*κοινά*）。在《形而上学》第七卷第16章③和第十卷第2章

既不同名异义地说，也不以完全等同的方式说，而是如把许多东西称作医术上的东西一样，它们关乎同一个东西但又都不是那同一个东西，也不同名异义地是它。因为身体、功能和器材都被称作是医术上的东西，但既不同名异义地也不根据某种“一”而这么说，而是关乎某种“一”而这么说。（*δεῖ γὰρ ἢ ὁμωνύμως ταῦτα φάναι εἶναι ὄντα, ἢ προστιθέντας καὶ ἀφαιροῦντας, ὥσπερ καὶ τὸ μὴ ἐπιστητὸν ἐπιστητόν, ἐπεὶ τό γε ὀρθόν ἐστι μήτε ὁμωνύμως φάναι μήτε ὡσαύτως ἀλλ' ὥσπερ τὸ ἰατρικὸν τῷ πρὸς τὸ αὐτὸ μὲν καὶ ἕν, οὐ τὸ αὐτὸ δὲ καὶ ἕν, οὐ μέντοι οὐδὲ ὁμωνύμως. οὐδὲ γὰρ ἰατρικὸν σῶμα καὶ ἔργον καὶ σκεῦος λέγεται οὔτε ὁμωνύμως οὔτε καθ' ἓν ἀλλὰ πρὸς ἕν.*）——译者

① *κοινόν* 也可以译为“共性”。——译者

② 《论灵魂》第一卷第5章，645b. 26：见前，第138页，注1。参见《后分析篇》第一卷第10章，76a. 38.

③ 《形而上学》第七卷第16章，1040b. 16：既然“一”如“是（者）”一样以相同的方式被说。……在这些东西中，“是（者）”和“一”比本源、元素和原因更是“所是”；然而，既然“所是”是没有任何其他共性的，那么，甚至连它们也不是“所是”。（*ἐπεὶ δὲ τὸ ἓν λέγεται ὥσπερ καὶ τὸ ὄν. ...μᾶλλον μὲν οὖν τούτων οὐσία τὸ ὂν καὶ ἓν ἢ ἥ τε ἀρχὴ καὶ τὸ στοιχεῖον καὶ τὸ αἴτιον, οὔπω δὲ οὐδὲ ταῦτα, εἴπερ μηδ' ἄλλο κοινὸν μηδὲν οὐσία.*）——译者

中[①]，“是者”（das Seiende）和可以与之互换的“一”（das Eine）都被标示为“普遍者”（*κοινά*）[②]。但于亚里士多德那儿，更常见的语言使用是“普遍者”（*κοινά*）仅仅指那些同名同义者，“普遍者”（*κοινόν*）获得了一种普遍概念的含义[③]。正是在这种较为严格的意义上诸范畴被称作“普遍者”（*κοινά*），如在《物理学》第三卷第1章和《形而上学》第十二卷第4章中[④]。我们尤其从《后分析篇》第二卷第13章那儿清楚地看到，这儿所意指的，实际上乃是在较为严格意义上的那种“普遍者”（*κοινόν*），而非“是（者）”（*ὄν*）和“一”（*ἕν*）这样的类比者据之获得其名称的那种普遍者；他在那儿将诸范畴标示为“首要的普遍者”（*πρῶτα κοινά*）[⑤]。《形而上学》第十一卷第3章恰恰明显地与“是（者）”（*ὄν*）相对照，将谓词“普遍者”（*κοινόν*）赋予“所是”（*οὐσία*）这一范畴[⑥]。

① 《形而上学》第十卷第2章，1053b. 19：在所有东西中，“是（者）”和“一”最为普遍地进行谓述。……“是（者）”和“一”以同样多的方式被说。（*τὸ γὰρ ὂν καὶ τὸ ἓν καθόλου κατηγορεῖται μάλιστα πάντων. ...λέγεται δ' ἰσαχῶς τὸ ὂν καὶ τὸ ἕν.*）——译者

② 《形而上学》第七卷第16章，1040b. 21。第十卷第2章，1053b. 19。——作者

③ 或在其他一些地方，被称为是一种普遍原理，等等。——作者

④ 《物理学》第三卷第1章，200b. 34。见前，第127页，注4。《形而上学》第十二卷第4章，1070b. 1：除了“所是”和其他那些谓词之外，没有任何普遍者。（*παρὰ γὰρ τὴν οὐσίαν καὶ τἆλλα τὰ κατηγορούμενα οὐδέν ἐστι κοινόν.*）——作者

⑤ 《后分析篇》第二卷第13章，96b. 19：此外要把握属是什么，例如，它属于“量”呢，还是属于“质”？通过首要的普遍者去了解各种特殊的情形。（*μετὰ δὲ τοῦτο λαβόντα τί τὸ γένος, οἷον πότερον τῶν ποσῶν ἢ τῶν ποιῶν, τὰ ἴδια πάθη θεωρεῖν διὰ τῶν κοινῶν πρώτων.*）——作者

⑥ 《形而上学》第十一卷第3章，1061b. 11：尽管“是（者）”在多重含义上被加以言说，但全都还是根据某种“一”和普遍者而被说……。（*ἐπεὶ δὲ τό τε ὂν*

当亚里士多德将诸范畴标示为各种“属”（γένη）时，他更加明确地给出了他的意见。因为正如《论题篇》第四卷明确教导我们的[①]，“属”总是同名同义者；在前面我们已经看到，正因为如此，“是（者）”（ὄν）和“一”（ἕν）不可以被称作“属”，并且那归属不同范畴的东西不可能具有某一共同的“属”[②]。这些段落都同样相当清楚地表明，诸范畴自身对于所有位居其下的那些东西来说都是“属”，它们总是强调了同一件事，那就是任何不属于同一范畴的东西，也不属于同一“属”；而《形而上学》第十卷第3章以清楚的言辞表达说：“一些在属上是不同的，另一些则属于同一范畴。”[③]大量的其他段落证实了这一点，在那些段落中，诸范畴既被称作“范畴这种属”（γένη τῶν κατηγοριῶν），也单纯被称为“属”（γένη）。例如，前一种表达出现在《后分析篇》第一卷第22章，《辩谬篇》第22章，《论题篇》第一卷第9章，《论题篇》第一卷第15章，《论题篇》第七卷第1章，以及其他一些地方[④]；而

ἅπαν καθ' ἕν τι καὶ κοινὸν λέγεται πολλαχῶς λεγόμενον…）同样，《形而上学》第十一卷第3章，1060b. 35。根据上一节下面这点也是清楚的，那就是，该“普遍者”（κοινόν）是“所是”（οὐσία）——作者

① 《论题篇》第四卷第6章，127b. 6：因为属同名同义地谓述位于其下的所有种。（κατὰ πάντων γὰρ τῶν εἰδῶν συνωνύμως τὸ γένος κατηγορεῖται.）参见《论题篇》第四卷第3章，123a. 28.——作者

② 《形而上学》第五卷第28章，1024b. 12。等等。见前，第136页，注1和2。——作者

③ 《形而上学》第十卷第3章，1054b. 35：但一些在属上是不同的，而另一些则位于同一范畴序列中。（ἀλλὰ τὰ μὲν τὸ γένος ἕτερα τὰ δ' ἐν τῇ αὐτῇ συστοιχίᾳ τῆς κατηγορίας.）前面第138页注1所引的《形而上学》第五卷第6章（1016b. 31。）的那段话同样清楚地表达了这同一观点。——作者

④ 《后分析篇》第一卷第22章，83b. 16：范畴这种属是有限的。（τὰ γένη

后一种表达出现在《范畴篇》第 8 章,《范畴篇》第 10 章,《后分析篇》第二卷第 13 章,《物理学》第三卷第 1 章,《论灵魂》第一卷第 1 章,《论灵魂》第二卷第 1 章,《形而上学》第十卷第 1 章、第十二卷第 5 章、第十四卷第 2 章，以及其他一些地方[①]。

τῶν κατηγοριῶν πεπέρανται.)《辩谬篇》第 22 章，178a. 5：我们具有范畴这种属(*ἔχομεν τὰ γένη τῶν κατηγοριῶν.*)《论题篇》第一卷第 9 章，103b. 20：范畴这种属。(*τὰ γένη τῶν κατηγοριῶν.*)《论题篇》第一卷第 15 章，107a. 3：用语词加以表达的范畴这种属。(*τὰ γένη τῶν κατὰ τοὔνομα κατηγοριῶν.*)《论题篇》第七卷第 1 章，152a. 38：在某一范畴这种属中(*ἐν ἑνὶ γένει κατηγορίας.*)关于对属格的解释，见前，第 127 页。——作者

① 《范畴篇》第8章，11a. 37：此外，如果真有某种东西既是“质”又是“相对物”，那么，将之算作在这两个属里也不是什么荒谬的事。(*ἔτι εἰ τυγχάνει τὸ αὐτὸ ποιὸν καὶ πρός τι ὄν, οὐδὲν ἄτοπον ἐν ἀμφοτέροις τοῖς γένεσιν αὐτὸ καταριθμεῖσθαι.*)《范畴篇》第 10 章，11b. 15：关于前面所提出来的那些属所论述的已经是足够的了。(*ὑπὲρ μὲν οὖν τῶν προτεθέντων γενῶν ἱκανὰ τὰ εἰρημένα.*)《后分析篇》第二卷第 13 章，96b. 19：此外要把握属是什么，例如，它属于“量”呢，还是属于“质”……。(*μετὰ δὲ τοῦτο λαβόντα τί τὸ γένος, οἷον πότερον τῶν ποσῶν ἢ τῶν ποιῶν...*)《物理学》第三卷第 1 章，201a. 9。见前，第 93 页，注 1。同样，《形而上学》第十一卷第 9 章。《论灵魂》第一卷第 1 章，402a. 22：或许首先必须得确定灵魂位于哪一个属中，以及它是什么；我指的是它是某一这个即“所是”呢，还是“质”或“量”或已经区分出来的诸范畴中某一另外的。(*πρῶτον δ' ἴσως ἀναγκαῖον διελεῖν ἐν τίνι τῶν γενῶν καὶ τί ἐστι, λέγω δὲ πότερον τόδε τι καὶ οὐσία ἢ ποιὸν ἢ ποσόν, ἢ καί τις ἄλλη τῶν διαιρεθεισῶν κατηγοριῶν.*)《论灵魂》第二卷第 1 章，412a. 6：在诸是者中，我们称其中一个属为“所是”……。(*λέγομεν δὴ γένος ἕν τι τῶν ὄντων τὴν οὐσίαν...*)《形而上学》第十卷第 1 章，1052b. 18：……尤其是每一属的首要尺度，最要紧的是“量”的尺度；因为从它那儿才前往其他范畴。(*...μάλιστα δὲ τὸ μέτρῳ εἶναι πρώτῳ ἑκάστου γένους καὶ κυριώτατα τοῦ ποσοῦ· ἐντεῦθεν γὰρ ἐπὶ τὰ ἄλλα ἐλήλυθεν.*)《形而上学》第十二卷第 5 章，1071a. 24：正如已经说过的，不同的东西，即那些不位于同一属中的东西——如颜色、声音、所是、量，除了在类比的意义上之外，有着不同的原因和元素。(*ἄλλα δὲ ἄλλων αἴτια καὶ στοιχεῖα, ὥσπερ ἐλέχθη, τῶν μὴ ἐν ταὐτῷ γένει, χρωμάτων ψόφων οὐσιῶν ποσότητος, πλὴν τῷ ἀνάλογον.*)《形而上学》第十四卷第 2 章，1089b. 27：对于每一属来说还得有着某种质料，只不过它不能与“所是”相分离。(*καίτοι δεῖ γέ τινα εἶναι ὕλην ἑκάστῳ γένει· πλὴν χωριστὴν ἀδύνατον τῶν οὐσιῶν.*)——作者

因此，那些试图将《范畴篇》一书称为“论属”（περὶ τῶν γενῶν）的古代亚里士多德的评注者[①]——正如珀尔菲琉斯所告知我

① 辛普里柯俄斯在其《〈范畴篇〉评注》中列举了在他之前历史上对于该书的不同命名，并讨论了其中哪种命名是最合理的。他说：一些人称该书为《前论题篇》（Πρὸ τῶν τοπικῶν），一些人将之称为《论是者的属》（Περὶ τῶν γενῶν τοῦ ὄντος），一些人将之称为《论十个属》（Περὶ τῶν δέκα γενῶν），一些人将之称为《十范畴》（Κατηγορίαι δέκα），还有一些人则将之称为《范畴篇》（Κατηγορίαι）——也就是今天还在使用的这个名称。（*καὶ γὰρ οἱ μὲν Πρὸ τῶν τοπικῶν ἐπέγραψαν τὸ βιβλίον, οἱ δὲ Περὶ τῶν γενῶν τοῦ ὄντος, ἄλλοι δὲ Περὶ τῶν δέκα γενῶν, ἄλλοι δὲ Κατηγορίαι δέκα, ἄλλοι δὲ Κατηγορίαι, ὥσπερ καὶ νῦν ἔτι φέρεται.* Simplicius, *In Aristotelis Categorias Commentarium*, 15. 27–30.）辛普里柯俄斯认为，除了将该书命名为《前论题篇》是不妥的之外，将之命名为《论是者的属》或《论十个属》也是不妥的。因为这样一种命名没有考虑到该书的逻辑学上的主旨，而仅仅考虑到实在对象。尽管语词、是者和概念之间有内在的联系，但《范畴篇》一书的主旨不是关于“是者”的研究，而是关于指称是者的语词的研究，讨论的是有意义的语词。而在他之前的珀尔菲琉斯则对之进行了这样的解释：因为是者及其属和种以及种差是实在者而不是语词。而亚里士多德在列举了十个东西——即“所是”、“质”、“量”等等之后，说：“上述中的每一个其自身并未进行任何肯定，但通过它们的彼此结合就会产生肯定。”如果它们的结合产生肯定，而肯定在有意义的语词和陈述句中有其存在，那么，该著作就既不可能是关于是者的属的，也不可能是关于实在者本身的，而只能是关于指称实在者的语词的。因为实在者的结合不会产生肯定，而是指称实在者的语词的结合产生肯定，所以亚里士多德才会明确说：“在那些不是根据任何复合而加以表达的东西中，它们中的每一个或者意指‘所是’，或者意指‘量’，或者意指‘质’，等等。”如果他说的乃是关于实在者的，那他就不会说“每一个或者意指‘所是’”。因为实在者不进行意指，而是被意指。（*ὅτι τὰ μὲν ὄντα καὶ τὰ τούτων γένη καὶ τὰ εἴδη καὶ αἱ διαφοραὶ πράγματά ἐστι καὶ οὐ φωναί. ὁ δὲ Ἀριστοτέλης καταριθμησάμενος τὰ δέκα ταῦτα, τὴν οὐσίαν, τὸ ποιόν, τὸ ποσόν, τὰ λοιπά φησιν. "ἕκαστον δὲ τῶν εἰρημένων αὐτὸ μὲν καθ' αὑτὸ οὐδεμιᾷ καταφάσει λέγεται. τῇ δὲ πρὸς ἄλληλα τούτων συμπλοκῇ κατάφασις γίνεται". εἰ γὰρ ἡ τούτων συμπλοκὴ κατάφασιν ποιεῖ, ἡ δὲ κατάφασις ἐν φωνῇ σημαντικῇ καὶ λόγῳ ἀποφαντικῷ τὴν ὑπόστασιν ἔχει, οὐκ ἂν εἴη περὶ γενῶν τοῦ ὄντος ἡ πραγματεία οὐδ' ὅλως περὶ πραγμάτων ᾗ πράγματα, ἀλλὰ μᾶλλον περὶ φωνῶν σημαντικῶν τῶν πραγμάτων. οὐ γὰρ ἡ τῶν πραγμάτων συμπλοκὴ κατάφασις γίνεται, ἀλλ' ἡ φωνῶν σημαντικῶν τῶν δηλουσῶν τὰ πράγματα συμπλοκὴ ἀποτελεῖ τὴν κατάφασιν, αὐτός τε ῥητῶς*

们的[①]，错得并不太远，尽管如我们后面会看到的，范畴这一名称更加具有特色。斯多亚主义者后来将“最高的属”（*τὰ γενικώτατα*）这一名称用在诸范畴身上。特伦德伦堡认为，这或许已经暗含了一种不同于亚里士多德的关于范畴学说的主张[②]。然而，或许这样一种主张所表明的，主要是对“范畴”（*κατηγορίαι*）这一旧名的放弃，而不在于使用了“最高的属”这一名称；我们后面会对之加以详细解释。因为，即使我们在亚里士多德那儿没有找到“最高的属”（*τὰ γενικώτατα*）这一表达，但他于《形而上学》第七卷第 9 章中完全在相同的意义上称它们为“首要的”（*τὰ πρῶτα*）[③]。

我们说：

§5.Ⅳ. 诸范畴是“第一所是”的最高谓词

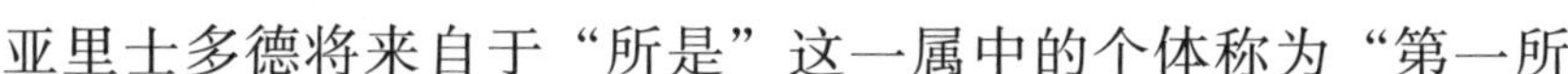

亚里士多德将来自于“所是”这一属中的个体称为“第一所

ἔφη.“τῶν κατὰ μηδεμίαν συμπλοκὴν λεγομένων ἕκαστον ἤτοι οὐσίαν σημαίνει ἢ ποσόν” καὶ τὰ ἑξῆς. εἰ γὰρ περὶ πραγμάτων ἦν αὐτῷ ὁ λόγος, οὐκ ἂν εἶπεν τὸ“ἤτοι οὐσίαν σημαίνει”. οὐ γὰρ σημαίνουσι τὰ πράγματα ἀλλὰ σημαίνεται. Porphyrius, *In Aristotelis Categorias Commentarium*，56. 34—57. 12.）——译者

① 珀尔菲琉斯，《以问答的方式论亚里士多德的范畴》（*κατὰ πεῦσιν καὶ ἀπόκρισιν*），fol. 2. b。其中一些将之称为“论是者的属”，另一些则将之称为“论十个属”。（*ἄλλοι δὲ περὶ τῶν γενῶν τοῦ ὄντος. ἄλλοι δὲ περὶ τῶν δέκα γενῶν.*）——作者

② 《范畴学说史》，第 219 页。——作者

③ 《形而上学》第七卷第 9 章，1034b. 7：这一论证不仅显明了在“所是”那儿形式不被生成，而且该论证对于所有首要的东西来说也同样有效。（*οὐ μόνον δὲ περὶ τῆς οὐσίας ὁ λόγος δηλοῖ τὸ μὴ γίγνεσθαι τὸ εἶδος, ἀλλὰ περὶ πάντων ὁμοίως τῶν πρώτων κοινὸς ὁ λόγος, οἷον ποσοῦ ποιοῦ καὶ τῶν ἄλλων κατηγοριῶν.*）也参见第 155 页注 4 所引的《后分析篇》第二卷第 13 章中的那段话。——作者

是”（πρώτη οὐσία）[①]。因此，我们的主张也仅在于：诸范畴全都谓述个体性的“所是”，确切地讲，它们是个体性“所是”的最高谓词。证明很容易从前面所引的那些句子中得出——在那儿诸范畴被确定为事物的最高属。因为，它们作为属，主要谓述那些首先隶属于它们之下的种[②]；如果这些种也是属，那它们也谓述它们的种，以及种的种，直至个体[③]。因为，正如《范畴篇》第3章教导我们的，“当一个东西述说另一个作为其主词的东西时，凡述说谓词的，也都述说主词。”[④]不言而喻，就第一范畴即“所是”（οὐσία）来说——它的诸个体就是诸“第一所是”，它也能够谓述其下的诸个体。

① 《范畴篇》第5章，2a. 11：最严格的、首要的和最根本的“所是”，指的是那既不述说任何主词也不在任何载体中的东西，例如个别的人或个别的马。（οὐσία δέ ἐστιν ἡ κυριώτατά τε καὶ πρώτως καὶ μάλιστα λεγομένη, ἣ μήτε καθ' ὑποκειμένου τινὸς λέγεται μήτε ἐν ὑποκειμένῳ τινί ἐστιν, οἷον ὁ τὶς ἄνθρωπος ἢ ὁ τὶς ἵππος.）——作者

② 《论题篇》第一卷第5章，102a. 31：属是在“是什么”的意义上对多个不同的种加以谓述的东西。（γένος δ' ἐστὶ τὸ κατὰ πλειόνων καὶ διαφερόντων τῷ εἴδει ἐν τῷ τί ἐστι κατηγορούμενον.）《范畴篇》第3章，1b. 22：因为上面的属谓述那些位于其下面的属。（τὰ γὰρ ἐπάνω τῶν ὑπ' αὐτὰ γενῶν κατηγορεῖται.）——作者

③ 《范畴篇》第5章，3a. 38：种谓述个体，而属既谓述种也谓述个体。（τὸ μὲν εἶδος κατὰ τοῦ ἀτόμου κατηγορεῖται, τὸ δὲ γένος καὶ κατὰ τοῦ εἴδους καὶ κατὰ τοῦ ἀτόμου.）——作者

④ 《范畴篇》第3章，1b. 10：当一个东西谓述另外一个东西，就像谓述主词一样时，凡是述说谓词的东西也全都述说主词。例如，人谓述个别的人，而动物又谓述人，因此，动物也谓述个别的人。因为个别的人既是人也是动物。（ὅταν ἕτερον καθ' ἑτέρου κατηγορῆται ὡς καθ' ὑποκειμένου, ὅσα κατὰ τοῦ κατηγορουμένου λέγεται, πάντα καὶ κατὰ τοῦ ὑποκειμένου ῥηθήσεται· οἷον ἄνθρωπος κατὰ τοῦ τινὸς ἀνθρώπου κατηγορεῖται, τὸ δὲ ζῷον κατὰ τοῦ ἀνθρώπου· οὐκοῦν καὶ κατὰ τοῦ τινὸς ἀνθρώπου τὸ ζῷον κατηγορηθήσεται· ὁ γὰρ τὶς ἄνθρωπος καὶ ἄνθρωπός ἐστι καὶ ζῷον.）——作者

这儿所说的也适用于其他范畴。因为，正如我们前面已经讲过的，所有不是“所是”的东西，全都作为偶性而归属某一“所是”，并因归属某一“所是”而是着[①]。因此，正如《范畴篇》、《后分析篇》第一卷、《形而上学》第七卷[②]以及其他一些段落所教导的，那总是属于其他范畴的，也谓述“第一所是”。但如果一些谓词是任一“所是”的谓词，那它们也会是某一“第一所是”的谓词，也是其余“所是”的谓词。

在“所是”（*οὐσία*）范畴、严格说来是“第二所是”（正如亚里士多德称之为属于第一范畴的那些种和属[③]）对“第一所是”的那种谓述同其余范畴对“第一所是”的那种谓述之间，当然有着一种差异。因为在前者那儿，概念和名称都被赋予给了“第一所是”，但后者不能在概念上被视为同“第一所是”相一致，因为它

① 见前，§4，第 147 页，注 3。《后分析篇》第一卷第 22 章，83a. 25：所有不意指“所是”的，都是偶性。（*ὅσα δὲ μὴ οὐσίαν σημαίνε…, συμβεβηκότα.*）——作者

② 《形而上学》第七卷第 3 章，1029a. 23：因为其他的都谓述“所是”。（*τὰ μὲν γὰρ ἄλλα τῆς οὐσίας κατηγορεῖται.*）《范畴篇》第 5 章，2b. 37：因此，在其他的东西中唯有种和属可以恰当地被称作“所是”。“第一所是”之所以首要地被称为“所是”，是因为它位于所有其他东西的下面。“第一所是”的种和属之于其余的所有东西，正如“第一所是”之于所有其他的东西；因为其余的所有东西都谓述它们。（*ἔτι αἱ πρῶται οὐσίαι διὰ τὸ τοῖς ἄλλοις ἅπασιν ὑποκεῖσθαι κυριώτατα οὐσίαι λέγονται· ὡς δέ γε αἱ πρῶται οὐσίαι πρὸς τὰ ἄλλα πάντα ἔχουσιν, οὕτω τὰ εἴδη καὶ τὰ γένη τῶν πρώτων οὐσιῶν πρὸς τὰ λοιπὰ πάντα ἔχει· κατὰ τούτων γὰρ πάντα τὰ λοιπὰ κατηγορεῖται.*）《后分析篇》第一卷第 22 章，83a. 30：那些不意指“所是”的，必定谓述某一主词；并且一个东西如果不是异于白的东西，那它也不可能是白的。（*ὅσα δὲ μὴ οὐσίαν σημαίνει, δεῖ κατά τινος ὑποκειμένου κατηγορεῖσθαι, καὶ μὴ εἶναί τι λευκόν, ὃ οὐχ ἕτερόν τι ὂν λευκόν ἐστιν.*）参见《后分析篇》第一卷第 22 章，83b. 20。——作者

③ 《范畴篇》第 5 章，2b. 30：种和属可以被称为“第二所是”。（*τὰ εἴδη καὶ τὰ γένη δεύτεραι οὐσίαι λέγονται.*）第 5 章，2a. 15。——作者

们对于“第一所是”来说不是本质性的东西，而是仅仅作为各种偶性位于其身上[①]。但是，甚至后面这些范畴对“第一所是”的谓述

① 《范畴篇》第 5 章，3a. 15：此外，尽管没有什么可以阻止那些位于载体中的是者的名称有时可以谓述主词，但其逻各斯却绝不可能谓述主词。而“第二所是”的逻各斯和名称都能谓述主词；因为人的逻各斯能谓述某一个别的人，动物的逻各斯也同样如此。所以，凡位于载体中的东西都不是“所是”。（*ἔτι δὲ τῶν ἐν ὑποκειμένῳ ὄντων τὸ μὲν ὄνομα οὐδὲν κωλύει κατηγορεῖσθαί ποτε τοῦ ὑποκειμένου, τὸν δὲ λόγον ἀδύνατον· τῶν δὲ δευτέρων οὐσιῶν κατηγορεῖται καὶ ὁ λόγος κατὰ τοῦ ὑποκειμένου καὶ τοὔνομα· τὸν γὰρ τοῦ ἀνθρώπου λόγον κατὰ τοῦ τινὸς ἀνθρώπου κατηγορήσεις, καὶ τὸν τοῦ ζῴου ὡσαύτως. ὥστε οὐκ ἂν εἴη οὐσία τῶν ἐν ὑποκειμένῳ.*）参见《范畴篇》第 5 章，2a. 19：在这儿仅仅谈到了“有时可以谓述”（*κατηγορεῖσθαί ποτε*），即在个别情形下的一种谓述；在《范畴篇》第 5 章（2a. 27。）中他甚至否认所有的偶性能够谓述“第一所是”：但那些在一个载体中的东西，大多——无论其名称还是逻各斯——不能谓述主词。然而，有时也没有什么可以阻止其名称谓述主词——尽管逻各斯是不可能的。（*τῶν δ’ ἐν ὑποκειμένῳ ὄντων ἐπὶ μὲν τῶν πλείστων οὔτε τοὔνομα οὔτε ὁ λόγος κατηγορεῖται τοῦ ὑποκειμένου· ἐπ’ ἐνίων δὲ τοὔνομα μὲν οὐδὲν κωλύει κατηγορεῖσθαι τοῦ ὑποκειμένου, τὸν δὲ λόγον ἀδύνατον.*）这似乎同第 161 页注 2 所引的那些段落相冲突。但正如注家们经常解释的，这能够如下面这样加以理解：有着关于各种偶性的具体的和抽象的名称，例如，“善”（Tugend）和“善的”（tugendhaft），“大”（Größe）和“大的”（groß），等等，并且前者是出于后者的“派生者”（*παρώνωμα*，参见《范畴篇》第 1 章，1a. 11）；亚里士多德在这儿以并不严格的方式谈到了偶性的两个名称，仿佛在谈两个偶性似的。于是，自然大量的偶性根本不能谓述“所是”；因为我不能说“人是善”，而只能说“人是善的”。阿莫尼俄斯 *（Ammonius）还注意到，有着许多抽象的偶性之名称，对于它们无法建立起具体的形式，从而它们绝不能谓述“所是”，哪怕根据与之具有联系的派生者也不行。——作者

* 阿莫尼俄斯，即赫尔米亚的阿莫尼俄斯（*Ἀμμώνιος ὁ Ἑρμείου*, Ammonius Hermiae，公元 435/445—517/526），新柏拉图主义的亚历山大里亚学派的创立者，也是亚历山大里亚学派亚里士多德评注传统的奠基人。他写下了大量评注柏拉图和亚里士多德著作的作品，关于亚里士多德著作的评注保存下来的有《〈范畴篇〉评注》（*In Aristotelis Categorias Commentarius*）、《〈解释篇〉评注》（*In Aristotelis Librum de Interpretatione Commentarius*）、《〈前分析篇〉第 1 卷评注》（*In Aristotelis Analyticorum Priorum Commentaria*）、《珀尔菲琉斯〈导论〉评注》（*In Porphyrii Isagogen*）等。其学生几乎囊括了公元 6 世纪新柏拉图主义哲学家中所

依然是一种真正的和自然的谓述，而不是下面这类谓述（这类谓述偶然会出现），即“第一所是”占据了谓词的位置去谓述“第二所是”，或者某一“所是”占据了谓词的位置去谓述某一偶性。亚里士多德根本不想将判断的这种走样了的形式称为是在进行谓述[①]。

诸最高的属如何同时也是“第一所是”的最高谓词这一点就很清楚了，因为它们说到底就是最高的谓词、只有“是（者）”（*ὄν*）和“一”（*ἕν*），以及那些仅仅具有类比上的统一的东西，才

有最重要的人物：达马斯科俄斯（*Δαμάσκιος,* Damascius，约生于公元458年，死于公元538年后）、阿斯克勒皮俄斯（*Ἀσκληπιός,* Asclepius，大约死于公元560—570）、菲洛珀诺斯（*Φιλόπονος,* Philoponus，约公元490—570）、辛普里柯俄斯（*Σιμπλίκιος,* Simplicius，约公元490—560）、厄吕姆匹俄多洛斯（*Ὀλυμπιόδωρος,* Olympiodorus，约公元495/505—565）；这些人也都是新柏拉图主义中最重要的亚里士多德著作的评注者。——译者

① 《后分析篇》第一卷第22章，83a. 4：当我说白的东西是木头时，我的意思是那碰巧是白的东西是木头，而不是指白是木头的载体。……但当我说木头是白的时，不是指别的某个也碰巧是木头的东西是白的，……相反，木头就是载体，它变成了白的，并且就是作为某根木头，而不是作为别的某种东西。如果必须要制定规则，那就将后一种陈述称作是在进行谓述，而前一种陈述根本不是在进行谓述，或者不是严格地在进行陈述，仅仅是偶然地在进行陈述。因此，白是进行谓述的东西，而木头是它加以谓述的东西。让我们设定进行谓述的东西总是谓述那它加以谓述的东西，并且是在严格的意义上，而不是仅仅偶然地。因为各种证明就是这样才进行自己的证明的。（*ὅταν μὲν γὰρ τὸ λευκὸν εἶναι φῶ ξύλον, τότε λέγω ὅτι ᾧ συμβέβηκε λευκῷ εἶναι ξύλον ἐστίν, ἀλλ᾽ οὐχ ὡς τὸ ὑποκείμενον τῷ ξύλῳ τὸ λευκόν ἐστι· ...ὅταν δὲ τὸ ξύλον λευκὸν εἶναι φῶ, οὐχ ὅτι ἕτερόν τί ἐστι λευκόν, ἐκείνῳ δὲ συμβέβηκε ξύλῳ εἶναι, ...ἀλλὰ τὸ ξύλον ἐστὶ τὸ ὑποκείμενον, ὅπερ καὶ ἐγένετο, οὐχ ἕτερόν τι ὂν ἢ ὅπερ ξύλον ἢ ξύλον τί. εἰ δὴ δεῖ νομοθετῆσαι, ἔστω τὸ οὕτω λέγειν κατηγορεῖν, τὸ δ᾽ ἐκείνως ἤτοι μηδαμῶς κατηγορεῖν, ἢ κατηγορεῖν μὲν μὴ ἁπλῶς, κατὰ συμβεβηκὸς δὲ κατηγορεῖν. ἔστι δ᾽ ὡς μὲν τὸ λευκὸν τὸ κατηγορούμενον, ὡς δὲ τὸ ξύλον τὸ οὗ κατηγορεῖται. ὑποκείσθω δὴ τὸ κατηγορούμενον κατηγορεῖσθαι ἀεί, οὗ κατηγορεῖται, ἁπλῶς, ἀλλὰ μὴ κατὰ συμβεβηκός. οὕτω γὰρ αἱ ἀποδείξεις ἀποδεικνύουσιν.*）参见特伦德伦堡《范畴学说史》，第15页。——作者

能在同样不严格的意义上——它们在该意义上被称为“普遍者”（*κοινόν*）——被标示为一种更加普遍的谓词，例如，《论题篇》第五卷第6章（127a. 28）说“是者”（das Seiende）谓述一切，以及《形而上学》第十卷说“是者”（das Seiende）和“一”是最普遍的谓词①。反之，《前分析篇》第一卷在那更为严格的意义上说：“它们述说其他的东西，但没有任何能在先述说它们的其他东西。”②《形而上学》第三卷第3章将最高的属和最低的种如最高的谓词和最低的谓词那样加以对照③。

新近人们反复争论下面这一问题，那就是，应在何种意义上理解亚里士多德将之表示为诸最高的属的“范畴”（*κατηγορίαι*）这一名称。特伦德伦堡宣称④，它具有谓词这一含义，因为*κατηγορεῖν*——它原初意指“控诉”，在亚里士多德那儿作为固定术语标示在判断和句子（更严格地说指肯定的判断和句子）中的谓述。但另一些人反对这种观点。他们说，亚里士多德的意见不可能是范畴仅仅包含谓词，因为他将“所是”（*οὐσία*）确立为首要的和最重要的范畴，又将个体性的“所是”即“某个”（*τόδε τι*）标

① 《形而上学》第十卷第2章，1053b. 20：因为“是（者）”和“一”尤其最普遍地谓述一切。（*τὸ γὰρ ὂν καὶ τὸ ἓν καθόλου κατηγορεῖται μάλιστα πάντων.*）——作者

② 《前分析篇》第一卷第27章，43a. 29：它们谓述其他的东西，但其他的东西并不先行谓述它们。（*αὐτὰ μὲν κατ' ἄλλων κατηγορεῖται, κατὰ δὲ τούτων ἄλλα πρότερον οὐ κατηγορεῖται·*）——作者

③ 《形而上学》第三卷第3章，998b. 14：此外，如果各种属尤其是本源，那么，应当将各个首要的属视为本源呢，还是将那些在最下面谓述个体的视为本源？（*πρὸς δὲ τούτοις εἰ καὶ ὅτι μάλιστα ἀρχαὶ τὰ γένη εἰσί, πότερον δεῖ νομίζειν τὰ πρῶτα τῶν γενῶν ἀρχὰς ἢ τὰ ἔσχατα κατηγορούμενα ἐπὶ τῶν ἀτόμων;*）——作者

④ 《范畴学说史》，第6页。——作者

示为第一和真正的“所是”，从而在那些普遍的“所是”中，那越是接近个体的，越是显得配得上“所是”（οὐσία）之名[①]。但根据亚里士多德那明确的教导，这种个体的“所是”在一个正确编排出来的句子中绝不可能成为谓词[②]；如果偶尔发生了这样的事，那么，一种这样的谓述也不再真正配享谓述之名[③]。因此，如果亚里士多德在谓述的意义上从 κατηγορεῖν 那儿取来“范畴”（κατηγορίαι）这一名称，那么，他要么不恰当地给予了范畴一个名称——该名称恰恰不适合于它们当中最重要的那个，他要么从 κατηγορεῖν 那儿取来了根本不配享谓述这一名称的“范畴”（κατηγορία）之名称。基于这一理由，博尼茨在前面那已经多次加以引用了的论范畴的论文中将“范畴”（κατηγορία）这一名称径直解释为“陈述”，正如他从亚里士多德大量文本中所指出的，亚里士多德在这一更为宽泛的含义上使用该语词[④]。策勒尔在其《希腊哲学》第二版中在这

① 《范畴篇》第 5 章，2a. 11。见前，第 160 页，注 1。《范畴篇》第 5 章，2b. 21：于是，基于这一点种也比属更是“所是”。（ὥστε καὶ ἐκ τούτων τὸ εἶδος τοῦ γένους μᾶλλον οὐσία.）——作者

② 《范畴篇》第 2 章，1b. 3：有些既不在载体中，也不述说主词，如某个人或某匹马。（τὰ δὲ οὔτε ἐν ὑποκειμένῳ ἐστὶν οὔτε καθ' ὑποκειμένου λέγεται, οἷον ὁ τὶς ἄνθρωπος ἢ ὁ τὶς ἵππος.）《范畴篇》第 5 章，3a. 36：在“第一所是”中，没有任何一个是范畴，因为它们不述说任何主词。（ἀπὸ μὲν γὰρ τῆς πρώτης οὐσίας οὐδεμία ἐστὶ κατηγορία · κατ' οὐδενὸς γὰρ ὑποκειμένου λέγεται.）《前分析篇》第一卷第 27 章，43a. 25：《形而上学》第五卷第 7 章，1017a. 21：……或者由于其中一个自身就是它加以谓述的那个东西所属于的东西。（...ἢ ὅτι αὐτὸ ἔστιν ᾧ ὑπάρχει οὗ αὐτὸ κατηγορεῖται.）（即它是它的自然的谓词。参见博尼茨对这段话的注释。）——作者

③ 见前，第 163 页，注 1。——作者

④ 《王家科学院哲学-历史班会议报告》，X，5. 第 621 页。这些段落见《辩谬篇》第 31 章，181b. 27。《形而上学》第四卷第 2 章，1004a. 28。《形而上学》第七卷第 1 章，1028a. 28。——作者

一点上也同意他[①]。

但正如博尼茨合理地提请我们要加以注意的[②]，如果亚里士多德最初创制范畴这一名称是用以标示概念——“是者”（das Seiende）于其上被划分入范畴表，那么，恰恰更为可能的是，他心中持有更为原本的、更为一般的 κατηγορεῖν 之含义，即持有进行谓述这一含义。因此，我发现，甚至布兰迪斯早前如博尼茨一样对“范畴”（κατηγορία）这一名称加以解释之后[③]，他在最后出版的《亚里士多德学说概要》一书中寻求在更为严格、更为原本的意义上将“范畴”（κατηγορία）设为基础的一种可能性[④]。在我们看来，这能够毫无任何困难地进行；因为，即使不是所有包含在范畴之下的都能够成为谓词——我们后面会加以谈论，但诸范畴自身无论怎样都是谓词，后一点绝不会为前一点所妨碍。由此也不会得出：正如我们在前面已经看到的，诸范畴是属（γένη），是最高的属（πρῶτα γένη），于是所有包含于其中的东西也必定是最高的属——这肯定是可笑的。因此，诸范畴自身无疑能够是谓词，并且它们超乎所有其他概念而具有这种能力；因为，无论是个体、种或者属，没有什么会不能够成为它们中的这个或那个的主词，然而却不可能替它们找到一个比它们还高的谓词。是否这就是它们为何获得“范畴”（κατηγορίαι）这一名称的唯一

① 《希腊哲学》，Ⅱ，2. 第 187 页，注 1。——作者

② 《王家科学院哲学-历史班会议报告》，Ⅹ，5. 第 612 页。——作者

③ 《希腊-罗马哲学》，Ⅱ，2，1，第 376 页。——作者

④ 《希腊-罗马哲学》，Ⅲ，1，第 39 页。“‘所是’就下面这点而言最能被视为谓词，那就是，通过它质料的无规定性获得了规定。”——作者

理由[1]，后面会加以指出。眼前我们致力于指出，它们是所有“是者”（das Seiende）的最高属，由此也是那奠基着所有其他“是”（Sein）的“第一所是”的最高谓词。

我们说：

§6. V. 诸范畴根据其同“第一所是”之关系的不同而区别开来

正如我们在前面已经看到的，所有共同具有某一名称的事物，或者是因为仅仅偶然地有名称上的相同，即作为“偶然的同名异义者”（*ὁμώνυμα ἀπὸ τύχης*）；或者是因为它们共同地分有某一概念，从而也分有标示该概念的名称，即作为“同名同义者”（*συνώνυμα*）；最后，或者是因为位于在区别中的某种本质上的亲缘性，即作为“类比上的同名异义者”（*ὁμώνυμα κατ' ἀναλογίαν*）。

① 古代评注者已经反复强调了这一点。菲洛珀诺斯（Philoponus）说（见《亚里士多德著作的注释》39a. 16）：既然这十个最普遍的语词只能是进行谓述的东西，而不能是主词，因此他称它们为范畴。（*ἐπειδὴ τοίνυν αἱ δέκα φωναὶ τῶν γενικωτάτων εἰσὶ καὶ μόνως κατηγοροῦνται μηδενὶ ὑποκείμεναι, διὰ τοῦτο Κατηγορίας ἐπέγραψεν.*）同样，在《亚里士多德著作的注释》（31a. 6）中这样论及范畴：范畴并不指审判中的控诉，而是指最普遍的东西，因为它们总是进行谓述，而从不作为主词。（*κατηγορίας λέγων οὐ τὰς ἐπ' ἐγκλήμασι δίκας ἀλλὰ τὰ γενικώτατα ὡς ἀεὶ κατηγορούμενα καὶ μηδέποτε ὑποκείμενα.*）特伦德伦堡在《论范畴》（*De categoriis*）中加以引用的阿弗洛狄西亚的亚历山大也持同样的观点。在近代的注家中，普伦德尔在其《逻辑学史》Ⅰ，第 198 页中说：“最普遍的属上的谓词就是范畴，即属上的规定，它们不再被视为更高谓词的主词，而是谓述性地把规定陈述为某一普遍进行包含的东西。”——作者

于是，正如就具有某种“一”来说，“同名异义者”不同于“类比者”，“类比者”复又不同于“同名同义者”，同样，基于对它们各自所包含的那些概念所进行的进一步划分也自然必定是不同的，要么是以“同名异义”的方式，要么是以“类比”的方式，要么是以“同名同义”的方式。在“同名异义者”和“同名同义者”那儿，这种划分如何得以进行的方式是清楚的。因为前者显然根据偶然地被相同名称所联系起来的各种表象间的差异而划分；如“Ball”这一名称，既被赋予给众所周知的儿童“玩具”，也被赋予给“舞会”。而“同名同义者”则根据种差之不同被加以划分，正是通过种差，它们被进一步收缩为这个或那个种；例如，“动物”能够被分为两足的和四足的，等等。但对于那些“类比者”而言会是怎样的呢？对于它们来说进行划分的方式是哪种呢？该方式既与它们所独特的那种不完满的统一相应——但这种统一又多于单纯名称上的相同，也与它们在“同名异义者”和“同名同义者”之间的那种中间位置相应。

我们已经认识了类比的谓词的两种方式，即相似性或比例关系上的类比，以及关乎同一端点的类比。正如亚里士多德有时把前者算作完整意义上的同名异义的谓词[①]，我在这儿也不能确定，在这两种方式之间，就对它们所包含的事物的划分来说，我们会给出什么样的本质上的不同。因为通过相似性而是“一”的东西，真正和绝对地讲，是有区别的，它们仅仅根据比例关系是同一的。因此，如果我单纯注意概念间的差异——这些概念作为质料形成了这种质上

① 见前，第151页，注1。——作者

的比例关系的不同部分，那么，我就会很容易根据其不同的含义找到相同名称之间的区别，这同样适用于纯粹的同名异义者，例如，我能轻易找到动物的灵魂与一个企业的灵魂之间的区别，等等。

但在关乎同一端点的类比者那儿的那种关系，则完全不同。这种类比者即使不是“根据‘一’”（καθ᾽ ἕν），实际上也是“关乎‘一’和关乎某一本性”（πρὸς ἓν καὶ μίαν τινά φύσιν）。这种“一”（ἕν）是一种真实的统一，它在概念和本质上的确是“一”；因此，我们能够将这种类比者定义为下面这种东西：它们就端点而言是同一的，它们仅仅在与该端点发生关系的方式上是不同的。由此划分它们的方法也就直接得出了；因为我们显然就是根据它们与同一端点发生关系的不同方式来划分它们的。看看前面亚里士多德所给出的那些例子，足以澄清这一点。

正如我们所看到的，“是（者）”（ὄν）不仅根据比例关系之类比谓述各个最高的属，而且也根据关乎同一端点之类比——这是亚里士多德尤其强调的，谓述各个最高的属；因此，必须根据与同一端点的关系之不同方式将之加以划分。但该端点就是那因之所有的东西方才被称作“是着”（seind）的那个“是”（Sein），即在首要和最真正意义上的“是者”（das Seiende）。正如我们已经发现的，最真正的和先于所有其他一切的是者（das Seiende）是“所是”（οὐσία），而第一和最真正的“所是”（οὐσία）是“第一所是”（πρώτη οὐσία），即个体性的“所是”①；所有其他是着的东西，之所

① 《形而上学》第七卷第 3 章，1029a. 1：因为原初的载体似乎最是“所是”。（μάλιστα γὰρ δοκεῖ εἶναι οὐσία τὸ ὑποκείμενον πρῶτον.）——作者

以是着，那是因为无论怎样都在它那儿可被找到[①]。因此，我们在这儿拥有了对于所有的“是者”（das Seiende）来说都是端点的那个端点——无论是者也可能属于哪个范畴[②]；并且我们不得不根据它们与这一端点的关系之不同方式，即根据它们与“第一所是”的不同关系而将一种是者同另一是者相区分，不得不对诸最高的“是之概念”（die Seinsbegriffe），即诸范畴之间的差异加以规定。

我们以这种方式，即根据关乎同一端点的这种类比之独特的本性所得出的范畴之间的差别，也能够以另外的方法得出。在这儿我们以下面这一事实作为前提，那就是：诸范畴虽然是不同的，但又都是彼此具有亲缘关系的“是者之诸含义”（Bedeutungen des Seienden），我们在第三和第四节对之已经有所了解。我们现在希望基于作为最高属的范畴之概念而达到相同的结论，我们的出发点是亚里士多德关于属和种差同质料和形式之间的关系的教导。下面这些是亚里士多德一再加以表达的观点：只有在一个事

① 参见前面，第 152 页，以及那儿的注 1、2 所引的那些段落，以及第 161 页，注 2。——作者

② 因此，《形而上学》第四卷第 2 章（1003b. 9：）称其余的范畴为“那些关乎‘所是’而被说的东西”（*τὰ πρὸς τὴν οὐσίαν λεγόμενα*）《形而上学》第七卷第 1 章（1028a. 25）说：这些东西（诸偶性之具体形式）之所以尤其显现为“是者”，乃是因为有着某种躺在它们下面的确定的东西，那就是暗含在这类范畴中的“所是”，即个体；因为如果没有它，也就绝不会说出善或坐。显然正是由于它，方才有其他的范畴。（*ταῦτα δὲ (die concreten Formen der Accidenzien) μᾶλλον φαίνεται ὄντα, διότι ἔστι τι τὸ ὑποκείμενον αὐτοῖς ὡρισμένον. τοῦτο δ' ἐστὶν ἡ οὐσία καὶ τὸ καθ' ἕκαστον, ὅπερ ἐμφαίνεται ἐν τῇ κατηγορίᾳ τῇ τοιαύτῃ. τὸ ἀγαθὸν γὰρ ἢ τὸ καθήμενον οὐκ ἄνευ τούτου λέγεται. δῆλον οὖν ὅτι διὰ ταύτην κἀκείνων ἕκαστον ἔστιν.*）因而《范畴篇》第 5 章（2b. 5）说：如果没有“第一所是”，那么也就不可能有任何其他的东西。（*μὴ οὐσῶν οὖν τῶν πρώτων οὐσιῶν ἀδύνατον τῶν ἄλλων τι εἶναι.*）——作者

物由质料和形式所构成的地方，才能给出一个由属和种差所形成的定义[①]；在那儿就会出现属、种和种差在比例上等于质料、形式和组合物[②]。因此，属类似于质料，并从质料那儿取得[③]。那根据最

① 《形而上学》第八卷第3章，1043b. 28：因此，有的“所是”是能够加以定义和规定的，例如复合的所是——无论它是可感的，还是可思的。但它由之所出的那些原初的东西则不再是可定义和规定的，因为在定义上的那种规定是用某物说某物，这必然意味着一个是质料，一个是形式。（*ὥστ' οὐσίας ἔστι μὲν ἧς ἐνδέχεται εἶναι ὅρον καὶ λόγον, οἷον τῆς συνθέτου, ἐάν τε αἰσθητὴ ἐάν τε νοητὴ ᾖ. ἐξ ὧν δ' αὕτη πρώτων, οὐκέτι, εἴπερ τὶ κατὰ τινὸς σημαίνει ὁ λόγος ὁ ὁριστικὸς καὶ δεῖ τὸ μὲν ὥσπερ ὕλην εἶναι τὸ δὲ ὡς μορφήν.*）——作者

② 《形而上学》第八卷第6章，1045a. 20：显然如他们（柏拉图主义者）惯常所定义和说的那样进行，根本不能解释和解决该困难（即关于定义和数字，“一”的原因是什么？同上，1045a. 8。）。但如果如我们所说，其中一个是质料，另一个是形式；一个是潜能，另一个是现实，那么，我们所寻求的就不再显得是困难的了。困难同下面这一点是相同的，那就是，如果披风的定义是“圆形的铜”，那该作何理解。因为，既然该名称是定义的标志，那所寻求的就是什么是“圆”和“铜”成为“一”的原因。该困难似乎消失了，因为一个是质料，一个是形式。（*φανερὸν δὴ ὅτι οὕτω μὲν μετιοῦσιν ὡς εἰώθασιν*（die Platoniker）*ὁρίζεσθαι καὶ λέγειν, οὐκ ἐνδέχεται ἀποδοῦναι καὶ λῦσαι τὴν ἀπορίαν*（nämlich *περί τε τοὺς ὁρισμοὺς καὶ περὶ τοὺς ἀριθμούς, τί αἴτιον τοῦ ἓν εἶναι; ibid. a，8.*）. *εἰ δ' ἐστίν, ὥσπερ λέγομεν, τὸ μὲν ὕλη τὸ δὲ μορφή, καὶ τὸ μὲν δυνάμει τὸ δὲ ἐνεργείᾳ, οὐκέτι ἀπορία δόξειεν ἂν εἶναι τὸ ζητούμενον. ἔστι γὰρ αὕτη ἡ ἀπορία ἡ αὐτὴ κἂν εἰ ὁ ὅρος εἴη ἱματίου στρογγύλος χαλκός. εἴη γὰρ ἂν σημεῖον τοὔνομα τοῦτο τοῦ λόγου, ὥστε τὸ ζητούμενόν ἐστι τί αἴτιον τοῦ ἓν εἶναι τὸ στρογγύλον καὶ τὸν χαλκόν. οὐκέτι δὴ ἀπορία φαίνεται, ὅτι τὸ μὲν ὕλη τὸ δὲ μορφή.*）参见《形而上学》第七卷第12章，1037b. 8。《论动物的器官》第一卷第3章，643a. 24：种是种差和质料的结合。（*ἔστι δ' ἡ διαφορὰ τὸ εἶδος ἐν τῇ ὕλῃ.*）参见前面关于“思”（Denken）和“是”（Sein）的一致性，第49页。——作者

“种是种差和质料的结合。”（*ἔστι δ' ἡ διαφορὰ τὸ εἶδος ἐν τῇ ὕλῃ.*）这句话直译当为：“种是位于质料中的种差”。——译者

③ 《形而上学》第五卷第28章，1024b. 6：因此，属在以上这么多的含义上被说，即要么指同一形式的连续生成，要么指类似于第一推动者的东西，要么指质料。（*τὸ μὲν οὖν γένος τοσαυταχῶς λέγεται, τὸ μὲν κατὰ γένεσιν συνεχῆ τοῦ αὐτοῦ εἴδους, τὸ*

高属而区分的东西，不可能通过形式上的区分而彼此区分开，而是只能根据其质料，作为质料，其中一个的质料必定不同于另一个的质料。因此，我们在前面，即在从《形而上学》第十四卷所引的那段话中，已经听到，每一范畴都假定了关于能力的一种独特的规定和方式，即假定了一种独特的“在潜能上的‘是者’”（δυνάμει ὄν）①。如果我们单单注意“所是”范畴同偶性上的范畴之间的区别，那这一眼就能看穿。“所是”的质料也就是所谓的“原始质料”（πρώτη ὕλη）②——它奠基着“所是”上的形式，而诸偶性则要求由这两者组合而成的“所是”作为载体③。但人们或许会认为，既然偶性上的诸范畴全都奠基在“所是”之上，那它们实际上不会根据质料而彼此有别。但如果真是这样，那我们将仅仅有两个

δὲ κατὰ τὸ πρῶτον κινῆσαν ὁμοειδές, τὸ δ᾽ ὡς ὕλη.）《形而上学》第十卷第 8 章，1058a. 23：属是它被称之为其属的那种东西的质料，但不是指赫拉克勒斯家族那样的东西，而是指那位于本性中的东西。（τὸ δὲ γένος ὕλη οὗ λέγεται γένος, μὴ ὡς τὸ τῶν Ἡρακλειδῶν, ἀλλ᾽ ὡς τὸ ἐν τῇ φύσει.）见前面的注。——作者

① 见前，第 82 页，注 2。《形而上学》第十四卷第 2 章，1089b. 27：也说：但对于每一属来说，都必定有着某种质料，但它不能同“所是”相分离。（καίτοι δεῖ γέ τινα εἶναι ὕλην ἑκάστῳ γένει· πλὴν χωριστὴν ἀδύνατον τῶν οὐσιῶν.）

② 《形而上学》第五卷第 4 章，1015a. 7 以及别的一些地方。——作者

③ 《形而上学》第七卷第 3 章，1029a. 20：我所说的质料，指那自身既不被称作“某个”，也不被称作“量”，也不被称作“是（者）”由之得以规定的任何其他范畴。因为有着某种东西，这些范畴中的每一个都谓述它，它的“是”不同于每一范畴的“是”。因为其他的范畴都谓述“所是”，而“所是”谓述质料。因此，最下面的东西自身既不是“某个”，也不是“量”，也不是任何别的东西。（λέγω δ᾽ ὕλην ἣ καθ᾽ αὑτὴν μήτε τὶ μήτε ποσὸν μήτε ἄλλο μηδὲν λέγεται οἷς ὥρισται τὸ ὄν. ἔστι γάρ τι καθ᾽ οὗ κατηγορεῖται τούτων ἕκαστον, ᾧ τὸ εἶναι ἕτερον καὶ τῶν κατηγοριῶν ἑκάστῃ· τὰ μὲν γὰρ ἄλλα τῆς οὐσίας κατηγορεῖται, αὕτη δὲ τῆς ὕλης. ὥστε τὸ ἔσχατον καθ᾽ αὑτὸ οὔτε τὶ οὔτε ποσὸν οὔτε ἄλλο οὐδέν ἐστιν.）——作者

最高的属，即“所是”和偶性，并且后者对于所有偶性上的“是”（Sein）来说是一种同名同义的普遍概念。但“所是”之所以是着，并不是就它实际上是“所是”来说的，而是就它对于偶性上的形式而言是潜能来说的，即就它是诸偶性的质料来说的[①]；“所是”作为“所是”，无论怎样都能够是同一的，但只要它作为诸偶性的载体而是一种不同的东西，那么，诸偶性就将具有不同的质料。当然，正如由于诸形式之种差，“所是”上的质料就不同的“所是”上的形式来说能够被称作是不同的东西，同样，如果“所是”上的质料是一种不同的东西，那么，质料间的这种差别也位于同一属中；因此，这是不充分的。相反，质料作为质料必定是不同的，也即是说，质料和形式，“潜能”（*δύναμις*）和“现实”（*ἐνέργεια*）之间的整个关系必定是不同的。载体必定不仅仅是不同形式的载体，而且必定在不同的方式上是载体；形式必定不仅仅是不同的形式，而且必定是一种以不同方式被接纳入载体中的形式，必定是一种以不同方式对载体施以影响的形式。因此，如果它是作为载体奠基着所有偶性的“第一所是”，那下面这一点就是清楚的：诸偶性的各个最高的属，每一个都必定显示出了一种不同的内在之方式，显示出了对于“第一所是”的一种独特关系；根据它们同“第一所是”的不同关系，不仅“所是”和偶性不同，而且偶性上的诸范畴彼此间也不同。

因此，我们以完全不同的方法抵达了相同目标，我们在这儿也惊异于整个亚里士多德思想体系的内在统一性具有如此高的程

---

① 见前，第四章，§2。——作者

度。下面各节将再三致力于确证这儿已经讨论过的东西，确证那已经向我们显现出来了的亚里士多德的范畴表之真正的原则。亚里士多德在《前分析篇》第一卷第 37 章中以下面的方式清楚地表明了这一点：“多少种不同的‘这’存在于‘那’之中，也就有多少种不同的范畴，”（*τὸ δ' ὑπάρχειν τόδε τῷδε...τοσαυταχῶς ληπτέον ὁσαχῶς αἱ κατηγορίαι διῄρηνται.*）[①] 我们能够将这个句子改为：“有多少种范畴，也就有多少事物存在于其载体中的方式。”（*αἱ κατηγορίαι διῄρηνται τοσαυταχῶς, ὁσαχῶς τὸ δ' τόδε τῷδε ὑπάρχει.*）也即是说，它们与那是所有“是”（Sein）之最后载体的“第一所是”相关的方式。

我们说：

§7. Ⅵ. 诸范畴根据谓述的不同方式而区别开来

我们在前面已经讨论了在真正的意义上应将 *κατηγορεῖν* 理解为什么。如果某一“种”谓述它的“属”，或者某一“所是”谓述它的偶性，那么，这种谓述活动并不属于真正的谓述类型，各种真正的谓述乃是我们这儿所讲的，即我们所说的，范畴之间的差异同谓述方式之间的差异相应。

上一节已经指出，诸范畴根据它们与“第一所是”的关系之不同而彼此区别开来，也即根据它们存在于“第一所是”中的不

① 《前分析篇》第一卷第 37 章，49a. 6。——作者

同方式而相互区别，而“第一所是”却不位于其他任何东西之中，它“自在自为地存在”（an und für sich existirt）[①]，但其他所有的事物在它那儿方才有其存在。那属于不同范畴的东西，以不同的方式存在于“第一所是”中；反之，所有属于同一范畴的东西，以相同的方式，即以作为最高属的范畴已经规定了的那种方式位于“第一所是”中。普遍概念的同名同义将会被每一种偏离所取消，最高的属将会实际上并不是属；相反，如果各个不同的概念的确没有根据质料而包含着某种差异，那它们自身将必定被视为各个最高的属。由此立马就会得出，范畴的数目和差别等于某物谓述“第一所是”的方式之数目和差别。因为某物如何存在于“第一所是”中，它也就如何述说“第一所是”；因为谓述（在真正的意义上）说的就是谓词无论怎样都位于主词中，要么如某一“属”位于“种”中，要么如某一“种”位于个体中，要么如某一偶性位于其“所是”中。

从前面所说的还会进一步得出，一般（真正的）谓述方式之差异，相应于诸范畴之差异。诚然，事物也会在真正的方式上谓述“第二所是”，例如，会这样说人，他是有理性的，他是一个躯体，他是漂亮的、大的、白的，等等；但凡是能述说他的，也

① 《后分析篇》第一卷第 4 章，73b. 5：此外，（在其自身）还指不述说其他某个主词的东西，例如，某个正在走的东西不同于走，某个白的东西也不同于白；而“所是”以及所有意指“某个”的，绝非是别的某个东西方才是它所是的。因此，我将那不述说主词的东西称为“在其自身”的东西，将那述说主词的东西称为偶性。（*ἔτι ὃ μὴ καθ' ὑποκειμένου λέγεται ἄλλου τινός, οἷον τὸ βαδίζον ἕτερόν τι ὂν βαδίζον ἐστὶ καὶ τὸ λευκὸν, ἡ δ' οὐσία, καὶ ὅσα τόδε τι σημαίνει, οὐχ ἕτερόν τι ὄντα ἐστὶν ὅπερ ἐστίν. τὰ μὲν δὴ μὴ καθ' ὑποκειμένου καθ' αὑτὰ λέγω, τὰ δὲ καθ' ὑποκειμένου συμβεβηκότα.*）——作者

都能述说某一“个体所是”，也即能述说某一个体的人，如苏格拉底、柏拉图，以及别的，等等。因此，这儿并没有一种除了我们据之区分出诸范畴的那些谓述方式之外的还要加以引入的新的谓述方式。在某一偶性谓述另一偶性的地方，我们也无需引入某种新的谓述方式。因为正如亚里士多德在《后分析篇》第一卷第22章中所宣称的，没有哪个偶性是另一偶性的载体[①]，并且也不会出现一个是另一个的质，而另一个复又是前一个的质，从而是质的质[②]。因此，只可能出现普遍的偶性谓述个体性的或者较少普遍性的偶性，因为它属于后者的本质，例如，颜色谓述白，形状谓述三角形，等等[③]。但这儿在主词和谓词之间的关系是哪样的呢？显然是实在上的同一之关系，其中一个属于另一个的本质。因此，甚至在这儿也无需认为有某种新的谓述方式；因为正如偶性上的普遍与个体的偶性相一致，同样，“第二所是”与“第一所是”相一致，于它们那儿我们已经观察到完全同样的关系和完全同样的谓述方式。因此，同样的疑问词可以适用于不同的陈述句。我们问，白是什么？——它是颜色。亚里士多德是什么？——他是人、

---

① 《后分析篇》第一卷第22章，83b. 20：我们说，它们全都谓述载体，而偶性绝不是某种载体。（*ταῦτα δὲ πάντα καθ᾽ ὑποκειμένου τινὸς κατηγορεῖσθαί φαμεν, τὸ δὲ συμβεβηκὸς οὐκ εἶναι ὑποκείμενόν τι.*）——作者

② 《后分析篇》第一卷第22章，83a. 36：如果A是B的质，那么，B就不可能是A的质，即不可能是质的质。（*μὴ ἔστι τόδε τοῦδε ποιότης κἀκεῖνο τούτου, μηδὲ ποιότητος ποιότης.*）——作者

③ 《范畴篇》第2章，1a. 29：有些既述说主词，也在载体中，如知识在某种载体中，即在灵魂中，它也述说某种主词，即述说文法。（*τὰ δὲ καθ᾽ ὑποκειμένου τε λέγεται καὶ ἐν ὑποκειμένῳ ἐστίν, οἷον ἡ ἐπιστήμη ἐν ὑποκειμένῳ μέν ἐστι τῇ ψυχῇ, καθ᾽ ὑποκειμένου δὲ λέγεται τῆς γραμματικῆς.*）——作者

“所是”，等等[①]。

因此，当一个东西在真正的方式上谓述另一个东西时（《后分析篇》第一卷第 22 章，83a. 22[②]），谓述方式的差异就是范畴划分上的差异；从而亚里士多德能够正当地说：“是”（Sein）有多少种

---

① 《论题篇》第一卷第 9 章，103b. 27：由此下面这一点也就是显而易见的，那就是：那揭示事物是什么的人，有时揭示的是“所是”，有时揭示的是“量”，有时揭示的是“质”，有时揭示的是其他范畴中的某一个。因为当面对一个出现在那儿的人时，他说出现在那儿的是人或是动物，他说出了那东西“是什么”，并且所揭示的是“所是”。而当面对出现的是一种白的颜色时，他说出现在那儿的东西是白或是颜色，他说出了那东西“是什么”，并且所揭示的是“质”。同样，如果出现在那儿的是一肘长的量度时，他说出现在那儿的东西是一肘长或是量度，他说出了那东西“是什么”，并且所揭示的是“量”。其他的情形也同样如此。（*δῆλον δ' ἐξ αὐτῶν ὅτι ὁ τὸ τί ἐστι σημαίνων ὁτὲ μὲν οὐσίαν σημαίνει, ὁτὲ δὲ ποσόν, ὁτὲ δὲ ποιόν, ὁτὲ δὲ τῶν ἄλλων τινὰ κατηγοριῶν. ὅταν μὲν γὰρ ἐκκειμένου ἀνθρώπου φῇ τὸ ἐκκείμενον ἄνθρωπον εἶναι ἢ ζῷον, τί ἐστι λέγει καὶ οὐσίαν σημαίνει· ὅταν δὲ χρώματος λευκοῦ ἐκκειμένου φῇ τὸ ἐκκείμενον λευκὸν εἶναι ἢ χρῶμα, τί ἐστι λέγει καὶ ποιὸν σημαίνει. ὁμοίως δὲ καὶ ἐὰν πηχυαίου μεγέθους ἐκκειμένου φῇ τὸ ἐκκείμενον πηχυαῖον εἶναι μέγεθος, τί ἐστι λέγει καὶ ποσὸν σημαίνει. ὁμοίως δὲ καὶ ἐπὶ τῶν ἄλλων· ἕκαστον γὰρ τῶν τοιούτων, ἐάν τε αὐτὸ περὶ αὑτοῦ λέγηται ἐάν τε τὸ γένος περὶ τούτου, τί ἐστι σημαίνει· ὅταν δὲ περὶ ἑτέρου, οὐ τί ἐστι σημαίνει ἀλλὰ ποσὸν ἢ ποιὸν ἤ τινα τῶν ἄλλων κατηγοριῶν.*）《形而上学》第七卷第 1 章，1028a. 36：当我们认识了“是什么”，如认识了人“是什么”或火“是什么”，而不是仅仅认识了它们的“质”或“量”或“地点”等时，我们认为我们最为认识了每一个东西。因为只有当我们认识了量或质等“是什么”时，我们也才认识了这类东西中的每一个。（*καὶ εἰδέναι δὲ τότ' οἰόμεθα ἕκαστον μάλιστα, ὅταν τί ἐστιν ὁ ἄνθρωπος γνῶμεν ἢ τὸ πῦρ, μᾶλλον ἢ τὸ ποιὸν ἢ τὸ ποσὸν ἢ τὸ πού, ἐπεὶ καὶ αὐτῶν τούτων τότε ἕκαστον ἴσμεν, ὅταν τί ἐστι τὸ ποσὸν ἢ τὸ ποιὸν γνῶμεν.*）参见《形而上学》第七卷第 4 章，1030a. 22。——作者

② 《后分析篇》第一卷第 22 章，83a. 22：因此，当一个东西谓述另一个东西时，它要么在“是什么”上进行谓述，要么在“质”、“量”、“相对物”、“行动”、“遭受”、“地点”或“时间”上进行谓述。（*ὥστε ἢ ἐν τῷ τί ἐστιν ἢ ὅτι ποιὸν ἢ ποσὸν ἢ πρός τι ἢ ποιοῦν τι ἢ πάσχον ἢ ποὺ ἢ ποτέ, ὅταν ἓν καθ' ἑνὸς κατηγορηθῇ.*）——译者

含义，也就有多少种一个东西谓述另一个东西的方式，也即是说，“是者”（das Seiende）以多少种方式分解，最高的属必定以多少种方式被划分[①]。因此，他在前面从《前分析篇》中所引用的段落中也说：“这个在那个之中，以及这个真实地述说那个，必定以多重方式加以把握，其方式如诸范畴得以被区分的那些方式一样多。”[②]

但是，我们还得注意，我们的主张究竟是什么；我们并未说诸范畴就是“谓述的诸类型”，相反，我们在前面已经驳斥了这种看法（见前，第 124 页）。即使“谓述的诸类型”或许也能被称作范畴（*κατηγορίαι*），那它们也不是在我们所讨论的含义上的范畴，即不是在事物的最高属以及“是者”的不同含义这种含义上的范畴。由于这种看法导致了各种冲突（如范畴将不是概念，等等），我们在前面已经加以了摒弃；还有，那将导致所有的偶性就它们能够述说同一范畴中的诸偶性这点而言（无论是自己述说自己本身，还是较高的述说较低的）无疑也将属于“所是”范畴。因此，我们不可能接受这种情况。然而，我们将下面这点坚持为亚里士

---

① 《形而上学》第五卷第 7 章，1017a. 22：所谓在其自身而是，其含义与范畴的诸样式所意指的一样多；因为范畴的诸样式有多少种述说，“是”也就有多少种意指。在诸进行谓述的东西中，有的意指“是什么”，有的意指“质”，有的意指“量”，有的意指“相对物”，有的意指“行动”，有的意指“遭受”，有的意指“地点”，有的意指“时间”；它们中的每一个与“是”的一种意指相应……。（*καθ’ αὑτὰ δὲ εἶναι λέγεται ὅσαπερ σημαίνει τὰ σχήματα τῆς κατηγορίας· ὁσαχῶς γὰρ λέγεται, τοσαυταχῶς τὸ εἶναι σημαίνει. ἐπεὶ οὖν τῶν κατηγορουμένων τὰ μὲν τί ἐστι σημαίνει, τὰ δὲ ποιόν, τὰ δὲ ποσόν, τὰ δὲ πρός τι, τὰ δὲ ποιεῖν ἢ πάσχειν, τὰ δὲ πού, τὰ δὲ ποτέ, ἑκάστῳ τούτων τὸ εἶναι ταὐτὸ σημαίνει. κ. τ. λ.*）——作者

② 《前分析篇》第一卷第 37 章，49a. 6：这个属于那个，以及这个真实地述说那个，其方式有多少，范畴也就有多少。（*τὸ δ’ ὑπάρχειν τόδε τῷδε καὶ τὸ ἀληθεύεσθαι τόδε κατὰ τοῦδε τοσαυταχῶς ληπτέον ὁσαχῶς αἱ κατηγορίαι διῄρηνται.*）——作者

多德所持的看法，那就是：最高属的数目和区别同谓述类型的数目和区别相应，因为所有的范畴都述说“第一所是”，并且每一个范畴都根据一种独特的谓述方式述说“第一所是”，这样一来，所有可能的谓述方式都被表现了出来；还因为就在谓述方式的这种独特性中，每一范畴同“第一所是”的那种特殊关系，以及由此而来的每一范畴的特殊之“是”（Sein），都找到了最清楚的表达。

现在，既然发问的不同方式相应于陈述的不同方式，因此我们就能够说，不仅陈述的不同方式标画着在对诸范畴进行划分时的区别，而且发问的不同方式同样如此。因此，我们完全同意布兰迪斯的意见，因为他说：“范畴表完整地整理了我们为了将每一对象接纳进思维中而不得不加以采用的那些一般发问。”[①]

为了防范任何的误解以及考虑到关于范畴所涉及的每一观点，我们将我们所说的简要总结如下：

于亚里士多德那儿我们能够就三重意义来说十（也许真的可能是八）范畴：（1）诸范畴乃是“第一所是”的最普遍的谓词[②]。（2）诸范畴是一系列能够谓述“第一所是”的事物，这些事物各自隶属于某一最高的属，并且以与该属相同的方式述说“第一所

---

① 《希腊-罗马哲学》，Ⅱ，2，1，第394页。也参见尤里乌斯·帕基乌斯（Julius Pacius）可能完全正确加翻译了的《后分析篇》第一卷第22章，83a. 21：因此，它或者在发问中意指“是什么”，或者因为它是“质”或“量”等等。（itaque attribuitur vel in quaestione quid est, vel quia est quale aut quantum etc.）——作者

尤里乌斯·帕基乌斯（Julius Pacius, 1550—1636），意大利著名的亚里士多德研究学者和法学家，他所编订的亚里士多德《工具论》在16、17世纪的欧洲影响极大。——译者

② 特伦德伦堡，《范畴学说史》，第209页，以及在别处经常所讲到的：“它们是最普遍的谓词。”——作者

是”[①]。这层意义与前一层意义如下面这样有关联，例如，“人类这个概念”（der Begrifff des Menschengeschlechts）——如果我将之理解为所有个体人的总和，同在其定义中所表达出来的“人这个概念”（der Begriff des Menschen）相关联。（3）我们能够将亚里士多德的十（或八）范畴说成是他所区分出来的一个词项述说另一个词项（《后分析篇》第一卷第22章，83a. 22[②]）以及以真正的方式（*ἁπλῶς*,《后分析篇》第一卷第22章，83a. 20[③]）进行述说的多种谓述类型。这样就区分出了本质上的谓述之类型、量上的谓述之类型、质上的谓述之类型，等等[④]。如果在同一范畴内一个东西谓述“所是”，就会生起第一层意义；如果某一属于相应的偶性上的范畴的东西谓述“所是”，则生起另外两层意义。前者很可能从在这后一种含义上的范畴那儿获得“范畴”这一名称的。

我们必须首先和主要地加以讨论的范畴，依然是在第一层意义上被提及的范畴。而它们自身复又被亚里士多德从三方面加思

① 策勒尔，《希腊哲学》，Ⅱ，2. 第189页，注1。“诸范畴自身并不直接就是谓词，它们仅仅为各个确定的谓词标示出场所。”——作者

② 《后分析篇》第一卷第22章，83a. 22：因此，当一个东西谓述另一个东西时，它要么在“是什么”上进行谓述，要么在“质”、“量”、“相对物”、“行动”、“遭受”、“地点”或“时间”上进行谓述。（*ὥστε ἢ ἐν τῷ τί ἐστιν ἢ ὅτι ποιὸν ἢ ποσὸν ἢ πρός τι ἢ ποιοῦν τι ἢ πάσχον ἢ ποὺ ἢ ποτέ, ὅταν ἓν καθ᾽ ἑνὸς κατηγορηθῇ.*）——译者

③ 《后分析篇》第一卷第22章，83a. 18—21：我设定谓词总是真正地而不是偶然地谓述它要加以谓述的东西。因为只有这样各种论证才得以展开论证。（*ὑποκείσθω δὴ τὸ κατηγορούμενον κατηγορεῖσθαι ἀεί, οὗ κατηγορεῖται, ἁπλῶς, ἀλλὰ μὴ κατὰ συμβεβηκός· οὕτω γὰρ αἱ ἀποδείξεις ἀποδεικνύουσιν.*）——译者

④ 布兰迪斯，《希腊-罗马哲学》，Ⅱ，2，1，第394页。“它们是陈述之普遍的形式或属，这些形式或属是从复合句中拆分和析解出来的。”（《论题篇》第一卷第9章，103b. 20；《形而上学》第六卷第2章，1026a. 36；第十四卷第2章，1089a. 26。）——作者

考，但确然无疑的是，那只不过是从不同的角度观察同一种思想。因此，（1）它们被把握为“是者”（ὄν）的不同含义[①]，正如我们所看到的，它们根据在“是者”（das Seiende）中存在的不同方式——所有的东西于“是者”中是着，即根据在“第一所是”中存在的不同方式而得到区分。（2）被把握为诸最高的属，任何在真正意义上是着的东西都必定落入其中某一个里[②]。（3）被把握为“第一所是”的诸最高的谓词[③]，这些谓词的谓述方式对于包含在它们之下的事物的整个种类具有决定性的作用。在最后一种方式上，所有的范畴，甚至偶性上的范畴，都被视为具体的东西；而第二种方式并不考虑它们内在于“第一所是”中的那种内在性，相反，它不考虑“第一所是”，仅仅关注那些隶属于某一范畴中的属、种、个体同该范畴本身的关系。因此，如果将诸范畴以及隶属其下的概念视为“第一所是”的各种谓词，那么，与之相应的仅仅是各种具体的形式；如果将诸范畴视为属，那么，在偶性上的范畴那儿，主要是抽象的东西之形式在语言上显现为与之相应的东西。故在《论题篇》第三卷中会说，并非“正义的东西”（das

① 博尼茨，《王家科学院哲学–历史班会议报告》，第 623 页。“在亚里士多德的意义上，诸范畴意指不同的含义——我们于其上说出‘是者’这个概念。”同样，第 599 页。——作者

② 博尼茨，《王家科学院哲学–历史班会议报告》，第 599 页：“它们是最高的属。”第 623 页：“它们指称着最高的属，每一是者必定能够隶属其中的某一个里。”同样，普伦德尔，《逻辑学史》，第 167 页以及其他一些地方。——作者

③ 特伦德伦堡，《范畴学说史》，第 209 页：“它们是最普遍的谓词。”第 21 页：“‘所是’（οὐσία）是主词的真正范畴。”普伦德尔，《逻辑学史》，第 198 页：“如果作为谓词（κατηγορούμενα）出现的乃是属，那么，最普遍、最广泛的谓词就将是那些最高的属。”——作者

Gerechte）是属，而是“正义”（die Gerechtigkeit）是属[1]。

然而，当必得为诸范畴选择一个标画它们的名称时，亚里士多德合理地将出现在第三种思考方式中的、根据这些概念之特性来刻画它们的那种名称置于优先地位。与在多数情况下都使用“范畴”（κατηγορίαι）这个名称来进行标画相比，他仅仅少有地称它们为“属”（γένη）。它们并非如其他谓词那样仅仅是谓词，相反，它们是每一个分类序列中的最高谓词，是不可能还会成为更高谓词的主词的那些“无与伦比”（κατ' ἐξοχήν）的谓词。还不仅于此，它们是那些于其中谓述方式的整个多样性被完整地加以了编排的谓词；它们是那些决定了所有可谓述的事物之谓述方式的谓词；它们还是这样一些谓词，它们的整个概念在标示同“第一所是”的关系中获得其内容和规定，而这又是在它们谓述“第一所是”的谓述方式之独特性中表现出来的。因此，诸最高属之间的整个是态学上的区别以及它们的整个概念上的含义在它们于其中是“第一所是”的谓词这个方式上浮现出来。

或许在这方面我们离普伦德尔在其《逻辑学史》第一卷中所表达的看法并不远，为了比较，我们打算从中引用几段话。他说：“在亚里士多德那儿，于这种‘共同点’那儿下面这两者走到了一起，那就是，一方为对客观‘是者’（das Seiende）的具体的属之规定，另一方为与漫不经心的感觉论相对立的、不可避免的人

① 《论题篇》第三卷第 1 章，116a. 23：此外，那隶属于某个属中的东西要比不在该属中的东西更值得选择，例如，正义就比正义的人更值得选择。因为前者位于善这个属中，而后者则不；前者就是某种善，后者则不。（ἔπειτα δὲ τὸ ὅπερ τόδε τι τοῦ μὴ ἐν γένει, οἷον ἡ δικαιοσύνη τοῦ δικαίου· τὸ μὲν γὰρ ἐν γένει τῷ ἀγαθῷ, τὸ δ' οὔ, καὶ τὸ μὲν ὅπερ ἀγαθόν, τὸ δ' οὔ.）——作者

类表达的稳固性。就此我已经表达了亚里士多德范畴之原则。”[①]他还进而说道：“剩下的就是它们乃下面这种进行引导的视点，那就是，诸最高的属都必定以某种共同的、具体的规定为依据，而该规定同作为它的基底的、被它所包含的具体的是者相宜；由此它以谓词的方式陈述作为主词的该是者。因此，并非每一个属和每一个谓词都是范畴，相反，只有那些最普遍的属上的谓词才是范畴，即只有下面这种属上的规定才是范畴：这些属上的规定不能再被视为更高谓词的主词，相反，它们在谓词上将该规定陈述为某种共同的、广泛的东西。”[②]“诸范畴之是态学上的基础，乃是一般规定之走向具体的那种现实化之进程。”[③]“对那些标示属上的谓词的名称的规定，应是对诸具体规定的表达和把握，而现实化之进程就是进入到诸具体规定之中，最终结束在‘是者’（das Seiende）的多样性之下。”[④]最后一种评述同我们在上一节中所说的具有某种亲缘性；在那儿我们谈到了“潜能”（δύναμις）和“现实”（ἐνέργεια）之间的关系的不同，这种不同对于最高属之间的区分是决定性的。但是，这种一致并不是完全的，一种观点同另一种观点的偏离尤其明确地显现在下面这一点上，那就是：正如我们所看到的，普伦德尔基于其观点会被引向否认有确定数目的范畴，而我们的观点却必然会要求这一点。

就这点而言我们更接近布兰迪斯、博尼茨、特伦德伦堡等人的观点。我们同这些人共同具有下面这一主张，那就是：所有包

① 普伦德尔，《逻辑学史》，第 196 页。——作者
② 普伦德尔，《逻辑学史》，第 198 页。——作者
③ 普伦德尔，《逻辑学史》，第 208 页。——作者
④ 普伦德尔，《逻辑学史》，第 209 页。——作者

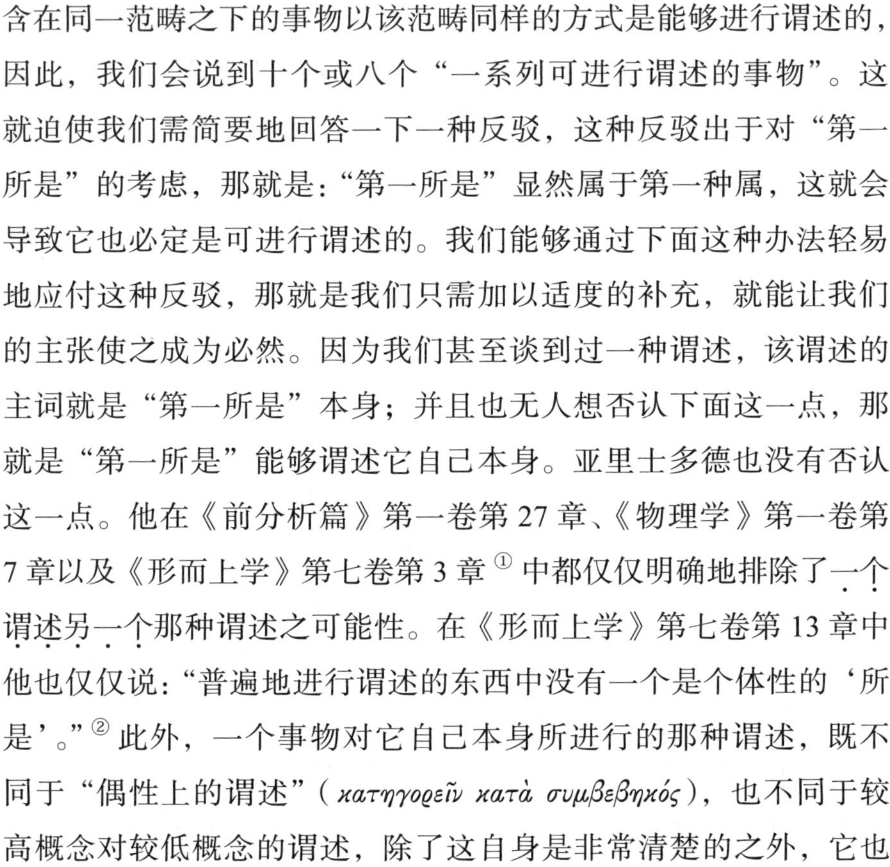

含在同一范畴之下的事物以该范畴同样的方式是能够进行谓述的，因此，我们会说到十个或八个“一系列可进行谓述的事物”。这就迫使我们需简要地回答一下一种反驳，这种反驳出于对“第一所是”的考虑，那就是：“第一所是”显然属于第一种属，这就会导致它也必定是可进行谓述的。我们能够通过下面这种办法轻易地应付这种反驳，那就是我们只需加以适度的补充，就能让我们的主张使之成为必然。因为我们甚至谈到过一种谓述，该谓述的主词就是“第一所是”本身；并且也无人想否认下面这一点，那就是“第一所是”能够谓述它自己本身。亚里士多德也没有否认这一点。他在《前分析篇》第一卷第27章、《物理学》第一卷第7章以及《形而上学》第七卷第3章[①]中都仅仅明确地排除了一个谓述另一个那种谓述之可能性。在《形而上学》第七卷第13章中他也仅仅说：“普遍地进行谓述的东西中没有一个是个体性的‘所是’。”[②]此外，一个事物对它自己本身所进行的那种谓述，既不同于“偶性上的谓述”（*κατηγορεῖν κατὰ συμβεβηκός*），也不同于较高概念对较低概念的谓述，除了这自身是非常清楚的之外，它也

① 《前分析篇》第一卷第27章，43a. 25：在所有的是者中，一些不能真实和普遍地谓述其他是者，而别的是者却能谓述它们，如克勒翁和卡里阿斯，即个体性的是者和可感觉的是者……。（*ἁπάντων δὴ τῶν ὄντων τὰ μέν ἐστι τοιαῦτα ὥστε κατὰ μηδενὸς ἄλλου κατηγορεῖσθαι ἀληθῶς καθόλου, οἷον Κλέων καὶ Καλλίας καὶ τὸ καθ᾽ ἕκαστον καὶ αἰσθητόν, κατὰ δὲ τούτων ἄλλα. κ. τ. λ.*）《形而上学》第七卷第3章，1028b. 36：载体是这样一种东西，别的东西都述说它，而它自身却不能述说任何别的东西。（*τὸ δ᾽ ὑποκείμενόν ἐστι καθ᾽ οὗ τὰ ἄλλα λέγεται, ἐκεῖνο δὲ αὐτὸ μηκέτι κατ᾽ ἄλλου.*）参见《物理学》第一卷第7章，190a. 34。——作者

② 《形而上学》第七卷第13章，1039a. 1：在以普遍的方式进行谓述的东西中没有哪个意指“这个”。（*οὐδὲν σημαίνει τῶν κοινῇ κατηγορουμένων τόδε τι.*）——作者

能被视为是亚里士多德本人的意见，《论题篇》第一卷第 9 章以及《后分析篇》第一卷第 22 章中的一些段落就是明证[①]。“第一所是”（*πρώτη οὐσία*）是“在其自身的是者”（*ὂν καθ’ αὑτό*），它也能够“谓述它自身”（*κατηγορούμενον καθ’ αὑτό*）。

我们说：

§8.Ⅶ. 诸范畴根据谓述的不同方式而区别开来，这并未导致一种混淆，即将范畴的划分同亚里士多德称之为“那些对某物进行谓述的东西”（*τὰ περί τινος κατηγορούμενα*，《论题篇》第一卷第 8 章，103b. 7）划分为五种普遍的东西的那种划分相混淆。它们根据体现在谓词对主词的规定中的那种进行定义的效力之强弱而区别开来，根据它们或多或少都是“定义”（*ὁρικόν*）而区别开来

在我们的研究得出诸范畴依照谓述的类型而区别开来这一结

① 《论题篇》第一卷第 9 章，103b. 35：这类东西中的每一个，无论是它自己述说它自己，还是它的属述说它，都意指“是什么”。但如果是在述说另外的东西，则不是在意指“是什么”。……（*ἕκαστον γὰρ τῶν τοιούτων, ἐάν τε αὐτὸ περὶ αὑτοῦ λέγηται ἐάν τε τὸ γένος περὶ τούτου, τί ἐστι σημαίνει. ὅταν δὲ περὶ ἑτέρου, οὐ τί ἐστι σημαίνει. κ. τ. λ.*）《后分析篇》第一卷第 22 章，83a. 24：意指“所是”的东西是这样一种东西，它们要么意指的就是那个“所是”自身，要么意指那谓述该“所是”的东西。（*ἔτι τὰ μὲν οὐσίαν σημαίνοντα ὅπερ ἐκεῖνο ἢ ὅπερ ἐκεῖνό τι σημαίνει καθ’ οὗ κατηγορεῖται.*）——作者

论之后，人们可能担心由此会混淆在亚里士多德的《论题篇》(第一卷第4—8章，以及第9章)中依次加以打量出来的两种划分之间的区分；在那儿，一方面将“所有对某物进行谓述的东西”(*πᾶν τὸ περί τινος κατηγορούμενον*,《论题篇》第一卷第4章，101b. 17[①])划分为“定义”(*ὅρος*)、“固有属性”(*ἴδιον*)、“属”(*γένος*)和“偶性”(*συμβεβηκὸς*)，另一方面，将“各种进行谓述的东西”(*τὰ κατηγορούμενα*,《形而上学》第五卷第7章，1017a. 25[②])划分为“是什么”(*τί ἐστι*)、“量”(*ποσόν*)、“质”(*ποιόν*)、“相对物”(*πρός τι*)、“地点”(*ποῦ*)、“时间”(*ποτέ*)等等(《论题篇》第一卷第9章[③])。人们或许会将之同亚里士多德似乎陷入的那种困境联

① 《论题篇》第一卷第4章，101b. 17：所有命题和所有问题所显明的，要么是固有属性，要么是属，要么是偶性。(*πᾶσα δὲ πρότασις καὶ πᾶν πρόβλημα ἢ ἴδιον ἢ γένος ἢ συμβεβηκὸς δηλοῖ.*)——译者

② 《形而上学》第五卷第7章，1017a. 25：在诸进行谓述的东西中，有的意指“是什么”，有的意指“质”，有的意指“量”，有的意指“相对物”，有的意指“行动”，有的意指“遭受”，有的意指“地点”，有的意指“时间”；它们中的每一个与“是”的一种意指相应。(*ἐπεὶ οὖν τῶν κατηγορουμένων τὰ μὲν τί ἐστι σημαίνει, τὰ δὲ ποιόν, τὰ δὲ ποσόν, τὰ δὲ πρός τι, τὰ δὲ ποιεῖν ἢ πάσχειν, τὰ δὲ πού, τὰ δὲ ποτέ, ἑκάστῳ τούτων τὸ εἶναι ταὐτὸ σημαίνει.*)——译者

③ 《论题篇》第一卷第9章，103b. 20：在此之后应区分范畴这种属——上述四谓词全都位于它们之中。它们的数目是十个，即“是什么”、“量”、“质”、“相对物”、“地点”、“时间”、“姿态”、“有”、“行动”、“遭受”。偶性、属、固有属性和定义总是这些范畴中的某一个；因为由之形成的所有命题，要么揭示“是什么”，要么揭示“量”，要么揭示“质”，要么揭示其他范畴中的某一个。(*μετὰ τοίνυν ταῦτα δεῖ διορίσασθαι τὰ γένη τῶν κατηγοριῶν, ἐν οἷς ὑπάρχουσιν αἱ ῥηθεῖσαι τέτταρες. ἔστι δὲ ταῦτα τὸν ἀριθμὸν δέκα, τί ἐστι, ποσόν, ποιόν, πρός τι, ποῦ, ποτέ, κεῖσθαι, ἔχειν, ποιεῖν, πάσχειν. ἀεὶ γὰρ τὸ συμβεβηκὸς καὶ τὸ γένος καὶ τὸ ἴδιον καὶ ὁ ὁρισμὸς ἐν μιᾷ τούτων τῶν κατηγοριῶν ἔσται· πᾶσαι γὰρ αἱ διὰ τούτων προτάσεις ἢ τί ἐστιν ἢ ποσὸν ἢ ποιὸν ἢ τῶν ἄλλων τινὰ κατηγοριῶν σημαίνουσιν.*)——译者

系起来，那就是：亚里士多德在那儿给出了两种划分，这两种划分联系在一起，一种划分同另一种相适合；尤其是在讨论"所是"（*οὐσία*）这个范畴那儿，由于将"种差"（*διαφορά*）纳入到考虑之中，这给他造成了疑惑和困难[①]。

然而，两种划分之间的主要区别，一眼就能看穿，根本没有任何模糊不清之处。尤其因为，如果我们在范畴乃是事物的最高属这一意义来把握范畴，那么，不是"范畴"（*κατηγορία*）或"谓词"（*κατηγορούμενον*），而是"是者"（*ὄν*）被这种划分所分类，"是者"决不可能仅仅是"谓述某个东西"（*περί τινος κατηγορούμενον*）的东西，而且还是"谓述'第一所是'"（*περί πρώτης οὐσίας κατηγορούμενον*）的东西。因此，范畴划分中的那些成员是实在的概念（见上），加在"第一所是"上的各种问题——这些问题的不同指向与范畴的不同相应（见上），也是实在的问题。例如，我问：苏格拉底是什么？一个人。他是多高？五尺长。他是怎样的？白的。等等。这儿的问题和回答都具有实在的内容；因为人之"是"（das Sein）、五尺之"是"、白之"是"，都是"一种实在的是"（ein reelles Sein）。反之，另一种划分中的那些成员纯粹是第二意向上的，因此它们全都仅仅是"真之意义上的是者"（*ὄντα ὡς ἀληθές*）[②]，对于它们，的确能够说出一个真的肯定断言，但它们决不可能在外在于进行思的心灵之外的事物本身那儿有任何持存（Bestand）。对于它们问题也是不同的，只不过是单纯理性的问题

① 参见特伦德伦堡，《范畴学说史》，第 56 页以下，第 93 页以下。——作者

② 见上，第三章，§ 2，第 66 页。——作者

之间的不同；例如，当我问：人的定义是什么？他的属是什么？这是他的固有属性吗？他的种差？他的偶性[①]？无疑一个人能够这样想：他之所以将人是“两足行走的动物”（*ζῷον πεζὸν δίπουν*）当作人之定义这一问题的答案，那是因为如前面一样，这个东西是实在的东西，问题和回答也同样是实在的。但是，我们一定要注意，下面这才是回答：“两足行走的动物”（*ζῷον πεζὸν δίπουν*）是人的定义。定义作为定义，属作为属，等等，概而言之，普遍者作为普遍者，并不外在于进行抽象的知性而存在，因而“两足行走的动物”（*ζῷον πεζὸν δίπουν*）作为定义也不存在于事物之中，作为定义，它是第二意向上的，它和其他那些东西一样仅仅是“真之意义上的是者”（*ὂν ὡς ἀληθές*）。

但是，将“范畴”（*κατηγορία*）划分为不同的谓述方式（范畴表［*σχήματα τῆς κατηγορίας*］）的那种划分——根据前面所说它相应于将“是者”（*ὄν*）划分为不同的范畴的那种划分，也必定在原则上全然不同于将“谓词”（*κατηγορούμενα*）划分为定义、属、固有属性等的那种划分。它们之间的不同也不难辨识。既然一个东西只有同某一主词是同一的方才能谓述该主词——要么因为它属于该主词的本质（本质地），要么因为它无论如何存在于作为其载体的该主词中（根据载体），那么，谓述在形态上所具有的那些差异，与谓词同主词之间可能有的关系一样多——由于这种关系一个谓述能够在真正的意义上得以发生。反之，在划分为属、定义

① 《论题篇》第一卷第 4 章，101b. 30：两脚行走的动物是人的定义吗？动物是人的属吗？（*ἆρά γε τὸ ζῷον πεζὸν δίπουν ὁρισμός ἐστιν ἀνθρώπου; καὶ ἆρά γε τὸ ζῷον γένος τοῦ ἀνθρώπου;*）——作者

等等的那种划分那儿，区别之原则是程度，在那儿某一概念对于另一概念来说是“定义”（ὁρικός,《论题篇》第一卷第 6 章，102b. 34），即在那儿它陈述它，规定它，就像种和定义最完满所提供的那样；在另外的情形下，则是与“定义”（ὅρος）相接近的程度。与证明或反驳相关的方法之难易也取决于这种程度。定义将所有其他那些具有进行规定的力量的东西结合于自己当中；它给出了本质本身，并且完满地给出了它。因此，最容易的是指出某种东西不是某物的定义，而最难的是指出它就是定义[①]。为了让某物能

① 《论题篇》第七卷第 5 章，155a. 3：显然一切中最容易的就是推翻定义。因为既然在它那儿有许多东西，那也就提供了遭到攻击的许多机会。……此外，也能够通过其他途径攻击定义。因为如果逻各斯不是特有的，如果所给出的不是属，如果那位于逻各斯中的某个东西并不存在，那么，定义就会遭到破坏。……155a. 17：显然一切中最容易的就是破坏定义，最难的则是确立定义。因为建立定义就得汇聚起所有的东西（说出来的东西要存在，给出的东西是属，逻各斯是特有的）；除此之外，逻各斯还得揭示了是其所是，这还必须是妥善加以完成了的。（φανερὸν δὲ καὶ ὅτι πάντων ῥᾷστον ὅρον ἀνασκευάσαι· πλεῖστα γὰρ ἐν αὐτῷ τὰ δεδομένα πολλῶν εἰρημένων.... ἔτι πρὸς μὲν ὅρον ἐνδέχεται καὶ διὰ τῶν ἄλλων ἐπιχειρεῖν· εἴτε γὰρ μὴ ἴδιος ὁ λόγος, εἴτε μὴ γένος τὸ ἀποδοθέν, εἴτε μὴ ὑπάρχει τι τῶν ἐν τῷ λόγῳ, ἀνῃρημένος γίνεται ὁ ὁρισμός.... a. 17. δῆλον οὖν ὅτι ῥᾷστον πάντων ὅρον ἀναιρεῖν, κατασκευάζειν δὲ χαλεπώτατον· ἐκεῖνά τε γὰρ δεῖ πάντα συλλογίσασθαι (καὶ γὰρ ὅτι ὑπάρχει τὰ εἰρημένα καὶ ὅτι γένος τὸ ἀποδοθὲν καὶ ὅτι ἴδιος ὁ λόγος), καὶ ἔτι παρὰ ταῦτα ὅτι δηλοῖ τὸ τί ἦν εἶναι ὁ λόγος, καὶ τοῦτο καλῶς δεῖ πεποιηκέναι.）《论题篇》第一卷第 6 章，102b. 27：我们要注意，针对固有属性、属和偶性而来的所有东西也能够用在定义身上。因为已经指出，一些东西并不仅仅属于那被定义的东西，就像在固有属性那儿所发生的那样；或者在定义中所给出的并不是属；或者有些在逻各斯中被提及的东西并不存在，就像在偶性那儿所提及的东西一样；我们将因这些而破坏定义。因此，根据前面所讲（参见第五章），我们已经举出的所有东西在某种方式上都能被称作是定义的。但并不因此就渴望能找到一种普遍地适用于一切的方法。（μὴ λανθανέτω δ' ἡμᾶς ὅτι τὰ πρὸς（gegen）τὸ ἴδιον καὶ τὸ γένος καὶ τὸ συμβεβηκὸς πάντα καὶ πρὸς τοὺς ὁρισμοὺς ἁρμόσει λέγεσθαι. δείξαντες γὰρ ὅτι οὐ μόνῳ ὑπάρχει τῷ ὑπὸ τὸν ὁρισμόν, ὥσπερ καὶ ἐπὶ τοῦ ἰδίου, ἢ ὅτι οὐ γένος

够如定义之于被定义的东西那样谓述另外的东西，需要三样东西：（1）它的确能够真地被赋予给它；（2）它包含有属于主词之本质的东西，它“在是什么上”（ἐν τῷ τί ἐστι）谓述它[①]，即它不仅“在名称上”（κατὰ τοὔνομα）而且“在逻各斯上”（κατὰ τὸ λόγον）谓述它[②]；（3）它和主词能够进行换位。如果某一谓词只具有第一种性质，那它是“偶性”（συμβεβηκός）。如果除了可进行谓述这点之外它还具有本质性，但却不能换位，那它在包含有种差这种意义上是“属上的东西”（γενικόν）或“属”（γένος）[③]。反之，如果它既能进行谓述，又能同主词换位，但却不是本质性的，那它就是“固有属性”（ἴδιον）；如果以上三种性质都不缺，那它就是“定义”（ὅρος）[④]。

τὸ ἀποδοθὲν ἐν τῷ ὁρισμῷ, ἢ ὅτι οὐχ ὑπάρχει τι τῶν ἐν τῷ λόγῳ ῥηθέντων, ὅπερ καὶ ἐπὶ τοῦ συμβεβηκότος ἂν ῥηθείη, ἀνῃρηκότες ἐσόμεθα τὸν ὁρισμόν· ὥστε κατὰ τὸν ἔμπροσθεν (f. cap. 5.) ἀποδοθέντα λόγον ἅπαντ' ἂν εἴη τρόπον τινὰ ὁρικὰ τὰ κατηριθμημένα. ἀλλ' οὐ διὰ τοῦτο μίαν ἐπὶ πάντων καθόλου μέθοδον ζητητέον.）——作者

“《论题篇》第七卷第 5 章，155a. 3。”德文原文作“《论题篇》第七卷第 5 章，151a. 3。”，当为作者有误。——译者

① 《论题篇》第一卷第 5 章，102a. 32。参见《论题篇》第四卷第 2 章，122a. 5。——作者

② 《范畴篇》第 5 章，2a. 20。——作者

③ 《论题篇》第一卷第 4 章，101b. 18：因为种差是像属一样的东西，因此它同属排在一起。（καὶ γὰρ τὴν διαφορὰν ὡς οὖσαν γενικὴν ὁμοῦ τῷ γένει τακτέον.）——作者

④ 《论题篇》第一卷第 8 章，103b. 7：因为谓述主词的所有谓词与主词必然要么是可换位的，要么是不可换位的。如果是可换位的，它要么是定义，要么是固有属性。因为如果它意指“是其所是”，则是定义；如果它意指的并非“是其所是”，则是固有属性。因为固有属性就在于，能够同主词进行换位，但又并未指出它的“是其所是”。如果谓词不能够同主词进行换位，那么，它要么属于在主词之定义中进行述说的东西，要么不属于。如果它属于在定义中进行述说的东西，则它要么是属，要么是种差，因为定义乃属加种差。如果它不属于在定义中进行述说的东西，那它显然就是偶性。因为曾经说过，偶性既不是定义，也不是

我们说：

§9.Ⅷ. 诸范畴必定在概念上是不同的，也即是说，同一概念不能够直接落入两个不同的范畴之中

我们已经认识了诸范畴之间得以区别的原则。现在我们想用几句话总结一下由该原则所得出的关乎那些归属不同范畴的事物之间的差异的种类和数量这一结论。但总所周知的是，有两种方式使得一个东西能与另一个东西相同一，或使得一个东西能够区别于另一个东西。一种方式是事实上的同一或区别，另一种方式是概念上的同一或区别。亚里士多德也知道这两种方式。例如，他在《形而上学》第四卷中探究了“是（者）”（*ὄν*）和“一”（*ἕν*）之间的关系，他这样规定它们：它们两个事实上是同一的，但在概念上是有区别的①。还能够轻易地举出其他一些例子，在那

固有属性，也不是属，但它又属于主词。（*ἀνάγκη γὰρ πᾶν τὶ περί τινος κατηγορούμενον ἤτοι ἀντικατηγορεῖσθαι τοῦ πράγματος ἢ μή. καὶ εἰ μὲν ἀντικατηγορεῖται, ὅρος ἢ ἴδιον ἂν εἴη. εἰ μὲν γὰρ σημαίνει τὸ τί ἦν εἶναι, ὅρος, εἰ δὲ μὴ σημαίνει, ἴδιον· τοῦτο γὰρ ἦν ἴδιον, τὸ ἀντικατηγορούμενον μὲν μὴ σημαῖνον δὲ τὸ τί ἦν εἶναι. εἰ δὲ μὴ ἀντικατηγορεῖται τοῦ πράγματος, ἤτοι τῶν ἐν τῷ ὁρισμῷ τοῦ ὑποκειμένου λεγομένων ἐστὶν ἢ οὔ. καὶ εἰ μὲν τῶν ἐν τῷ ὁρισμῷ λεγομένων, γένος ἢ διαφορὰ ἂν εἴη, ἐπειδὴ ὁ ὁρισμὸς ἐκ γένους καὶ διαφορῶν ἐστιν· εἰ δὲ μὴ τῶν ἐν τῷ ὁρισμῷ λεγομένων ἐστί, δῆλον ὅτι συμβεβηκὸς ἂν εἴη· τὸ γὰρ συμβεβηκὸς ἐλέγετο ὃ μήτε ὅρος μήτε ἴδιον μήτε γένος ἐστίν, ὑπάρχει δὲ τῷ πράγματι.*）——作者

① 《形而上学》第四卷第 2 章，1003b. 31：“一”并非异于“是（者）”的东西。（*οὐδὲν ἕτερον τὸ ἓν παρὰ τὸ ὄν.*）1003b. 22：“是（者）”和“一”是同一个东西和同一种本性，乃是就它们如本源和原因那样彼此相随来说的，不是就它们被同一

儿，尽管事实上是同一的，但概念却保持不同[1]。反过来，也有无数的情形，在那儿两个事物在概念上是同一的，但它们却始终是两个不同的实在者；因为每一“普遍进行谓述的东西”（*κοινῇ κατηγορούμενα*）都包含着许多仅仅在概念上同一但在实在上却不同的事物，例如，苏格拉底和柏拉图作为人是同一的，等等。

因此，我们首先要说：诸范畴之间的区别必定是概念上的，不可能出现下面这种情形：根据同一概念而来的同一事物能够直接位于不同范畴的序列中；或者多个事物，只要同一概念适用于它们，它们就能够直接位于不同范畴的序列中。

根据亚历山大的原则，很容易加以证明。首先，每一范畴显然是同其他的最高属相区别的概念，否则它们就将不是不同的属。两个相同的概念能够是带有不同名称标示的同一个属，就像“是什么”（*τί ἐστι*）和“所是”（*οὐσία*）一样。每一个也都有着它自己的“是之方式”（Seinsweise），有着它独特的同“第一所是”的关系。

由此直接就可以得出：诸事物不可能根据同一概念而位于不同范畴之序列中。因为同一概念不可能有两个并列的（不是隶属的或居高的）属；相反，诸范畴作为最高的属是并列的，它们当中没有任何一个能够被归纳到某一更高概念中，更不用说其中一

概念（逻各斯）所阐明来说的。（*εἰ δὴ τὸ ὂν καὶ τὸ ἓν ταὐτὸν καὶ μία φύσις τῷ ἀκολουθεῖν ἀλλήλοις ὥσπερ ἀρχὴ καὶ αἴτιον, ἀλλ’ οὐχ ὡς ἑνὶ λόγῳ δηλούμενα.*）——作者

[1] 例如，《物理学》第三卷第 3 章，202a. 18：……因此，对于两者来说现实是同一的，就像一之于二和二之于一，向上和向下，其间距是相同的一样。因为它们是“一”，但其逻各斯不是“一”。（*...ὥστε ὁμοίως μία ἡ ἀμφοῖν ἐνέργεια ὥσπερ τὸ αὐτὸ διάστημα ἓν πρὸς δύο καὶ δύο πρὸς ἕν, καὶ τὸ ἄναντες καὶ τὸ κάταντες· ταῦτα γὰρ ἓν μέν ἐστιν, ὁ μέντοι λόγος οὐχ εἷς.*）——作者

个能够被归约到另一个中了[①]。

然而，亚里士多德在《论题篇》中的一些地方似乎并不想坚定地赞同我们推论中的大前提[②]。但是，亚里士多德在这些地方明

① 《形而上学》第五卷第 28 章，1024b. 15：它们不能彼此归约，也不能一起归入到某种“一”中。（*οὐδὲ γὰρ ταῦτα ἀναλύεται οὔτ' εἰς ἄλληλα οὔτ' εἰς ἕν τι.*）——作者

② 《论题篇》第四卷第 2 章，121b. 29：因为，当一个种位于两个属之下时，似乎其中的一个属当被另一个属所包含。但这在有些时候也会引起困惑。因为在一些人看来，审慎既是德性，也是知识；但它的这两个属并未一个包含另一个。当然，并不是所有人都会赞同审慎是知识。但如果有人接受这儿所说的是真的，那他也就得接受下面这点，那就是：同一个东西的两个属必定要么一个隶属于另一个，要么两个一起隶属于同一个东西，就像在德性和知识那儿所表现出来的一样。因为德性和知识这两者都位于同一属之下，因为它们中的每个都是习惯或状态。因此，应当考察是否两者中有一个属于被给出的属；因为，如果这两个属既不一个隶属于另一个，也不一起隶属于同一属，那么，那被给出的东西就不是属。（*δοκεῖ γάρ, ὅταν ἓν εἶδος ὑπὸ δύο γένη ᾖ, τὸ ἕτερον ὑπὸ τοῦ ἑτέρου περιέχεσθαι. ἔχει δ' ἀπορίαν ἐπ' ἐνίων τὸ τοιοῦτο. δοκεῖ γὰρ ἐνίοις ἡ φρόνησις ἀρετή τε καὶ ἐπιστήμη εἶναι καὶ οὐδέτερον τῶν γενῶν ὑπ' οὐδετέρου περιέχεσθαι. οὐ μὴν ὑπὸ πάντων γε συγχωρεῖται τὴν φρόνησιν ἐπιστήμην εἶναι. εἰ δ' οὖν τις συγχωροίη τὸ λεγόμενον ἀληθὲς εἶναι, ἀλλὰ τό γε ὑπ' ἄλληλα ἢ ὑπὸ ταὐτὸ ἄμφω γίγνεσθαι τὰ τοῦ αὐτοῦ γένη τῶν ἀναγκαίων δόξειεν ἂν εἶναι, καθάπερ καὶ ἐπὶ τῆς ἀρετῆς καὶ τῆς ἐπιστήμης συμβαίνει· ἄμφω γὰρ ὑπὸ τὸ αὐτὸ γένος ἐστίν· ἑκάτερον γὰρ αὐτῶν ἕξις καὶ διάθεσίς ἐστιν. σκεπτέον οὖν εἰ μηδέτερον ὑπάρχει τῷ ἀποδοθέντι γένει. εἰ γὰρ μήθ' ὑπ' ἄλληλά ἐστι τὰ γένη μήθ' ὑπὸ ταὐτὸν ἄμφω, οὐκ ἂν εἴη τὸ ἀποδοθὲν γένος.*）参见《论题篇》第六卷第 6 章，144b. 14。——作者

亚里士多德在《范畴篇》将“质”这个范畴划分为四种：（1）习惯（*ἕξις*）和状态（*διάθεσις*）、（2）有能（*δύναμις*）和无能（*ἀδυναμία*）、（3）可被遭受的质（*παθητικαὶ ποιότητες*）和遭受（*πάθη*）、（4）外表（*σχῆμα*）和形状（*μορφή*），并认为知识和德性属于习惯。例如，《范畴篇》第 8 章，8b. 26：有一种“质”被称作习惯和状态。而习惯之不同于状态，就在于它是更稳定和更持久的。各种知识和德性就是习惯；知识似乎属于持久的东西和难以移除的东西——即使人们只是有限地获取了知识，除非因疾病或其他类似的东西而发生了某种重大的变故。德性也同样如此，例如，公正、审慎以及其他类似的东西都似乎既是难以移除的也是难以改变

确加以坚持的，首先就足以表明正如我们所说的，一个概念不可能隶属于两个范畴；因为他仅仅容许下面这种可能性，那就是：在两个属似乎复又统一在某一更高属之中这一极端情形下，一个概念被纳入到两个不同类的属之中。但在范畴那儿，这是一种完全不可能的情形，因为它们自身就是最高的属。

的。而所谓状态，指那易于变动和能够很快改变的性质，如热和冷、疾病和健康以及其他类似的东西。因为一个人会因它们而无论如何总是处于某种状态中，但又很快发生变化，如由热变冷、由健康变生病。其他类似的情形也同样如此，除非它们中的某种经过时间的累积而已经变成自然的和不可更改的，或非常难以改变——那时该东西或许就已经可以叫作习惯了。显然人们愿意称那些较为持久和难以更改的东西为习惯；因为对于那些不能很好地持有知识而易于变化者，人们不会说他们有习惯——尽管他们无论怎样都因知识而或差或好地处于某种状态中。因此，习惯和状态的区别在于后者是易于更改的，而前者则较为持久和难以更改。然而习惯是状态，但状态并不必然是习惯。因为有习惯的人无论怎样由此都处在某种状态中，但处在某种状态中的人并不必然具有某种习惯。（*ἓν μὲν οὖν εἶδος ποιότητος ἕξις καὶ διάθεσις λεγέσθωσαν. διαφέρει δὲ ἕξις διαθέσεως τῷ μονιμώτερον καὶ πολυχρονιώτερον εἶναι· τοιαῦται δὲ αἵ τε ἐπιστῆμαι καὶ αἱ ἀρεταί· ἥ τε γὰρ ἐπιστήμη δοκεῖ τῶν παραμονίμων εἶναι καὶ δυσκινήτων, ἐὰν καὶ μετρίως τις ἐπιστήμην λάβῃ, ἐάνπερ μὴ μεγάλη μεταβολὴ γένηται ὑπὸ νόσου ἢ ἄλλου τινὸς τοιούτου. ὡσαύτως δὲ καὶ ἡ ἀρετή. οἷον ἡ δικαιοσύνη καὶ ἡ σωφροσύνη καὶ ἕκαστον τῶν τοιούτων οὐκ εὐκίνητον δοκεῖ εἶναι οὐδ' εὐμετάβολον. διαθέσεις δὲ λέγονται ἅ ἐστιν εὐκίνητα καὶ ταχὺ μεταβάλλοντα, οἷον θερμότης καὶ κατάψυξις καὶ νόσος καὶ ὑγίεια καὶ ὅσα ἄλλα τοιαῦτα· διάκειται μὲν γάρ πως κατὰ ταύτας ὁ ἄνθρωπος, ταχὺ δὲ μεταβάλλει ἐκ θερμοῦ ψυχρὸς γιγνόμενος καὶ ἐκ τοῦ ὑγιαίνειν εἰς τὸ νοσεῖν. ὡσαύτως δὲ καὶ ἐπὶ τῶν ἄλλων, εἰ μή τις καὶ αὐτῶν τούτων τυγχάνοι διὰ χρόνου πλῆθος ἤδη πεφυσιωμένη καὶ ἀνίατος ἢ πάνυ δυσκίνητος οὖσα, ἣν ἄν τις ἴσως ἕξιν ἤδη προσαγορεύοι. φανερὸν δὲ ὅτι ταῦτα βούλονται ἕξεις λέγειν ἅ ἐστι πολυχρονιώτερα καὶ δυσκινητότερα. τοὺς γὰρ τῶν ἐπιστημῶν μὴ πάνυ κατέχοντας ἀλλ' εὐκινήτους ὄντας οὔ φασιν ἕξιν ἔχειν, καίτοι διάκεινταί γέ πως κατὰ τὴν ἐπιστήμην ἢ χεῖρον ἢ βέλτιον. ὥστε διαφέρει ἕξις διαθέσεως τῷ τὸ μὲν εὐκίνητον εἶναι τὸ δὲ πολυχρονιώτερόν τε καὶ δυσκινητότερον. —εἰσὶ δὲ αἱ μὲν ἕξεις καὶ διαθέσεις, αἱ δὲ διαθέσεις οὐκ ἐξ ἀνάγκης ἕξεις· οἱ μὲν γὰρ ἕξεις ἔχοντες καὶ διάκεινταί πως κατὰ ταύτας, οἱ δὲ διακείμενοι οὐ πάντως καὶ ἕξιν ἔχουσιν.*）——译者

此外，亚里士多德还在其他一些地方明确表达了他的观点，这种观点在这儿他只是加以了暗指。因此，在《论题篇》第一卷第 15 章中他说道：“因此，两个属及其概念也都谓述渡鸟，但这不会出现在那些彼此没有隶属关系的属那儿。”这在《论题篇》第四卷第 2 章中同样被视为是不恰当的①。但他的观点最为清楚地出现在他教导不同的属有着不同的种差那儿。因为，如果不同的属在种差方面是不一致的，那么，它们自然也不包含相同的种——这些种毕竟是由属加种差得到的②。我们在《范畴篇》第 3 章中发现了这一学说：“彼此没有隶属关系的不同的属，也有着不同的种差，就像动物这个属和知识这个属一样；因为，诸如用腿走、两足的、有羽毛的和生活在水中的，是动物的种差，但其中没有一个是知识的种差。因为一种知识不是因两足的而不同于另一种知识。”③他

① 《论题篇》第一卷第 15 章，107a. 27: 因此，两者都谓述渡鸟，它们的逻各斯也同样如此。但就那些彼此没有隶属关系的属来说，就不会出现这种情况。（*καὶ οὕτως οὖν ἀμφότερα τὰ γένη κατηγορεῖται κατὰ τοῦ κόρακος, καὶ ὁ λόγος αὐτῶν. ἐπὶ δὲ τῶν μὴ ὑπ᾽ ἄλληλα γενῶν οὐ συμβαίνει τοῦτο.*）《论题篇》第四卷第 2 章，122b. 1: 属和种在“是什么”的意义上谓述同一个东西，从而同一个东西落在两个属之下，而这两个属必定彼此是有隶属关系的。（*συμβήσεται γὰρ τὸ γένος καὶ τὸ εἶδος τοῦ αὐτοῦ ἐν τῷ τί ἐστι κατηγορεῖσθαι, ὥστε τὸ αὐτὸ ὑπὸ δύο γένη γίνεται. ἀναγκαῖον οὖν ὑπ᾽ ἄλληλα τὰ γένη εἶναι.*）——作者

② 《形而上学》第十卷第 7 章，1057b. 7: 因为种出自属加种差。（*ἐκ γὰρ τοῦ γένους καὶ τῶν διαφορῶν τὰ εἴδη.*）——作者

③ 《范畴篇》第 3 章，1b. 16: 那些不同且无隶属关系的属，其种差也是不同的；例如，动物和知识的种差。因为陆行的、会飞的、水生的、两足的是动物的种差，但它们中没有一个是知识的种差。因为一种知识不是靠是两足的而不同于另一种知识。（*τῶν ἑτερογενῶν καὶ μὴ ὑπ᾽ ἄλληλα τεταγμένων ἕτεραι τῷ εἴδει καὶ αἱ διαφοραί, οἷον ζῴου καὶ ἐπιστήμης· ζῴου μὲν γὰρ διαφοραὶ τό τε πεζὸν καὶ τὸ πτηνὸν καὶ τὸ ἔνυδρον καὶ τὸ δίπουν, ἐπιστήμης δὲ οὐδεμία τούτων· οὐ γὰρ διαφέρει ἐπιστήμη ἐπιστήμης τῷ δίπους εἶναι.*）——作者

在《后分析篇》第二卷中讨论定义之诸部分的正确次序时也同样如此[①]。因此，种差不会在它独特地归属之的那个属之外被找到；因为属对于种差来说必定是本质性的，否则种差对该属的划分对它来说就只是偶然性的。如果真是如此，那这也同样适用于种（参见《形而上学》第五卷第6章[②]）。总的说来，种和种差是互相依赖的概念，《形而上学》第七卷第12章尤其揭示了这一点[③]，它试图回答

① 《后分析篇》第二卷第13章，97a. 28: 如果找到了首要的词项，即找到了那能谓述所有其他东西而不被其他所有东西谓述的词项，那次序就将是正确的。因为必定有这样的词项。……（*τὸ δὲ τάξαι ὡς δεῖ ἔσται, ἐὰν τὸ πρῶτον λάβῃ. τοῦτο δ' ἔσται, ἐὰν ληφθῇ ὃ πᾶσιν ἀκολουθεῖ, ἐκείνῳ δὲ μὴ πάντα· ἀνάγκη γὰρ εἶναί τι τοιοῦτον. κ. τ. λ.*）——作者

② 《形而上学》第五卷第6章，1016b. 31: 此外，一些东西在“数目”上是“一”，一些东西在“种”上是“一”，一些东西在“属”上是“一”。……那些在“属”上是“一”的，指的是同一范畴形态适用它们。……1016b. 35: 后面的情形总是跟随着前面的情形。例如：凡在“数目”上是“一”的，在“种”上也是“一”；但在“种”上是“一”的，并不全都在“数目”上是“一”。凡在“种”上是“一”的，在“属”上也全都是“一”；但在“属”上是“一”的，并不全都在“种”上是“一”。（*ἔτι δὲ τὰ μὲν κατ' ἀριθμόν ἐστιν ἕν, τὰ δὲ κατ' εἶδος, τὰ δὲ κατὰ γένος.... γένει δ' ὧν τὸ αὐτὸ σχῆμα τῆς κατηγορίας*...1016b. 35. *ἀεὶ δὲ τὰ ὕστερα τοῖς ἔμπροσθεν ἀκολουθεῖ, οἷον ὅσα ἀριθμῷ καὶ εἴδει ἕν, ὅσα δ' εἴδει οὐ πάντα ἀριθμῷ· ἀλλὰ γένει πάντα ἕν, ὅσαπερ καὶ εἴδει.*）前面所引的《论题篇》第六卷第6章中的那些段落也不打算承认“种”具有双重“属”之可能性，因为一旦容许这点，对于种来说将危及它同种差的关系。参见《论题篇》第六卷第6章，144b. 26。——作者

③ 《形而上学》第七卷第12章，1037b. 8：现在让我们首先谈谈在《分析篇》中关于定义所没讲过的，因为在那儿所提出的问题有助于对“所是”的各种讨论。我所说的这个问题就是：为何我们说其逻各斯就是其定义的事物居然是“一”；例如，在“人是两足的动物”这儿——让我将之作为人的逻各斯，为何这是“一”而不是“多”——即“动物”和“两足物”？（*νῦν δὲ λέγωμεν πρῶτον ἐφ' ὅσον ἐν τοῖς ἀναλυτικοῖς περὶ ὁρισμοῦ μὴ εἴρηται· ἡ γὰρ ἐν ἐκείνοις ἀπορία λεχθεῖσα πρὸ ἔργου τοῖς περὶ τῆς οὐσίας ἐστὶ λόγοις. λέγω δὲ ταύτην τὴν ἀπορίαν, διὰ τί ποτε ἕν ἐστιν οὗ τὸν λόγον ὁρισμὸν εἶναί φαμεν, οἷον τοῦ ἀνθρώπου τὸ ζῷον δίπουν. ἔστω γὰρ οὗτος αὐτοῦ λόγος. διὰ τί δὴ τοῦτο ἕν ἐστιν ἀλλ' οὐ πολλά, ζῷον καὶ δίπουν·*）——译者

在《分析篇》[①]中所提出的那个问题，即被定义的东西在多样进行定义的标记那儿为何还是“一”。他在那儿解释说，当人们在划分中抵达最后的种差时，种差就等于种了[②]；并且定义被标示为由那些种差所构成的陈述，定义的整个本质也在某种方式上被包含在那些种差中[③]。第七卷这样教导我们的东西，在第八卷中找到其根据。亚里士多德在那儿指出，“通过种差而来的概念规定似乎就是‘形式’（*εἶδος*）[④]和‘现实’（*ἐνέργεια*，即形式）的规定。”[⑤]如果正如

① 这儿所说的《分析篇》即《后分析篇》。参见《后分析篇》第二卷第6章，92a. 29：为何“人是两足陆行的动物”，而不是动物和陆行物以及两足物？因为从该设定中并不必然意味着被谓述的东西会成为“一”，相反，完全可能如人既是音乐家又是文法学家那样。（*διὰ τί ἔσται ὁ ἄνθρωπος ζῷον πεζὸν δίπουν, ἀλλ᾽ οὐ ζῷον καὶ πεζόν ⟨καὶ δίπουν⟩; ἐκ γὰρ τῶν λαμβανομένων οὐδεμία ἀνάγκη ἐστὶν ἓν γίνεσθαι τὸ κατηγορούμενον, ἀλλ᾽ ὥσπερ ἂν ἄνθρωπος ὁ αὐτὸς εἴη μουσικὸς καὶ γραμματικός.*）——译者

② 《形而上学》第七卷第12章，1038a. 15：总是想这样走下去，直到抵达那无种差的东西。在那时，足的种类同种差一样多，有足的动物之种类同种差一样多。如果事情就是这样，那么，显然最后的种差就是事物的“所是”和定义，假使在定义中不应多次说同样的东西。因为那是多余的。……（*καὶ οὕτως ἀεὶ βούλεται βαδίζειν ἕως ἂν ἔλθῃ εἰς τὰ ἀδιάφορα. τότε δ᾽ ἔσονται τοσαῦτα εἴδη ποδὸς ὅσαιπερ αἱ διαφοραί, καὶ τὰ ὑπόποδα ζῷα ἴσα ταῖς διαφοραῖς. εἰ δὴ ταῦτα οὕτως ἔχει, φανερὸν ὅτι ἡ τελευταία διαφορὰ ἡ οὐσία τοῦ πράγματος ἔσται καὶ ὁ ὁρισμός, εἴπερ μὴ δεῖ πολλάκις ταὐτὰ λέγειν ἐν τοῖς ὅροις. περίεργον γάρ. κ. τ. λ.*）——作者

③ 《形而上学》第七卷第12章，1038a. 8：显然定义是由种差而来的逻各斯。（*φανερὸν ὅτι ὁ ὁρισμός ἐστιν ὁ ἐκ τῶν διαφορῶν λόγος.*）1038a. 28：因此，显然进行定义的逻各斯就是由种差而来的逻各斯，正确地讲，乃是由上述这些东西中的最后那个而来的逻各斯。（*ὥστε φανερὸν ὅτι ὁ ὁρισμὸς λόγος ἐστὶν ὁ ἐκ τῶν διαφορῶν, καὶ τούτων τῆς τελευταίας κατά γε τὸ ὀρθόν.*）——作者

④ 在古希腊语中，*εἶδος*具有“形式”和“种”这双重含义。——译者

⑤ 《形而上学》第八卷第2章，1043a. 19：因为由种差而来的逻各斯似乎就是形式和现实的逻各斯。（*ἔοικε γὰρ ὁ μὲν διὰ τῶν διαφορῶν λόγος τοῦ εἴδους καὶ τῆς ἐνεργείας εἶναι.*）——作者

那儿所说的，种差相应于形式（见前，第171页，注2），那么，这一说法是理所当然的。但不同的质料有不同的形式[①]，并且因此而被推向它们在现实中所是的东西。因此，从种差与形式的比例关系中就会得出，根据种差，事物的整个本质将包含这些或那些规定，反之亦然[②]。

① 《形而上学》第八卷第2章，1043a. 12：在不同的质料那儿，现实和逻各斯也是不同的。（ἡ ἐνέργεια ἄλλη ἄλλης ὕλης καὶ ὁ λόγος.）——作者

② 如何解释亚里士多德在其逻辑学著作中的一些地方——它们与他在这儿的看法相抵触，与“种”相比，他似乎赋予“种差”和“属”一样大的普遍性，《形而上学》第七卷给予我们了启示。他尤其在《论题篇》一书中这样做；例如，《论题篇》第四卷第2章，122b. 39：与种相比，种差总是有着相同或更为宽泛的含义。（ἀεὶ δ' ἡ διαφορὰ ἐπ' ἴσης ἢ ἐπὶ πλεῖον τοῦ εἴδους λέγεται.）参见《论题篇》第一卷第8章，103b. 14以及《后分析篇》第二卷第18章，96a. 33：（位于定义中的那些属性）每一个都可能比它所属于的那个东西更为宽泛，但加在一起则不会更为宽泛——因为它必定是事物的“所是”。……（[τῶν δὴ ὑπαρχόντων ἐν τῷ ὁρισμῷ] ἕκαστον μὲν ἐπὶ πλέον ὑπάρξει, ἅπαντα δὲ μὴ ἐπὶ πλέον· ταύτην γὰρ ἀνάγκη οὐσίαν εἶναι τοῦ πράγματος. κ. τ. λ.）因此，被置于定义中的种差常常比被定义者有着更宽的范围，因为我们在定义那儿并不总是能够找到那种真正本己的并且揭示出了种自身的“所是”上的形式的种差。既然那些作为本质形式的本质形式还是不知道的，那么，我们必定会用对各种偶性的指示来代替它们；这些偶性是本质形式的标志，此外，既然它们致力于说明本质形式，那它们也就能够被称作本质性的种差。这些东西也在被定义的东西之外被发现；因为，种的各种本己的偶性（特性[ἴδια]）必定首先通过对种的定义而得到说明。《形而上学》第七卷第12章，1038a. 8：显然定义是由种差而来的逻各斯。但必定还会进而通过种差的种差来进行划分，例如。“有足”是动物的种差。作为有足动物的有足动物的种差复又必定被发现。因此，只要正确地在说，那就不应说有足动物中有的是有翼的，有的是无翼的（参见上一段，《论题篇》第六卷第6章，144b. 14。）——只是由于无能才会那么说；相反，只应说有的是偶蹄的，有的是奇蹄的。因为它们是足的种差，偶蹄的足是一种足。（φανερὸν ὅτι ὁ ὁρισμός ἐστιν ὁ ἐκ τῶν διαφορῶν λόγος. ἀλλὰ μὴν καὶ δεῖ γε διαιρεῖσθαι τῇ τῆς διαφορᾶς διαφορᾷ, οἷον ζῴου διαφορὰ τὸ ὑπόπουν· πάλιν τοῦ ζῴου τοῦ ὑπόποδος τὴν διαφορὰν δεῖ εἶναι ᾗ ὑπόπουν, ὥστ' οὐ λεκτέον τοῦ ὑπόποδος τὸ μὲν πτερωτὸν τὸ δὲ ἄπτερον（vergl. Hiemit die

我们说：

§10. IX. 范畴之间的区别并不必然是一种实在的区别

在前面的章节中我们已经提到，经常会出现实在上的区别并不同概念上的区别相联系；因为进行思想的知性甚至常常将那自身是“一”的东西区分为不同的概念。因此，对于诸范畴来说，一种概念上的区分之必然性绝不会就导致一种事实上的区分之必然性。当然，这会导致这样一种情形，那就是亚里士多德在划分诸范畴时并不仅仅满足于单纯理性上的区分；因为他所着手的毕竟是一种对“是者”（ὄν）和“是者”（ὄν）的区分，严格说来，是对“外在于心灵”（ἔξω τῆς διανοίας）的物的区分（《形而上学》第六卷第4章，1027b. 31[①]）。然而，当亚里士多德将一个东西同另一个作为其他是者的东西区别开来时，他并不由此就表明了一种实在上的区分。我们从《解释篇》一书中能够明确地看到这一点。在该书的第7章中，普遍的东西同个体性的东西，人同卡里阿斯，

---

obige Stelle Top. Ⅵ, 6. p. 144, b, 14.），ἐάνπερ λέγῃ καλῶς, ἀλλὰ διὰ τὸ ἀδυνατεῖν ποιήσει τοῦτο. ἀλλ᾽ ἢ τὸ μὲν σχιζόπουν τὸ δ᾽ ἄσχιστον· αὗται γὰρ διαφοραὶ ποδός. ἡ γὰρ σχιζοποδία ποδότης τις.）——作者

① 《形而上学》第六卷第4章，1027b. 31：既然结合和分离位于思想中而不位于事物中，那这种是者就不同于严格意义上的是者。因为思想把“是什么”、“质”、“量”以及其他某个范畴加以结合或分离。（ἐπεὶ δὲ ἡ συμπλοκή ἐστιν καὶ ἡ διαίρεσις ἐν διανοίᾳ ἀλλ᾽ οὐκ ἐν τοῖς πράγμασι, τὸ δ᾽ οὕτως ὂν ἕτερον ὂν τῶν κυρίως. ἢ γὰρ τὸ τί ἐστιν ἢ ὅτι ποιὸν ἢ ὅτι ποσὸν ἤ τι ἄλλο συνάπτει ἢ ἀφαιρεῖ ἡ διάνοια.）——译者

就像一物同另一物一样相对立[①]；正如人们从亚里士多德本人所引发的同柏拉图主义者的斗争中所充分看到的，上面区分出来的那些东西肯定不应被说成是在事实上相区别的实在者，因为普遍的东西作为“物”（*πρᾶγμα*），作为外在于思想的东西，对于他来说仅仅在个体性的物之存在上有其存在。我们同样看到，在《范畴篇》一书中也区分出了“第一所是”和“第二所是”，仿佛这两者包含着完全不同的事物似的；然而，它们在事实上是不同的，这也根本不是他的意见。两种“所是”并不是两种不同的“所是”（*οὐσία*），相反，“第二所是”本身就是“第一所是”的“种”[②]；因此，它们之间的区分同前面所说的那种区分相似，仅仅是一种理性上的区分。这些区分如何得以发生的方式仅仅表明，亚里士多德一方面是如何在与错误的实在论作斗争，另一方面他又同唯名论的错误离得同样远——一些人很想将这种错误归之于他[③]。

由此也能解释他如何谈论诸范畴间的区别的那种谈论方法和

---

① 《解释篇》第 7 章，17a. 38：在事物中，一些是普遍的，一些是个体性的（我的意思是，普遍指在本性上能够谓述多个东西，个体则不能；例如，人属于普遍者，而卡里阿斯则属于个体）。……（*ἐπεὶ δέ ἐστι τὰ μὲν καθόλου τῶν πραγμάτων τὰ δὲ καθ᾽ ἕκαστον (λέγω δὲ καθόλου μὲν ὃ ἐπὶ πλειόνων πέφυκε κατηγορεῖσθαι, καθ᾽ ἕκαστον δὲ ὃ μή, οἷον ἄνθρωπος μὲν τῶν καθόλου Καλλίας δὲ τῶν καθ᾽ ἕκαστον) κ. τ. λ.*）——作者

② 《范畴篇》第 5 章，2a. 14：“第二所是”，指的是那些首要地被称为“所是”的东西存在于其中的“种”（*δεύτεραι δὲ οὐσίαι λέγονται, ἐν οἷς εἴδεσιν αἱ πρώτως οὐσίαι λεγόμεναι ὑπάρχουσιν.*）——作者

③ 例如，奥雷欧（B. Hauréau）在巴黎科学院获奖的那部作品《经院哲学》*，巴黎，1850. ——作者

*《经院哲学》（*De la philosophie scolastique*）一书的全名为《经院哲学史》（*Histoire de la philosophie scolastique*）。奥雷欧，全名为让·巴泰勒米·奥雷欧（Jean-Barthélémy Hauréau, 1812—1896），法国历史学家和作家。——译者

方式。因为下面这点绝非他的观点，那就是：在他所给出的所有最高属之间，以及在所有那些属于不同的范畴序列的事物之间，有着某种实在的区别。尽管如此，他还是把它们当作不同的事物，并且，除了在多数范畴之间事实上也不可能有任何实在的同一之外，它们在概念上是如此不同，以至于正如我们已经看到的，它们甚至无法以相同的方式分有“是者”（*ὄν*）这个概念。

因此，我们首先通过一些从亚里士多德本人那儿取出的例子，把属于不同范畴的事物之间的实在的同一之可能性确定为事实；然后指出，能够在多大程度上根据前面所给出的亚里士多德的范畴划分之原则来解释这一点。

最值得注意的例子是关于行动和遭受这两个范畴的例子；因为在《物理学》第三卷中，以及在《形而上学》第十一卷的相应章节中[①]，亚里士多德教导我们，“行动”（*ποιεῖν*）和“遭受”

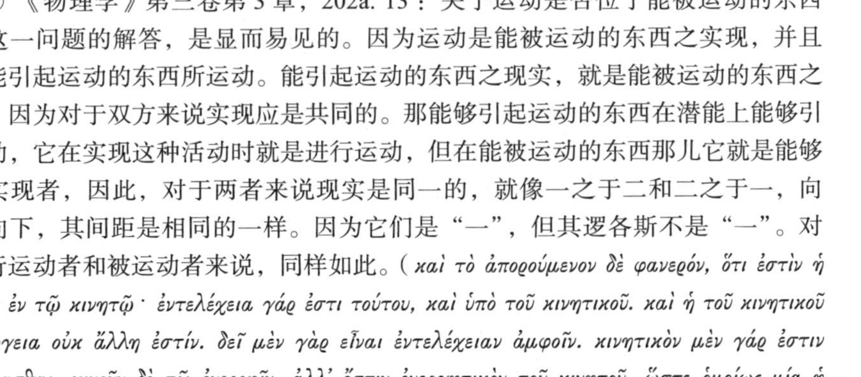

① 《物理学》第三卷第 3 章，202a. 13：关于运动是否位于能被运动的东西之中这一问题的解答，是显而易见的。因为运动是能被运动的东西之实现，并且被那能引起运动的东西所运动。能引起运动的东西之现实，就是能被运动的东西之现实，因为对于双方来说实现应是共同的。那能够引起运动的东西在潜能上能够引起运动，它在实现这种活动时就是进行运动，但在能被运动的东西那儿它就是能够进行实现者，因此，对于两者来说现实是同一的，就像一之于二和二之于一，向上和向下，其间距是相同的一样。因为它们是“一”，但其逻各斯不是“一”。对于进行运动者和被运动者来说，同样如此。（*καὶ τὸ ἀπορούμενον δὲ φανερόν, ὅτι ἐστὶν ἡ κίνησις ἐν τῷ κινητῷ· ἐντελέχεια γάρ ἐστι τούτου, καὶ ὑπὸ τοῦ κινητικοῦ. καὶ ἡ τοῦ κινητικοῦ δὲ ἐνέργεια οὐκ ἄλλη ἐστίν. δεῖ μὲν γὰρ εἶναι ἐντελέχειαν ἀμφοῖν. κινητικὸν μὲν γάρ ἐστιν τῷ δύνασθαι, κινοῦν δὲ τῷ ἐνεργεῖν, ἀλλ' ἔστιν ἐνεργητικὸν τοῦ κινητοῦ, ὥστε ὁμοίως μία ἡ ἀμφοῖν ἐνέργεια ὥσπερ τὸ αὐτὸ διά στημα ἓν πρὸς δύο καὶ δύο πρὸς ἕν, καὶ τὸ ἄναντες καὶ τὸ κάταντες. ταῦτα γὰρ ἓν μέν ἐστιν, ὁ μέντοι λόγος οὐχ εἷς. ὁμοίως δὲ καὶ ἐπὶ τοῦ κινοῦντος καὶ κινουμένου.*）（参见《形而上学》第十一卷第 9 章，1066a. 30：）他接下来在 202a. 21—202b. 5 中给出了关于上述理论的各种反驳意见。这些反驳意见在接下

（*πάσχειν*）这两个范畴以及所有属于这两个范畴中的这个或那个的概念在实在上是同一的。正如我们从这些段落本身那儿看出的，“运动”（*κίνησις*）在实在上既同某一“行动”（*ποιεῖν*）相同一，也同某一“遭受”（*πάσχειν*）相同一（由此没有某种“运动”（*κίνησις*）复又属于这两个范畴自身（《形而上学》第十一卷，1068a. 14[①]）；当运动还被分派给“量”、“质”和“地点”这三个范畴时（见前，第四章），我们不会太过吃惊，因为运动并不直接归诸它们，而是还原到它们那儿，因为对于由这些范畴而来的某一是者来说，运动构成了一种潜能状态。

另外一个例子乃是关乎“量”（*ποσόν*）和“何地”（*ποῦ*）[②]这两

来的 202b. 5—b. 13 中得以被解决。基本思想始终是这样的，那就是：尽管“教”（*διδάσκειν*）和“学”（*μανθάνειν*）、“行动”（*ποιεῖν*）和“遭受”（*πάσχειν*）全都在实在上是同一的，但概念则完全始终是不同的；202b. 14：因为所有同一的东西并非在各个方面都是同一的，而仅仅在“是”上是同一的。（*οὐ γὰρ ταὐτὰ πάντα ὑπάρχει τοῖς ὁπωσοῦν τοῖς αὐτοῖς, ἀλλὰ μόνον οἷς τὸ εἶναι.*）（参见《物理学》第四卷第 11 章，219a. 21：）“同一”（*τὸ αὐτό*），一种在全部属性上的同一，仅仅出现于事物在事实上和概念上都是同一的那儿。《物理学》第三卷第 3 章，202b. 19：概而言之，在严格的意义上“教”并不与“学”相同一，行动也不与遭受相同一；但它们属于同一个东西，即运动。因为 A 在 B 中的实现，同 B 通过 A 而实现，在逻各斯上是不同的。（*ὅλως δ' εἰπεῖν οὐδ' ἡ δίδαξις τῇ μαθήσει οὐδ' ἡ ποίησις τῇ παθήσει τὸ αὐτὸ κυρίως, ἀλλ' ᾧ ὑπάρχει ταῦτα, ἡ κίνησις· τὸ γὰρ τοῦδε ἐν τῷδε καὶ τὸ τοῦδε ὑπὸ τοῦδε ἐνέργειαν εἶναι ἕτερον τῷ λόγῳ.*）——作者

① 《形而上学》第十一卷，1068a. 14：运动不属于行动者和遭受者，也不属于运动者和被运动者；因为既没有运动的运动，也没有生成的生成，概而言之，没有变化的变化。（*οὐδὲ ποιοῦντος καὶ πάσχοντος, ἢ κινοῦντος καὶ κινουμένου, ὅτι οὐκ ἔστι κινήσεως κίνησις οὐδὲ γενέσεως γένεσις, οὐδ' ὅλως μεταβολῆς μεταβολή.*）——译者

② *ποῦ* 乃疑问形容词，本意是“何地”、“何处”、“在哪儿”。当亚里士多德将之作为范畴加以列举时，我们一般译为“地点”。但这儿为了同后面的 *τόπος* 相区分，我们暂时将之译为“何地”。——译者

个范畴。因为亚里士多德在《范畴篇》第 6 章于连续的量之种类中列举了地点[①]。然而，我们发现“何地”（ποῦ）是一个单独的范畴；因为正如我们后面会详细看到的，根据那些进行说明的例子（《范畴篇》第 4 章，2a. 1[②] 和第 9 章，11b. 13[③]），以及根据他对于该范畴的整个使用，无疑在事实上它同属于量的“地点”（τόπος）[④] 是同

① 《范畴篇》第 6 章，4b. 22：不连续的量，如数目、语词；连续的量，如线、面、体，此外还有时间和地点。（ἔστι δὲ διωρισμένον μὲν οἷον ἀριθμὸς καὶ λόγος, συνεχὲς δὲ γραμμή, ἐπιφάνεια, σῶμα, ἔτι δὲ παρὰ ταῦτα χρόνος καὶ τόπος.）参见《范畴篇》第 6 章，5b. 8。——作者

② 《范畴篇》第 4 章，2a. 1：“何地”，如在吕克昂、在市场。（ποῦ δὲ οἷον ἐν Λυκείῳ, ἐν ἀγορᾷ.）在柏林贝克尔版中作 ποῦ，在牛津古典本中作 πού。前者是疑问形容词，即“何地”，后者是不定形容词，即“某地”。根据亚里士多德整个《范畴篇》及其他著作中的相关文本及论述，我们认为当为不定形容词 πού，而不是疑问形容词 ποῦ。如果这句话是“πού δὲ οἷον ἐν Λυκείῳ, ἐν ἀγορᾷ.”那就当译为：“某地”，如在吕克昂、在市场。——译者

③ 《范畴篇》第 9 章，11b. 13：“何地”，例如在吕克昂。（τὸ δὲ ποῦ οἷον ἐν Λυκείῳ）同样，在柏林贝克尔版中作 ποῦ，在牛津古典本中作 πού。——译者

④ 严格地讲，τόπος 和 ποῦ 是有区别的，前者为一名词，意思就是“地点”，后者为疑问形容词“何地”。亚里士多德在范畴的列举中，有时用前者取代后者。例如：《物理学》第五卷第 1 章，225b. 5：因此，如果诸范畴被划分为“所是”、“质”、“某地”、“某时”、“相对物”、“量”、“行动”和“遭受”的话，那么，运动就必然有三类——“质”之运动、“量”之运动和“地点”之运动。（εἰ οὖν αἱ κατηγορίαι διῄρηνται οὐσίᾳ καὶ ποιότητι καὶ τῷ πού [καὶ τῷ ποτὲ] καὶ τῷ πρός τι καὶ τῷ ποσῷ καὶ τῷ ποιεῖν ἢ πάσχειν, ἀνάγκη τρεῖς εἶναι κινήσεις, τήν τε τοῦ ποιοῦ καὶ τὴν τοῦ ποσοῦ καὶ τὴν κατὰ τόπον.）《形而上学》第十二卷第 12 章，1068a. 8：如果范畴分为“所是”、“质”、“地点”、“行动”、“遭受”、“相对物”和“量”，那么，运动必然有三种，即“质”之运动，“量”之运动和“地点”之运动。（εἰ οὖν αἱ κατηγορίαι διῄρηνται οὐσίᾳ, ποιότητι, τόπῳ, τῷ ποιεῖν ἢ πάσχειν, τῷ πρός τι, τῷ ποσῷ, ἀνάγκη τρεῖς εἶναι κινήσεις, ποιοῦ ποσοῦ τόπου.）《形而上学》第十二卷第 12 章，1068b. 15：既然在“所是”、“相对物”、“行动”和“遭受”中都没有运动，那么，剩下来的就只有在“质”、“量”和“地点”那儿有运动了。（ἐπεὶ δ᾽ οὔτ᾽ οὐσίας οὔτε τοῦ πρός τι οὔτε

一的，尽管就概念来说它又的确不同于它。因为根据亚里士多德，“地点”（*τόπος*）属于在空间上进行包围的东西，并且是其边界①；因此，它是一种面，并由此是量的一个种②。反之，那属于“何地”（*ποῦ*）范畴的东西，作为这样的东西，它属于被这种边界所包围起来的东西，它由之获得其名称，并在空间上得到规定③。在“行动”（*ποιεῖν*）和“遭受”（*πάσχειν*）之间有着一种相似的关系。因为只要地点谓述那进行包围和在空间上进行规定的东西，那它就被指派给了作为其属的量；但只要它谓述那在空间上被规定的东西，那它就构成了“何地”（*ποῦ*）范畴。

“某时”（*ποτέ*）④范畴似乎以类似的方式同“量”（*ποσόν*）相关，

τοῦ ποιεῖν καὶ πάσχειν, λείπεται κατὰ τὸ ποιὸν καὶ ποσὸν καὶ τόπον κίνησιν εἶναι.）《尼各马可伦理学》第一卷第6章，1096a. 23：此外，“是”以多少种方式被言说，“善”也就有多少种方式被言说（因为，它能够在“某个”的意义上被说，如神和努斯；能够在“质”的意义上被说，如诸德性；能够在“量”的意义上被说，如适度；能够在“相对物”的意义上被说，如用途；能够在“时间”的意义上被说，如时机；能够在“地点”的意义上被说，如居处；以及诸如此类的等等）。（*ἔτι δ' ἐπεὶ τἀγαθὸν ἰσαχῶς λέγεται τῷ ὄντι, καὶ γὰρ ἐν τῷ τί λέγεται, οἷον ὁ θεὸς καὶ ὁ νοῦς, καὶ ἐν τῷ ποιῷ αἱ ἀρεταί, καὶ ἐν τῷ ποσῷ τὸ μέτριον, καὶ ἐν τῷ πρός τι τὸ χρήσιμον, καὶ ἐν χρόνῳ καιρός, καὶ ἐν τόπῳ δίαιτα καὶ ἕτερα τοιαῦτα.*）——译者

① 《物理学》第四卷第4章，212a. 20：因此，地点是进行包围的东西那不动的、原初的边界。（*ὥστε τὸ τοῦ περιέχοντος πέρας ἀκίνητον πρῶτον, τοῦτ' ἔστιν ὁ τόπος.*）参见《物理学》第四卷第5章，212b. 27。——作者

② 《物理学》第四卷第4章，212a. 28：因此，地点似乎是一种表面。（*διὰ τοῦτο δοκεῖ ἐπίπεδόν τι εἶναι τόπος.*）——作者

③ 《物理学》第四卷第5章，212a. 31：如果一个形体有另一个形体在它之外，并包围着它，那它就是在地点中。（*ᾧ μὲν οὖν σώματι ἔστι τι ἐκτὸς σῶμα περιέχον αὐτό, τοῦτο ἔστιν ἐν τόπῳ.*）——作者

④ 在古希腊语中，*ποτέ* 和 *πότε* 是有区别的，前者为不定形容词“某时”，后者为疑问形容词“何时”。当亚里士多德将 *ποτέ* 作为范畴加以列举时，我们一般

因为在从《范畴篇》第 6 章所引的那段话中我们发现，时间和地点都被举为量的一个种类。但《形而上学》第五卷却更加明确地教导我们说[①]，时间就其自身来说不能被算作量，而是在归约和偶然的意义上（*κατὰ συμβεβηκός*）被算作量[②]。另一方面，由于时间被亚里士多德定义为“就先后而言的运动之数目”[③]，它似乎在事实上同一种地点上的运动相同一[④]，即同“第一位可运动的东西”（das

---

译为“时间”。但这儿为了同名词的“时间”（*χρόνος*）相区分，我们暂时将之译为“某时”。亚里士多德在范畴列举中，有时也直接用 *χρόνος* 取代 *ποτέ*。例如：《尼各马可伦理学》第一卷第 6 章，1096a. 23：此外，“是”以多少种方式被言说，“善”也就有多少种方式被言说（因为，它能够在“某个”的意义上被说，如神和努斯；能够在“质”的意义上被说，如诸德性；能够在“量”的意义上被说，如适度；能够在“相对物”的意义上被说，如用途；能够在“时间”的意义上被说，如时机；能够在“地点”的意义上被说，如居处；以及诸如此类的等等）。（*ἔτι δ᾽ ἐπεὶ τἀγαθὸν ἰσαχῶς λέγεται τῷ ὄντι, καὶ γὰρ ἐν τῷ τί λέγεται, οἷον ὁ θεὸς καὶ ὁ νοῦς, καὶ ἐν τῷ ποιῷ αἱ ἀρεταί, καὶ ἐν τῷ ποσῷ τὸ μέτριον, καὶ ἐν τῷ πρός τι τὸ χρήσιμον, καὶ ἐν χρόνῳ καιρός, καὶ ἐν τόπῳ δίαιτα καὶ ἕτερα τοιαῦτα.*）——译者

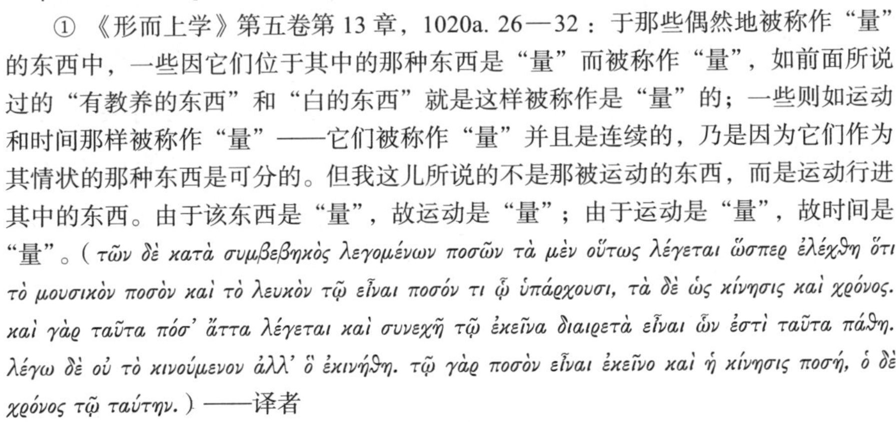

① 《形而上学》第五卷第 13 章，1020a. 26—32：于那些偶然地被称作“量”的东西中，一些因它们位于其中的那种东西是“量”而被称作“量”，如前面所说过的“有教养的东西”和“白的东西”就是这样被称作是“量”的；一些则如运动和时间那样被称作“量”——它们被称作“量”并且是连续的，乃是因为它们作为其情状的那种东西是可分的。但我这儿所说的不是那被运动的东西，而是运动行进其中的东西。由于该东西是“量”，故运动是“量”；由于运动是“量”，故时间是“量”。（*τῶν δὲ κατὰ συμβεβηκὸς λεγομένων ποσῶν τὰ μὲν οὕτως λέγεται ὥσπερ ἐλέχθη ὅτι τὸ μουσικὸν ποσὸν καὶ τὸ λευκὸν τῷ εἶναι ποσόν τι ᾧ ὑπάρχουσι, τὰ δὲ ὡς κίνησις καὶ χρόνος. καὶ γὰρ ταῦτα πόσ᾽ ἄττα λέγεται καὶ συνεχῆ τῷ ἐκεῖνα διαιρετὰ εἶναι ὧν ἐστὶ ταῦτα πάθη. λέγω δὲ οὐ τὸ κινούμενον ἀλλ᾽ ὃ ἐκινήθη. τῷ γὰρ ποσὸν εἶναι ἐκεῖνο καὶ ἡ κίνησις ποσή, ὁ δὲ χρόνος τῷ ταύτην.*）——译者

② 《形而上学》第五卷第 13 章，1020a. 26。——作者

③ 《物理学》第四卷第 11 章，220a. 25。时间是就先后而言的运动之数目。（*ὁ χρόνος ἀριθμός ἐστιν κινήσεως κατὰ τὸ πρότερον καὶ ὕστερον.*）——作者

④ 《物理学》第四卷第 11 章，219a. 19：在运动中的先和后，就其作为“是

erste Bewegliche)[①] 的那种运动相同一[②]；因此，它一方面属于“遭受”（*πάσχειν*）范畴，另一方面就它谓述那些在时间上被规定的事物，即谓述那些位于时间中的事物而言，它构成了单独的“某时”（*ποτέ*）范畴。

我想，所给出的这些例子足以让我们摆脱对亚里士多德的观点的怀疑。在位于不同范畴中的事物之间，并不彻头彻尾地有着一种实在上的区别，因为有着大量在实在上相同一的情形。对于我们来说，剩下的就是指出，这一自身引人注目的现象如何同我们所给出的整个分类原则相协调。我们已经看到，对范畴的划分不是一种对同名同义的东西的划分，而是对一种类比的统一的划分；并且其结果就是，诸范畴逐个地得以被规定，不是通过种差，而是通过不同的“存在方式”（Existenzweisen），即通过同“第一所是”的不同关系——诸范畴都谓述“第一所是”。因此，诸范畴间的区别相应于它们谓述“第一所是”的不同方式。那么下面这一点就是显而易见的，那就是：在实在上相同一的东西却容许在与“第一所是”的关系上的某种不同；因为，即使它同某一“所是”有了某种关系，它同另一“所是”发生关联的可能性也并未就被剥夺，从而它能述说两个不同的“所是”。在“行动”（*ποιεῖν*）和“遭受”（*πάσχειν*）那儿就是这种情形，在那儿，运动根据与

者”来说，就是运动，但就其不同的“是”来说，则不是运动。（*ἔστι δὲ τὸ πρότερον καὶ ὕστερον ἐν τῇ κινήσει ὃ μέν ποτε ὂν κίνησις ἐστιν· τὸ μέντοι εἶναι αὐτῷ ἕτερον καὶ οὐ κίνησις.*）——作者

① 当指能进行圆周运动的东西。——译者

② 见《物理学》第四卷第 14 章，223b. 10—21 以及 b. 32—a. 2。还可参见《物理学》第八卷第 8 章以下。——作者

作为其终点的“所是”和作为其始点的“所是”之关联，以不同的方式属于两个载体，从而构成了两个不同的范畴。普伦德尔试图将这两者统一到更高的属即“运动”（*κίνησις*）之下[①]，这同那更为鲁莽的将全部范畴归约为“所是”（*οὐσία*）、“情状”（*πάθος*）和“相对物”（*πρός τι*）这三个范畴的做法同样是非亚里士多德的；《形而上学》第五卷第28章（1024b. 10[②]）那尚未加以充分强调的段落必定能反驳普伦德尔的整个处理；根据它，诸范畴既不能彼此归约，也不能一起归约到某一更高的属。我们还可参见布兰迪斯在《亚里士多德学说概要》中所表达的观点[③]。我们在某一物体的表面那儿发现了类似的情形，该物体的表面在空间上包围着另一物体，并且根据亚里士多德，该物体的表面从而就是后者的地点。这个地点，当被思考为那进行包围的东西的表面并谓述该东西时，它自然属于量这个范畴；但就它谓述它所包围的东西并将其地点上的规定赋予该东西时，如我说：这是在市场里（*ἐν ἀγορᾷ*），它是在吕克昂（*ἐν Λυκείῳ*）[④]，它肯定就不能是该东西的量，它以一种外

① 普伦德尔，《逻辑学史》，Ⅰ，第206页。——作者

② 《形而上学》第五卷第28章，1024b. 10：那些原初载体不同的东西，被称作是在属上不同的东西，它们不能彼此归约，也不能将两者归入到同一东西中；例如形式和质料就是在属上不同的东西，以及那些归入是者的不同范畴中的东西（因为一些是者意指‘是什么’，一些意指‘质’，有些意指前面所划分出来的其他范畴）。它们不能彼此归约，也不能一起归入到某种“一”中。（*ἕτερα δὲ τῷ γένει λέγεται ὧν ἕτερον τὸ πρῶτον ὑποκείμενον καὶ μὴ ἀναλύεται θάτερον εἰς θάτερον μηδ᾽ ἄμφω εἰς ταὐτόν, οἷον τὸ εἶδος καὶ ἡ ὕλη ἕτερον τῷ γένει, καὶ ὅσα καθ᾽ ἕτερον σχῆμα κατηγορίας τοῦ ὄντος λέγεται (τὰ μὲν γὰρ τί ἐστι σημαίνει τῶν ὄντων τὰ δὲ ποιόν τι τὰ δ᾽ ὡς διῄρηται πρότερον)· οὐδὲ γὰρ ταῦτα ἀναλύεται οὔτ᾽ εἰς ἄλληλα οὔτ᾽ εἰς ἕν τι.*）——译者

③ 布兰迪斯，《希腊-罗马哲学》，Ⅲ，1第43页。——作者

④ 《范畴篇》第4章，2a. 1。——作者

在的方式属于它，即以一种谓述的方式属于它——该谓述方式在其特性上将“何地”（ποῦ）范畴同其他属区别开来。在时间那儿，以及在事物之间总是有着实在上的同一的地方，有着类似的情形。因此，已经发现的那种分类原则将自己表明为完全足以解释这些如此引人注目的现象，如在不同范畴中的同一性，甚至整个范畴的同一性；各种质疑——一些可能被视为无法解决的矛盾，似乎轻易地就加以解决了。

我们说：

§11. X. 并非每一实在的“在其自身的是者”（ὂν καθ' αὑτό）都直接位于某一范畴之中。种差，以及那些概念并不完全地存在于其中的事物，似乎被认为仅仅边缘性地属于相应的属

在那属于动物这个属的东西和那直接位于该属之下的东西之间，有着一种区别，就像马和个别的马之间有区别一样。因为那作为原理、或者作为部分、或者作为属性而为马所特有的东西，在一定程度上是隶属于马这个属之下的，例如，马的嘶鸣、马蹄等。但现在这样一来就会出现下面这种情形，那就是：即使某种东西——诸如某种“固有属性”（ἴδιον），仅仅附带属于某一属，这并未排除它或许也能直接位于另一属之下；例如，某一“所是”的“固有属性”（ἴδιον）或许是某一“质”的种，等等。因此，就会生起下面这一问题，那就是：这是否是普遍的情形，是否就所

有属于“实在是者（das reelle Seiende）”（它不仅仅“偶然地”［*κατὰ συμβεβηκός*］是着）的东西而言，每一个都至少直接位于某一范畴之下。亚里士多德的评注者们在否认该问题这点上相当地一致[①]，并且尤其对于“潜能”（*δύναμις*）和“现实”（*ἐνέργεια*）这对概念来说更是如此，因为“在潜能和现实上的是者”（*ὂν δυνάμει καὶ ἐνεργείᾳ*）似乎同那被划分入范畴表中的“是者”（das Seiende）比肩并列，它们看起来绝不可能直接被列入范畴中[②]。我们同样也丝毫不怀疑下面这一点，那就是：并非所有的实在者都能够直接隶属于范畴之下。重要的是确定在哪些情形下这样的隶属是可能的，在哪些情形下它是不可能的。

某物直接属于某一属，为了能达成这一点，（1）首先必须的是，它实际地隶属于该属之下。因此，下面这点就是显而易见的，那就是：正如我们前面所看到的，那超出了某一范畴之边界、并且通过以类比的方式属于不同属中的事物而在所有或几个范畴中被发现的东西，都不能够直接隶属于任何范畴之下。例如，“善”（*ἀγαθός*，《尼各马可伦理学》第一卷第 4 章，1096a. 19[③]）、“是

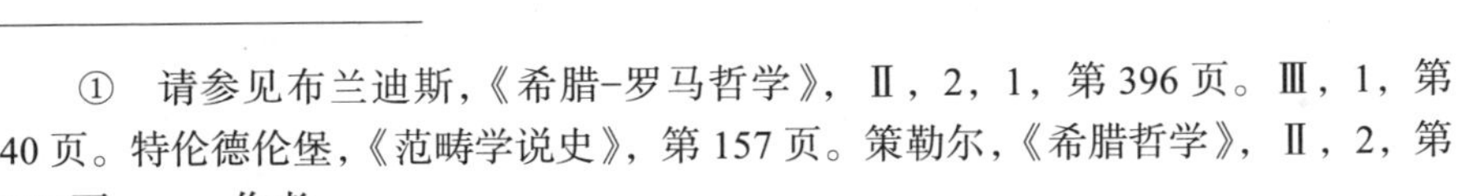

① 请参见布兰迪斯，《希腊-罗马哲学》，Ⅱ，2，1，第 396 页。Ⅲ，1，第 40 页。特伦德伦堡，《范畴学说史》，第 157 页。策勒尔，《希腊哲学》，Ⅱ，2，第 187 页。——作者

② 参见布兰迪斯，《希腊-罗马哲学》，Ⅲ，1，第 46 页。——作者

③ 《尼各马可伦理学》第一卷第 4 章，1096a. 19：在“是什么”、在“质”、在“相对物”中都可以说善；但是，那依自身而来的东西即“所是”，在本性上先于“相对物”（它似乎是“是者”的衍生物和偶性）。因此，对于这些东西来说并无某种共同的理念。（*τὸ δ' ἀγαθὸν λέγεται καὶ ἐν τῷ τί ἐστι καὶ ἐν τῷ ποιῷ καὶ ἐν τῷ πρός τι, τὸ δὲ καθ' αὑτὸ καὶ ἡ οὐσία πρότερον τῇ φύσει τοῦ πρός τι (παραφυάδι γὰρ τοῦτ' ἔοικε καὶ συμβεβηκότι τοῦ ὄντος)· ὥστ' οὐκ ἂν εἴη κοινή τις ἐπὶ τούτοις ἰδέα.*）——译者

（者）”（ὄν）、“一”（ἕν）、“偶然”（συμβεβηκός）、“形式”（εἶδος）和“质料”（ὕλη）（《形而上学》第五卷第28章，1024b. 9[①]）、“潜能”（δύναμις）和“现实”（ἐνέργεια）等等，就属于这种情形。所有那些出现在多个范畴中的“后谓词（die Postprädicamente）”[②]（在那儿区分出了多个含义，至少根据其中一个含义）尤其似乎与这一点有关联。因此，这类东西不隶属于任何范畴，更别提它们会如种或个体那样直接位于它们之下。

由于那直接属于某一属的东西必定是种或个体，基于这一理由，（2）必须得确定，那在一物的定义中占据种差位置的概念（除非它是一物的真的和本质性的种差，它服务于本质之规定，而不是由于对真正种差的无知而来的仅仅偶然性的种差。见前，第198页，注2），仅仅仿佛边缘性地属于本来的范畴序列。因为正

① 《形而上学》第五卷第28章，1024b. 9：那些原初载体不同的东西，被称作是在属上不同的东西，它们不能彼此归约，也不能将两者归入到同一东西中。（ἕτερα δὲ τῷ γένει λέγεται ὧν ἕτερον τὸ πρῶτον ὑποκείμενον καὶ μὴ ἀναλύεται θάτερον εἰς θάτερον μηδ' ἄμφω εἰς ταὐτόν.）——译者

② 自古以来，人们就将《范畴篇》分为“前谓词”（Antepraedicame-nta，1—3章）、“谓词”（Praedicamenta，4—9章）和“后谓词”（Postpraedicam-enta，10—15章）这样三个部分。关于“后谓词”部分，近代以来许多人怀疑它是窜入的伪作，一种观点是认为他根本不是亚里士多德的思想，另一种观点认为，尽管其真实性无须怀疑，但它肯定不是原初《范畴篇》的一部分，而是后来的编辑者将之置于该处的。但在古代却很少有人对它的真实性产生怀疑。古代评注者们更是试图从思想本身和写作脉络来把握它同核心部分及“谓词”部分的内在关系。“后谓词”部分的内容包含了对四种“对立物”（τὰ ἀντικείμενα）的讨论，它们分别是作为“相对物”（τὰ πρός τι）的对立物、作为“相反者”（τὰ ἐναντία）的对立物、作为“缺失和具有”（στέρησις καὶ ἕξις）的对立物以及作为“肯定和否定”（κατάφασις καὶ ἀπόφασις）的对立物；此外，还讨论了“在先”（πρότερον）、“同时”（ἅμα）、“运动”（κίνησις）和“有”（ἔχειν）这四个概念。——译者

如《论题篇》第四卷第2章所说的，种差既不是种，也不是属，因而它并不直接属于属[①]。

（3）那些自身并不完全包含属概念的事物仅仅归约性地属于某一属，正如我们前面所看到的，马蹄并不直接属于动物这个属，原因在于它不像马这个概念那样完满地包含有动物这个概念。这也同样适用于范畴。诸范畴仅仅是确定的“是者”（das Seiende）之方式；那并不完全和充分地包含某一“是”（ein Sein）的东西仅仅归约性地属于范畴。因此，“所是”之部分，如头、足等等，尽管必定隶属于“所是”范畴[②]，但并不如动物那样被列入范畴序列中。根据《形而上学》第七卷我们能够区分出三种有形的“所是”，即物体的质料，它的形式，以及由这两者组合而成的有形的“所是”[③]。基于同样的理由，在它们中唯有第三个直接在范畴中找

① 《论题篇》第四卷第2章，122b. 18：还要看是否把种差置入了属中，如把“奇”当作一种数一样。“奇”是数的种差，而不是种。似乎种差都不分有属；因为所有分有属的，要么是种，要么是个体，而种差既不是种，也不是个体。显然种差并不分有属。从而“奇”不是种，而是种差，因为它不分有属。（*καὶ εἰ τὴν διαφορὰν εἰς τὸ γένος ἔθηκεν, οἷον τὸ περιττὸν ὅπερ ἀριθμόν· διαφορὰ γὰρ ἀριθμοῦ τὸ περιττόν, οὐκ εἶδός ἐστιν. οὐ δοκεῖ δὲ μετέχειν ἡ διαφορὰ τοῦ γένους· πᾶν γὰρ τὸ μετέχον τοῦ γένους ἢ εἶδος ἢ ἄτομόν ἐστιν, ἡ δὲ διαφορὰ οὔτε εἶδος οὔτε ἄτομόν ἐστιν. δῆλον οὖν ὅτι οὐ μετέχει τοῦ γένους ἡ διαφορά· ὥστ᾽ οὐδὲ τὸ περιττὸν εἶδος ἂν εἴη ἀλλὰ διαφορά, ἐπειδὴ οὐ μετέχει τοῦ γένους.*）《形而上学》第十一卷第1章，1059b. 33：没有任何种差会分有属。（*διαφορὰ δ᾽ οὐδεμία τοῦ γένους μετέχει.*）《形而上学》第三卷第3章，998b. 24：但下面这两点都是不可能的：属的各个种或缺乏种的属谓述它自己的种差。（*ἀδύνατον δὲ κατηγορεῖσθαι ἢ τὰ εἴδη τοῦ γένους ἐπὶ τῶν οἰκείων διαφορῶν ἢ τὸ γένος ἄνευ τῶν αὑτοῦ εἰδῶν.*）——作者

② 因此，它们也被称作“所是”，如《范畴篇》第5章，3a. 29以及《形而上学》第七卷第2章，1028b. 11。——作者

③ 《形而上学》第七卷第3章，1029a. 2：在一种方式上，质料被称作载体，在另一方式上，形式（形状）被称作载体，在第三种方式上，由两者而来的

到了某个位置，而另外两个仅仅归约性地属于它；例如，灵魂因有生命的东西构成了“所是”的一个属而属于“所是”，金属的形式因金属构成了“所是”的一个属而属于“所是”。的确就形式而言，一些人还会抱有下面这种疑虑：它是否不能被视为事物的种，并由此不能将“所是”上的形式算在“第二所是”（*δεύτεραι οὐσίαι*）之下——“第二所是”在范畴的直接序列中于“所是”（*οὐσία*）这个属概念和“这个”（*τόδε τι*）之间找到了一个中间位置。事实上，形式常常被 *εἶδος*（形式、种）和 *τὸ τί ἦν εἶναι*（是其所是）这两个名称所标示，它们也是关于类概念的表达。但我们不可以容许被一种名称上的相同所欺骗。因为形式是那赋予事物“是”（das Sein）的东西，其结果就是它参与到一个或另一个种和定义中，因而它也被称作“种”（*εἶδος*）——然而是在一种不严格的意义上；这同样适用于“是其所是”（*τὸ τί ἦν εἶναι*）和“逻各斯”（*λόγος*）这些名称。对有形“所是”的定义的确是从“个体性的质料”（die individuelle Materie）那儿抽象而来，但绝不是从被定义者的“普遍质料”（die universelle Materie）那儿抽象而来的；由此下面这点就是清楚无误的：形式和种在它们那儿并不是同一的。因此，《形

东西被称作载体。（*τοιοῦτον δὲ τρόπον μέν τινα ἡ ὕλη λέγεται, ἄλλον δὲ τρόπον ἡ μορφή, τρίτον δὲ τὸ ἐκ τούτων.*）《论灵魂》第二卷第 1 章，412a. 6。我们将诸“是者”中的一个属称为“所是”。它包含了下面这些：首先是质料，就它自身而言它不是“这个”；其次是形状或形式，正是根据它而说出“这个”；第三是由它们组合而成的东西。（*λέγομεν δὴ γένος ἕν τι τῶν ὄντων τὴν οὐσίαν, ταύτης δὲ τὸ μέν, ὡς ὕλην, ὃ καθ' αὑτὸ οὐκ ἔστι τόδε τι, ἕτερον δὲ μορφὴν καὶ εἶδος, καθ' ἣν ἤδη λέγεται τόδε τι, καὶ τρίτον τὸ ἐκ τούτων.*）——作者

而上学》第八卷第3章会说[①]，人和灵魂不是一回事。我们从《形而上学》第七卷第3章中也能非常清楚地看到形式和种之间的区别，在那儿谈到了一种个体性的形式，同样谈到了个体性的质料以及由这两者所组合而成的个体[②]。因此，形式当被视为事物的自然部分，而不是逻辑部分；由此质料以及是者的其他部分也不能直接列入任何范畴之中。如果除了由形式和质料而来的组合物之外，形式或质料也直接位于范畴当中，那么，其后果就是除了导致其他的各种不一致之外，还会扰乱属概念之同名同义。因为“在一种方式上，质料被称作‘所是’，在另一方式上，形式被称作‘所是’，在第三种方式上，由两者而来的组合物被称作

① 《形而上学》第八卷第3章，1043b. 2：因为“灵魂”和“是灵魂”是同一的，但“人”和“是人”并不是同一的，除非光是灵魂就能被称作人。（*ψυχὴ μὲν γὰρ καὶ ψυχῇ εἶναι ταὐτόν, ἀνθρώπῳ δὲ καὶ ἄνθρωπος οὐ ταὐτόν, εἰ μὴ καὶ ἡ ψυχὴ ἄνθρωπος λεχθήσεται.*）参见《论灵魂》第二卷第1章，412a. 17。第二卷第2章，414a. 20。——作者

② 《形而上学》第七卷第3章，1028b. 33：“所是”即使不是在更多的意义上，那至少也在四种主要的意义上被说。因为，“是其所是”、“普遍”、“属”似乎是每一个别事物的“所是”，而其中还有第四种“所是”，即载体。而载体是这样一种东西，其他的东西都述说它，而它自身却不述说其他的东西。（*λέγεται δ᾽ ἡ οὐσία, εἰ μὴ πλεοναχῶς, ἀλλ᾽ ἐν τέτταρσί γε μάλιστα· καὶ γὰρ τὸ τί ἦν εἶναι καὶ τὸ καθόλου καὶ τὸ γένος οὐσία δοκεῖ εἶναι ἑκάστου, καὶ τέταρτον τούτων τὸ ὑποκείμενον. τὸ δ᾽ ὑποκείμενόν ἐστι καθ᾽ οὗ τὰ ἄλλα λέγεται, ἐκεῖνο δὲ αὐτὸ μηκέτι κατ᾽ ἄλλου.*）（载体也就是个体性的“所是”）。故应当首先界定载体，因为那首要地位于下面的东西似乎尤其是“所是”。在一种方式义上，质料被称作载体，在另一方式上，形式（形状）被称作载体，在第三种方式上，由两者而来的东西被称作载体。（*διὸ πρῶτον περὶ τούτου διοριστέον· μάλιστα γὰρ δοκεῖ εἶναι οὐσία τὸ ὑποκείμενον πρῶτον. τοιοῦτον δὲ τρόπον μέν τινα ἡ ὕλη λέγεται, ἄλλον δὲ τρόπον ἡ μορφή, τρίτον δὲ τὸ ἐκ τούτων.*）——作者

‘所是’。”①

但是，那适用于是者的诸部分的东西，即范畴概念并不完全包含于其中的那种东西，自然更加适用于那位于潜能状态中的东西作为潜能状态中的东西。因为，如果质料——作为在现实上是着的是者之部分，一般来讲仅仅归约性地属于该是者所属的范畴，那么，当它还仅仅处在朝向形式的那种预备状态中时，它就肯定不会拥有“是”（das Sein）之完满性而直接隶属于属之下。正如《形而上学》第十四卷所说的，那在潜能上是人的东西，并不真正是人，因此它也不直接属于人所属的范畴。那在潜能中是着的东西，只要它尚处在潜能中，它在现实上就还是一种“不是者”（ein Nichtseiendes）；只有现实的东西是在真正的意义上是着。正如仅仅处在潜能中的东西没有本质，同样，它也没有概念，而单独的质料自身是不可认识的②。

---

① 《形而上学》第七卷第 3 章，1029a. 2：见前一个注。《论灵魂》第二卷第 2 章，414a. 14：正如我们所说的（412a. 6.），“所是”具有三重含义，其中一个是形式，一个是质料，还有一个是由两者而来的组合物。（*τριχῶς γὰρ λεγομένης τῆς οὐσίας, καθάπερ εἴπομεν (412a. 6.), ὧν τὸ μὲν εἶδος, τὸ δὲ ὕλη, τὸ δὲ ἐξ ἀμφοῖν.*）《形而上学》第八卷第 1 章，1042a. 25：可感的“所是”全都有质料。而“所是”就是载体，在一种方式上是质料（我所说的质料指下面这种东西：它不是现实地是这个，而只能潜在地是这个）；在另一种方式上是逻各斯和形式，它就是这个，并且在逻各斯上是可分离的；第三种方式是由它们而来的东西……。（*αἱ δ᾽ αἰσθηταὶ οὐσίαι πᾶσαι ὕλην ἔχουσιν. ἔστι δ᾽ οὐσία τὸ ὑποκείμενον, ἄλλως μὲν ἡ ὕλη (ὕλην δὲ λέγω ἣ μὴ τόδε τι οὖσα ἐνεργείᾳ δυνάμει ἐστὶ τόδε τι), ἄλλως δ᾽ ὁ λόγος καὶ ἡ μορφή, ὃ τόδε τι ὂν τῷ λόγῳ χωριστόν ἐστιν· τρίτον δὲ τὸ ἐκ τούτων. κ. τ. λ.*）——作者

② 《形而上学》第十四卷第 2 章，1089a. 26：在许多情形下，“不是者”的含义同范畴一样多，而且除此之外，“在假之含义上的东西”和“在潜能上的东西”也被称作“不是者”；由此就出现了生成。人来自还不是人但在潜能上是人，

然而，正如在运动（*κίνησις*）那儿所出现的，只要处在潜能状态中的东西作为这样的东西被某种形式所构建，那么，在那儿下面两种状态在实在上和概念上就都是同一的，即一种同准备好的形式相关联的潜能状态，和一种同与形式相关联的现实状态——该状态被该形式所构建。因此，在这种情形下，将必定出现一种双重的隶属：一是直接隶属于那通过形式而处在现实中的东西所属的范畴之下，并且这就是“行动”（*ποιεῖν*）和“遭受”（*πάσχειν*）两个范畴；一是归约性地隶属于作为运动之终点的那种形式所属的范畴之下，根据前面所说的，也即隶属于质、量和地点这些范畴之下。

因此，我们发现，在上一章所思考的那种“是者”（das Seiende）要比“完满的‘是’”（das fertig Sein）宽泛，从而也比被划分入范畴这种属中的那种“是”要宽泛。作为这二分中的一方的“在现实上的是者”（*ὂν ἐνεργείᾳ*），独自就包含全部最高的属以及那直接位于它们中的东西。如布兰迪斯所做的一样[①]，我们也能赞同

同样，白来自还不是白但在潜能上是白，无论是生成出了“一”还是生成出了“多”，都是一样的。（*ἀλλ' ἐπειδὴ τὸ μὲν κατὰ τὰς πτώσεις μὴ ὂν ἰσαχῶς ταῖς κατηγορίαις λέγεται, παρὰ τοῦτο δὲ τὸ ὡς ψεῦδος λέγεται* [*τὸ*] *μὴ ὂν καὶ τὸ κατὰ δύναμιν, ἐκ τούτου ἡ γένεσίς ἐστιν, ἐκ τοῦ μὴ ἀνθρώπου δυνάμει δὲ ἀνθρώπου ἄνθρωπος, καὶ ἐκ τοῦ μὴ λευκοῦ δυνάμει δὲ λευκοῦ λευκόν, ὁμοίως ἐάν τε ἕν τι γίγνηται ἐάν τε πολλά.*）《论灵魂》第二卷第1章，412b. 8：“一”同“是”的含义一样多，但首要的含义是实现（参见《形而上学》第六卷第4章，1027b. 31）。（*τὸ γὰρ ἓν καὶ τὸ εἶναι ἐπεὶ πλεοναχῶς λέγεται, τὸ κυρίως*（womit zu vergleichen Metaph. E, 4. p. 1027, b, 31）*ἡ ἐντελέχειά ἐστιν.*）《形而上学》第七卷第10章，1036a. 8. 质料自身是不可认识的。（*ἡ δ' ὕλη ἄγνωστος καθ' αὑτήν.*）——作者

① 布兰迪斯，《希腊-罗马哲学》Ⅲ，1，第46页，注85。——作者

普伦德尔所说的：“它就是出现在从潜能向现实的发展过程中的那种‘是’（das Sein），它由此获得了对那被诸陈述形式所标画的‘是’（das Sein）的规定。”[①] 但就被标画为“在现实上的是者”（ὂν ἐνεργείᾳ）和被标画为划分入诸范畴中的“是者”之间，似乎还是存在着一种理性上的区分。某物在一个那儿就它拥有某种形式（现实［ἐνέργεια］）而被思考，在另一个那儿则就它有某种本质并允许某种概念规定而被思考[②]。

最后，（4）似乎可以从诸范畴是属这儿必然得出下面这一结论，那就是：只有那些允许定义的事物——在那儿逻辑上的诸部分被分成为属和种差，能够被纳入某一范畴之中。因此，所有纯粹精神性的东西都会被排除在范畴领域之外。因为在它们那儿，不存在由形式和质料而来的自然上的结合，也正如我们已经多次提及的（见前，第 3 章，§1，第 49 页，以及第 5 章，§6，第 171 页），也没有由属和种差而来的逻辑上的结合。但亚里士多德并未引出这一结论，尽管他有时似乎暗示了它[③]。在《形而上学》第

① 普伦德尔，《逻辑学史》，第 186 页。——作者

② 附注：根据已经说过的，一个是者的各个部分不能直接位于任何范畴之下，为了谓述整体是者的各个部分，我们产生了各种派生的形式。因为我们肯定不能说：鸟是翅膀、是羽毛，而只能说：它是有翅膀的东西、有羽毛的东西；我不能说：牛是尾巴，而只能说：它是有尾巴的东西，等等。那适用于是者之各个部分的东西，就它们在某种方式上以抽象的形式出现而言，它并未被这种派生的形式所改变。在这儿缺乏一种“是”（das Sein）之完满性，该完满性对于直接隶属于范畴之下的那种隶属来说是必然的。正如公正的东西作为公正的东西就是公正，同样，有尾巴的东西作为有尾巴的东西就是其尾巴；因为，正如公正的东西通过公正而是公正的，同样，有尾巴的东西因尾巴而是有尾巴的，等等。——作者

③ 例如，《形而上学》第七卷第 11 章，1037a. 1：在那儿，分离的“所是”没有被算在由属上的“所是”而来的个体之中，而是同“这个”（τόδε τι）相对照；

十二卷中他毫不迟疑地将“所是”分为三种，即分为可感的—可毁灭的“所是”、可感的—不可毁灭的“所是”以及分离的“所是”[①]；并且在《尼各马可伦理学》第一卷中他将神引作位于“所是”这个属之中的善的例子[②]。总的说来，正如亚里士多德的神学在许多方面都显得不够成熟，同样，在这方面似乎也不应否认其体系的不完备。因此，当普罗提诺说“亚里士多德的范畴是不完备的，因为它们没有触及‘可思的东西’（*τὰ νοητά*）；因为同一‘所是’（*οὐσία*）对于可思的东西和可感的东西来说不可能是共同的”时[③]，他的责备至少是有道理的；因为的确对于神和有形的“所是”来说不可能给出某种共同的属。他在《九章集》第六卷第3章中还说：“人们仅仅在类比的和同名异义的方式上可以将它们把握为同一的。”[④]就这点而言我们毫不迟疑地赞同他。但在我们看

在所有那些自身既非“是其所是”也非“形式”，而是“这个”的东西那儿，也有某种质料。（*καὶ παντὸς γὰρ ὕλη τις ἔστιν ὃ μὴ ἔστι τί ἦν εἶναι καὶ εἶδος αὐτὸ καθ' αὐτὸ ἀλλὰ τόδε τι.*）——作者

① 《形而上学》第十二卷第1章，1069a. 30：“所是”有三种：一种是可感的，其中又分为永恒的和可毁灭的……另一种是不运动的……。（*οὐσίαι δὲ τρεῖς, μία μὲν αἰσθητή, ἧς ἡ μὲν ἀΐδιος ἡ δὲ φθαρτή…ἄλλη δὲ ἀκίνητος…*）第十二卷第6章，1071b. 3：既然“所是”有三种，其中两种是自然的，一种是不运动的，那么，关于最后一种就得说，它必然是一种永恒的、不运动的“所是”。（*ἐπεὶ δ' ἦσαν τρεῖς οὐσίαι, δύο μὲν αἱ φυσικαὶ μία δ' ἡ ἀκίνητος, περὶ ταύτης λεκτέον ὅτι ἀνάγκη εἶναι ἀΐδιόν τινα οὐσίαν ἀκίνητον.*）——作者

② 《尼各马可伦理学》第一卷第4章，1096a. 24：因为它能够在“某个”的意义上被说，如神和努斯……。（*καὶ γὰρ ἐν τῷ τί λέγεται, οἷον ὁ θεὸς καὶ ὁ νοῦς…*）参见《形而上学》第七卷第1章，1028a. 18。——作者

③ 《九章集》，Ⅵ，1，1。——作者

④ 《九章集》，Ⅵ，3，1，1130，13：然而，必须在类比和同名异义上把它们当作是同一个东西。（*δεῖ μέντοι τὸ ταὐτὰ ἀναλογίᾳ καὶ ὁμωνυμίᾳ λαμβάνειν·*）——作者

来，当他为了“可思的东西”（τὰ νοητά）、为了纯粹的行动而提出范畴时——即使这些范畴不同于可感事物的那些范畴，他似乎也犯错了；因为神不可能在任何定义中被把握，也不可能隶属于任何属，所有这些都同其本质的单纯性和纯粹现实性相矛盾。然而，神作为在每一方式上都是第一的和最高的“是者”，它总还得指派给“所是”范畴，当然不是纳入，而是以类比的方式。这些思想在其发展上已经不是亚里士多德的了，尽管就其萌芽来说它们无疑包含在其学说之中，甚至它们能够直接从其原则中引申出来。我们不会反驳这些思想；如果我们如后来奥古斯丁那样将神的本质提升到所有范畴之上——因为任何范畴都无法阐明它，那么，同亚里士多德本身对于它们所表现出来的相比，我们对它们要更为忠诚①。

那不能直接隶属于任何范畴中的事物是非常多的。

我们说：

① 奥古斯丁，《论三位一体》（De trinit.），Ⅴ，1 和 2。如果可以的话，我们这样理解神：他是无质的善，无量的大，一无所缺的创造者，无姿态的临在，无“有”的包含一切，无地点的无处不在，无时间的无时不在，自身不运动地让事物运动，以及不遭受任何东西。所有这样思考神的，尽管他还根本未能发现他是什么，但他还是尽可能虔诚地致力于思考他不是什么。但是，无疑他就是“实体”（substantia），如果可以更好地加以说的话，是“本质”（essentia）。（ut sic intellegamus Deum, si possumus, sine qualitate bonum, sine quantitate magnum, sine indigentia creatorem, sine situ praesentem, sine habitu omnia continentem, sine loco ubique totum, sine tempore sempiternum, sine ulla sui mutatione mutabilia facientem, nihilque patientem. Quisquis Deum ita cogitat, etsi nondum potest omnino invenire, quid sit, pie tamen cavet, quantum potest, aliquid de eo sentire, quod non sit. Est tamen sine dubitatione substantia, vel, si melius hoc dictur, essentia.）参见《忏悔录》，Ⅳ，28。——作者

这儿的 substantia 和 essentia 都是对 οὐσία 的翻译。——译者

§12. Ⅺ. 既然那被划分入诸范畴中的“是者”（das Seiende）全都“关乎某种‘一’”（πρὸς ἕν）被说，并且既然诸范畴根据存在于“第一所是”中的不同方式而区别开来，那么，对范畴分类的某种推演就不是不可能的

辛普里柯俄斯告诉我们：亚里士多德从未为诸“属”的次序提供过理由，因此他在不同的地方以不同的次序举出它们，而阿尔库塔斯（Archytas）[①]倒是为范畴的次序给出了一个理由，并且在多数场合忠实于同样的次序[②]。由此人们认为可以得出下面这一结论，那就是：亚里士多德从未就范畴的必然次序说明过理由，并且（既然这两者似乎具有联系）他也从未尝试根据某一原则推演出它们。人们甚至劝阻了这样一种推演之可能性，因为亚里士

① 不是毕达哥拉斯学派的阿尔库塔斯，而是属于漫步学派的一位较后的哲学家。——作者

在古希腊历史上一般所讲的阿尔库塔斯，就是毕达哥拉斯学派的阿尔库塔斯（Ἀρχύτας，Archytas, BC. 428—347），他是哲学家、数学家、天文学家和政治家，毕达哥拉斯学派的著名人物，也是柏拉图的朋友。据第欧根尼·拉尔修《名哲言行录》记载，他曾七次成为城邦的统帅，当叙拉古的僭主准备处死柏拉图时，是他用一封信挽救了柏拉图。而柏拉图在《国家篇》中指出，阿尔库塔斯是在几何学中发现立方体的第一人。至于布伦塔诺这儿所提到的漫步学派的阿尔库塔斯，生平不详。——译者

② 《亚里士多德著作的注释》，79a. 44。——作者

多德对此所提出那些条件在这儿并不是恰当的。所以，布兰迪斯说：“从他对‘是’（das Sein）和‘一’（Eins）的诸思考那儿可以得出，他从未能尝试根据某一最高原则推演出它们。”[①] 博尼茨也宣称，亚里士多德不可能根据他自己所发展出来的关于“证明”（*ἀπόδειξις*）的各种要求为他对诸范畴的划分给出某种证明；因为要能给出这样的证明，那“是（者）”（*ὄν*）就必须得是属[②]，但根据亚里士多德，显然不是这样[③]。即使这样，亚里士多德似乎非常确信其划分的正确和完备，由此人们试图解释说，一种演绎的不可能至少并不妨碍一种经验上的确证的可能[④]。

但布兰迪斯本人注意到，“对范畴的诸划分（*αἱ διαιρεθεῖσαι κατηγορίαι*）”这一表达（《前分析篇》第一卷第37章[⑤]；《论题篇》第四卷第1章[⑥]；《论灵魂》第一卷第1章，402a. 24[⑦]，第一卷第5

① 布兰迪斯，《希腊-罗马哲学》，Ⅲ，1，第45页。参见Ⅱ，2，1，第377页。——作者

② 根据《后分析篇》第一卷第7章，75a. 39：在证明中有三个要素，……第三，“属”这种载体，证明要揭示它的情状，即揭示它那由自身而来的偶性。（*τρία γάρ ἐστι τὰ ἐν ταῖς ἀποδείξεσιν, ...τρίτον τὸ γένος τὸ ὑποκείμενον, οὗ τὰ πάθη καὶ τὰ καθ᾽ αὑτὰ συμβεβηκότα δηλοῖ ἡ ἀπόδειξις.*）——作者

③ 博尼茨，《王家科学院哲学-历史班会议报告》，第643页。——作者

④ 博尼茨，《王家科学院哲学-历史班会议报告》，第643页。——作者

⑤ 《前分析篇》第一卷第37章，49a. 6：范畴被划分为多少，这个属于那个以及这个真实地述说那个就有多少。（*τὸ δ᾽ ὑπάρχειν τόδε τῷδε καὶ τὸ ἀληθεύεσθαι τόδε κατὰ τοῦδε τοσαυταχῶς ληπτέον ὁσαχῶς αἱ κατηγορίαι διῄρηνται.*）——译者

⑥ 《论题篇》第四卷第1章，120b. 36：此外，要考察属和种是否位于同一分类中，而是一个为“所是”，另一个为“质”，或者，一个为“相对物”，另一个为“质”。（*ἔτι εἰ μὴ ἐν τῇ αὐτῇ διαιρέσει τὸ γένος καὶ τὸ εἶδος, ἀλλὰ τὸ μὲν οὐσία τὸ δὲ ποιόν, ἢ τὸ μὲν πρός τι τὸ δὲ ποιόν.*）——译者

⑦ 《论灵魂》第一卷第1章，402a. 24：《论灵魂》第一卷第1章，402a. 22。

章，410a. 14[①]）指出的是一种划分，无论怎样都并未暗含划分的理由[②]；博尼茨也没有误认“划分”（διαίρεσις）的这种含义，即将某一概念领域划分为它的“属（γένη）”和“种（εἴδη）”（参见《前分析篇》第一卷第31章[③]，《后分析篇》第二卷第13章，96b. 25[④]），并将“划分”（διαίρεσις）这一表达（《论题篇》第四卷第1章，120b. 36；121a. 6[⑤]）解释为“对是者的划分”（διαίρεσις τοῦ ὄντος）。但是，我们根据亚里士多德所提出的那些原则以及他到处所给出的各种暗示，已经尝试将布兰迪斯发现阙如的那种划分的理由确定为在“第一所是”那儿存在的不同方式。事实上，出现在类比中向着同一端点的那种统一，似乎完全足以在这儿替代属之位置，即使它同那对于所有的种来说都是同名同义的那种概念之统一相

或许首先必须得确定灵魂位于哪一个属中，以及它是什么；我指的是它是某一这个即“所是”呢，还是“质”或“量”或已经区分出来的诸范畴中某一另外的。（πρῶτον δ᾽ ἴσως ἀναγκαῖον διελεῖν ἐν τίνι τῶν γενῶν καὶ τί ἐστι, λέγω δὲ πότερον τόδε τι καὶ οὐσία ἢ ποιὸν ἢ ποσόν ἢ καί τις ἄλλη τῶν διαιρεθεισῶν κατηγοριῶν.）——译者

① 《论灵魂》第一卷第5章，410a. 14：此外，“是者”具有多重含义；因为，它要么意指“这个”，要么意指“量”，要么意指“质”，要么意指被划分出来的诸范畴中的其他某个。（ἔτι δὲ πολλαχῶς λεγομένου τοῦ ὄντος· σημαίνει γὰρ τὸ μὲν τόδε τι, τὸ δὲ ποσὸν ἢ ποιὸν ἢ καί τινα ἄλλην τῶν διαιρεθεισῶν κατηγοριῶν.）——译者

② 布兰迪斯，《希腊-罗马哲学》，Ⅱ，2，1，第397页。——作者

③ 《前分析篇》第一卷第31章，46a. 31：很容易就看出，由属而来的划分，是上述方法中的一小部分。（ὅτι δ᾽ ἡ διὰ τῶν γενῶν διαίρεσις μικρόν τι μόριόν ἐστι τῆς εἰρημένης μεθόδου, ῥᾴδιον ἰδεῖν.）——译者

④ 《后分析篇》第二卷第13章，96b. 25：依照种差而来的划分对于这类探究是有用的。（αἱ δὲ διαιρέσεις αἱ κατὰ τὰς διαφορὰς χρήσιμοί εἰσιν εἰς τὸ οὕτω μετιέναι.）——译者

⑤ 《论题篇》第四卷第1章，121a. 6：总的说来，属应当与种位于同一划分中。（καθόλου δ᾽ εἰπεῖν ὑπὸ τὴν αὐτὴν διαίρεσιν δεῖ τὸ γένος τῷ εἴδει εἶναι.）——译者

比，是一种较弱的统一。亚里士多德本人就谈到了这一点。确切讲，他在《后分析篇》第一卷第28章开头就说：“关乎同一属的科学是一门科学……。如果其诸原则既不来自某些相同的原则，一个的原则也不来自另一个的原则，那它们就是不同的科学。”① 在《形而上学》第三卷中他也说：“关乎同一属的同一门科学，根据相同的原则来思考那些属于作为属的该属的诸属性。”② 如果人们于这儿在语词之严格的意义上使用属，那么，由此关于形而上学之对象所生起的那些困难就决不是微不足道的，并且亚里士多德也没有忽略强调它们；毕竟形而上学是研究“是者作为是者”以及属于“是者作为是者”的各种属性的科学③。然而，亚里士多德解决这一困难的方式不容许对下面这点有所怀疑，那就是：对于他来说，在这儿并无一种严格的同名同义的东西；即使仅仅看到与同一东西相关的那种统一性——如出现在类比中的那种朝向同一端点的统一性，对于他来说也就足够了。他的话是这样的：“不仅对于那同名同义地分有同一个名称的东西来说，有着同一门科学，而且对于那因关乎同一本性而拥有同一名称的东西来说，也同样如此；因为后者在某种方式上也是‘根据一’（*καθ' ἕν*）而被说的。

① 《后分析篇》第一卷第28章，开头。关乎一个属的科学是一门科学……。其本源既不来自相同的东西，而一个的本源也不来自另一个的本源，那么，一门科学就不同于另一门科学。（*μία δ' ἐπιστήμη ἐστὶν ἡ ἑνὸς γένους…ἑτέρα δ' ἐπιστήμη ἐστὶν ἑτέρας, ὅσων αἱ ἀρχαὶ μήτ' ἐκ τῶν αὐτῶν μήθ' ἕτεραι ἐκ τῶν ἑτέρων.*）——作者

② 《形而上学》第三卷第2章，997a. 21：在同一属那儿根据相同的信念来思考根据其自身而来的各种偶性，是同一门科学。（*περὶ οὖν τὸ αὐτὸ γένος τὰ συμβεβηκότα καθ' αὑτὰ τῆς αὐτῆς ἐστὶ θεωρῆσαι ἐκ τῶν αὐτῶν δοξῶν.*）——作者

③ 《形而上学》第四卷第1章，1003a. 21。——作者

因此，显然对‘是者作为是者’的研究乃是同一门科学的事情。”[①]他在这儿也谈到了“是者”的种类，以及同样多的“一”的种类，仿佛“是者”就是属似的；而这些所谓的种类就是范畴[②]。因此，“是者”不是同名同义者这一点并未提供出任何理由来说明下面这一点，那就是为何必定要否认一种归约为最高属概念的那种归约之可能性。相反，在我看来下面这一点是毫无疑问的，那就是：亚里士多德，即使他仅仅关注与谓词在主词中的“存在方式”（die Existenzweise）相关的不同可能性，他也能够获得关于范畴划分之完备性的一定方式上的先天证明，获得一种“通过演绎而来的论证”（*πίστις διὰ συλλογισμοῦ*）。

同他给予我们的关于各种对方法之不同进行规定的概念的演

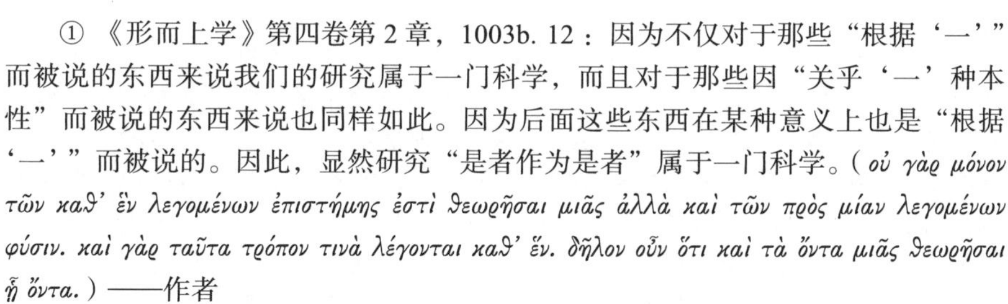

① 《形而上学》第四卷第 2 章，1003b. 12：因为不仅对于那些“根据‘一’”而被说的东西来说我们的研究属于一门科学，而且对于那些因“关乎‘一’种本性”而被说的东西来说也同样如此。因为后面这些东西在某种意义上也是“根据‘一’”而被说的。因此，显然研究“是者作为是者”属于一门科学。（*οὐ γὰρ μόνον τῶν καθ᾽ ἓν λεγομένων ἐπιστήμης ἐστὶ θεωρῆσαι μιᾶς ἀλλὰ καὶ τῶν πρὸς μίαν λεγομένων φύσιν. καὶ γὰρ ταῦτα τρόπον τινὰ λέγονται καθ᾽ ἕν. δῆλον οὖν ὅτι καὶ τὰ ὄντα μιᾶς θεωρῆσαι ᾗ ὄντα.*）——作者

② 《形而上学》第四卷第 2 章，1003b. 21：因此，研究“是者作为是者”的所有种在属上是一门科学；而对其具体各个种的研究属于科学的各个分支。（*διὸ καὶ τοῦ ὄντος ᾗ ὂν ὅσα εἴδη θεωρῆσαι μιᾶς ἐστὶν ἐπιστήμης τῷ γένει, τά τε εἴδη τῶν εἰδῶν.*）第四卷第 2 章，1003b. 33：因此，“一”的种类有多少，“是（者）”的种类也就有多少。研究它们的是什么在属上是同一门科学，我指的是，例如，关于同一（“所是”上的同一）、相似（“质”上的同一）以及其他诸如此类的东西的研究。（*ὥσθ᾽ ὅσα περ τοῦ ἑνὸς εἴδη, τοσαῦτα καὶ τοῦ ὄντος· περὶ ὧν τὸ τί ἐστι τῆς αὐτῆς ἐπιστήμης τῷ γένει θεωρῆσαι, λέγω δ᾽ οἷον περὶ ταὐτοῦ*（*substanzielle Einheit*）*καὶ ὁμοίου*（*qualitative Einheit*）*καὶ τῶν ἄλλων τῶν τοιούτων.*）——作者

绎相比（《论题篇》第一卷第 8 章，103b. 7[①]），在亚里士多德的诸作品中我们没有任何这样的关于最高属概念的演绎。尽管如此，认定他不顾一种“通过演绎而来的论证”（*πίστις τιὰ συλλογισμοῦ*）之可能性而满足于一种“通过归纳而来的论证”（*πίστις διὰ τῆς ἐπαγωγῆς*），这也是不合理的。除了布兰迪斯所注意到的“对范畴的诸划分（*αἱ διαιρεθεῖσαι κατηγορίαι*）”这一表达之外，亚里士多德极其明确地意识到其范畴表的完备性这点也尤其不指向仅仅有着一种通过经验而来的归纳论证。一种总是不充分的通过经验而来的归纳论证，尤其在这样一种超出了全部实在性的划分那儿——其概念是如此地多样并且其含义是如此地广泛，只能提供一种不可靠的担保。最后，在亚里士多德是否演绎性地捍卫了其范畴表的完备性这一问题那儿所估量出来的最重要的东西就是，通过分离出诸“是之方式”（die Seinsweisen）而得到范畴这一尝试是否

① 《论题篇》第一卷第 8 章，103b. 7：因为谓述主词的所有谓词与主词必然要么是可换位的，要么是不可换位的。如果是可换位的，它要么是定义，要么是固有属性。因为如果它意指“是其所是”，则是定义；如果它意指的并非“是其所是”，则是固有属性。因为固有属性就在于，能够同主词进行换位，但又并未指出它的“是其所是”。如果谓词不能够同主词进行换位，那么，它要么属于在主词之定义中进行述说的东西，要么不属于。如果它属于在定义中进行述说的东西，则它要么是属，要么是种差，因为定义乃属加种差。如果它不属于在定义中进行述说的东西，那它显然就是偶性。因为曾经说过，偶性既不是定义，也不是固有属性，也不是属，但它又属于主词。（*ἀνάγκη γὰρ πᾶν τὶ περί τινος κατηγορούμενον ἤτοι ἀντικατηγορεῖσθαι τοῦ πράγματος ἢ μή. καὶ εἰ μὲν ἀντικατηγορεῖται, ὅρος ἢ ἴδιον ἂν εἴη. εἰ μὲν γὰρ σημαίνει τὸ τί ἦν εἶναι, ὅρος, εἰ δὲ μὴ σημαίνει, ἴδιον· τοῦτο γὰρ ἦν ἴδιον, τὸ ἀντικατηγορούμενον μὲν μὴ σημαῖνον δὲ τὸ τί ἦν εἶναι. εἰ δὲ μὴ ἀντικατηγορεῖται τοῦ πράγματος, ἤτοι τῶν ἐν τῷ ὁρισμῷ τοῦ ὑποκειμένου λεγομένων ἐστὶν ἢ οὔ. καὶ εἰ μὲν τῶν ἐν τῷ ὁρισμῷ λεγομένων, γένος ἢ διαφορὰ ἂν εἴη, ἐπειδὴ ὁ ὁρισμὸς ἐκ γένους καὶ διαφορῶν ἐστιν. εἰ δὲ μὴ τῶν ἐν τῷ ὁρισμῷ λεγομένων ἐστί, δῆλον ὅτι συμβεβηκὸς ἂν εἴη· τὸ γὰρ συμβεβηκὸς ἐλέγετο ὃ μήτε ὅρος μήτε ἴδιον μήτε γένος ἐστίν, ὑπάρχει δὲ τῷ πράγματι.*）——译者

是成功的；我们打算在接下来这一节中着手尝试这样做。我们将处处从亚里士多德自己的观点出发，并且当我们在确定划分理由时，同时能在亚里士多德本人的各种暗示中确保所有那些类比上的中间步骤——我们通过这些中间步骤从普遍的“是（者）”（ὄν）下降到各个最高的属。

我们说：

§13. Ⅻ. 对范畴划分的演绎证明必定始于对“所是”（die Substanz）和“偶性”（die Accidenz）的区分。前者不容许进一步的划分，而后者首先被分为各种“绝对的偶性”（die Absoluten Accidenz）和“相对物”（die Relationen）这两类，并且绝对的偶性进而被分为“内在的偶性”（die Inhärenzen）、“影响”（die Affectionen）和“外在状况”（die äußerlichen Umstände）

亚里士多德通过那众所周知的、深刻的、是态学上的划分迈出了对范畴进行某种演绎的第一步，这种划分甚至为斯宾诺莎所尊重，因为他说：“所有是着的东西，要么是在其自身的，要么是依他的。”（omne quod est，aut in se aut in alio est.）[1] 对“所是”

[1] 参见斯宾诺莎《伦理学》（*Ethica*）第一部分“论神”（De Deo），“公理一”（Axiomata 1.）。斯宾诺莎的原文与布伦塔诺在这儿的表达有出入，但意思一致。斯宾诺莎的原文是：Omnia quæ sunt vel in se vel in alio sunt. ——译者

（*οὐσία*）和“偶性”（*συμβεβηκός*）的划分是这样一种划分，它在这两个成员那儿包含了属于范畴的全部是者[①]；它是以存在于“第一所是”中的那种“存在之差异”（Verschiedenheit der Existenz）为根据、以“谓述之差异”（Verschiedenheit der Prädication）为根据的一种划分，由此这种划分同那业已指出的划分理由相应[②]。因为，任何是“所是”的东西，作为在本质上与“第一所是”同一的东西而存在于“第一所是”中；而任何是偶性的东西虽也存在于“第一所是”中，但不是作为属于“第一所是”的本质的东西，而是作为偶然出现在其身上，或在语词的较为宽泛的意义上是内在于它身上的东西。因此，我们在前面同特伦德伦堡一道将“所是”（*οὐσία*）范畴标示为“主词”之范畴；因为在该范畴走入谓词位置的地方，主词——“第一所是”被认为是所有范畴的主词（见

① 《后分析篇》第一卷第 22 章，83b. 19 :（所有不是“是什么”的），全都是偶性。（*συμβεβηκότα γάρ ἐστι πάντα (ὅσα μὴ τί ἐστι).*）第一卷第 22 章，83a. 25 ：那不意指“所是”但却述说另外主词的——该主词既不是那种东西所是的，也不是位于那种东西中的某个所是的——都是偶性。（*ὅσα δὲ μὴ οὐσίαν σημαίνει, ἀλλὰ κατ᾽ ἄλλου ὑποκειμένου λέγεται ὃ μὴ ἔστι μήτε ὅπερ ἐκεῖνο μήτε ὅπερ ἐκεῖνό τι, συμβεβηκότα.*）第一卷第 4 章，73b. 8 ：我把那些不述说主词的东西称作在其自身的，把那些述说主词的东西称作偶性。（*τὰ μὲν δὴ μὴ καθ᾽ ὑποκειμένου καθ᾽ αὑτὰ λέγω, τὰ δὲ καθ᾽ ὑποκειμένου συμβεβηκότα.*）参见《范畴篇》第 2 章，1a. 20 ；第 5 章，2a. 34。——作者

② 见前一个注。《范畴篇》第 5 章，2a. 19 ：基于以上所述，下面这点就很显然了：那些述说某个主词的东西，其名称和逻各斯必然能够谓述该主词。（*φανερὸν δὲ ἐκ τῶν εἰρημένων ὅτι τῶν καθ᾽ ὑποκειμένου λεγομένων ἀναγκαῖον καὶ τοὔνομα καὶ τὸν λόγον κατηγορεῖσθαι τοῦ ὑποκειμένου...*）第 5 章，2a. 27 ：但那些在一个载体中的东西，大多——无论其名称还是逻各斯——不能谓述主词。然而，有时也没有什么可以阻止其名称谓述主词——尽管逻各斯是不可能的。（*τῶν δ᾽ ἐν ὑποκειμένῳ ὄντων ἐπὶ μὲν τῶν πλείστων οὔτε τοὔνομα οὔτε ὁ λόγος κατηγορεῖται τοῦ ὑποκειμένου. ἐπ᾽ ἐνίων δὲ τοὔνομα μὲν οὐδὲν κωλύει κατηγορεῖσθαι τοῦ ὑποκειμένου, τὸν δὲ λόγον ἀδύνατον.*）——作者

前），不仅仅被称呼，而且在概念上被规定，以至于只有在这种情形下主词和谓词之间才有着本质上的结合。在“所是”（*οὐσία*）和“偶性”（*συμβεβηκός*）之间的这种差异，远大于能够出现在偶性之间的任何差异；这种差异首先映入眼帘，因此在任何方式上都理当位于前面[①]。

“本质的同一”（die Wesensidentität）就是实在上的无差别，它自然不容许任何在它里面的进一步区分。因此，我们在这儿碰上了一个属，并且对“所是”（*οὐσία*）的进一步实在上的划分必定发生为通过以真正特别说明的方式加上种差（*διαφοραί*）而来的对一种同名同义者的划分。因此，在《形而上学》第十二卷第1章[②]中

① 例如,《形而上学》第七卷第1章（1028a. 11）通过将所有其他的范畴置于一边，将“所是”（*οὐσία*）置于另一边，从而明确地让“所是”（*οὐσία*）和其他范畴之间的差异凸显为首要的和最重要的差异：因为它要么意指“是什么”，即“这个”，要么意指“质”、“量”或其他这样的范畴中的某一个。（*σημαίνει γὰρ τὸ μὲν τί ἐστι καὶ τόδε τι, τὸ δὲ ποιὸν ἢ ποσὸν ἢ τῶν ἄλλων ἕκαστον τῶν οὕτω κατηγορουμένων.*）整个一章都肯定了这点。——作者

② 《形而上学》第十二卷第1章，1069a. 30："所是”有三种：一种是所有人都认可的可感的“所是”，其中又分为永恒的和可毁灭的，后者如植物和动物；关于它们，必须要做的就是找到其元素，无论其元素是“一”还是“多”。另外一种是不运动的“所是”，并且有人称之为是可分离的“所是”；一些人将之划分为两类，一些人则将形式和数学上的东西确定为一种本性，一些人则仅仅将数学上的东西确定为不运动的“所是”。前两类“所是”属于物理学领域（因为它们包含运动），而后一类“所是”则属于另外的科学之领域——因为它同前两类没有共同的本源。（*οὐσίαι δὲ τρεῖς, μία μὲν αἰσθητή—ἧς ἡ μὲν ἀΐδιος ἡ δὲ φθαρτή, ἣν πάντες ὁμολογοῦσιν, οἷον τὰ φυτὰ καὶ τὰ ζῷα [ἡ δ' ἀΐδιος]—ἧς ἀνάγκη τὰ στοιχεῖα λαβεῖν, εἴτε ἓν εἴτε πολλά· ἄλλη δὲ ἀκίνητος, καὶ ταύτην φασί τινες εἶναι χωριστήν, οἱ μὲν εἰς δύο διαιροῦντες, οἱ δὲ εἰς μίαν φύσιν τιθέντες τὰ εἴδη καὶ τὰ μαθηματικά, οἱ δὲ τὰ μαθηματικὰ μόνον τούτων. ἐκεῖναι μὲν δὴ φυσικῆς (μετὰ κινήσεως γάρ), αὕτη δὲ ἑτέρας, εἰ μηδεμία αὐτοῖς ἀρχὴ κοινή.*）——译者

亚里士多德将“所是”划分为“可感的、可毁灭的和不可毁灭的所是”以及“不运动的、分离的所是”（见前）。

当然，人们还是能够在谓词同主词的关系上对那些基于在本质上与“第一所是”同一而述说“第一所是”的谓词进行一种区分，在该区分中有着：谓词虽然在事实上同主词是同一的，但凭借其更为普遍的概念框架又不同于主词，例如，当我说“苏格拉底是人”；反之，另一种情形则无论“在实在上”（reell）还是“在理性上”（rationell）都完全同主词相合，例如，当我说“苏格拉底是苏格拉底”。亚里士多德在《范畴篇》中以这种方式抵达了在“这个”（*τόδε τι*）或“第一所是”（*πρώτη οὐσία*）同“第二所是”（*δεύτεραι οὐσίαι*）之间的区分（《范畴篇》第5章开头[①]）。然而，不可能有着一种比本质的谓述更本质的谓述，主词和谓词之间的实在关系在这两种情形那儿是相同的；如果人们在这儿想基于概念表现上的区分而找到进一步的区分，这就意味着必定要走上下面这条路，那就是为了下降到各种属上的诸规定而对作为一种“根据类比而来的同名异义者”（*ὁμώνυμον κατ' ἀναλογίαν*）的“是者”

---

① 《范畴篇》第5章，2a. 11：最严格的、首要的和最根本的“所是”，指的是那既不述说任何主词也不在任何载体中的东西，例如个别的人或个别的马。而“第二所是”，指的是那些首要地被称为“所是”的东西存在于其中的“种”以及那些种的“属”，如某个人存在于人这个种中，而这个种的属是动物；因此，它们被称为“第二所是”，如人和动物。（*οὐσία δέ ἐστιν ἡ κυριώτατά τε καὶ πρώτως καὶ μάλιστα λεγομένη, ἣ μήτε καθ' ὑποκειμένου τινὸς λέγεται μήτε ἐν ὑποκειμένῳ τινί ἐστιν, οἷον ὁ τὶς ἄνθρωπος ἢ ὁ τὶς ἵππος. δεύτεραι δὲ οὐσίαι λέγονται, ἐν οἷς εἴδεσιν αἱ πρώτως οὐσίαι λεγόμεναι ὑπάρχουσιν, ταῦτά τε καὶ τὰ τῶν εἰδῶν τούτων γένη. οἷον ὁ τὶς ἄνθρωπος ἐν εἴδει μὲν ὑπάρχει τῷ ἀνθρώπῳ, γένος δὲ τοῦ εἴδους ἐστὶ τὸ ζῷον· δεύτεραι οὖν αὗται λέγονται οὐσίαι, οἷον ὅ τε ἄνθρωπος καὶ τὸ ζῷον.*）——译者

（ὄν）进行划分，这似乎超出了本来的目标，而走到了在那儿不再有任何外在于心灵的诸关系之区分那里。亚里士多德在区分“第一所是”和“第二所是”时，他既没给予我们某一属被分入其中的各个种，也没给予我们一种类比者被分入其中的各个属。但无论怎样，它作为范畴划分之场地对于范畴划分进行其间的整个方向来说是一个受人欢迎的标志。

因此，当本质性的谓述仅仅给出一种单一的谓述方式和范畴时，那些通常被标示为“碰到一起”（συμβαίνειν）的诸非本质性的谓词，一眼就能看出有着巨大的差异。甚至“偶性”（συμβεβηκός）自身也仅仅是一种“类比物”（ἀνάλογον），它根据谓述“第一所是”的方式复又被分为多个种类。首先，那能述说主词但自身不能是主词的东西，要么“绝对地”（absolut）属于主词，要么仅仅“基于同另一东西的关系”（in Beziehung auf ein Anderes）而属于主词；诸偶性要么是一些绝对的偶性，要么是一些相对物。我们将后者理解为下面这种偶然的“是”（Sein），这种“是”仅仅位于同某物的一定的关系中[①]，它所谓述的“所是”是向着某一他物的；例如，我们说：苏格拉底比希庇阿斯智慧，菲利是亚历山大的父亲。这些相对物同其他偶性相比，有着不同的在“所是”那儿的存在方式，有着不同类型的对“所是”的依赖（《形而上学》第四卷第 2 章，1003b. 16[②]）。但这两者彼此其实是同一的，因为

① 《范畴篇》第 7 章，8a. 31：只有那些其“是”乃是相对于他者来说的才是“相对物”。（ἔστι τὰ πρός τι οἷς τὸ εἶναι ταὐτόν ἐστι τῷ πρός τί πως ἔχειν.）——作者

② 《形而上学》第四卷第 2 章，1003b. 16：在任何地方科学都主要研究其他东西都依赖之并由之得以被说的那种首要的东西。如果这种东西就是“所是”，

“所是”以它在下面进行支撑的方式持有和携带着偶性，而偶性以降临其上的方式依赖于“所是”。除了“所是”（*οὐσία*）和“偶性”（*συμβεβηκός*）之间的区别之外，亚里士多德将位于绝对偶性和相对偶性之间的这种区别强调为能够出现在“存在方式”（die Existenzweise）中的最大区别；面对柏拉图主义者，他在那儿想显明质料上的差别，即对于不同的“是之方式”（die Seinsweise）来说在载体和形式之间的整个关系上的差别。其余的偶性作为真正对载体施加了影响的东西不同于相对物，因为后者仅仅同载体松散地联系在一起并且似乎仅仅同载体相关但并未影响它；因此，诸范畴中的是者之整个领域分为三类：“一个是‘所是’（*οὐσία*），一个是‘情状’（*πάθη*），一个是‘相对物’（*πρός τι*）。”（《形而上学》第十四卷第 2 章）[①] 布兰迪斯就这段话指出：“他自然必须将‘所是’和‘相对物’从其余范畴之范围中排除出去，并且为了指出后者对‘所是’的依赖而为之选择‘情状’这一表达，而这种依赖并未以同样的方式出现在‘相对物’那儿”[②]。这在亚里士多

那么，哲学家应做的就是把握“所是”的诸本源和诸原因。（*πανταχοῦ δὲ κυρίως τοῦ πρώτου ἡ ἐπιστήμη, καὶ ἐξ οὗ τὰ ἄλλα ἤρτηται, καὶ δι᾽ ὃ λέγονται. εἰ οὖν τοῦτ᾽ ἐστὶν ἡ οὐσία, τῶν οὐσιῶν ἂν δέοι τὰς ἀρχὰς καὶ τὰς αἰτίας ἔχειν τὸν φιλόσοφον.*）——译者

① 《形而上学》第十四卷第 2 章，1089b. 20：正如已经说过的，如果人们要探究是者如何是多，那他尤其必然不能仅仅在同一范畴中探究是者，不能仅仅追问“所是”如何是多，“质”如何是多，而是要追问是者如何是多。因为它们中一些是“所是”，一些是“情状”，一些是“相对物”。（*πολύ τε μᾶλλον, ὥσπερ ἐλέχθη, (ἀνάγκη), εἰ ἐζήτει πῶς πολλὰ τὰ ὄντα, μὴ τὰ ἐν τῇ αὐτῇ κατηγορίᾳ ζητεῖν, πῶς πολλαὶ οὐσίαι ἢ πολλὰ ποιά, ἀλλὰ πῶς πολλὰ τὰ ὄντα. τὰ μὲν γὰρ οὐσίαι τὰ δὲ πάθη τὰ δὲ πρός τι.*）——作者

② 布兰迪斯，《希腊-罗马哲学》，Ⅲ，1，第 42 页。——作者

德于相对物那儿讨论运动、产生和消亡时，尤其能清楚地看出来。不仅在狭义意义上的运动，而且真正的生成，都不属于相对物，而它们并没有从任何其他范畴那儿排除出去；因为在载体没有丝毫改变的情形下“相对物”（πρός τι）也能既真又假地述说它。这在《物理学》第五卷第 2 章、《形而上学》第十一卷的相应部分以及《形而上学》第十四卷第 1 章中都有所教导，《范畴篇》也对此给出了证明[①]。

这种如此松散地与主词相联系的谓词[②]——它作为最不像“所是”的范畴，就不得不走到整个范畴序列的最后，而“所是”（οὐσία）则位于最前面[③]；我们将该范畴同作为“情状”（πάθη）的

① 《物理学》第五卷第 2 章，225b. 11：在“相对物”那儿无运动，因为可以出现下面这种实情，那就是当“相对物”的一方发生变化时，另一方却不发生变化，从而对于它们来说运动是偶然的。（οὐδὲ δὴ τοῦ πρός τι (ἔστι κίνησις). ἐνδέχεται γὰρ θατέρου μεταβάλλοντος ἀληθεύεσθαι θάτερον μηδὲν μεταβάλλον, ὥστε κατὰ συμβεβηκὸς ἡ κίνησις αὐτῶν.）参见《形而上学》第十一卷，《形而上学》第十四卷第 1 章，1088a. 29：“相对物”最不是“所是”和某种“是者”的标志在于，唯独在它那儿既无生成，也无毁灭，也无运动。而在“量”那儿有增加和减少，在“质”那儿有变化，在“地点”那儿有位移，在“所是”那儿有一般的生成和毁灭。但在“相对物”那儿却并不如此。因为当相对物中的一方在量上发生变化后，另一方即使不动也会时而大、时而小、时而相等。（σημεῖον δ' ὅτι ἥκιστα οὐσία τις καὶ ὄν τι τὸ πρός τι τὸ μόνου μὴ εἶναι γένεσιν αὐτοῦ μηδὲ φθορὰν μηδὲ κίνησιν ὥσπερ κατὰ τὸ ποσὸν αὔξησις καὶ φθίσις, κατὰ τὸ ποιὸν ἀλλοίωσις, κατὰ τόπον φορά, κατὰ τὴν οὐσίαν ἡ ἁπλῆ γένεσις καὶ φθορά. ἀλλ' οὐ κατὰ τὸ πρός τι· ἄνευ γὰρ τοῦ κινηθῆναι ὁτὲ μὲν μεῖζον ὁτὲ δὲ ἔλαττον ἢ ἴσον ἔσται θατέρου κινηθέντος κατὰ τὸ ποσόν.）参见《范畴篇》第 5 章，4b. 4。——作者

② 《尼各马可伦理学》第一卷第 4 章，1096a. 21：它似乎是“是者”的衍生物和偶性。（παραφυάδι γὰρ τοῦτ' ἔοικε καὶ συμβεβηκότι τοῦ ὄντος.）——作者

③ 《形而上学》第十四卷第 1 章，1088a. 22：在全部范畴中，“相对物”最不是一种“本性”或“所是”，它位于“质”和“量”之后。正如已经说过的，“相对物”是“量的”一种情状，而不是其质料，只要还有别的某种东西……。（τὸ

其余那些“偶性”（συμβεβηκός）分开，而这些绝对的偶性也似乎根本不以相同的方式谓述“所是”。我们记得，正如在前面运动既被赋予给那它由之开始的东西，也被赋予给那通过运动而接纳其准备好了的形式的“所是”，当然这两者是以完全不同的方式进行的。我们同样已经看到，如地点——它作为“面”属于那在地点上规定着某一他物的物体，它一方面自己首先和真正地位于该物体之中，另一方面又以完全不同的方式述说该物体所规定的那个物体——我们说那个物体位于这一地点之中。因为，当我说“这块地是平的”或者“这块石头位于平地上”，“这些房子等是或形成了‘市场’（ἀγορά）”或者“这些篮子、水果等‘位于市场中’（ἐν ἀγορᾷ）”时，平地或市场谓述某物的方式肯定是非常不同的。

在这些例子中，尤其能够辨识出三类虽不是“同名同义地”（συνωνύμως）[①]却“绝对地”（absolut）被赋予给“所是”的谓词，这些影响或“情状”（πάθη）首先被分入其中，并且可能性之整个范围都被穷尽了（亚里士多德交替地在狭义、广义和多重修正的

δὲ πρός τι πάντων ἥκιστα φύσις τις ἢ οὐσία τῶν κατηγοριῶν ἐστι, καὶ ὑστέρα τοῦ ποιοῦ καὶ ποσοῦ· καὶ πάθος τι τοῦ ποσοῦ τὸ πρός τι, ὥσπερ ἐλέχθη, ἀλλ' οὐχ ὕλη, εἴ τι ἕτερον. κ. τ. λ.）第十四卷第 1 章，1088b. 1：每一东西的质料，包括“所是”的质料，必然是在潜能上是某物的那种东西。但“相对物”无论是在潜能上还是现实上都不是“所是”。（*ἀνάγκη τε ἑκάστου ὕλην εἶναι τὸ δυνάμει τοιοῦτον, ὥστε καὶ οὐσίας· τὸ δὲ πρός τι οὔτε δυνάμει οὐσία οὔτε ἐνεργείᾳ.*）也参见特伦德伦堡《范畴学说史》，第 76 页和第 117 页。为何《形而上学》第七卷第 4 章（1029b. 22）讨论了那具有某种“是其所是”（*τὸ τί ἦν εἶναι*）的东西，思考了“所是”的其他各种组成，唯独在“相对物”（*πρός τι*）那儿没有思考这些东西，原因或许在于：“相对物”（*πρός τι*）在诸范畴中是“最弱的‘是’”（das schächste Sein），最不具有或最不能有助于构成某种“是其所是”（*τὸ τί ἦν εἶναι*）。——作者

① 《范畴篇》第 5 章，3a. 34。《论题篇》第一卷第 2 章，109b. 6。——作者

含义上使用‘情状’［πάϑη］这一表达[①]，我们在最突出的意义上［κατ᾽ ἐξοχήν］标画它）。因为，一方面是所有首要和真正被称作“是”（Sein）的东西——其他所有东西都谓述它，它自身是着；而另一方面，则是相对物，它整个地缺乏“是”，仅仅是某一是者的影子，它更多地伴随着某一他物的行动而非自身是一物。还有的则是能够如下面这样被赋予给该“所是”的东西，即它要么位于它加以谓述的“所是”中，要么外在于该“所是”而在他物中，最后，要么部分地在该“所是”中，部分地外在于它。无法再设想第四种情形。第一种情形将是一种真正的“内在”（ἐνεῖναι），它最接近于“所是”上的形式同“原始质料”（πρώτη ὕλη）的那种关系。我们能够特别地称这些偶性为内在的偶性（Inhärenzen），如颜色、广延等。反之，如果谓词首先整个地存在于主词之外——如地点外在于那位于地点中的东西，以至于主词由于某一特殊的原因而外在地被它所规定，那么，我们就能将这样的偶性标画为各种外在的规定或“所是”之状况（Umstände）。亚里士多德在其为“何地”（ποῦ）所选取的例子中——如“在市场里（ἐν ἀγορᾷ）”、“在吕克昂（ἐν Λυκείῳ）”（《范畴篇》第4章，2a. 1）——明确地刻画了这种外在的指定方式；他在《论题篇》第六卷第6章（144b. 34）[②]和《物理学》第四卷第12章（221a. 28）[③]径直将属于这

① 它经常用来代表各种运动，例如《论题篇》第六卷第6章，145a. 3。在《范畴篇》第8章（9a. 28）中它则仅仅代表质的一个种。——作者

② 《论题篇》第六卷第6章，144b. 34：因为“在水中”并不意指“在某物中”，也不意指“在某地”，而是意指某种“质”。（οὐ γὰρ ἔν τινι οὐδὲ ποὺ σημαίνει τὸ ἔνυδρον, ἀλλὰ ποιόν τι.）——译者

③ 《物理学》第四卷第12章，221a. 28：因此，所有在时间中的是者必然被时间所包围，就像在某物中的东西必然被某物所包围一样，例如，在地点中的东西

类东西的谓词标示为“那些在某物中的东西”（*τὰ ἔν τινι*）。最后第三种情形，如果谓词部分地来自里面，部分地来自外面，如它同主词的关系，不是如形式之于质料，而是如动作之于它要加以现实化的潜能①，那么，它一般被标示为动作（Operation），或者如亚里士多德经常称呼的那样②，被标示为“运动”（*κίνησις*）。在这儿，谓词之起点或终点要么位于主词之中，要么外在于主词；因为正如亚里士多德所说，“动作”是在进行动作的东西和那遭受动作的东西之间的一种中间状态③。

必然被地点所包围（*διὸ ἀνάγκη πάντα τὰ ἐν χρόνῳ ὄντα περιέχεσθαι ὑπὸ χρόνου, ὥσπερ καὶ τἆλλα ὅσα ἔν τινί ἐστιν, οἷον τὰ ἐν τόπῳ ὑπὸ τοῦ τόπου.*）——译者

① 《形而上学》第九卷第 6 章，1048b. 6：所有的东西并不相同地而是类比地被称作是现实的，正如这个在这个之中或朝向这个，那个在那个之中或朝向那个。因为一些是如运动之于潜能那样，而另一些则是如“所是”之于某种质料那样。（*λέγεται δὲ ἐνεργείᾳ οὐ πάντα ὁμοίως ἀλλ' ἢ τῷ ἀνάλογον, ὡς τοῦτο ἐν τούτῳ ἢ πρὸς τοῦτο, τόδ' ἐν τῷδε ἢ πρὸς τόδε· τὰ μὲν γὰρ ὡς κίνησις πρὸς δύναμιν τὰ δ' ὡς οὐσία πρός τινα ὕλην.*）参见《论灵魂》第二卷第 1 章，412a. 9。——作者

② 《形而上学》第七卷第 4 章，1029b. 23：对于每个范畴来说——如质、量、时间、地点和运动，都有着某种载体。（*ἔστι γάρ τι ὑποκείμενον ἑκάστῳ, οἷον τῷ ποιῷ καὶ τῷ ποσῷ καὶ τῷ ποτὲ καὶ τῷ ποὺ καὶ τῇ κινήσει.*）参见《形而上学》第十二卷第 1 章，1069a. 22 以及前一个注。在对范畴进行列举时，亚里士多德也暗示了在那些包含于这一种类中的东西之间的一种特殊的亲缘性，如《物理学》第五卷第 1 章，225b. 5。《形而上学》第五卷第 7 章，1017a. 26，第十一卷第 12 章，1068a. 9。——作者

③ 《形而上学》第五卷第 20 章，1022b. 5：（“具有”被称作）如某种动作或运动的东西。因为，当某个东西在进行动作，而某个东西被动作，那处在中间的东西就是“动作”。（*(ἕξις δὲ λέγεται) ὥσπερ πρᾶξίς τις ἢ κίνησις· ὅταν γὰρ τὸ μὲν ποιῇ τὸ δὲ ποιῆται, ἔστι ποίησις μεταξύ.*）辛普里柯俄斯，注释，77b. 427. 运动同进行作为和遭受作为相分离，因为它是这两者的中间状态，并且当它在实现情状时就从进行作为的东西那儿前往遭受作为的东西那儿。（*κίνησις δὲ τοῦ ποιοῦντος καὶ πάσχοντος κεχώρισται ὡς μέση οὖσα ἀμφοτέρων καὶ ἀπὸ μὲν τοῦ ποιοῦντος προϊοῦσα, εἰς δὲ τὸ πάσχον ἐναπεργαζομένη τὸ πάθος.*）——作者

我们首先考察者三类中的第一类，即“内在的偶性”（die inhärirenden Accidenzien）。一种宽泛的类比也位于其中吗，还是我们应将“内在”（die Inhärenz）视为属和范畴？我们首先得指向那些“可感的所是”，它们对我们来说是更可认识和更确定的[①]，或者严格说来唯有它被包含在属中[②]；根据亚里士多德的哲学思考，它们并不是单纯的“所是”，相反，它们的本质由质料和形式结合而成，形式将质料加以现实化，并赋予它“是”（Sein）和“本质”（Wesen）。这两个原则中的每一个由此对于其组合物来讲都占据着一个独特的、完全不同的位置，一个是它的“潜能”（*δύναμις*），另一个是它的“现实”（*ἐνέργεια*）[③]。由此就可以得出，那些真正内在于其中的“所是”的偶性，对于“所是”来说也总还是占据着完全不同的位置，即根据是从质料的角度还是从形式的角度属于“所是”而以一种完全不同的方式内在于其中。

“量（das Quantum）”（*ποσόν*）出于“所是”的质料，同质料原则的潜能品质相应，它被这样加以解释：“如果一个东西能够被划分，并且被划分出来的东西位于该东西中，自身又是一个整体，且能够是一个单一的‘所是’，那么，它就被称作一种‘量’。”[④]

---

① 《形而上学》第七卷第 2 章，1028b. 8：“所是”似乎最明显地属于物体。因此我们说动物、植物及其部分是“所是”，还有那些自然物体……（*δοκεῖ δ' ἡ οὐσία ὑπάρχειν φανερώτατα μὲν τοῖς σώμασιν· διὸ τά τε ζῷα καὶ τὰ φυτὰ καὶ τὰ μόρια αὐτῶν οὐσίας εἶναί φαμεν, καὶ τὰ φυσικὰ σώματα...*）参见《形而上学》第七卷第 3 章，10229a. 33。——作者

② 参见前面 § 11。——作者

③ 《论灵魂》第二卷第 1 章，412a. 9：质料是潜能，而形式是实现。（*ἔστι δ' ἡ μὲν ὕλη δύναμις, τὸ δ' εἶδος ἐντελέχεια.*）——作者

④ 《形而上学》第五卷第 13 章，1020a. 7：所谓“量”，指可分解为多个

同质料原则的这种联系尤其显明在《形而上学》第七卷第 3 章中。正如质料是“所是”的终极要素，“所是”在某种方式上甚至还谓述质料（《形而上学》第七卷第 3 章，1029a. 24[①]），同样，在这儿“量”显现为首先属于“所是”的东西，并且显现为在其他偶性从载体那儿抽离后最后方才拿走的东西，对于那些不知“所是”上的形式之原则的人来说，似乎剩下的唯有“质料”（*ὕλη*）[②]。

处在另一方的是“质”（die Qualitäten），它同形式的关系犹如“量”同质料的关系。因为“质”表明“所是”的一种状态、一种举止和方式，即在某一方面上的一种规定或区别。这种规定（1）

构成部分的东西，其中每一个就其本性来说都是某种“一”，即是某一“这个”。（*ποσὸν λέγεται τὸ διαιρετὸν εἰς ἐνυπάρχοντα, ὧν ἑκάτερον ἢ ἕκαστον ἕν τι καὶ τόδε τι πέφυκεν εἶναι.*）——作者

① 《形而上学》第七卷第 3 章，1029a. 24：因为其他范畴都谓述“所是”，而“所是”谓述质料。（*τὰ μὲν γὰρ ἄλλα τῆς οὐσίας κατηγορεῖται, αὕτη δὲ τῆς ὕλης.*）——译者

② 《形而上学》第七卷第 3 章，1029a. 10：此外，“质料”还会由此变成“所是”。因为，如果“质料”不是“所是”，那我们也无力说出别的什么东西是“所是”。当别的东西都被拿走后，显然除了“质料”什么也不剩下。其他东西都无非是物体的情状、产物和潜能，而长、宽、高也无非是一些带有量的东西，并不是“所是”；因为“量”不是“所是”，相反，这些东西最初所属的那个东西才更是“所是”。如果长、宽、高全被拿走，那我们看见唯一剩下的就是它们所限定的那个东西，以至于对于那些如此思考的人来说，唯有“质料”必然看起来是“所是”。（*καὶ ἔτι ἡ ὕλη οὐσία γίγνεται. εἰ γὰρ μὴ αὕτη οὐσία, τίς ἐστιν ἄλλη διαφεύγει. περιαιρουμένων γὰρ τῶν ἄλλων οὐ φαίνεται οὐδὲν ὑπομένον· τὰ μὲν γὰρ ἄλλα τῶν σωμάτων πάθη καὶ ποιήματα καὶ δυνάμεις, τὸ δὲ μῆκος καὶ πλάτος καὶ βάθος ποσότητές τινες ἀλλ' οὐκ οὐσίαι. τὸ γὰρ ποσὸν οὐκ οὐσία, ἀλλὰ μᾶλλον ᾧ ὑπάρχει ταῦτα πρώτῳ, ἐκεῖνό ἐστιν οὐσία. ἀλλὰ μὴν ἀφαιρουμένου μήκους καὶ πλάτους καὶ βάθους οὐδὲν ὁρῶμεν ὑπολειπόμενον, πλὴν εἴ τί ἐστι τὸ ὁριζόμενον ὑπὸ τούτων, ὥστε τὴν ὕλην ἀνάγκη φαίνεσθαι μόνην οὐσίαν οὕτω σκοπουμένοις.*）参见特伦德伦堡《范畴学说史》，第 77 页。——作者

因为“所是”上的“是”（Sein）而出现，因此，属被“所是”上的差异所规定，正如我们在前面已经看到的，这种差异类比于形式；因而在《形而上学》第五卷中“所是”上的差异作为首要的“质”、“所是”上的“质”而被提及[①]。（2）对载体的一种规定和限制也因某种偶性上的“是”（Sein）而出现，并且这就是我们现正在讨论的“质”这一范畴，它也是一种差异。因为它或者根据“量”（die Quantität）来规定和区别载体，并且这种“质”就是形状[②]；它或者就事物的“本质”（das Wesen）来区别载体，因为它作为一种状态位于事物中，它对于事物的本性来说要么是合适的要么是不合适的，例如，一个健康的身体和一个有病的身体，它们就其本性来说被这些状态所区别，并且处在好的状态或坏的状态，它们是诸范畴中的习惯（*ἕξις*）和状态（*διάθεσις*）[③]；或者一种“质”根据某一“动作”（Operation）来区别载体，如热，等等。总而言之，质的诸种无论有多大的差异，但为了能够属于该范畴，它们都总得具有进行规定和进行区别那样的性质，从而同形式具有

① 《形而上学》第五卷第 14 章，1020a. 33 ：“质”的一层含义指“所是”之差异。例如，人是带有某种“质”的动物——因为他是两足的，而马也是带有某种“质”的动物——因为它是四足的；圆是带有某种“质”的图形——因为它是无角的。这些揭示了“所是”之差异的，就是“质”。因此，就这一层含义来说，“质”被称作“所是”之差异……。（*τὸ ποιὸν λέγεται ἕνα μὲν τρόπον ἡ διαφορὰ τῆς οὐσίας, οἷον ποιόν τι ἄνθρωπος ζῷον ὅτι δίπουν, ἵππος δὲ τετράπουν, καὶ κύκλος ποιόν τι σχῆμα ὅτι ἀγώνιον, ὡς τῆς διαφορᾶς τῆς κατὰ τὴν οὐσίαν ποιότητος οὔσης. ἕνα μὲν δὴ τρόπον τοῦτον λέγεται ἡ ποιότης διαφορὰ οὐσίας...*）——作者

② 参见后面 § 16。——作者

③ 《范畴篇》第 8 章，8b. 26 ：因此，《形而上学》第五卷第 14 章（1020b. 12.）将“质”的这个“种”刻画为：最后，“质”还指德性和邪恶，概而言之，指坏和好。（*ἔτι κατ' ἀρετὴν καὶ κακίαν καὶ ὅλως τὸ κακὸν καὶ ἀγαθόν.*）——作者

亲缘性，并将该范畴同“量”范畴区别开来[①]。因此，特伦德伦堡也说：“正如‘量’出于‘所是’之质料，同样，‘质’出于‘所是’之形式。”[②]他指出，即使反过来的次序可能是更为合适的，但根据《形而上学》第十二卷第1章，在某种方式上能够依此赋予“质”对于“量”的优先性：“因此，第一个是‘所是’，接下来是‘质’，接下来是‘量’。”[③]亚里士多德几乎总是让“质”走在前面[④]，之所以如此，或许因为它所伴随的形式是更有力的原则，同质料相比更是“所是”。然而，在这儿一种次序同另一种次序一样

① 《形而上学》第五卷第14章，1020b. 13：在那儿，亚里士多德想把所有的“质”（*ποιόν*）概括为两种方式，他说：因此，“质”大致有两层含义，其中一层是主要的。首要的“质”是“所是”之差异（在数字中的“质”就是这种“质”的一部分；因为它是一种“所是”之差异，但又或者属于不运动者，或者不是作为运动者）；第二层含义上的“质”指运动者作为运动者的诸情状，以及运动的诸种差。德性和邪恶就是这些情状的一个部分；因为它们揭示了运动之差异和现实之差异，那些在运动中的是者根据它们而好地或坏地行动或遭受。……（*σχεδὸν δὴ κατὰ δύο τρόπους λέγοιτ' ἂν τὸ ποιόν, καὶ τούτων ἕνα τὸν κυριώτατον. πρώτη μὲν γὰρ ποιότης ἡ τῆς οὐσίας διαφορά (ταύτης δέ τι καὶ ἡ ἐν τοῖς ἀριθμοῖς ποιότης μέρος. διαφορὰ γάρ τις οὐσιῶν, ἀλλ' ἢ οὐ κινουμένων ἢ οὐχ ᾗ κινούμενα), τὰ δὲ πάθη τῶν κινουμένων ᾗ κινούμενα, καὶ αἱ τῶν κινήσεων διαφοραί. ἀρετὴ δὲ καὶ κακία τῶν παθημάτων μέρος τι· διαφορὰς γὰρ δηλοῦσι τῆς κινήσεως καὶ τῆς ἐνεργείας, καθ' ἃς ποιοῦσιν ἢ πάσχουσι καλῶς ἢ φαύλως τὰ ἐν κινήσει ὄντα. κ. τ. λ.*）——作者

② 《范畴学说史》，第78页，也参见第103页；策勒尔，《希腊哲学》，Ⅱ，2. 第196页，注3，以及他所引用的那些段落。——作者

③ 《形而上学》第十二卷第1章，1069a. 20：因此，首先是“所是”，然后是“质”，然后是“量”。（*οὕτω πρῶτον ἡ οὐσία, εἶτα τὸ ποιόν, εἶτα τὸ ποσόν.*）——作者

④ 例如，《后分析篇》第一卷第22章，83a. 21以及83b. 16；《论题篇》第一卷第9章，103b. 20；《物理学》第五卷第1章，225b. 5；《形而上学》第五卷第7章，1017a. 24第七卷第1章，1028a. 12, 1029b. 24；《尼各马可伦理学》第一卷第4章，1096a. 25以及别的一些地方。——作者

有着合理的理据[①]，如果我们追随特伦德伦堡基于其在第77页中所发展起来的那种理由而倾心的那种次序，还是有一些可取之处的。但我们在这儿仅仅致力于指出，真正内在的偶性自身复又可能具有双重的内在方式，由此双重的谓述方式也能够是不同的；因此，正如“偶性”（Accidenz）不是属，“内在”（Inhärenz）同样不是

① 亚里士多德在对范畴的列举中并无固定的次序，当然，“所是”范畴无疑是十范畴中最重要的。根据我们的统计，亚里士多德在列举范畴时，直接跟在“所是”范畴后面的主要有三个，即“量”、“质”和“相对物”，其中，“量”和“质”所出现的频率大致相当，“相对物”相对较少。在《范畴篇》和《论题篇》对十范畴的完整列举中，紧接“所是”范畴的都是“量”，然后是“质”和“相对物”；但在其他列举出八个范畴的著作中，紧接“所是”范畴的都是“质”。这一本来似乎无需深究的问题，在古代评注者那儿却是一个非常严肃的问题，讨论的关键就是“量”和“质”谁是仅次于“所是”范畴的范畴。例如，阿莫尼俄斯在其《〈范畴篇〉评注》中就认为：在讨论完“所是”之后，亚里士多德现在提出了“量”，因为“量”在范畴之次序中位居第二。原初质料是无形式的和无形体的，它首先接纳了三维而成为三维的东西——它被称为第二载体，然后才接纳它的各种“质”，并成为带有“质”的复合物。例如，当三维的东西接纳热和干之后，就变成了火；当它接受了冷和湿之后就变成了水，诸如此类等等。因此，“量”在范畴之次序中位于第二位是合理的，第三位是“质”……此外，我们将“所是”划分为第一和第二，而第一和第二自身就属于数目；因此，数被用来说三维，而数属于一种“量”。所以，亚里士多德完全有权将“量”置于第二位。（*πληρώσας τὸν περὶ τῆς οὐσίας λόγον, περὶ τοῦ ποσοῦ νῦν διαλαμβάνει. δευτέραν γὰρ ἔχει τάξιν ἐν ταῖς κατηγορίαις τὸ ποσόν. ἡ γὰρ πρώτη ὕλη ἀνείδεος οὖσα καὶ ἀσώματος πρότερον τὰς τρεῖς διαστάσεις δέχεται καὶ γίνεται τριχῇ διαστατὸν τὸ καλούμενον δεύτερον ὑποκείμενον, εἶθ' οὕτως τὰς ποιότητας καὶ γίνεται σύνθετον ποσόν, ⟨οἷον⟩ τὸ τριχῇ διαστατὸν θερμότητα μὲν δεξάμενον καὶ ξηρότητα γίνεται πῦρ, ψυχρότητα δὲ καὶ ὑγρότητα γίνεται ὕδωρ, καὶ τἆλλα ὁμοίως. εἰκότως οὖν δευτέραν τάξιν ἔχει ἐν ταῖς κατηγορίαις τὸ ποσόν, τρίτην δὲ τὸ ποιόν. ...πάλιν δὲ διαιροῦμεν τὴν οὐσίαν εἰς πρώτην καὶ εἰς δευτέραν, αὐτὸ δὲ τὸ πρῶτον καὶ τὸ δεύτερον τοῦ ἀριθμοῦ, ὥστε τῷ ἀριθμῷ προσκέχρηται τῷ τριχῇ διαστατῷ, ὁ δὲ ἀριθμὸς τοῦ ποσοῦ. εἰκότως τοίνυν περὶ τοῦ ποσοῦ δευτέρως διαλαμβάνει ὁ Ἀριστοτέλης.* Ammonius, *In Aristotelis categorias commentaries*, 54. 3–15.）——译者

属，相反，对于“量”和“质”这两个属来说它仅仅是“类比上的共同”（κοινὸν κατ᾽ ἀναλογίαν）[①]。

如果人们想考虑是态学上的含义[②]，并且想一步一步地从内在的谓述方式下降到外在的谓述方式，那么，“运动”（κίνησις）的类型就必定伴随着内在偶性的类型。在第一种类型的偶性那儿，内在性是那基于它谓词方才被赋予给主词的东西；但在这儿，内在性是那使得一个东西能够谓述另一个东西的因果性。只有因果性在诸“个体性的所是”之间所建立起来的那种联系，才满足被拿来作为这第二种类型的偶性上的谓词之差别的那种条件，也即是说，谓词由之被取出的东西既同那在主词中的某种东西有关联，也同外在于主词的其他东西有关联，它是这两者之间的某种中间物[③]。击打，就其起点来说位于那进行击打的东西中，就其终点来说则位于那被击打的东西中；因此，既然它在这两者之间就像处

① 关于诸范畴的最恰当的次序，参见后面 §16，3 更准确。——作者

② “所是”之外的诸范畴，尽管它们在其是态学的含义上全都在“偶性”（συμβεβηκότα）的关系上面向“所是”，但它们还是构成了一系列并存的成员；博尼茨《王家科学院哲学-历史班会议报告》第 607 页由此得出结论说：“在范畴作为范畴那儿，要加以处理的不是对形而上学问题的某种裁决，而是对在经验上所给出的表象域的提纲挈领的划分。”完全相反！对范畴的演绎始于是态学上的差异，由此就会得出所有的次级划分也诉诸这种差异，而由此则会进一步得出所有的范畴都被置于一个平行系列中，在这种演绎中所使用的那些更加普遍的概念全都仅仅具有类比的统一性，因此，它们自身复又在自己那儿包含有是态学上的差异。从诸范畴那儿而来的所有其他概念，有序地一步步下降，全都同名同义地进行隶属，并且具有是态学上的统一性——即在“是之概念”（Seinsbegriff）上的统一性，一直下降到个别事物为止。——作者

③ 《形而上学》第五卷第 20 章，1022b. 5：因为，当某个东西在进行动作，而某个东西被动作，那处在中间的东西就是“动作”。（ὅταν γὰρ τὸ μὲν ποιῇ τὸ δὲ ποιῆται, ἔστι ποίησις μεταξύ.）——作者

在中间位置一样，故它既能谓述前一个，也能谓述后一个。但正如我们在前面所看到的亚里士多德并非不恰当地加以指出的（《形而上学》第九卷第6章，1048b. 6[①]），这既不出现于“在这个之中”（*ἐν τῷδε*）那儿，也不出现于“朝向这个”（*πρὸς τόδε*）那儿。我们没有说，亚里士多德本人就讲“运动”（*κίνησις*）位于被运动的东西那儿，例如，《物理学》第三卷第3章（202a. 13[②]）以及前面所考察过的其他一些段落；因为在那儿“运动”（*κίνησις*）并没有构成某一确定的范畴，而是如“现实”（*ἐνέργεια*）和“潜能”（*δύναμις*）能够出现在不同范畴中一样，它只能够通过归约到我们前面已经谈及过的端点这个属而发生。然而，这个端点并不存在于进行运动的东西中，而是存在于被运动的东西中，例如，在从黑到白的运动中，两个终端以及所有在运动中所遇到的色调，都必须被视为其诸部分的端点，它们都位于那正在形成的白中。但是，只要假设“运动”（*κίνησις*）构成了是者的某一特殊的属，那么，在那被运动的东西中赋予给它的绝非“在这个之中而是”（*ἐν τῷδε εἶναι*），而是一种“朝向这个”（*πρὸς τόδε*），或者更严格地说是一种“朝向这个而是”（*ἐπὶ τόδε εἶναι*）。

① 《形而上学》第九卷第6章，1048b. 6：所有的东西并不相同地而是类比地被称作是现实的，正如这个在这个之中或朝向这个，那个在那个之中或朝向那个。因为一些是如运动之于潜能那样，而另一些则是如“所是”之于某种质料那样。（*λέγεται δὲ ἐνεργείᾳ οὐ πάντα ὁμοίως ἀλλ᾽ ἢ τῷ ἀνάλογον, ὡς τοῦτο ἐν τούτῳ ἢ πρὸς τοῦτο, τόδ᾽ ἐν τῷδε ἢ πρὸς τόδε· τὰ μὲν γὰρ ὡς κίνησις πρὸς δύναμιν τὰ δ᾽ ὡς οὐσία πρός τινα ὕλην.*）——译者

② 《物理学》第三卷第3章，202a. 13：关于运动是否位于能被运动的东西之中这一问题的解答，是显而易见的。（*καὶ τὸ ἀπορούμενον δὲ φανερόν, ὅτι ἐστὶν ἡ κίνησις ἐν τῷ κινητῷ.*）——译者

在这儿直接就得出了两种谓述方式。"动作"（die Operation）要么谓述"动作"之起点所在其中[①]和它由之出发的东西（ὑφ' οὗ ἔστιν）[②]，即谓述施动者；要么谓述"动作"之终点所在其中的东西（ἐφ' ὃ ἡ κίνησις）[③]，即谓述受动者。一方面向我们表明的是"行动"（ποιεῖν），另一方面则是"遭受"（πάσχειν）；由此穷尽了在这一情形中可能的范畴之数目。

现在，一种人们可能提出的异议必须加以触及。亚里士多德区分了两种类型的活动，即真正的"做工"（facere, ποιεῖν）和"行事"（agere, πράττειν）。真正意义上的活动是涉及某种外在质料的行为，如建造、切割，等等。反之，"行事"是那始终停留在行事者自身那儿的一种行为，如看、意愿，等等[④]。因此，在

① 《论生成与毁灭》第一卷第 7 章，324a. 26：运动的本源位于其中的东西似乎引起运动。（ἐν ᾧ τε γὰρ ἡ ἀρχὴ τῆς κινήσεως, δοκεῖ τοῦτο κινεῖν.）——作者

② 《物理学》第三卷第 3 章，202a. 16；b. 21 以及第七卷第 1 章开头。——作者

③ 《形而上学》第五卷第 17 章，1022a. 7.（所谓终点指）运动和行动都朝向之的那个东西。（(πέρας λέγεται) ἐφ' ὃ ἡ κίνησις καὶ ἡ πρᾶξις.）——作者

④ 《形而上学》第九卷第 8 章，1050a. 23：在一些情形下，"使用"就是最终的东西，例如，观看就是视觉之使用，并且除了观看，并无其他任何东西从视觉中生起；但在另外一些情形下，则生成了某种东西，例如，从造屋的技艺中除了有造屋活动之外，还产生出房屋。然而，在一种情形下，活动自身就是目的；但在另一种情形下，活动除了是潜能之外更多地是目的。因为造屋活动就位于被造的房屋中，它同房屋同时生成出来和同时是着。因此，在不同于"使用"的那种生成物那儿，现实就位于被制造出来的东西中，如造屋活动就位于被造出来的房屋中，纺织活动就位于被纺织出来的东西中，诸如此类，等等。总而言之，运动位于被运动的东西中。但在除了现实之外并无其他作品那儿，现实就位于那些施动者自身中，如看就位于那进行看的东西中，思就位于那进行思的东西中，生命就位于灵魂中。（ἐπεὶ δ' ἐστὶ τῶν μὲν ἔσχατον ἡ χρῆσις, οἷον ὄψεως ἡ ὅρασις, καὶ οὐθὲν γίγνεται

“行事”和进行行事的主体之间，同“做工”和进行做工的主体之间，似乎有着一种完全不同的关系。人们或许能够说“做工”既与内在于主体中的某种东西相关，也与外在于主体的某种东西相关；但“行事”似乎完全位于主体之中。因此，“行事”要求一种本己谓述方式，并构成了一种独特的不及物的“行事”这一范畴。

一旦更加深入地加以考察，这一如此貌似有理的异议就仅仅是貌似有理的；并且下面这一点始终还是真的，那就是：做工、行事同遭受只能构成两个范畴。为了清楚地认识这一点，首先必须注意，凡进行运动的东西与被运动的东西同一的地方，就没有运动。因为凡是积极主动的东西就其应是积极主动的而言，都必定是“现实的”（*ἐνεργείᾳ*）；由此现实方才径直被说成是先于潜能[①]。没有任何东西从无而来。另一方面，在行动所指向的遭受者

παρὰ ταύτην ἕτερον ἀπὸ τῆς ὄψεως, ἀπ᾽ ἐνίων δὲ γίγνεταί τι, οἷον ἀπὸ τῆς οἰκοδομικῆς οἰκία παρὰ τὴν οἰκοδόμησιν, ὅμως οὐθὲν ἧττον ἔνθα μὲν τέλος, ἔνθα δὲ μᾶλλον τέλος τῆς δυνάμεώς ἐστιν· ἡ γὰρ οἰκοδόμησις ἐν τῷ οἰκοδομουμένῳ, καὶ ἅμα γίγνεται καὶ ἔστι τῇ οἰκίᾳ. ὅσων μὲν οὖν ἕτερόν τί ἐστι παρὰ τὴν χρῆσιν τὸ γιγνόμενον, τούτων μὲν ἡ ἐνέργεια ἐν τῷ ποιουμένῳ ἐστίν, οἷον ἥ τε οἰκοδόμησις ἐν τῷ οἰκοδομουμένῳ καὶ ἡ ὕφανσις ἐν τῷ ὑφαινομένῳ, ὁμοίως δὲ καὶ ἐπὶ τῶν ἄλλων, καὶ ὅλως ἡ κίνησις ἐν τῷ κινουμένῳ· ὅσων δὲ μὴ ἔστιν ἄλλο τι ἔργον παρὰ τὴν ἐνέργειαν, ἐν αὐτοῖς ὑπάρχει ἡ ἐνέργεια, οἷον ἡ ὅρασις ἐν τῷ ὁρῶντι καὶ ἡ θεωρία ἐν τῷ θεωροῦντι καὶ ἡ ζωὴ ἐν τῇ ψυχῇ.）——作者

① 《形而上学》第九卷第 8 章，1049b. 5：显然现实先于潜能……。1049b. 24：因为，现实的是者总是被现实的是者从潜能的是者那儿生成出来，例如，人由人而来，懂音乐的人从懂音乐的人而来；总是有着第一推动者，这个推动者已经是现实的。（*φανερὸν ὅτι πρότερον ἐνέργεια δυνάμεώς ἐστιν*...b. 24. *ἀεὶ γὰρ ἐκ τοῦ δυνάμει ὄντος γίγνεται τὸ ἐνεργείᾳ ὂν ὑπὸ ἐνεργείᾳ ὄντος, οἷον ἄνθρωπος ἐξ ἀνθρώπου, μουσικὸς ὑπὸ μουσικοῦ, ἀεὶ κινοῦντός τινος πρώτου· τὸ δὲ κινοῦν ἐνεργείᾳ ἤδη ἔστιν.*）——作者

那儿，就其应遭受某种东西而言必定“潜能地”（δυνάμει）是它将是的。因此，下面这一点就是清楚的，那就是：即使就最宽泛意义上的运动而言，没有任何东西根据与被运动者的关系而是进行运动的。

我们现在考察下面这类活动，人们说，通过它们某物自己让自己运动起来；它们被分为两类：（1）那些仅仅在表面上是不及物的，在那儿某物并非真正自己让自己运动，而是它的一个部分让另一个部分运动（《物理学》第七卷第1章，241b. 27[①]）；并且如亚里士多德在其《物理学》第七卷开头所阐述的那样，这是在严格意义上的所有运动那儿——例如在地点上的运动那儿所出现的情形[②]（《物理学》第七卷第1章，241b. 33[③]；242a. 15[④]），他将之标示为“不完全的现实”（ἐνέργειαι ἀτελοῦς）、“在潜能上的是者之现实”（ἐνέργειαι τοῦ δυνάμει ὄντος）。因此，亚里士多德不会允许诸如“漫步”（περιπατεῖν）、“跑”（τρέχειν）这样的行动是真正不及物的。（2）那些真正不及物的运动。它们不存在于《物理学》一书所处理的那种真正意义上的运动之中。但是，还有着另一种类型的运动；因为凡是出现从“潜能”（δύναμις）向“现实”（ἐνέργεια）

① 《物理学》第七卷第1章，241b. 27：不是被它的某个部分所运动。（ὃ κινεῖται μὴ τῷ τῶν τούτου τι κινεῖσθαι.）依据贝克尔本。——译者

② 《物理学》第七卷第1章，242a. 16：所有在地点上被运动的东西都必然被他物所运动。（ἀνάγκη καὶ κινούμενον πᾶν ἐν τόπῳ κινεῖσθαι ὑπ' ἄλλου.）——作者

③ 《物理学》第七卷第1章，241b. 33：因为分不清哪部分被哪部分所运动。（διὰ τὸ μὴ συνορᾶν πότερον ὑπὸ ποτέρου κινεῖται.）依据贝克尔本。——译者

④ 《物理学》第七卷第1章，242a. 15：因为所有被运动的东西都是可分的，当其部分静了下来，整体也就静了下来。（διαιρετόν τε γὰρ ἐστι πᾶν τὸ κινούμενον, καὶ τοῦ μέρους ἠρεμοῦντος ἠρεμήσει καὶ τὸ ὅλον.）依据贝克尔本。——译者

过渡的地方，就能够在宽泛的意义上于那儿谈论一种运动[①]。这样一种不及物的活动出现在如意愿这样的东西中。意志实际上自己推动自己。但是，根据我们刚刚所考察过的，甚至意志也不能对同一物来说既是进行推动的也是被推动的，既是积极行动的也是被动遭受的。一种意志行为唤起另一种意志行为，但没有任何意志行为自己唤起它自己本身。就意志“现实地”（*ἐνεργείᾳ*）意愿某种目的来说，它就它通过慎思将之认作有益于该目的那种东西而言让自己本身从“潜能”（*δύναμις*）还原到“现实”（*ἐνέργεια*）。因此，一系列的决定和意志行为能够彼此产生，在那儿，走在前面的东西总是成为走在后面的东西的原因；例如，一个想去罗马的人，决定乘船渡过地中海，沿途停留马赛等一系列城市，然后再乘车，等等。但是，这整个系列必须得有一个开端，不可能总是复又预先设定另一个意志行为。它们当中必定有一个是第一的；并且由于这个东西也非永恒，因此被迫设定一个外在的推动者——第一个意志运动就位于它的推动中。就像在物理运动那儿那让自然运动起来的第一原则来自外面一样，在意志运动那儿也同样如此——尽管某一意志行为的下一个原则能够位于意志自身

① 《论灵魂》第三卷第 7 章，431a. 4：显然可感的东西让感官从潜能上的是者变成现实上的是者，因为感官既未遭受什么，也未发生变化。因此，它是另一种（不同于在《物理学》中所讨论的）运动。因为运动是尚未完成的现实，而绝对的现实——即那已经实现了的东西，是不同的。（*φαίνεται δὲ τὸ μὲν αἰσθητὸν ἐκ δυνάμει ὄντος τοῦ αἰσθητικοῦ ἐνεργείᾳ ποιοῦν· οὐ γὰρ πάσχει οὐδ' ἀλλοιοῦται. διὸ ἄλλο εἶδος τοῦτο κινήσεως*（als die in der Physik behandelte）· *ἡ γὰρ κίνησις τοῦ ἀτελοῦς ἐνέργεια, ἡ δ' ἁπλῶς ἐνέργεια ἑτέρα, ἡ τοῦ τετελεσμένου.*）参见《形而上学》第九卷第 6 章，1048b. 28：在那儿，“运动”（*κίνησις*）取那种严格的含义。——作者

那儿[①]。因此，每一不及物的运动都显现为第二种类型的运动。

据此解决前面所提出的那个问题就不再困难了。第一种类型中的那种不及物的运动——其实它们并非真正是不及物的运动，分为“行动”（*ποιεῖν*）和“遭受”（*πάσχειν*），因为一方乃是作为行动的运动，另一方是作为遭受的运动，这两者是不同的；因此，根据人们从一方或另一方来思考它们，它们属于这两个范畴中这一个或那一个。起点和终点显然彼此是分离的。严格地加以考察，那些真正内在的行动也同样分解为被划分入这两个属中的两个概念。的确真的会出现同一个载体既是积极主动的又是被动遭受的，也即行动之起点和终点都位于它之中；然而，这两者始终有着实在的差异，那由之某物方才被现实化的东西，并不就是那被现实化的东西。因此，动作与载体有着两种不同的关系，根据两种不同的谓述方式述说载体，人们获得依照两个范畴之要求而完全彼此有别的两个概念。倘若行动的起点位于载体中，那它

① 《欧德谟伦理学》，第七卷第 14 章，1248a. 15：然而，或许有人会问，机遇就是在恰当的时候对恰当的东西进行欲求的原因吗？或者它不是一切东西的原因？因为它就不是思想和决定的原因。因为一个已经进行了决定的人不会再决定那已经决定过的东西，而是有某一开端；那已经进行了思想的人也不会再思想先前已经思想过的东西，因为那将导致无限。因此，思想不是思想的起点，决定也不是决定的起点……。这就是我们所寻求的东西：在灵魂中什么是运动的本源。显然，正如在宇宙中神是运动的本源，在灵魂中也同样如此。因为无论如何在我们身上的那种神性的东西推动一切。（*τοῦτο μέντ᾽ ἂν ἀπορήσειέ τις, ἆρ᾽ αὐτοῦ τούτου τύχη αἰτία, τοῦ ἐπιθυμῆσαι οὗ δεῖ καὶ ὅτε δεῖ. ἢ οὕτως γε πάντων ἔσται; καὶ γὰρ τοῦ νοῆσαι καὶ βουλεύσασθαι· οὐ γὰρ δὴ ἐβουλεύσατο βουλευσάμενος, καὶ τοῦτ᾽ ἐβουλεύσατο, ἀλλ᾽ ἔστιν ἀρχή τις, οὐδ᾽ ἐνόησε νοήσας πρότερον νοῆσαι, καὶ τοῦτο εἰς ἄπειρον. οὐκ ἄρα τοῦ νοῆσαι ὁ νοῦς ἀρχή, οὐδὲ τοῦ βουλεύσασθαι βουλή...τὸ δὲ ζητούμενον τοῦτ᾽ ἐστί, τίς ἡ τῆς κινήσεως ἀρχὴ ἐν τῇ ψυχῇ. δῆλον δὴ ὥσπερ ἐν τῷ ὅλῳ θεός, καὶ κἀν ἐκείνῳ. κινεῖ γάρ πως πάντα τὸ ἐν ἡμῖν θεῖον.*）——作者

的终点就不位于载体中；倘若它的终点位于载体中，那它的起点就不位于载体中[①]。因此，正如我们所看到的，外在推动者所唤起的那种首先的意志行为不是不及物的，从意志一方来看，它仅仅是“遭受”（πάσχειν）；但是，它显然同接下来的那些意志行为有着完全相同的本性，并且它作为“遭受”（πάσχειν）同它们一道被置于同一个属中。因此，正如特伦德伦堡想要接受的[②]，亚里士多德不可能为不及物的运动确立一个不同于“行动”（ποιεῖν）和“遭受”（πάσχειν）的单独的范畴。这将意味着，在一个范畴之框架内一个事物同“第一所是”的两种关系会同时被把握；“在内存在”（Inexistenz）之两种类型、“是”（εἶναι）和“是者”（ὄν）之两种类型能够被结合在一个概念中，并且该概念并不由此就如范畴所要求的那样真正是“一”，也不是一个单一的谓词。因此，当亚里士多德承认它们两个乃包含在一个属中时，他做的是对的，并且符合范畴划分的原则[③]。

① 参见前面第 77 页。《形而上学》第五卷第 12 章，1019a. 15。——作者

② 《范畴学说史》，第 24 页：“‘主动’（das Activ）和‘被动’（das Passiv）通过‘行动’（ποιεῖν）和‘遭受’（πάσχειν），至少通过‘姿态’（κεῖσθαι）这一不及物者的部分，通过‘有’（ἔχειν）这一希腊语完成时的特性——就它表明了对效果的一种拥有来说，在一个普遍的概念中得到把握。”参见该书第 140 页。——作者

③ 《物理学》第二卷第 1 章（192b. 20）教导说，自然不是在某个他物中而是在其所处的东西中的运动之本源；因此，亚里士多德在《形而上学》第九卷第 8 章（1049b. 8）说，自然同在他物中产生出某种运动的“潜能”一道属于同一个属：自然同潜能出现在同一个属中。因为它是运动的本源，但不是在他物中，而是在作为自身的自身中。（καὶ γὰρ ἡ φύσις ἐν ταὐτῷ γίγνεται· ἐν ταὐτῷ γὰρ γένει τῇ δυνάμει· ἀρχὴ γὰρ κινητική, ἀλλ’ οὐκ ἐν ἄλλῳ ἀλλ’ ἐν αὐτῷ ᾗ αὐτό.）——作者

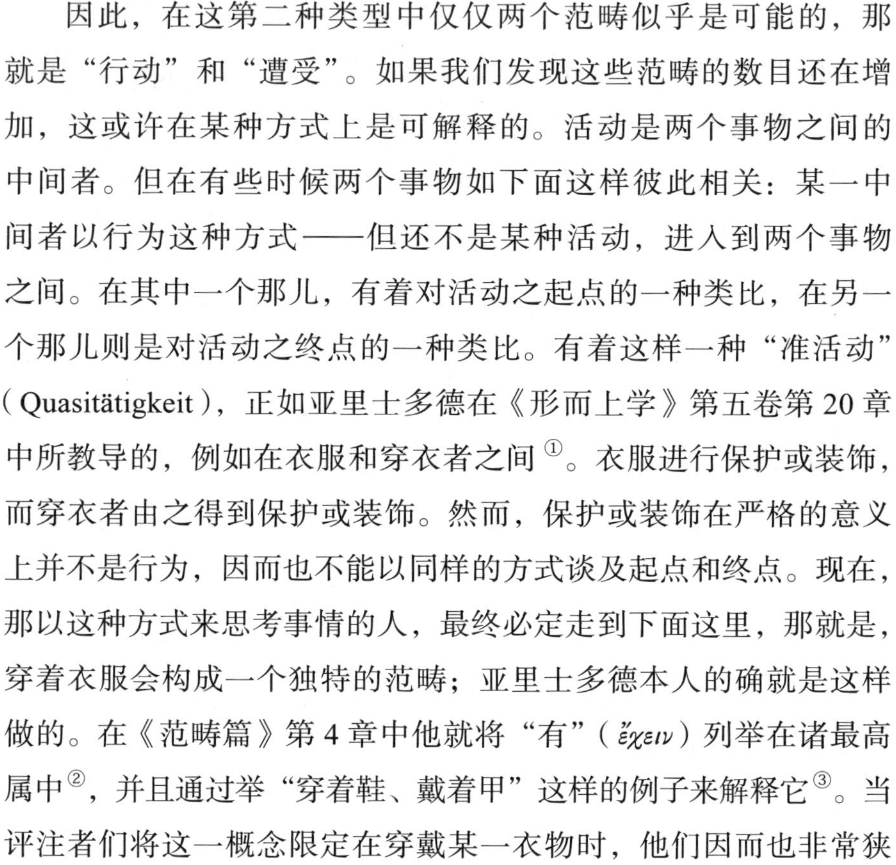

因此，在这第二种类型中仅仅两个范畴似乎是可能的，那就是“行动”和“遭受”。如果我们发现这些范畴的数目还在增加，这或许在某种方式上是可解释的。活动是两个事物之间的中间者。但在有些时候两个事物如下面这样彼此相关：某一中间者以行为这种方式——但还不是某种活动，进入到两个事物之间。在其中一个那儿，有着对活动之起点的一种类比，在另一个那儿则是对活动之终点的一种类比。有着这样一种“准活动”（Quasitätigkeit），正如亚里士多德在《形而上学》第五卷第20章中所教导的，例如在衣服和穿衣者之间[①]。衣服进行保护或装饰，而穿衣者由之得到保护或装饰。然而，保护或装饰在严格的意义上并不是行为，因而也不能以同样的方式谈及起点和终点。现在，那以这种方式来思考事情的人，最终必定走到下面这里，那就是，穿着衣服会构成一个独特的范畴；亚里士多德本人的确就是这样做的。在《范畴篇》第4章中他就将“有”（*ἔχειν*）列举在诸最高属中[②]，并且通过举“穿着鞋、戴着甲”这样的例子来解释它[③]。当评注者们将这一概念限定在穿戴某一衣物时，他们因而也非常狭

① 《形而上学》第五卷第20章，1022b. 4：所谓“有”，在一种意义上意指具有者和被具有者的某种现实，就像某种动作或运动一样。因为，当某个东西在进行动作，而某个东西被动作，那处在中间的东西就是“动作”；同样，在拥有衣服者和被拥有的衣服之间是“有”。（*ἕξις δὲ λέγεται ἕνα μὲν τρόπον οἷον ἐνέργειά τις τοῦ ἔχοντος καὶ ἐχομένου, ὥσπερ πρᾶξίς τις ἢ κίνησις· ὅταν γὰρ τὸ μὲν ποιῇ τὸ δὲ ποιῆται, ἔστι ποίησις μεταξύ. οὕτω καὶ τοῦ ἔχοντος ἐσθῆτα καὶ τῆς ἐχομένης ἐσθῆτος ἔστι μεταξὺ ἕξις.*）——作者

② 《范畴篇》第4章，1b. 27。——作者

③ 《范畴篇》第4章，2a. 3：“有”，如他穿着鞋、他戴着甲。（*ἔχειν δὲ οἷον ὑποδέδεται, ὥπλισται.*）——作者

义地在把握这一概念[①]。我必须承认，由于亚里士多德在该书第 9 章重复了这一例子，要怀疑这一理解的正确性对我来说似乎几乎是不可能的；因此，他相信他已经如此确切地标明了"有"（ἔχειν）的含义，以至于进一步的解释根本是不必要的[②]。博尼茨认为，"例子远不足以拿来进行某种归纳。"[③] 诚然，这些例子仅仅在下面这一情形那儿是够用的，那就是，"有"（ἔχειν）的界限被画得如此狭窄，以至于"戴着甲"（ὥπλισται）和"穿着鞋"（ὑποδέδεται）这两个概念充分地表现了"有"（ἔχειν）的整个范围，也即是说，我们把对于这两者来说是共同的那种最严格的概念取作属概念。从《形而上学》第五卷所引的那段话对某物是如此特殊以至于能够进入到最高属的数目当中这一乍看起来让人吃惊的现象提供了解释，并且同时向我们指出，这一谓述方式实际上被他算在"运动"（κίνησις）之类型中。如果类似于活动的一种如此这样的"现实"（ἐνέργεια），确实从其中一个来，并且影响了另一个，如果保护我们的盔甲确实对我们有着一种实在的、积极的影响，那么，无疑

① 辛普里柯俄斯，《〈范畴篇〉评注》，93a：因此，"有"的固有属性就是：它分有某种被获得的东西，而这种被获得的东西同"所是"是相分离的，它自身既不处置"所是"也不从自己那儿对"所是"进行命名，并且它是处在"所是"身上的。（ἐπικτήτου οὖν τινος μετουσία καὶ τοῦ κεχωρισμένου τῆς οὐσίας καὶ μὴ διατιθέντος αὐτὴν καθ' αὑτὸ μηδὲ ὀνομάζεσθαι ἀφ' ἑαυτοῦ ποιοῦντος καὶ περικειμένου τὸ ἴδιόν ἐστιν τοῦ ἔχειν.）——作者

② 《范畴篇》第 9 章，11b. 11：由于其显而易见，故除了最初所论及的之外对之就不再说什么了；因为"有"意味着穿着鞋、戴着甲……。（διὰ τὸ προφανῆ εἶναι οὐδὲν ὑπὲρ αὐτῶν ἄλλο λέγεται ἢ ὅσα ἐν ἀρχῇ ἐῤῥήθη, ὅτι τὸ ἔχειν μὲν σημαίνει τὸ ὑποδεδέσθαι, τὸ ὡπλίσθαι κ. τ. λ.）——作者

③ 博尼茨，《王家科学院哲学–历史班会议报告》，第 643 页。——作者

为了这种影响必须得承认对“第一所是”的一种新的偶性方式和一种新的的谓述方式，结果就是必须得承认一种新范畴。反之，如果出现的只是两者之间的一种关系——人们仅仅轻率地将这种关系当作一种实际的活动，就像语言使用自身所显示的那样，也即是说，如果活动的影响仅仅是一种虚构，如果在这种虚构和真实活动之间的差异就是一种虚构与现实的差异，那么，就不会构成任何新的范畴。相反，根据其实在的内容，“有”（ἔχειν）被置于相对物之中；另一方面，根据那虚构出来的表象方式，它不是直接地而是仅仅作为“真之意义上的是者”（ὂν ὡς ἀληθές）而被归约到属于真正的运动之诸范畴中，类似地，那些虚构出来的诸关系也被归约到“相对物”（πρός τι）这一范畴之中，等等。

我们对下面这点毫无疑问，那就是：所有不是“行动”（ποιεῖν）和“遭受”（πάσχειν）的东西，要求在“运动”（κίνησις）之种类中有一个位置都是不恰当的。在深入的检查那儿，实在的内容始终被归约到一种关系中。如新近那些著名的研究者所认为的那样，亚里士多德本人似乎后来也已经将“有”（ἔχειν），以及“姿态”（κεῖσθαι）——它占据了一个类似的位置并就其实在内容而言只是将诸部分的一种确定的关系增添到“何地”（ποῦ）之上[①][因此，它作为“位置”（θέσις）属于相对物，它作为被赋予了一

① “状态”（διάθεσις）的第一种类型能够视为对于“姿态”（κεῖσθαι）的实在内容的解释，《形而上学》第五卷第19章，1022b. 1：所谓“状态”，就地点而言指对有部分的东西的一种安排。（διάθεσις λέγεται τοῦ ἔχοντος μέρη τάξις-κατὰ τόπον.）他所提到的其余“状态”，乃“质”的种。也参见《形而上学》第八卷第2章，1042b. 14以及b. 19：“形势”（θέσις）的改变发生在一种位移那儿，因为相对物没有任何本己的产生和消亡（见前）。——作者

种“运动”（κίνησις）现象的“姿态”（κεῖσθαι），构成了一个独特的范畴[①]。]，从范畴之数目那儿给删掉了；而亚里士多德这样做，有可能是以我们所给出的那种方式对它们进行归约和还原的[②]。在此没有任何主动的范畴同“是穿着衣服的”（Bekleidetsein）这一被动的范畴相应这一点就必须是这种情形，“现实”（ἐνέργεια）位于一种实际的、从衣服到影响那穿衣服的人那儿[③]；亚里士多德指出，在实在上仅仅一种关系是现成的，该关系就两个不同的端点

① 《范畴篇》第 7 章，6b. 11：卧、站、坐都是一些形势，但形势属于“相对物”。但卧着、站着、坐着自身都不是形势，而是派生地从前述那些形势中得名。（*ἔστι δὲ καὶ ἡ ἀνάκλισις καὶ ἡ στάσις καὶ ἡ καθέδρα θέσεις τινές, ἡ δὲ θέσις τῶν πρός τι· τὸ δὲ ἀνακεῖσθαι ἢ ἑστάναι ἢ καθῆσθαι αὐτὰ μὲν οὐκ εἰσὶ θέσεις, παρωνύμως δὲ ἀπὸ τῶν εἰρημένων θέσεων λέγεται.*）——作者

② 参见特伦德伦堡，《范畴学说史》，第 140 页，第 142 页。——作者

③ 这已经引起了早期评注者们的注意，如《亚里士多德著作的注释》49a. 10 所指出的：因此，一些关注范畴表的不完备的人想知道，为何范畴不是十一个——因为能够增添“被有”这一范畴？因为，既然亚里士多德举出了“行动”和“遭受”，那为何他不举出“有”和“被有”？苏里阿努斯（Syrianus）解决了这一问题，他说：“被有”属于一种“姿态”，而我们已经拥有“姿态”这一范畴。因为“被拥有的东西”处在“拥有者”那儿，例如，某个人带着戒指、披着披风、穿着鞋子。这些东西都处在拥有它们的人身上。（*ἀποροῦσι τοίνυν οἱ μειονεξίαν αὐτῶν κατηγοροῦντες ὅτι διὰ τί μὴ ἕνδεκα αἱ κατηγορίαι, προστιθεμένου τοῦ ἔχεσθαι, τί δήποτε γὰρ τῷ μὲν ποιεῖν τὸ πάσχειν ἀντέταξε, τῷ δὲ ἔχειν τὸ ἔχεσθαι οὐκέτι; καὶ λύει τοῦτο Συριανὸς λέγων ὅτι ὑπὸ τὸ κεῖσθαι ἀνάγεται τὸ ἔχεσθαι, ἔχομεν δὲ μίαν κατηγορίαν τὸ κεῖσθαι. τὸ γὰρ ἐχόμενον ἐν τῷ ἔχοντι κεῖται. οἷον ἔχει τις δακτύλιον ἢ ἱμάτιον ἢ ὑποδήματα· ταῦτα ἐν τῷ ἔχοντι κεῖνται.*）——作者

苏里阿努斯（*Συριανός*，Syrianus，死于公元 437 年左右），新柏拉图主义者，出生于亚历山大里亚，后来前往雅典，受教于雅典的普鲁塔尔科斯，并继雅典的普鲁塔尔科斯之后成为新柏拉图主义雅典学派的领导者。苏里阿努斯一生致力于评注柏拉图和亚里士多德的著作，保存下来的仅有《〈形而上学〉评注》（*In Aristotelis Metaphysica Commentaria*）。——译者

而言当然绝不可能拥有“在内存在”（Inexistenz）的两个不同的属。而他在不同的范畴中讨论不同的运动时，并未提到“有”和“姿态”①；这意味着它们自身就要求是同运动相关的某种东西②，只有一次（《形而上学》第七卷第 4 章，1029b. 24③）“运动”（*κίνησις*）径直就代表了“行动”（*ποιεῖν*）、“遭受”（*πάσχειν*）、“姿态”（*κεῖσθαι*）和“有”（*ἔχειν*）；这些段落也说到在其他一些地方表现得更加清楚的东西（如《后分析篇》第一卷第 22 章，83a. 21④ 以及83b. 15，⑤ 在那儿对范畴进行列举的目的显然就是要要求其完备性），那就是：“有”（*ἔχειν*）和“姿态”（*κεῖσθαι*）不是真正不同的两个范畴。《形而上学》第五卷第 7 章中的那段话似乎是决定性的，该书第七卷第 1 章将之视为是给出了一种完整的范畴划分⑥，而在

① 《物理学》第一卷第 7 章，190a. 34。——作者

② 因为显然不可能有着一种运动的运动。参见《物理学》第五卷第 2 章，225b. 15。——作者

③ 《形而上学》第七卷第 4 章，1029b. 24：对于每个范畴来说——如质、量、时间、地点和运动，都有着某种载体。（*ἔστι γάρ τι ὑποκείμενον ἑκάστῳ, οἷον τῷ ποιῷ καὶ τῷ ποσῷ καὶ τῷ ποτὲ καὶ τῷ ποὺ καὶ τῇ κινήσει.*）——译者

④ 《后分析篇》第一卷第 22 章，83a. 21：因此，当一个东西谓述另一个东西时，它要么在“是什么”上进行谓述，要么在“质”、“量”、“相对物”、“行动”、“遭受”、“地点”或“时间”上进行谓述。（*ὥστε ἢ ἐν τῷ τί ἐστιν ἢ ὅτι ποιὸν ἢ ποσὸν ἢ πρός τι ἢ ποιοῦν τι ἢ πάσχον ἢ ποὺ ἢ ποτέ, ὅταν ἓν καθ' ἑνὸς κατηγορηθῇ.*）——译者

⑤ 《后分析篇》第一卷第 22 章，83b. 15：这些属性是有限的，范畴这种属也是有限的，因为它们要么是“质”，要么是“量”，要么是“相对物”，要么是“行动”，要么是“遭受”，要么是“地点”，要么是“时间”。（*ταῦτα δὲ πεπέρανται, καὶ τὰ γένη τῶν κατηγοριῶν πεπέρανται· ἢ γὰρ ποιὸν ἢ ποσὸν ἢ πρός τι ἢ ποιοῦν ἢ πάσχον ἢ ποὺ ἢ ποτέ.*）——译者

⑥ 《形而上学》第七卷第 1 章，1028a. 10：正如我们前面在词典卷中所说的（即在《形而上学》第五卷中），“是者”被以多重方式加以言说；因为它要么意指“是什么”即“这一个”，要么意指“质”，要么意指“量”，要么意指其他如

那儿仅仅列举了八个范畴[①]。

对动作或“运动”（*κίνησις*）之种类说了如此地多，对于我们来说它们依然还是限制在两个属上，即限制在“行动”（*ποιεῖν*）和“遭受”（*πάσχειν*）上。

我们前往最后一类绝对的偶性，即前往形势（Umstände）那儿；在这儿，由于谓词从外面取得，在最小程度上内在于其载体，

此进行谓述的东西中的某一个。尽管“是者”有如此多的含义，但显然其中首要的“是者”乃“是什么”，因为它揭示的乃“所是”。（*τὸ ὂν λέγεται πολλαχῶς, καθάπερ διειλόμεθα πρότερον ἐν τοῖς περὶ τοῦ ποσαχῶς* (d. i. im fünften Buche der Metaphysik)· *σημαίνει γὰρ τὸ μὲν τί ἐστι καὶ τόδε τι, τὸ δὲ ποιὸν ἢ ποσὸν ἢ τῶν ἄλλων ἕκαστον τῶν οὕτω κατηγορουμένων. τοσαυταχῶς δὲ λεγομένου τοῦ ὄντος φανερὸν ὅτι τούτων πρῶτον ὂν τὸ τί ἐστιν, ὅπερ σημαίνει τὴν οὐσίαν.*）——作者

① 《形而上学》第五卷第 7 章，1017a. 24：在诸进行谓述的东西中，有的意指“是什么”，有的意指“质”，有的意指“量”，有的意指“相对物”，有的意指“行动”，有的意指“遭受”，有的意指“地点”，有的意指“时间”；它们中的每一个与“是者”的一种意指相应。（*ἐπεὶ οὖν τῶν κατηγορουμένων τὰ μὲν τί ἐστι σημαίνει, τὰ δὲ ποιόν, τὰ δὲ ποσόν, τὰ δὲ πρός τι, τὰ δὲ ποιεῖν ἢ πάσχειν, τὰ δὲ πού, τὰ δὲ ποτέ, ἑκάστῳ τούτων τὸ εἶναι ταὐτὸ σημαίνει.*）也参见《物理学》第五卷第 1 章，225b. 5。因此，布兰迪斯在其《希腊-罗马哲学》（Ⅲ,1，第 42 页）中说道：“我们不想否认亚里士多德或许后来已经放弃了他早前所提及的关于‘有’和‘姿态’的规定，等等。”特伦德伦堡在其《范畴学说史》（第 142 页）中也说：“……‘有’（*ἔχειν*）和‘姿态’（*κεῖσθαι*）在亚里士多德所写的其他一些地方显然给排除出去了……，例如《后分析篇》第一卷第 22 章，那儿的目的就是要通过诸范畴对谓述的不同类型进行完整的列举，但那儿显然没有‘有’（*ἔχειν*）和‘姿态’（*κεῖσθαι*）。人们能够在那儿猜测，从另外的角度看，它们或许能被接纳入其他范畴中，如被接纳入‘行动’（*ποιεῖν*）和‘遭受’（*πάσχειν*）这两个范畴中——只要这两个范畴在较为宽泛的含义上被当作主动和被动。在《形而上学》（1029b. 24）中动词性的范畴‘行动’（*ποιεῖν*）、‘遭受’（*πάσχειν*）、‘姿态’（*κεῖσθαι*）和‘有’（*ἔχειν*）干脆被‘运动’（*κίνησις*）所取代，但在运动中来理解‘有’（*ἔχειν*）和‘姿态’（*κεῖσθαι*）则是困难的。”参见博尼茨《王家科学院哲学-历史班会议报告》第 643 页。策勒尔《希腊哲学》Ⅱ，2. 第 191 页和第 197 页。——作者

故它们必定在最低程度上被称作“是着”（seiend）。在这儿我们也将立马看到那仅仅容许在谓述方式上有着一种类比上的统一的谓词间的一种差异。所有有限物由之从外部得到测量和规定的两种度量是“地点”（der Ort）和“时间”（die Zeit），并且两者是以完全不同的方式进行测量和规定的[①]。因此，必然会有两种谓述方式，一种表明的是时间上的规定，另一种表明的是地点上的规定。故至少有两个范畴。我们之所以说“至少”，因为下面这两点还有待研究：（1）是否这样一类从外部进行的谓述还会在其他条件下出现，（2）是否这些谓述方式自身展示出进一步的划分。

第一点所涉及的，即增加一种新的形势之类型似乎是不可想象的。因为，一方面，被外在度量所规定的不同可能性已经在通过地点进行规定和通过时间进行规定这两者那儿给穷尽了（事物的内在度量，如长、宽、高，作为内在的度量而不属于这一类型）；另一方面，没有被度量所给出的那种规定，对单纯外在物的一种实在的谓述（它必须以某种方式规定载体，以便给予它以某

---

① 关于地点，《物理学》第四卷第 4 章（212a. 20）说道：因此，包容者那不动的、最初的边界，就是地点……。212a. 28。因此，地点似乎是如容器和包容者那样的一种表面。（*ὥστε τὸ τοῦ περιέχοντος πέρας ἀκίνητον πρῶτον, τοῦτ᾽ ἔστιν ὁ τόπος...28. καὶ διὰ τοῦτο δοκεῖ ἐπίπεδόν τι εἶναι καὶ οἷον ἀγγεῖον ὁ τόπος καὶ περιέχον.*）关于时间《物理学》第四卷第 12 章（221b. 16）说道：时间度量被运动者作为被运动者，以及静止者作为静止者。因为它就它们是带有某种量的东西而度量它们的运动和它们的静止。因此，运动者不能单纯作为是某种量的东西而被时间所度量，而是作为它那具有量的运动而被时间所度量。（*μετρήσει δ᾽ ὁ χρόνος τὸ κινούμενον καὶ τὸ ἠρεμοῦν, ᾗ τὸ μὲν κινούμενον τὸ δὲ ἠρεμοῦν. τὴν γὰρ κίνησιν αὐτῶν μετρήσει καὶ τὴν ἠρεμίαν, πόση τις. ὥστε τὸ κινούμενον οὐχ ἁπλῶς ἔσται μετρητὸν ὑπὸ χρόνου, ᾗ ποσόν τί ἐστιν, ἀλλ᾽ ᾗ ἡ κίνησις αὐτοῦ ποσή.*）《物理学》第四卷第 12 章，223b. 10。时间在任何地方都是同一的。（*ὁ δὲ χρόνος πανταχοῦ ὁ αὐτός.*）——作者

种实际的“是之方式”，即给予它某种偶性）就是不可能的。如果某一完全外在的东西从不能为那被规定的东西提供一种度量，那么，它对于后者来说根本就不是进行度量的东西，后者也根本不被它所规定。

另一个问题是，是否这儿所指出的两种谓述方式不会因某种进一步的类比而构成多于两个的范畴。但这似乎也是不可能的。在时间那儿这直接就是清楚明白的；因为任何在时间上被度量的东西都以同样的方式与作为度量而与之相应的“时间跨度”（Zeitteile）相关，就此而言，今天的东西并非不同于昨天的东西，也并非不同于去年的东西。在地点那儿情形就的确不一样了；一个“所是”不仅能够通过占据这一或那一地点而经历不同地点上的规定，而且它也能够以不同的方式占据同一地点，即通过其诸部分在这一地点上的不同排列而占据该地点。在时间那儿也的确有着诸部分的安排，但这仅仅是一种“次序”（*τάξις*），而不是“形势”（*θέσις*）——就像亚里士多德在《范畴篇》第6章中所教导的那样[①]；这种“次序”包含在时间概念自身中[②]，但在地点那儿则有着某种“位置”（eine Lage）。现在如果我说棍子在这儿，并且

① 《范畴篇》第6章，5a. 26：时间的诸部分也不具有上面这些（诸部分具有某种位置）。因为时间的诸部分中没有一个能够持存，而那不能持存的东西怎么可能具有某一位置呢？相反，你毋宁说它们具有某种次序，即时间的某个部分在先，某个部分在后。（*οὐδὲ τὰ τοῦ χρόνου (μόρια θέσιν τινὰ ἔχει)· ὑπομένει γὰρ οὐδὲν τῶν τοῦ χρόνου μορίων, ὃ δὲ μή ἐστιν ὑπομένον, πῶς ἂν τοῦτο θέσιν τινὰ ἔχοι; ἀλλὰ μᾶλλον τάξιν τινὰ εἴποις ἂν ἔχειν τῷ τὸ μὲν πρότερον εἶναι τοῦ χρόνου τὸ δ' ὕστερον.*）——作者

② 《物理学》第四卷第11章，220a. 24：因此，时间是就先后而言的运动之数目，并且是连续的（因为运动是连续的）。（*ὅτι μὲν τοίνυν ὁ χρόνος ἀριθμός ἐστιν κινήσεως κατὰ τὸ πρότερον καὶ ὕστερον, καὶ συνεχής (συνεχοῦς γάρ), φανερόν.*）——作者

如果我说棍子竖立着，那么，这些谓词中的每一个似乎都是一种“形势”，一种通过“地点”（*τόπος*）从外面而来的规定，但谓述方式却似乎不同。因此，“姿态”（*κεῖσθαι*）再次要求成为一个独特的范畴。

什么是“位置”（die Lage）？显然就是那具有部分的东西的排列，同地点相关[①]。因此，如果我还知道位于某个地点中的某物，例如，它处在直立的姿势中，那么，除了事物的地点之外，我仅仅知道它的诸部分就其地点上的规定而言的彼此间的相对关系。因此，当亚里士多德将“形势”（*θέσις*）列举为“相对物”的种时（《范畴篇》第7章，6b. 11）[②]，他是正确的。由此它也不具有独立的生成和毁灭；因为，一旦诸部分中的每一个都已经占据了一个确定的地点[③]，它们之间的相对关系也就自动给出了。这种相对关系显然首先是诸部分的一种偶性；根据位置，在上的部分在在下的部分之上，在后的部分在在前的部分之后，等等[④]。但是，诸部

---

① 《形而上学》第五卷第19章，1022b. 1。见前，第250页，注1。——作者

② 见前，第250页，注2。——作者

《范畴篇》第7章，6b. 11：卧、站、坐都是一些形势，但形势属于“相对物”。但卧着、站着、坐着自身都不是形势，而是派生地从前述那些形势中得名。（*ἔστι δὲ καὶ ἡ ἀνάκλισις καὶ ἡ στάσις καὶ ἡ καθέδρα θέσεις τινές, ἡ δὲ θέσις τῶν πρός τι. τὸ δὲ ἀνακείσθαι ἢ ἑστάναι ἢ καθῆσθαι αὐτὰ μὲν οὐκ εἰσὶ θέσεις, παρωνύμως δὲ ἀπὸ τῶν εἰρημένων θέσεων λέγεται.*）——译者

③ 《物理学》第四卷第5章（212b. 12）指出，诸部分都有一个地点：因为所有的部分无论怎样都位于地点中。（*τὰ γὰρ μόρια ἐν τόπῳ πως πάντα.*）——作者

④ 因此，《形而上学》第八卷第2章，1042b. 19：一些则是在位置上，如门槛和门楣（因为它们无论怎样都因姿态而不同）。（*τὰ δὲ θέσει οἷον οὐδὸς καὶ ὑπέρθυρον (ταῦτα γὰρ τῷ κεῖσθαί πως διαφέρει).*）——作者

分的偶性也谓述它们所属的那个整体；头发是金黄的，因而人也是金黄的，即人在头发上是金黄的；手受伤了，因而人也受伤了，即人在手上受伤了；头在这儿，脚在那儿，因而人在这儿和在那儿。因此，部分间的相对关系也谓述整体。如果一枚蛋在不同的部分那儿显示出不同的颜色，那么，我也用诸部分间的相对关系在其颜色方面去谓述整体，并且我说蛋是彩色的。同样，如果在一个人那儿头同身体的其他部分在地点上处在下面这样一种相对关系中，即头是在下面的，而其余部分是在上面的，那么，我会这样说这整个人，即他是头向下的，等等。在语言上相对关系现在不再凸显，以前，“在上边”（*ἀνώτερον*）是一种“在下边的在上边”（*ἀνώτερον τοῦ κατωτέρου*），而“在下边”（*κατώτερον*）是一种“在上边的在下边”（*κατώτερον τοῦ ἀνωτέρου*）；我不能为“头向下”添加通常作为相对关系在语言上的标志的“某种东西的”（*τινὸς*）[①]。然而，显然就“是”（Sein）而言这并未导致任何不同。谓词“彩色的”就像其他颜色一样属于相对关系，它在颜色上不同于其他的颜色；与诸部分彼此就处于其中的相对关系那较弱的“是”（Sein）相比，“形势”（*θέσις*）对于整体而言也并不具有更多“所是上的是”（kein substanzhafteres Sein），并且它现在转嫁到了整体身上。在整体中的那种“在内存在”（Inexistenz）显然在这儿并未添加任何新的东西给在部分中的那种“在内存在”；相反，伴随在部分中的那种“在内存在”而来的，以及就部分来看，同一偶性

① 《范畴篇》第 7 章，6a. 36 见后 § 15。——作者

被增添给了整体。

以这种方式整体似乎获得了由其诸部分而来的一种规定，该规定看起来类似于某种遭受，并且有机会在诸部分和诸部分给予其位置的整体之间虚构出一种“准行为”（Quasi-Action），一种积极的影响。因此，就会出现下面这一点，那就是：“姿态”（κεῖσθαι）要多于单纯的“形势”（θέσις），并且渴望进入到“运动”（κίνησις）以及“有”（ἔχειν）的等级中（见前）。但正如我们在前面所看到的，对范畴的严格理解必定不会允许这一点，因为它绝不会给那仅仅位于知性中的东西在范畴之直接的序列中安排任何位置。

因此，在第三类中我们仅仅得到了两个范畴，（1）“何地”（ποῦ）[①]，在那儿“地点”（der Ort）谓述位于其中的东西；（2）“某时”（ποτέ），在那儿时间谓述它作为度量加以规定的东西。由《物理学》第四卷而来的一些段落证实对“何地”（ποῦ）和“某时”（ποτέ）这两个概念的这种理解实际上就是亚里士多德本人的理解。

（1）关于范畴“何地”（ποῦ）。亚里士多德在《范畴篇》中通过“在市场里，在吕克昂”（ἐν ἀγορᾷ, ἐν Λυκείῳ）来解释“何地”（ποῦ）。我们在《物理学》第四卷第5章中所读到的与这完全一致。在那儿他指出，事物如何能够位于某一地点中，在212a. 31中他说道：“如果一个物体有某个另外的物体在它之外，并且包围

① 布伦塔诺这里所引的希腊文为ποῦ（何地），从上下文看，当为πού（某地）。——译者

着它，那它就是在地点中[①]，否则就不是。”（*ᾧ μὲν οὖν σώματι ἔστι τι ἐκτὸς σῶμα περιέχον αὐτό, τοῦτο ἔστιν ἐν τόπῳ, ᾧ δὲ μή, οὔ.*）这种位于某一地点中被解释为（212b. 14）是“某地”（*πού*）：“因为某地自身是某种东西，并且在它之外还必须有另外的某种东西包围着它。”（*τὸ γάρ που αὐτό τέ ἐστί τι, καὶ ἔτι ἄλλο τι δεῖ εἶναι παρὰ τοῦτο ἐν ᾧ ὃ περιέχει.*）在前面不远处（212b. 8），“某地”（*πού*）就直接被等同于“在地点中”（*ἐν τόπῳ*）：“不在某地……也不在某一地点中。”（*οὔ που...οὐδ' ἔν τινι τόπῳ.*）参见《物理学》第四卷第6章，213b. 7等等。《物理学》第三卷第5章（206a. 2）也说：“在某地就是在地点中，在地点中就是在某地。”（*τό γε ποὺ ἐν τόπῳ καὶ τὸ ἐν τόπῳ πού.*）无疑这指的就是“某地”（*πού*）范畴，这也为《论题篇》第六卷第6章（144b. 31）所确证：“要看‘在某个东西中’是否被设定为了‘所是’的种差。因为‘是在某地’似乎并不能让一个‘所是’同另一个‘所是’相区分。”（*ὁρᾶν δὲ καὶ εἰ τὸ ἔν τινι διαφορὰν ἀποδέδωκεν οὐσίας· οὐ δοκεῖ γὰρ διαφέρειν οὐσία οὐσίας τῷ ποὺ εἶναι.*）最后，《物理学》第八卷第7章（261a. 20）是一个特别的证明：“同其他类型的运动相比，位移上的运动所丧失的‘所是’较少。因为唯有它没有在‘是’上发生变化；而当一个东西发生变化后出现的是‘质’上的改变，当一个东西发生增加和减少后出现的是‘量’上的改变。”（*ἥκιστα τῆς οὐσίας ἐξίσταται τὸ κινούμενον τῶν κινήσεων ἐν τῷ φέρεσθαι· κατὰ μόνην γὰρ οὐδὲν μεταβάλλει τοῦ εἶναι,*

① 关于“地点”（*τόπος*）的定义，见前，第253页，注1。——作者

ὥσπερ ἀλλοιουμένου μὲν τὸ ποιόν, αὐξανομένου δὲ καὶ φθίνοντος τὸ ποσόν.）正如我们在前面所见到的，运动根据它出现其中的三个范畴而被划分，而“位移”（*φορά*）是在“某地”（*πού*）这个范畴上的运动；因此，这个范畴是这样一种东西，它的各种改变不会内在地改变“所是”，故“某地”（*πού*）范畴是一种外在的谓词，它就是那个我们加以理解了的“在地点中”（*ἐν τόπῳ*）。

（2）关于“某时”（*ποτέ*）这个范畴。正如“某地”（*πού*）相应于“在地点中”（*ἐν τόπῳ*），同样，“某时”（*ποτέ*）相应于“在时间中”（*ἐν χρόνῳ*）[①]；亚里士多德在同一本书的第 12 章中讨论了它。在 221a. 7 中他这样规定“在时间中”（*ἐν χρόνῳ*）：“显然对于其他东西来说‘是在时间中’是同样的，即它们的‘是’被时间所度量。”（*δῆλον δ' ὅτι καὶ τοῖς ἄλλοις τοῦτ' ἔστι τὸ ἐν χρόνῳ εἶναι, τὸ μετρεῖσθαι αὐτῶν τὸ εἶναι ὑπὸ τοῦ χρόνου.*）因此，对于时间而言，“在时间中”（*ἐν χρόνῳ*）完全相应于我们在地点那儿所认识到的“在地点中”（*ἐν τόπῳ*）或“某地”（*πού*）（221a. 17）：“事物位于时间中就像位于数目中一样。如果真是这样，那么，它们被时间所包围就像在地点中的事物被地点所包围一样……。”（*τὰ δὲ πράγματα ὡς ἐν ἀριθμῷ τῷ χρόνῳ ἐστίν. εἰ δὲ τοῦτο, περιέχεται ὑπὸ χρόνου ὥσπερ καὶ τὰ ἐν τόπῳ ὑπὸ τόπου κ. τ. λ.*）并且 221a. 28 也说道：“所有位于时间中的是者必然被时间所包围，就像其他那些在某个东西中的是者一样，如在地点中的是者被地点所包围。”（*ἀνάγκη πάντα τὰ ἐν χρόνῳ ὄντα περιέχεσθαι ὑπὸ χρόνου, ὥσπερ καὶ τἆλλα ὅσα ἔν τινί ἐστιν,*

① 关于“时间”（*χρόνος*）的定义，见前，第 255 页，注 2。——作者

οἷον τὰ ἐν τόπῳ ὑπὸ τοῦ τόπου.)《范畴篇》第 4 章（2a. 2）所举的例子完全与之一致：“‘某时’，如昨天、去年”（*ποτὲ δὲ οἷον χθές, πέρυσιν*）既然两个例子都取自“过去”，故人们可以认为“某时”（*ποτέ*）这个范畴在其范围内被限制在过去的东西和将来的东西上，《物理学》第四卷第 13 章（222a. 24）这样规定它：“某时乃是相对于前一个现在而确定出来的时间，例如，在某时特洛伊陷落了，在某时将有洪水。因为它必须相对于现在而被规定。因此，从这到那之间有着一定量的时间。”（*τὸ δὲ ποτέ χρόνος ὡρισμένος πρὸς τὸ πρότερον νῦν, οἷον ποτὲ ἐλήφθη Τροία καὶ ποτὲ ἔσται κατακλυσμός· δεῖ γὰρ πεπεράνθαι πρὸς τὸ νῦν. ἔσται ἄρα ποσός τις ἀπὸ τοῦδε χρόνος καὶ εἰς ἐκεῖνο.*）但是，正如特伦德伦堡所正确注意到的[①]，“某时”（*ποτέ*）这个范畴也包含现在。第二种“现在”（*νῦν*）作为“某时”（*ποτέ*），作为在这儿被规定的“已经”（*ἤδη*）、“刚才”（*ἄρτι*）和“很久以前”（*πάλαι*），都属于“在时间中”（*ἐν χρόνῳ*）；并且正如亚里士多德称我们用形势（Umstände）这个名称所标示的东西为谓词，它作为“在某种东西中”（*ἔν τινι*）就是类比于“某地”（*πού*）的“某时”（*ποτέ*）范畴。前者包含有对“何地”（*ποῦ*）问题的所有回答，而后者包含有对“何时”（*πότε*）问题的所有回答——该问题对准的乃是“某一这个”（*τόδε τι*）。“你何时散步？”（*πότε βαδίζεις;*）——马上（*ἤδη*）[②]。“你何时散了步？”（*πότε ἦλθες;*）——刚才（*ἄρτι*）。（《物理学》第四卷第 13 章，222b. 8；

① 特伦德伦堡，《范畴学说史》，第 142 页。——作者

② *ἤδη* 除了表“已经”外，也含表将来时间的“马上”。——译者

222b. 13[①])

因此，我们通过对不同谓述方式的确定而获得了确定数量的最高属，这些最高属已经在“是（者）”（ὄν）那儿找到了一种类比的统一性。最后，我们简要地总结一下演绎的整个过程，因为中间插入的一些个别考察使得难以总体把握这一过程。

这儿所讨论的“是者”（ὄν），既排除了“偶然意义上的是者”（ὂν κατὰ συμβεβηκός）和仅仅存在于知性中的“真之意义上的是者”（ὂν ὡς ἀληθές），也排除了所有缺乏现实性和完满性的“是者”——如“潜能意义上的是者”（ὂν δυνάμει）。作为在严格意义上包含了事物的所有种和属的“是者”（ὄν），首先分为“所是”和“偶性”。“所是”概念被证明为对于其下面的属来说是同名同义者，它构成了第一个范畴。反之，“偶性”则将自己显现为类比性的概念，它根据谓词之差异——即绝对地属于载体或鉴于他物而属于载体，又被分为“绝对的偶性”和“关系”。“关系”或“相对物”（πρός τι）——它最松散地与“所是”相联系并且由此成为最低程度的“是者”，构成了最后一个范畴。而我们也能够认识到“绝对的偶性”在其与“第一所是”的关系中以及在其谓述“第一所是”的方式中所表现出来的巨大差异；其结果就是它首先必须被划分入三种类型中。第一种类型包含谓述“首要的是者”（πρώτως ὄν）的那些偶然的谓词，这些谓词作为真正存在于其中的东西被赋

① 在列举范畴时，偶尔“何地”（ποῦ）和“何时”（πότε）这两个名称为“地点”（τόπος）和“时间”（χρόνος）所取代，例如，《尼各马可伦理学》第一卷第4章，1096a. 24以及《形而上学》第十一卷第12章，1068a. 10。——作者

予给“首要的是者”，因而它们的“是”（εἶναι）是一种真正的“内在是”（ἔνειναι），它们是“内在的偶性”，它们在数目上同“所是”的内在原则一样多，即根据来自质料一方或来自形式一方而构成“量”或“多少”（πόσον）以及“质”或“怎样”（πόιον）这两个范畴。第二种类型包含那些部分地取自里面部分地取自外面的谓词，它们更多地是“关乎载体”（πρὸς τὸ ὑποκείμενον）而不是“在载体中”（ἐν τῷ ὑποκειμένῳ），它们通常被标示为“动作”，或“运动”（κίνησις）。它也包含两个范畴，即“行动”（ποιεῖν）和“遭受”（πάσχειν），在前者那儿谓词取自作为起点而出现在主词中的东西，在后者那儿谓词取自作为终点而出现在主词中的东西。最后，绝对偶性的第三种类型——在那儿谓词取自外在于主词的东西，被分为“某地”（πού）和“某时”（ποτέ）。由此似乎穷尽了可能的谓述方式之数目——如果它们只包含实在概念的话。

图表一

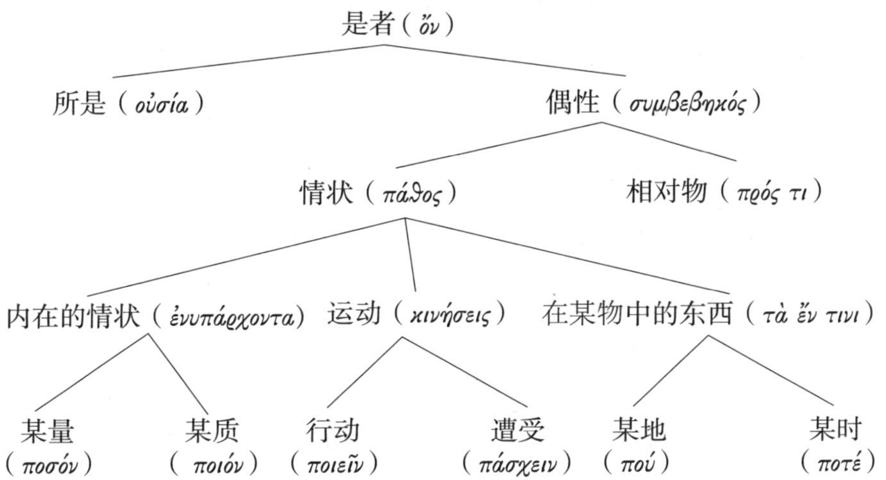

因此，我们实际上得到了似乎亚里士多德曾加以坚持的那八个范畴，并且就我们所见到的“有”（ἔχειν）和“姿态”（κεῖσθαι），基于我们业已赞同的划分方法，在它们那儿则显示出一种诱人的“旁道”（Seitenweg）。在对各个类型的划分那儿，我们已经试图总是仅仅根据亚里士多德本人的原则来规定对“第一所是”的不同关系：在内在偶性的划分那儿，根据“所是”的内在原则，即根据“质料”（ὕλη）和“形状（式）”（μορφή）；在中间偶性的划分那儿，根据“在现实上的是者”（ἐνεργείᾳ ὄν）和“在潜能上的是者”（δυνάμει ὄν）之间的关系——根据他的教导它们出现在运动那儿；最后，于外在范畴的构建那儿，根据在《物理学》第四卷中所阐发的关于地点和时间的观点，即关于“地点”（τόπος）和“在地点中”（ἐν τόπῳ）以及“时间”（χρόνος）和“在时间中”（ἐν χρόνῳ）的观点。我们为何不应该相信亚里士多德所遵循的就是这种“通过演绎而来的论证”（πίστις διὰ συλλογισμοῦ）方法，并用这种方式获得了对其范畴的有效性和完备性的巨大确信；一种单纯的归纳，即使在对他更为有利的条件下也不能将那种确信提供给他，正如在对“质”的划分那儿所表现出来的那样：质的范围更小、数目更少、它那以同名同义方式所划分出来的成员之间有着更大的一致性，但他并不因此就打算认为对它的划分是详尽的[①]。如果可靠性能够从归纳中生起，那显然在对质的划分那儿可靠性

① 《范畴篇》第 8 章，10a. 25：也许还可以指出“质”的其他类型，但那些最可被称作“质”的几乎就是上述这些了。（ἴσως μὲν οὖν καὶ ἄλλος ἄν τις φανείη τρόπος ποιότητος, ἀλλ᾿ οἵ γε μάλιστα λεγόμενοι σχεδὸν τοσοῦτοί εἰσιν.）——作者

就是更大的。

那达成了这样一种演绎之可能性的东西是这样的：如果我们搜集其著作中的所有不同的段落（在这些段落那儿，他用某一共同的名称来标示几个不同的范畴以便同其余范畴相对照，这显然要么是因为他认为它们之间有着一种特殊的亲缘性，要么是因为在它们对“第一所是”的谓述方式中有着某种对它们来说是共同的东西），如果我们以恰当的方式让它们彼此隶属，那我们就能够几乎毫无遗漏地建立起那尚欠缺着的范畴谱系。普伦德尔已经注意到这一点，并且恰当地给予它很大的重视；我们只是不能同意他认为范畴之间能够进行某种归约这一点[①]。布兰迪斯非常正确地说到这将取消范畴的整个含义[②]；因为这使得普伦德尔会建立起比十个或八个范畴更高或更低的范畴，由此人们自然也不再知道后者究竟还有着什么样的非凡之处。一种并非真正的分析而是仅仅与之类似的方法，既不会把诸范畴彼此归约，也不会把它们归约到某一更高的属上（见前，第 136 页，注 1），而是将之归约到一些类比的统一上，并最终归约到作为最高类比的普遍概念的“是（者）”（ὄν）本身上——该普遍概念“最为普遍地进行述说（μάλιστα καθόλου λέγεται）”（见前）。诸范畴本身就是最高同名同义的普遍概念。

属于这儿的那些来自亚里士多德的本质性的段落可能如下：

① 普伦德尔，《逻辑学史》Ⅰ，第 206 页，第 190 页，等等。——作者

② 布兰迪斯，《希腊-罗马哲学》Ⅲ，1，第 43 页。——作者

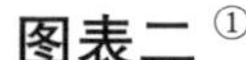

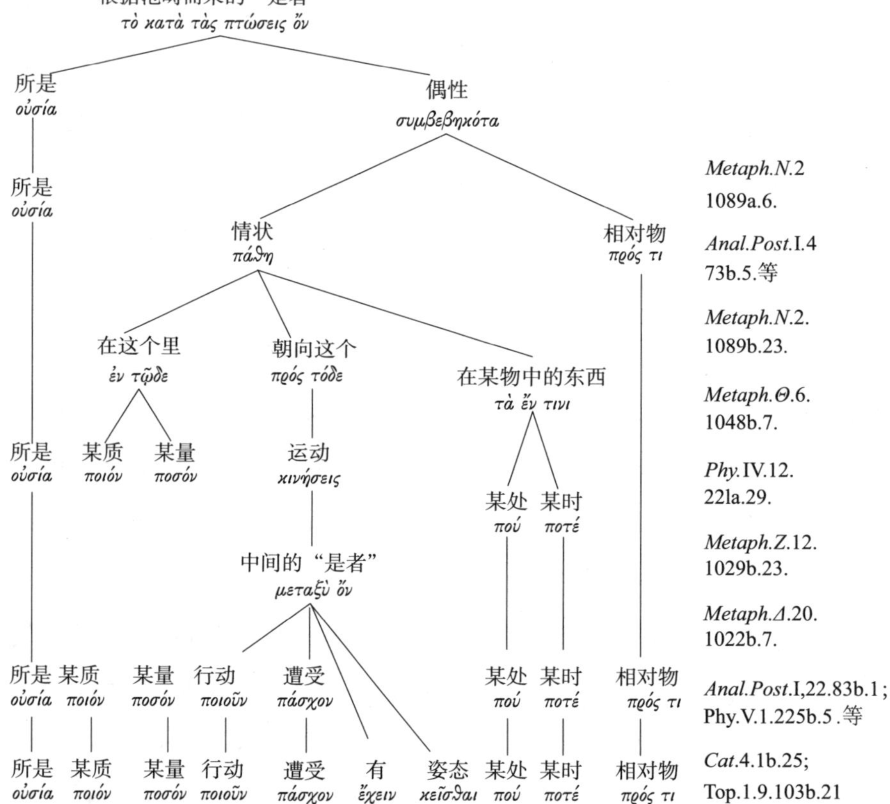

---

① “是者”（ὄν）不是根据“种差”而是根据不同的“是之方式”（正如我们前面所看到的，即根据同作为共同端点的“所是”（οὐσία）的关系之不同的方式）被划分入范畴。博尼茨在《王家科学院哲学-历史班会议报告》第 614 页中注意到了 πτῶσις 这一表达：“在亚里士多德那儿，πτῶσις 大概具有我们于其中谈及‘改变’（Modification）的这种含义，以便表明在本质性东西的不变中却有着在边缘和特性上的各种‘变化’（Aenderungen）。”这完全与我们的范畴划分原则相一致，根据该原则，这些最高的“是之概念”（Seinsbegriffe）就端点而言是同一的，但就与该端点的关系之样式而言，又是不同的。我们在前面已经讨论过了“范畴之诸样式”（τὰ σχήματα τῆς κατηγορίας）这一表达。——作者

人们能从这张结合了前面分散使用过的绝大部分段落的表中看出，我们所区分出来的整个范畴组以及我们用来划分它们的方法——即它们存在于“第一所是”那儿的不同样式，是如何在亚里士多德本人那儿发现的。事实上，如果一个人打算完全赞同亚里士多德的立场，并且打算整个地接受其关于“是（者）”（ὄν）的类比的统一、关于“所是”的内在原则、关于它的外在效用的方式、最后是关于地点上的和时间上的规定等观点，那么，对于他来说很难能够出现一种明显的顾虑来反对建立在这种方式上的范畴表的有效性和完备性。如果人们允许我将该演绎作为可靠的基础加以依赖，那么，我就敢于捍卫整个范畴学说，将之视为正确的结果；并且在论文的进程中力图为它进行辩护，以反驳特伦德伦堡和其他人所提出的种种指责。诚然，我更愿意追随八重划分而不是在《范畴篇》和《论题篇》中所提出的十重划分。

我们说：

§14. XIII. 这种“通过演绎而来的论证”（πίστις διὰ συλλογισμοῦ）无论是在古代还是在近代都已经被亚里士多德的不同解释者以类似的方式加以发展了

如果关于将“是者”（ὄν）划分为诸最高属的一种“通过演绎而来的论证”（πίστις διὰ συλλογισμοῦ）的那些分散的环节以这种方式在亚里士多德本人那儿被发现了，那么，在他的那些解释者中居然没有一位注意到它们或者即使注意到了却没有尝试搜集它们，这将是令人吃惊的事。事实上，对诸范畴那尚阙如的演绎已经以多重方式加以尝试过了。然而，经常出现的是下面这种情形，那就是这些尝试与亚里士多德所给出的那些提示和原则没有多大关系，甚至与之非常矛盾。例如，阿莫尼俄斯就曾尝试以下面这种方式给出对诸范畴的一种归纳——在诸范畴中一些是简单的，另一些则来自简单范畴的结合（《亚里士多德著作的注释》，77a. 12）[①]："在诸范畴中，一些是简单的，而另一些则根据简单范畴的联系和结合而有其‘是’。简单范畴提到了四个，即‘所是’、‘量’、‘质’和‘相对物’。通过‘所是’与它们中的某个的结合或同它自身的结合就产生出其余六个范畴。例如，从‘所是’和‘量’的结合中产生出‘某地’和‘某时’；从‘所是’和‘质’的结合中产生出‘行动’和‘遭受’；从‘所是’和‘相对物’的结合中，产生出‘有’和‘姿态’。”（*τῶν κατηγοριῶν αἱ μέν εἰσιν ἁπλαῖ, αἱ δὲ κατὰ συνδυασμὸν καὶ συμπλοκὴν τῶν ἁπλῶν τὸ εἶναι ἔχουσι. καὶ ἁπλαῖ μέν εἰσιν αἱ εἰρημέναι τέσσαρες, ἥ τε οὐσία καὶ τὸ ποσὸν καὶ τὸ ποιόν καὶ τὰ πρός τι· κατὰ συμπλοκὴν δὲ τῆς οὐσίας πρὸς μίαν τούτων ἢ πρὸς ἑαυτὴν αἱ λοιπαὶ ἓξ γίνονται. οἷον ἐξ οὐσίας καὶ ποσοῦ τὸ ποῦ καὶ ποτέ, ἐξ οὐσίας καὶ ποιοῦ τὸ ποιεῖν καὶ πάσχειν, ἐξ οὐσίας καὶ τῶν πρός τι τὸ ἔχειν καὶ τὸ κεῖσθαι.*）他把前四个范畴称为（同上，a. 19）“主范畴”（*αἱ κυρίως κατηγορίαι*）。事实上，人们乐于相信它们

① 布伦塔诺所引的下面这段文字，现在一般归在菲洛珀诺斯名下。参见菲洛珀诺斯的《〈范畴篇〉评注》（*In Aristotelis Categorias Commentarium*），13,1. 163. 4。——译者

不仅仅是最重要的范畴，即是十范畴中唯一真正的范畴，而且也是十范畴中唯一真正的“是者”（ὄντα）；而其余的由于既无真正的统一性因而也无真正的“是”（Sein），故或许只应得到“偶然意义上的是者”（ὂν κατὰ συμβεβηκός）这一名称。但不仅仅只有阿莫尼俄斯，大卫（David）[①] 以下面这种方式解释了范畴表的完备性（《亚里士多德著作的注释》，48b. 28）[②]：“既然亚里士多德只对范畴进行了单纯的列举，说有十个，但却没有给出为何是十个的理由，那么，就让我们来给出为何是十个的理由。我们从相应的划分来证明这一点。是者要么在载体中，要么不在载体中。如果不在载体中，产生出‘所是’这个范畴；如果在载体中，则要么是在其自身的，要么不是在其自身的。如果是在其自身的，则要么是可分的，要么是不可分的。如果是可分的，产生出‘量’；如果是不可分的，则产生出‘质’。因为如果有人以为‘质’是可分的，那是因为质料是可分的。如果不是在其自身的，则要么仅仅是关系，产生出‘相对物’”。（*τοῦ δὲ Ἀριστοτέλους ψιλὴν ἀπαρίθμησιν ποιησαμένου τῶν κατηγοριῶν ὅτι δέκα καὶ τὴν αἰτίαν μὴ προσθέντος διὰ τί δέκα, φέρε ἡμεῖς καὶ τὴν αἰτίαν προσθῶμεν διὰ τί δέκα. δείκνυμεν δὲ τοῦτο*

① 大卫（David，生活于公元6世纪），亚里士多德和珀尔菲琉斯的评注者，目前保存下来的著作有《哲学导论》（*Prolegomena Philosophiae*）和《珀尔菲琉斯〈导论〉评注》（*In Prophyrii Isagogen Commentarium*）。——译者

② 布伦塔诺所引的下面这段文字，现在一般归在厄里阿斯名下。参见厄里阿斯的《〈范畴篇〉评注》（*In Aristotelis Categorias Commentarium*），159. 6。厄里阿斯（*Ἠλίας*，Elias，生活于公元6世纪晚期），亚里士多德和珀尔菲琉斯的评注者。目前保存下来的评注有：《论珀尔菲琉斯的〈导论〉》（*In Porphyrii Isagogen*）、《〈范畴篇〉评注》（*In Aristotelis Categorias Commentaria*）和《〈前分析篇〉评注》（*Commentarius in Aristotelis Analytica Priora*）。——译者

ἐκ διαιρέσεως τοιαύτης· τὸ ὂν ἢ ἐν ὑποκειμένῳ ἢ οὐκ ἐν ὑποκειμένῳ. καὶ εἰ μὲν μὴ ἐν ὑποκειμένῳ, ποιεῖ τὴν οὐσίαν, εἰ δὲ ἐν ὑποκειμένῳ, ἢ καθ' ἑαυτὸ ἢ οὐ καθ' ἑαυτό. καὶ εἰ μὲν καθ' ἑαυτό, ἢ μεριστὸν ἢ ἀμέριστον. καὶ εἰ μὲν μεριστόν, ποιεῖ τὸ ποσόν, εἰ δὲ ἀμέριστον, ποιεῖ τὸ ποιόν· κἂν γὰρ δοκῇ τὸ ποιὸν μεριστὸν εἶναι, διὰ τὴν ὕλην ἐστὶ μεριστόν. εἰ δὲ οὐ καθ' ἑαυτό, ἢ σχέσις ἐστὶ μόνη καὶ ποιεῖ τὰ πρός τι.）到这儿为止尚无法反驳该推演，但他继续如前面阿莫尼俄斯那样说道：“要么根据关系而被思考，从而产生出剩下的六个范畴。因为有四个范畴是简单的，即‘所是’、‘量’、‘质’和‘相对物’；其余的范畴从它们的结合中产生出来。从‘所是’和‘量’的结合中产生出‘地点’和‘时间’……。”（*ἢ κατὰ σχέσιν ἄλλων νοεῖται καὶ ποιεῖ τὰς λοιπὰς ἓξ κατηγορίας· τεσσάρων γὰρ οὐσῶν ἁπλῶν κατηγοριῶν, οὐσίας ποσοῦ ποιοῦ πρός τι, ἐκ τῆς συμπλοκῆς τούτων αἱ λοιπαὶ ἀπογεννῶνται, ἐξ οὐσίας καὶ ποσοῦ τὸ ποῦ καὶ ποτέ...*）当然，他并不想认为这儿有着某种真正的“综合（*σύνθεσις*）”，而是仅仅有着一种“综合的外表（*ἔμφασις συνθέσεως*）”。（《亚里士多德著作的注释》，48b. 44）

但并非所有寻找范畴表的完备性之根据的尝试都带着这样一种对亚里士多德的基本思想的误解在行事；其中一些人甚至已经开始清楚地意识到在划分中的那种引导性原则。因此，在一本于中世纪被错误地归给圣奥古斯丁的名为《从亚里士多德那儿摘取而来的十范畴》（*Categoriae decem ex Aristotele decerptae*）[①] 的著作中（第 8 章），有了一种对诸范畴的推演或分类，它尽管还有

① 参见（Edit. Venet.）1768 年，第十六卷，第 54 页。作者自称为是忒米斯提俄斯（Themistius）的一位学生。——作者

些不太令人满意，但已经因把同“所是”的不同关系作为原则而卓尔不群了：“范畴有十个，其中第一范畴是‘所是’，它支撑着其余的九个范畴；而剩下的九个范畴是‘属性’，即‘偶性’。在这九个范畴中，一些是在‘所是’本身中，一些是在‘所是’的外面，还有一些则既在它里面也在它外面。‘质’、‘量’和‘姿态’位于‘所是’自身中；因为我们为了能把人或马称作‘所是’，我们必然会注意到两足的、四足的，白的或黑的，站着的或卧着的。这些东西全都位于‘所是’本身中，它们不可能离开‘所是’而是着。另外一些在‘所是’的外面，如‘某地’、‘某时’和‘有’；因为地点、时间、穿着衣服和戴着铠甲不属于‘所是’，而是同‘所是’相分离。另外一些在下面这点上是共同的，即既内在于‘所是’也外在于‘所是’；它们是‘相对物’、‘行动’和‘遭受’。就‘相对物’而言，如较大和较小，它们两个中的某个要能够被说出，只能同另一个相联系才行，即与另外一个东西相比较，才能说出较大或较小；因此，它们在其自身那儿有着其中一个，另一个则外在于它们。同样，‘行动’也是既外在又内在，一个东西不能被说在进行切割，除非它切割了另外的某个东西；某个东西不能被说在进行阅读，除非它自身就是在读着另外的某个东西。因此，这样的东西既内在于‘所是’，也外在于‘所是’。‘遭受’同样如此；某个东西不能被切割或被烧，除非它从另外的某个东西那儿遭受了。因此，这样的东西也既内在于‘所是’，又外在于‘所是’。”（Hae sunt categoriae decem, quarum prima *οὐσία* est, scilicet quae novem caeteras sustinet. Reliquae vero novem *συμβεβηκότα*, i. e. accidentia sunt. Ex quibus novem sunt alia

in ipsa *οὐσίᾳ*, alia extra *οὐσίαν*, alia intra et extra. Qualitas, quantitas, et jacere in ipsa *οὐσίᾳ* sunt ; mox enim ut *οὐσίαν* vel hominem vel equum dixerimus, advertamus necesse est bipedalem, quadrupedalem ; aut album, aut nigrum ; aut stantem, aut jacentem ; haec in ipsa *οὐσίᾳ* sunt, et sine hac ipsa esse non possunt. Alia sunt extra *οὐσίαν*: ubi, quando, habere ; et locus ad *οὐσίαν* non pertinet, et tempus, et vestiri et armari, sed ab *οὐσίᾳ* separata sunt. Alia sunt communia, i. e. et intra et extra *οὐσίαν*: ad aliquid, et facere, et pati. Ad aliquid, ut majus et minus ; utraque enim dici non possunt, nisi conjuncto altero, quo majus sit vel minus, propterea ergo unum in se habent, aliud extra se. Item facere, extra est et intra, ut caedere quisque non potest dici, nisi alterum caedat, vel legere, nisi ipse legens aliud sit, aliud quod legit ; ita ergo et in *οὐσίᾳ* haec est, et extra *οὐσίαν*. Pati similiter, caedi enim vel uri nullus potest, nisi ab altero patiatur. Propterea haec quoque et in *οὐσίᾳ* est et extra *οὐσίαν*.）奥古斯丁的声望既让该著作得到了巨大的尊重，也让这种演绎得到了巨大的尊重。因此，我们发现它被伊西多尔·西斯帕利斯（Isidorus Hispalensis）[①]在其《起源或词源二十卷》（*Originum sive Etymologiarum Libri XX*）一书中所采纳，尽管对于他来说“有”（*ἔχειν*）具有一种另外的和更普遍的含义：“因此，属和种是关于载体的，而偶性是在载体中的。在这九个偶性中，其

① 伊西多尔·西斯帕利斯（Isidorus Hispalensis, 560—636），即圣伊西多尔，号称古代世界的最后一位学者，其《词源》一书对后世影响极大。——译者

中三个内在于‘所是’中，即‘量’、‘质’和‘姿态’。因为如果没有‘所是’它们不能是着。而‘地点’、‘时间’和‘有’是外在于‘所是’的。‘相对物’、‘行动’和‘遭受’则既内在又外在于‘所是’。”（De subiecto igitur genera et species, in subiecto accidentia sunt. Ex his novem accidentibus tria intra usiam sunt, quantitas et, qualitas et situs. Haec enim sine usia esse non possunt. Extra usiam vero sunt locus, tempus et habitus ; intra et extra usiam sunt relatio, facere et pati.）（《起源或词源二十卷》，第二卷第26章，13。）

13世纪那位伟大的亚里士多德主义者在学校中为亚里士多德奠定了神圣不可侵犯的声誉，以至于皮科·米兰多拉（Picus von Mirandola）[①] 能够说：“没有托马斯，亚里士多德是哑的。”（Sine Thoma mutus esset Aristoteles）我们发现，当他极其清晰地既规定又运用在将“是者”（ὄν）划分为范畴中那起着引导作用的原则时，他对范畴进行了奠基和演绎。在其《亚里士多德〈形而上学〉十二卷评注》（*Commentaria in XII libros Metaphysicorum Aristotelis*）的第五卷（Lect. 9, p. 3）中他以下面这种方式说道：“要知道，属通过种差而被限制到种，‘是者’不可能以这样的方式被限制到某种确定的东西上去。因为种差不分有属，它位于属的本质之外。但在‘是者’的本质之外不可能有任何东西——它

① 皮科·米兰多拉（Picus von Mirandola, 1464—1493），意大利文艺复兴时期的哲学家。——译者

通过在'是者'上增添某种东西而构成'是者'的某个种：因为在'是者'之外就是'无'，而'无'不可能是种差。因此，在该书的第三卷哲学家证明了'是者'不可能是属。因此，'是者'应当根据不同的谓述方式而被限制为不同的属，而谓述的不同方式来自'是着'之不同方式；因为'是'有多少意指——即某物被多少种方式意指为'是'，某物也就有多少种方式被说或被谓述。因此，'是者'首先被分入其中的那些东西被称为谓词，因为它们是根据谓述的不同方式而被区分开的。因此，既然那些进行谓述的东西中，一些意指是什么——即'所是'，一些意指是怎样，一些意指是多少，等等，故每一谓述方式必定有着相应的'是'之方式。当说人是动物，'是'意指'所是'；当说'人是白的'，'是'意指'质'，等等。要知道，谓词能够以三种方式用在主词身上。第一种方式是谓词说主词是什么，如当我说'苏格拉底是动物'时；因为苏格拉底是那是动物的东西。这个谓词被用来意指'第一所是'，即'特殊的所是'——所有的东西都谓述它。第二种方式是就谓词内在于主词中来说的。谓词或者通过自身和绝对地内在于主词，如果仿佛是从质料而来的，那它就是'量'；如果仿佛是从形式而来的，那它就是'质'。或者不是绝对地而是鉴于他物而内在于主词，这就是'相对物'。第三种方式是就谓词取自主词之外的东西来说的，这复又有两种方式。一种方式是，它完全外在于主词。如果它不是主词的度量，那它就是根据'有'在进行谓述，如说'苏格拉底穿着鞋或衣服'。如果它是主词的度量，既然外在的度量要么是时间，要么是地点，那么，谓词或者取自时

间之部分——这样的话就是‘某时’，或者取自地点并不考虑地点中的诸部分之次序——这样的话就是‘某地’，考虑地点中的诸部分之次序就是‘姿态’。另一种方式是，谓词虽取自主词之外，但在某种意义上又在主词之内谓述主词。如果是根据起点，那就是‘行动’，因为行动的起点在主词之内。如果是根据终点，那就是‘遭受’，因为遭受终止于主词中。……显然，谓述有多少种方式，‘是者’就有多少种方式被说。”（Sciendum est enim quod ens non potest hoc modo contrahi ad aliquid determinatum，sicut genus contrahitur ad species per differentias. Nam differentia，cum non participet genus, est extra essentiam generis. Nihil autem posset esse extra essentiam entis, quod per additionem ad ens aliquam speciem entis constituat: nam quod est extra ens, nihil est，et differentia esse non potest. Unde in tertio huius probavit philosophus，quod ens，genus esse non potest. Unde oportet，quod ens contrahatur ad diversa genera *secundum diversum modum praedicandi*，*qui consequitur diversum modum essendi*，quia‘quoties dicitur’，idest quot modis aliquid praedicatur，‘toties esse significatur’，id est tot modis significatur aliquid esse. Et propter hoc ea in quae dividitur ens primo，*dicuntur esse praedicamenta*，*quia distinguuntur secundum diversum modum praedicandi*. Quia igitur eorum quae praedicantur，quaedam significant quid，id est substantiam，quaedam quale，quaedam quantum，et sic de aliis；oportet，quod unicuique modo praedicandi esse significet idem；ut cum dicitur homo est animal，

esse significat substantiam. Cum autem dicitur，homo est albus，significat qualitatem，et sic de aliis. Sciendum enim est quod praedicatum ad subiectum tripliciter se potest habere. Uno modo cum est id quod est subiectum，ut cum dico，Socrates est animal. Nam Socrates est id quod est animal. Et hoc praedicatum dicitur significare substantiam primam，*quae est substantia particularis*，*de qua omnia praedicantur*. Secundo modo ut praedicatum sumatur secundum quod inest subiecto: quod quidem praedicatum，vel inest ei per se et absolute，ut consequens materiam，et sic est quantitas: vel ut consequens formam，et sic est qualitas: vel inest ei non absolute，sed in respectu ad aliud，et sic est ad aliquid. Tertio modo ut praedicatum sumatur ab eo quod est extra subiectum: et hoc dupliciter. Uno modo ut sit omnino extra subiectum: quod quidem si non sit mensura subiecti，praedicatur per modum habitus，ut cum dicitur，Socrates est calceatus vel vestitus. Si autem sit mensura eius，cum mensura extrinseca sit vel tempus vel locus，sumitur praedicamentum vel ex parte temporis，et sic erit quando: vel ex loco，et sic erit ubi，non considerato ordine partium in loco，quo considerato erit situs. Alio modo ut id a quo sumitur praedicamentum，secundum aliquid sit in subiecto，de quo praedicatur. Et si quidem secundum principium，sic praedicatur ut agere. Nam actionis principium in subiecto est. Si vero secundum terminum，sic praedicabitur ut in pati. Nam passio in subiectum patiens terminatur…Unde patet quod quot modis praedicatio

fit，tot modis ens dicitur.）——这一评注确实不再需要任何的评注，因为各种解释已经相当清楚和精准地给出了。我们还可以将之同他对《物理学》（*Auscultationes Physicae*）[①] 的评注（lib. Ⅲ，lect. 5，p. 9）相比较。在两个地方，他在本质上都同我们在前面所给出的所有讨论相一致。

在新近的时代，普伦德尔尤其谈到了对诸范畴的一种归约，他也指出了我们在亚里士多德那儿所发现的“是之等级”（Seinsclassen）那些名称，它们仿佛如一些中间的步骤，从“是者”（das Seiende）的八个或十个属一直攀升到包含一切的“是者”（ὄν）。重建亚里士多德范畴的推演对于他来说之所以必定变得不可能，仅仅因为他没有注意到“是者”（ὄν）和那些更高谓词所具有的独特的统一乃是类比的统一，而非同名同义的统一。我们想说，当特伦德伦堡将所有的范畴置于“第一所是”的诸谓词这一视点之下时，他离发现范畴划分的真正原则只有一步之遥。但是，策勒尔在其《希腊哲学》第二版中特别地给出了关于诸范畴的一种推演，如果忽视少数不重要的差异，该推演就同我们的推演完全一致；只不过他并未完全确切地给出引导亚里士多德的原则本身，他甚至想怀疑存在着这样一种确定的原则[②]。他在该书的第 196 页中说道：“首先，我们在每一事物那儿将本源的东西、它的不变本质或它的‘所是’同所有派生的东西区分开来。在后者内部复又

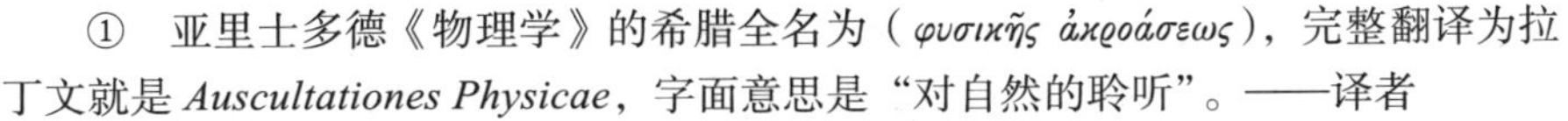

① 亚里士多德《物理学》的希腊全名为（φυσικῆς ἀκροάσεως），完整翻译为拉丁文就是 *Auscultationes Physicae*，字面意思是“对自然的聆听”。——译者

② 策勒尔，《希腊哲学》Ⅱ，2，第 190 页以下。——作者

分为属性、活动和外部的形势。在属性那儿，一部分属于事物本身，在这种情形中它们有时表达一种‘质’上的规定，有时表达一种‘量’上的规定，也即是说它们要么同基体相关，要么同形式相关；一部分仅仅基于同他物的关系而属于事物，它们是一种‘相对物’[①]。就活动而言，最重要的一对是‘行动’和‘遭受’；而‘有’和‘姿态’这两个范畴仅仅具有一种不确定的地位，并且后来被亚里士多德本人悄悄地给放弃了。最后，在外部形势那儿，一部分是关乎空间上的关系，一部分是关乎时间上的关系，即关乎‘何地’和‘何时’。”

因此，在古代和新近的解释者那儿所表现出来的一致确保我们反对这样一种怀疑，那就是：为了我们的原则，我们或许想根据一种奇怪的标准来估量范畴间的差异，并且是通过自己挖掘出来的沟渠在引导它们，而不是让它们在其自然的和原初的河道上从“是者”（ὄν）这一共同的源头那儿流淌出来。

我们说：

① 我们在前面首先划分出绝对的偶性和相对的偶性，然后才把绝对的偶性划分为诸属性，等等，从而在我们这儿“相对物”不属于属性或真正内在的偶性。事实上，在我们看来下面这点是不对的，那就是：如果“昨天”和“今天”不是内在的偶性，那么，较早和较晚——其中一个是基础而另一个是目标，也不应以真正的方式内在于“所是”。因此，我们在前面已经看到亚里士多德较早地挑出了“相对物”（πρός τι）。——进而可以说“相对物”附着在某个作为其基础的是者身上，而非它们自身就是一种是者，至少它们是最弱的“是”（Sein）。因此，“较大之是”（Größersein）附着在某种“量”上，“相似之是”（Ähnlichsein）附着在某种“质”上；甚至一种活动或一种外部的形势也能够是基础，然后“相对关系”也不会内在地附着，它们在任何情形下都不会是内在的，因为它们能够通过一种完全发生在“所是”之外的变化而消失。（见前）——作者

§15. XIV. 在亚里士多德的范畴和名词（substantivum）、形容词（adjectivum）、动词（verbum）以及副词（adverbium）间的语法差异之间有着一种和谐

当特伦德伦堡提出他关于亚里士多德的范畴之语法起源的著名假说时，他首先想做的是找到在对诸最高的属进行规定时对于亚里士多德来说能充当引导线索的东西，他想反驳康德[①]和黑格

① 康德对亚里士多德的范畴理论既给予了高度评价，也进行了尖锐批评。康德对亚里士多德范畴理论的评说主要见于其《纯粹理性批判》（*Kritik der reinen Vernunft*, A81, B107 以下）和《未来形而上学导论》（*Prolego-mena*, § 39）。康德将范畴视为纯粹知性概念，将之与直观相对立，并由此来论证认识何以可能，认为直观和概念是我们进行认识的两种不可彼此归约的要素。也正是基于这一出发点，他对作为纯粹知性概念的范畴所具有的特征进行了说明："这一分析学是把我们全部的先天认识分解成为纯粹知性认识的诸要素。这里重要的有以下几点：1. 诸概念必须是纯粹的概念而不是经验性的概念。2. 它们必须不属于直观和感性，而是属于思维和知性。3. 它们必须是要素性的概念，完全不同于那些派生的概念或者由它们复合而成的概念。4. 它们所构成的表必须是完备的，它们完全填满了纯粹知性的整个领域。"（Diese Analytik ist die Zergliederung unseres gesamten Erkenntnisses apriori in die Elemente der reinen Verstandeserkenntnis. Es kommt hiebei auf folgende Stücke an: 1. Daß die Begriffe reine und nicht empirische Begriffe seien. 2. Daß sie nicht zur Anschauung und zur Sinnlichkeit, sondern zum Denken und Verstande gehören. 3. Daß sie Elementarbegriffe seien und von den abgeleiteten, oder daraus zusammengesetzten, wohl unterschieden werden. 4. Daß ihre Tafel vollständig sei, und sie das ganze Feld des reinen Verstandes gänzlich ausfüllen. *Kritik der reinen Vernunft*, B89. Felix Meiner, 1956.）正是基于将范畴理解为纯粹知性概念，他对亚里士多德的范畴理论给予了批评。与他对范畴的上述四个基本规定相应，他认为亚里士多德的范畴理论相应地具有四个方面的缺陷：（1）亚里士多德的范畴表夹杂了一个经验性的样式（ein

尔[①]的指责，即亚里士多德只是随意地把一定数目的普遍概念罗列在一起。我们希望我们已经以另外的方式摧毁了这种指责；事实

empirischer modus），即“运动”（motus）这个范畴。（2）亚里士多德的范畴表中有些范畴属于直观，而不属于思维和知性，用他自己的话说，就是一些纯粹感性之样式（einige modi der reinen Sinnlichkeit）存在于其中，如“何时（时间）”（quando）、“何地（空间）”（ubi）、姿态（situs）等范畴。（3）亚里士多德范畴表中的有些范畴并非要素性的概念，而是派生性的概念，如“行动”（actio）和“遭受”（passio）这样的范畴。（4）亚里士多德不是基于某种原则引出诸范畴的，仅仅是偶然拾得，故他的范畴表是不完备的。概而言之，康德的批评可以归结为两点，那就是：就范畴表的内容来看，混杂了许多非范畴的东西；之所以出现这样的问题，那是因为他不是基于原则得出范畴表的。——译者

① 黑格尔在其《哲学史讲演录》中这样论及了亚里士多德的范畴：“各种范畴（κατηγορίαι）或者各种简单的本质、各种普遍规定，即那述说是者的东西（ἃ τῶν ὄντωνκατηγορεῖται）；它们既是那些我们称之为知性概念的东西，也是事物的各种本质。这是一种是态学，它属于形而上学；因此，这些规定也出现在亚里士多德的《形而上学》里。……这些范畴在这儿被整理了出来，但该作品不可被视为是充分的。亚里士多德在这儿设定了十个：1. 所是、是（οὐσία）；2. 质（πόιον）；3. 量（ποσόν）—质料（ὕλη）；4. 关系（πρός τι）；5. 地点（ποῦ）；6. 时间（ποτέ）；7. 姿态（κεῖσθαι）；8. 有（ἔχειν）；9. 行动（ποιεῖν）；以及 10. 遭受（πάσχειν）。他称这些东西为可进行谓述的东西，然后还补充了五个后谓词。他把它们如此加以并排在一起。”（Die Kategorien（κατηγορίαι）oder die einfachen Wesenheiten, die allgemeinen Bestimmungen, das, was von dem Seienden gesagt wird（ἃ τῶν ὄντων κατηγορεῖται）; ebensowohl das, was wir Verstandesbegriffe nennen, als Wesenheit der Dinge. Es kann dies eine Ontologie sein, der Metaphysik angehörig ; diese Bestimmungen kommen daher auch in Aristoteles ' Metaphysik vor.... Diese Kategorien sind hier zusammengestellt ; jedoch ist das Werk nicht für vollständig anzusehen. Aristoteles nimmt ihrer zehn an : 1. Substanz, Sein（οὐσία）; 2. Qualität（πόιον）; 3. Quantität（ποσόν）- ὕλη; 4. Verhältnis（πρός τι）; 5. Ort（ποῦ）; 6. Zeit（ποτέ）; 7. Lage（κεῖσθαι）; 8. Haben（ἔχειν）; 9. Tun（ποιεῖν）und 10. Leiden（πάσχειν）. Diese nennt er Prädikabilien und fügt dann noch hinzu fünf Postprädikamente ; er stellt sie so nebeneinander. *Vorlesungen über die Geschichte der Philosophie*, Werke 19. Suhrkamp, s. 230, 233.）——译者

上，如果缺乏一种是态学上的原则而仅仅把一种语法关系上的一致取作对这一重要划分之有效性的保证，那么这样一种做法不可能免于被指责为过于肤浅。

然而，发现自己同“常识”（der gesunde Menschenverstand）[①]、同尤其出现在语言中的“一般意识”（das Allgemeinbesußtsein）相一致，这对于健全的哲学活动来说总还是一种受人欢迎的现象。因此，指出亚里士多德的范畴同一定的语言形式之间的确有着很大的亲缘性，这对于其范畴来说还是值得推荐的。在我看来，不管异议有多少，特伦德伦堡都已经无可争辩地阐述了这一点，并且也指出亚里士多德本人甚至也意识到了同语法的这种一致。正如他处处都懂得利用早前思想家们的推测以及日常意见的推测性的内容，在这儿也同样如此。首先，他注意到，如果某物本质性地谓述另一物，以至于谓词的名称和概念都适用于它，那么，这在语法上所发生的形式与下面这种情形不同：谓词仅仅给予主词以名称，但却绝非是其本质。我说：白是一种颜色，木头是有颜色的；走是一种运动，人是运动的。在本质性的谓述中，通常发生的情形是主词和谓词有着同样的语法形式，名词述说名词，不定式述说不定式，等等。在偶性上的谓述中，根据规则发生的则是：谓词在语法形式上异于主词，它是那与主词有着相同语法形式的语词的“派生者”（παρωνύμον）。因此，亚里士多德称偶性上的谓述为“派生性地谓述”（παρωνύμως κατηγορεῖσθαι），与本质性

① der gesunde Menschenverstand 直译过来就是“健全的人类理智”。Menschenverstand 本义就是“人类理智”或“人的理智”，该词一般用在上面这一词组中，在日常德语中的意思就是“常识”。——译者

谓述中的那种“同名同义地谓述”（συνωνύμως κατηγορεῖσθαι）相对照[①]。由此也解释了他在指出下面这一点时所表现出来的那种谨慎，那就是：种差这种谓述也是一种本质性的谓述，“所是”的诸“种差”（διαφοραί），即使并不直接属于谓词，也必须被算作属于它[②]。因为在这儿那个规则遭受了一种例外；种差形容词性地被赋予给了名词，并且人们可能会被误导，由此将它认作一种偶性，甚至一种“质”。

句子的主词通常是一个名词。既然对于作为范畴的范畴，即作为“第一所是”的谓词的范畴来说，主词乃是一个“所是”，那么，主词通常的语法形式——即名词（nomen substantivum），通常只有当各种“所是”谓述这一主词（ὑποκείμενον）时，出现在谓词那儿；并且对于第一范畴来说，名词（nomen substantivum）将是与众不同的语法形式。诸偶性将不得不被划分入另外的形式中。诸偶性根据抽象也以名词的形式出现，这诚然几乎是普遍的情形，并且不再被称为一种例外。然而，它在这儿不起作用；因为在对诸范畴进行规定时值得注意的仅仅是那些能够谓述“第一所是”的语词。因此，各种被抽象出来的东西（Abstracta）同各种连词、感叹词和介词一样，很少出现在思考中[③]。亚里士多德为了解释每

① 《论题篇》第二卷第2章，109b. 5。——作者

② 《范畴篇》第5章，3a21—b. 9。——作者

③ 在主要反对将诸范畴同各种语法形式进行比较的异议中，其中两种由此就破产了。也即是说，（1）言语的其他部分——如所谓的小品词，也必定会引出一些范畴。诚然，博尼茨完全正确地说出了下面这一点，那就是亚里士多德并未将其眼光瞄准语言的整个词典，而特伦德伦堡却并不主张这一点（参见《范畴学说史》第24页）；只有“第一所是”的诸谓词的各种语法形式被加以了思考。（2）诸偶

一范畴所添加的那些例子已经恰当地在其具体的形式中指出了这一点：“文法的”（γραμματικόν）而不是“文法”（γραμματική），“一半的”（ἥμισυ）而不是“一半”（ἡμίσεια），“他切”（τέμνεται）而不是“切”（τέμνεσθαι）①，等等；正如特伦德伦堡已经注意到的，在这儿一些例子清楚地显现为谓词。

下面这一点的确不可否认，那就是：在把那些真正能够述说“第一所是”的语词的语言形式同它们所标示出来的概念各自所属的范畴相比较，那么，就会出现偶尔的对每一规则的违背。但是，既然每一语法规则在遭受例外时规则并未因此就终止了，那么，这就不可能迷惑亚里士多德，也不可能迷惑我们。如果一个人认识到例外作为例外，那他就必定意识到了规则本身；并且如果一个人警告说不能够被出现在个别情形中的东西所误导，那么，他也就同样承认了规则能够普遍地进行指导，并且即使在例外情况下也依然要求对之有一种信任——当然在该例外情况中这种信任必定看起来是落空的。正如特伦德伦堡所指出的②，亚里士多德在好些反驳智者们的欺骗的地方（《辩谬篇》第 4 章，162b. 10③；第

性——如“量”、“质”（白［λευκότης］，热［θερμότης］，《范畴篇》第 8、9 章）、“作用”和“遭受”（πρᾶξις, πάθος），也同样能够通过名词——仿佛是通过归诸它们的那些独特的言语形式——很好地被表达（参见博尼茨《王家科学院哲学-历史班会议报告》第 635 页以下。策勒尔《希腊哲学》II，2. 第 190 页，注 2）。——作者

① 《范畴篇》第 4 章，1b. 28。参见《论题篇》第一卷第 9 章，103b. 35。——作者

② 《范畴学说史》，第 24 页以下。——作者

③ 或许作者在这儿有误。因为《辩谬篇》从 164a. 20 开始，其第四章不可能出现 162b. 10。似乎当为 166b. 10。——译者

22 章，178a. 9，11，18），都指出了这两点。

参照特伦德伦堡，我们简要地说明相应于不同范畴的言语的诸部分。正如已经注意到的，与“所是”（*οὐσία*）相应的，是名词（nomen substantivum）。与“量”（*ποσόν*）和“质”（*ποιόν*）相应的，是形容词（nomen adjectivum）；严格说来，数词，要么仅仅它自身，要么在同某一形容词词尾的结合中，代表“量”（*ποσόν*），其余的形容词代表“质”（*ποιόν*）。亚里士多德认为它们有着不同的形式，《辩谬篇》第 4 章（162b. 10）[①] 指出了这点；显然唯有这能够是与众不同的东西。正如那些具有量的东西不容许“较大（*μᾶλλον*）”和“较小（*ἧττον*）”（《范畴篇》第 6 章，6a. 19[②]），同

① 《辩谬篇》第 4 章，166b. 10：一些则是由于表达形式而导致的——当并不相同的东西被同样的形式所表达时，例如，阳性的东西被阴性语词所表达，或者阴性的东西被阳性语词所表达，或者中性的东西被阳性名词或阴性名词所表达；再如，具有质的东西被表量的语词所表达，或者具有量的东西被表质的语词所表达；或者行动者被表遭受的语词所表达，或者被置于某种状态中的东西被表行动的语词所表达；以及如前面已经加以区分了其他那些等等。因为有可能那不属于行动的是者在表达上却意指行动；例如，健康在表达形式上同切割和建筑相似，但前者揭示的是某种质，即某种状态，而后者揭示的则是某种行动。在其他一些例子中也有着相同的情形。（*οἱ δὲ παρὰ τὸ σχῆμα τῆς λέξεως συμβαίνουσιν ὅταν τὸ μὴ ταὐτὸ ὡσαύτως ἑρμηνεύηται, οἷον τὸ ἄρρεν θῆλυ ἢ τὸ θῆλυ ἄρρεν ἢ τὸ μεταξὺ θάτερον τούτων, ἢ πάλιν τὸ ποιὸν ποσὸν ἢ τὸ ποσὸν ποιόν, ἢ τὸ ποιοῦν πάσχον ἢ τὸ διακείμενον ποιοῦν, καὶ τἆλλα δ᾽ ὡς διῄρηται πρότερον· ἔστι γὰρ τὸ μὴ τῶν ποιεῖν ὂν ὡς τῶν ποιεῖν τι τῇ λέξει σημαίνειν. οἷον τὸ ὑγιαίνειν ὁμοίως τῷ σχήματι τῆς λέξεως λέγεται τῷ τέμνειν ἢ οἰκοδομεῖν· καίτοι τὸ μὲν ποιόν τι καὶ διακείμενόν πως δηλοῖ, τὸ δὲ ποιεῖν τι. τὸν αὐτὸν δὲ τρόπον καὶ ἐπὶ τῶν ἄλλων.*）——译者

② 《范畴篇》第 6 章，6a. 19：似乎“量”不容许较大或较小；例如，两肘长——因为一个两肘长不可能比另一个两肘长更是两肘长。数目也同样如此，例如，人们不会说与五相比三更是三，也不会说与三相比这个三更是三。不会说某一时间比另一时间更是时间。就前面所述的那些东西而言，都绝不可以说较大或较小。因此，“量”不容许较大或较小。（*οὐ δοκεῖ δὲ τὸ ποσὸν ἐπιδέχεσθαι τὸ μᾶλλον καὶ τὸ*

样，数词也不容许，也不容许对于它们形成任何的比较级。就谓词“大”而言，亚里士多德一般反对将之置于“量”这个范畴中（《范畴篇》第 6 章，5b. 11[①]）；但事实上它的确属于该范畴，不过在其形式上则形成了一个例外。与“行动”（*ποιεῖν*）和“遭受”（*πάσχειν*）相应的是动词；与前者相应的是主动态，与后者相应的是被动态。没有任何新的语法形式同“有”（*ἔχειν*）和“姿态”（*κεῖσθαι*）相应，它们也被动词所表达。但似乎它们恰恰要归因于这一点，它们的起源也要归因于这一点[②]。因为，由于隶属于“运动”（*κίνησις*）的动词形式，它们必定在概念思考上表现为不同于通常和真正的“运动”（*κίνησις*）的东西，并且基于这种方式它们

ἧττον, οἷον τὸ δίπηχυ, —οὐ γάρ ἐστιν ἕτερον ἑτέρου μᾶλλον δίπηχυ· —οὐδ᾽ ἐπὶ τοῦ ἀριθμοῦ, οἷον τὰ τρία τῶν πέντε οὐδὲν μᾶλλον [πέντε ἢ] τρία λέγεται, οὐδὲ τὰ τρία τῶν τριῶν· οὐδέ γε ὁ χρόνος ἕτερος ἑτέρου μᾶλλον χρόνος λέγεται· οὐδ᾽ ἐπὶ τῶν εἰρημένων ὅλως οὐδενὸς τὸ μᾶλλον καὶ τὸ ἧττον λέγεται· ὥστε τὸ ποσὸν οὐκ ἐπιδέχεται τὸ μᾶλλον καὶ τὸ ἧττον.）——译者

① 《范畴篇》第 6 章，5b. 11：“量”没有相反者（对于那些确定的“量”显然它们没有相反者，例如，对于两肘长、三肘长、某一面积及其诸如此类的东西而言，没有什么东西是其相反者）。即使有人反驳说多是少的相反者、大是小的相反者，但这些当中没有一个是“量”，相反，它们属于“相对物”。因为没有什么是就其自身而被称作大或小，相反，基于同他者的参照才带出大或小；例如，一座山被说成是小的，而一粒谷被说成是大的，乃是因为后者在它同类中是较大的，而前者在它同类中是较小的。（*ἔτι τῷ ποσῷ οὐδέν ἐστιν ἐναντίον, (ἐπὶ μὲν γὰρ τῶν ἀφωρισμένων φανερὸν ὅτι οὐδέν ἐστιν ἐναντίον, οἷον τῷ διπήχει ἢ τριπήχει ἢ τῇ ἐπιφανείᾳ ἢ τῶν τοιούτων τινί, —οὐδὲν γάρ ἐστιν ἐναντίον), εἰ μὴ τὸ πολὺ τῷ ὀλίγῳ φαίη τις εἶναι ἐναντίον ἢ τὸ μέγα τῷ μικρῷ. τούτων δὲ οὐδέν ἐστι ποσὸν ἀλλὰ τῶν πρός τι· οὐδὲν γὰρ αὐτὸ καθ᾽ αὑτὸ μέγα λέγεται ἢ μικρόν, ἀλλὰ πρὸς ἕτερον ἀναφέρεται, οἷον ὄρος μὲν μικρὸν λέγεται, κέγχρος δὲ μεγάλη τῷ τὴν μὲν τῶν ὁμογενῶν μεῖζον εἶναι, τὸ δὲ ἔλαττον τῶν ὁμογενῶν.*）——译者

② 见前，§ 13。——作者

必定构成了两个独特的范畴。副词相应于“某地”（πού）[①] 和“某时”（ποτέ）。关于“某时”（ποτέ），亚里士多德本人在《物理学》第四卷第 13 章（222）中搜集了一系列副词，并逐个地予以了解释：“现在”（νῦν）、“某时”（ποτέ）、“已经”（ἤδη）、“刚才”（ἄρτι）、“很久以前”（πάλαι）。然而，由于恰恰在这一点上特伦德伦堡遭遇到了好些反驳，故有必要做一些抗辩。

人们首先注意到诸时间规定除了出现在副词形式那儿之外，也出现在其他形式中。这是正确的。但是，（1）对于它们当中的绝大多数来说，必须得参照前面所说的，即这些形式要么是被抽象出来的东西（Abstracta），要么不能用在谓述“第一所是”的那些具体的谓述身上。因此，例如，“时间”（χρόνος）作为时间、“年”（ἔτος）作为年，并不属于“某时”（ποτέ）范畴[②]。（2）在这儿同在范畴之其他形式那儿一样，有着对普遍规则的例外，对此无须感到惊讶。下面这一点是值得注意的：例如，“昨天”（χθιζός）——策勒尔引之为一个这样的例外[③]，通常处在副词的谓词：“昨天他走了（χθιζὸς ἔβη）”（《伊利亚德》第一卷，424），“昨天，即在第二十天的时候，我才逃离了酒色的大海。（χθιζὸς ἐεικοστῷ φύγον ἤματι οἴνοπα πόντον.）”（《奥德赛》第六卷，170）另一种形式的“昨天”（χθιζόν）同样如此（《伊利亚德》第十九卷，195 以及其他一些地方）。在“次日”（δευτεραῖος）那儿也一样，人们不仅仅说：“次日，他离开了雅典这个城市而在斯巴达。（δευτεραῖος ἦν ἐκ

① 布伦塔诺原文作“ποῦ”，根据上下文和意思改为“πού”。——译者

② 见前，§ 13。——作者

③ 策勒尔，《希腊哲学》，Ⅱ，2. 第 190 页，注 2。——作者

τοῦ ἄστεος ἐν Σπάρτῃ）”（希罗多德《历史》第六卷，106），而且也用其他的词形说：“次日他来了。（δευτεραῖοι ἦλθον）”（色诺芬《居鲁士的教育》，5，2，1）。因此，在这儿还是保留了副词的性质，因为副词因通常位于动词旁而得其名。

博尼茨提出了另一种异议（出处同上）。他说，如果不同类型的副词，如地点（loci）副词和时间（temporis）副词，已经引起了一些范畴的建立，那么，副词就必定还会提供出一些另外的范畴。我们回答说：诚然还有着许多另外的既不包含地点规定也不包含时间规定的副词，如比较（comparandi）副词、疑问（interrogandi）副词、肯定（affirmandi）副词、否定（negandi）副词，等等，但只有地点（loci）副词和时间（temporis）副词能够作为谓词述说“第一所是”。而其他的副词（个别例外除外）则用于对其谓词进行进一步的规定，这与副词的真正性格相一致；例如，“苏格拉底讲得好”（Σωκράτης καλῶς λέγει），“苏格拉底是非常卓越的”（Σωκράτης ἐστὶ μάλα σπουδαῖος）。唯有地点（loci）副词和时间（temporis）副词显示出了下面这一引人注目的现象，那就是它们如名词（ὀνόματα，《解释篇》第 2 章）一样谓述“第一所是”：“苏格拉底是在这儿”（Σωκράτης ἐστὶν ἐκεῖ），“它是今天”（ἐστὶ σήμερον）。语言在这儿似乎想表达那首先是某一他物之偶性的东西却在谓述某物，独特的是它在这种情形下选择了一种形式，该形式首先限制不同于主词的他物（即谓词），并且同时间接地成为了对主词的一种规定[①]。——因此，显然副词只能具有两个，而

① 这同样适用于“名词的诸格”（πτώσεις ὀνόματος），它们既不是“名词

且仅仅具有这两个范畴。

我们前往最末一个范畴，即“相对物”（πρός τι）。对于这种东西，语法没有显示出任何同一的形式，人们也做到了有效地反驳特伦德伦堡。但语言在这儿也还是表现出了恰当的应对方式。对于“相对物”（πρός τι）来说，缺乏一种独特的形式恰恰显示出了这一范畴的本性，那就是正如我们所看到的，它在最低程度上“是着”（seiend），它不具有独特的“生成”（γίγνεσθαι）和“毁灭”（φθείρεσθαι），而总是通过追随其他的是者并随时调整自己的本性而内在地或外在地附着在“所是”身上[①]。因此，如果语言将形容词的语词形式、动词的语词形式和副词的语词形式统一在该范畴中，那是完全恰当的。例如，“两倍（διπλάσιον）”（“量”［ποσόν］）、“更美（κάλλον）”（“质”［ποιόν］）、“正在加热（θερμαῖνον）”（正如特伦德伦堡正确注意到的[②]，这能够是关于某种“相对物［πρός τι］”的表达——《形而上学》第五卷第15章，1021a. 17[③]——但正如他所认为的，并不会由此就得出它不

（ὀνόματα）”（《解释篇》第2章，16a. 33.“菲洛的”或“给菲洛”以及其他诸如此类的东西，并不是名词，而是名词的格。［τὸ δὲ Φίλωνος ἢ Φίλωνι καὶ ὅσα τοιαῦτα, οὐκ ὀνόματα ἀλλὰ πτώσεις ὀνόματος.］），也不是副词；然而，它们在这儿如副词一样作为“第一所是”的谓词出现，如“在晚上”（νυκτός）、“在市场里”（ἐν ἀγορᾷ）、“在吕卡昂”（ἐν Λυκείῳ）。——作者

① 见前，§ 14，第276页，注2。——作者

② 《范畴学说史》，第140页。——作者

③ 《形而上学》第五卷第15章，1021a. 17：能够进行作为的东西和能够进行遭受的东西根据能够进行作为的能力和能够进行遭受的能力以及这些能力的现实而处在相对关系中。例如，能够加热的东西相对于能够被加热的东西乃是因为它们有能力这样做；而进行加热的东西相对于被加热的东西、进行切割的东西相对于被切割的东西则是因为它们的现实化。（τὰ δὲ ποιητικὰ καὶ παθητικὰ κατὰ δύναμιν ποιητικὴν

能代表某一来自“行动［*ποιεῖν*］”范畴的概念；因为“它在加热［*θερμαίνει*］”就等于“它正在加热［*ἐστὶ θερμαῖνον*］”。参见《形而上学》第五卷第7章，1017a. 28[①]）、“正在被加热（*θερμαινόμενον*）”（这同样适用于“遭受（*πάσχειν*）”；最后，例如“在地点上的较近（*ἐγγύτερον κατὰ τόπον*）”（《形而上学》第五卷第11章，1018b. 12[②]）——“在前（*πρότερον*）”，“在后（*ὕστερον*）”（“某地（*πού*）”，“某时（*πότε*）”）。一些例外在这里常常成为理所当然的，一种特别不规则的情形是：尽管“相对物（*πρός τι*）”是“最不是‘所是’（*ἥκιστα οὐσία*）”的东西（见前），但它们常常甚至作为名词而进入到谓词里，例如：“苏格拉底是父亲、儿子、奴隶[③]、教师”（*Σωκράτης ἐστὶ πατήρ, υἱός, δοῦλος, διδάσκαλος*），等等。但恰恰是在

καὶ παθητικὴν καὶ ἐνεργείας τὰς τῶν δυνάμεων, οἷον τὸ θερμαντικὸν πρὸς τὸ θερμαντὸν ὅτι δύναται, καὶ πάλιν τὸ θερμαῖνον πρὸς τὸ θερμαινόμενον καὶ τὸ τέμνον πρὸς τὸ τεμνόμενον ὡς ἐνεργοῦντα.）——译者

① 《形而上学》第五卷第7章，1017a. 28：因为“人正在康复”和“人康复”之间并无区别，“人正在走”或“人正在切”同“人走”或“人切”之间也无区别，就其他的情形而言也同样如此。（*οὐθὲν γὰρ διαφέρει τὸ ἄνθρωπος ὑγιαίνων ἐστὶν ἢ τὸ ἄνθρωπος ὑγιαίνει, οὐδὲ τὸ ἄνθρωπος βαδίζων ἐστὶν ἢ τέμνων τοῦ ἄνθρωπος βαδίζει ἢ τέμνει, ὁμοίως δὲ καὶ ἐπὶ τῶν ἄλλων.*）——译者

② 《形而上学》第五卷第11章，1018b. 12: 例如，就地点来说的在前者，它们要么离某个被自然地规定的地点较近（如中点或终点），要么离某个被偶然地规定的地点较近；而离得较远者就是在后者。（*οἷον τὰ μὲν κατὰ τόπον τῷ εἶναι ἐγγύτερον ἢ φύσει τινὸς τόπου ὡρισμένου (οἷον τοῦ μέσου ἢ τοῦ ἐσχάτου) ἢ πρὸς τὸ τυχόν, τὸ δὲ πορρώτερον ὕστερον.*）——译者

③ 正如特伦德伦堡看起来所认为的那样（《范畴学说史》，第125页，第186页），奴隶（*δοῦλος*）不是“所是”；根据亚里士多德，也同样如此。相反，奴隶（*δοῦλος*）作为奴隶（*δοῦλος*），仅仅是一种同“主人”（*δεσπότης*）相关的东西，是一种“相对物”（*πρός τι*）。——作者

这里，人们复又清楚地看到亚里士多德是多么没有忽视语言。它对他来说具有权威性，即使这种权威性并不比早期思想家们的其他可能的意见和观点更大——他通过从它们那儿辩证地进行论证而将它们预先给予给真正科学的研究。因此，他立刻指出了这种不规则性，并且我们发现他断然拒绝“相对物”具有任何“所是（οὐσία）”（《范畴篇》第7章，8a. 13—b. 24[①]；尤其是《形而上学》

① 《范畴篇》第7章，8a. 13—b. 24：但有一个疑惑，那就是：是否任何“所是”都不能被说成是属于“相对物”——如看起来的那样，还是这对于某些“第二所是”是可以的。就“第一所是”而言这是真的；因为无论是整体还是部分都不能被称作是“相对物”。因为某一个别的人不能被说成是另外某个东西的个别的人，某一个别的牛也不能被说成是另外某个东西的个别的牛。就部分而言也同样如此：因为某只手不被称作某个东西的某只手，而是被称作某个东西的手；某个头不是被称作某个东西的某个头，而是被称作某个东西的头。就“第二所是”而言也同样如此，至少在大部分情形下是这样。例如，人不被称作某个东西的人，牛不被称作某个东西的牛，木材不被称作某个东西的木材——而是被称作某个东西的财产。显然这类东西中没有一个属于“相对物”；然而，就有些“第二所是”而言则有争议；例如，头被称作某个东西的头，手被称作某个东西的手，以及诸如此类的。因此，它们似乎属于“相对物”。因此，如果前面所给出的“相对物”之定义是充分的，那么，要解决没有任何“所是”能被称作属于“相对物”，要么非常困难要么根本不可能。但是，如果不充分，只有那些其“是”乃是相对于他者来说的才是“相对物”，那么，或许还有某种解决之途。前面的定义无疑适用于所有的“相对物”，但是，那借他者才得以被称作是其所是的东西本身并不就是相对的。由此下面这点就是显然的：如果人们确定地知道“相对物”中的某一个，那么他就确定地知道被称作与之相关的那种东西。这从其自身就是显然的；因为如果人们知道“相对物”中的某一相关项，而对于“相对物”来说，其是无论如何都因与之相关的东西而是，那么，他也就知道该东西与之相对的那种东西。因为如果他根本不知道它究竟与何者相对，那么，他也就不知道该东西究竟是否是与某种东西相对的东西。这在一些具体的例子中是显然的。例如，如果人们确定地知道某一这个是两倍的，那么他也立马确定地知道它是谁的两倍；因为如果他根本不确定地知道它是谁的两倍，那么他也完全不知道它是两倍的。同样，如果他知道某一这个是更美丽的，那么他由此也必然确定地知道它比谁更美丽；（他不

会不确定地知道它比那不如它美的东西更美，因为那将变成猜测而不是知识。既然完全可能出现没有什么东西不如它美，那么，他就不会真正知道它比不如它美的东西更美）。因此，显然那确定地知道“相对物”中的某一相关项的人也必然确定地知道被称作与之相关的那种东西。然而，头、手以及其他各个属于“所是”的东西，能够确定地知道其自身是什么，但并不必然就知道它被称作与何种东西相对；因为不必然就确定地知道头是何者的头或手是何者的手。因此，这类东西不属于“相对物”；如果它们不属于“相对物”，那么，说没有“所是”属于“相对物”可能就是真的。但对于这类东西在没有多方加以考察的情形下就贸然加以断定，或许是困难的；但审慎地对待它们中的每个并不是无用的。（*ἔχει δὲ ἀπορίαν πότερον οὐδεμία οὐσία τῶν πρός τι λέγεται, καθάπερ δοκεῖ, ἢ τοῦτο ἐνδέχεται κατά τινας τῶν δευτέρων οὐσιῶν. ἐπὶ μὲν γὰρ τῶν πρώτων οὐσιῶν ἀληθές ἐστιν· οὔτε γὰρ τὰ ὅλα οὔτε τὰ μέρη πρός τι λέγεται· ὁ γὰρ τὶς ἄνθρωπος οὐ λέγεται τινός τις ἄνθρωπος, οὐδὲ ὁ τὶς βοῦς τινός τις βοῦς· ὡσαύτως δὲ καὶ τὰ μέρη· ἡ γὰρ τὶς χεὶρ οὐ λέγεται τινός τις χεὶρ ἀλλὰ τινὸς χείρ, καὶ ἡ τὶς κεφαλὴ οὐ λέγεται τινός τις κεφαλὴ ἀλλὰ τινὸς κεφαλή. ὡσαύτως δὲ καὶ ἐπὶ τῶν δευτέρων οὐσιῶν, ἐπί γε τῶν πλείστων· οἷον ὁ ἄνθρωπος οὐ λέγεται τινὸς ἄνθρωπος, οὐδὲ ὁ βοῦς τινὸς βοῦς, οὐδὲ τὸ ξύλον τινὸς ξύλον, ἀλλὰ τινὸς κτῆμα λέγεται. ἐπὶ μὲν οὖν τῶν τοιούτων φανερὸν ὅτι οὐκ ἔστι τῶν πρός τι, ἐπ' ἐνίων δὲ τῶν δευτέρων οὐσιῶν ἔχει ἀμφισβήτησιν· οἷον ἡ κεφαλὴ τινὸς λέγεται κεφαλὴ καὶ ἡ χεὶρ τινὸς λέγεται χεὶρ καὶ ἕκαστον τῶν τοιούτων, ὥστε ταῦτα τῶν πρός τι δόξειεν ἂν εἶναι. —εἰ μὲν οὖν ἱκανῶς ὁ τῶν πρός τι ὁρισμὸς ἀποδέδοται, ἢ τῶν πάνυ χαλεπῶν ἢ τῶν ἀδυνάτων ἐστὶ τὸ λῦσαι ὡς οὐδεμία οὐσία τῶν πρός τι λέγεται· εἰ δὲ μὴ ἱκανῶς, ἀλλ' ἔστι τὰ πρός τι οἷς τὸ εἶναι ταὐτόν ἐστι τῷ πρός τί πως ἔχειν, ἴσως ἂν ῥηθείη τι πρὸς αὐτά. ὁ δὲ πρότερος ὁρισμὸς παρακολουθεῖ μὲν πᾶσι τοῖς πρός τι, οὐ μὴν τοῦτό γέ ἐστι τὸ πρός τι αὐτοῖς εἶναι τὸ αὐτὰ ἅπερ ἐστὶν ἑτέρων λέγεσθαι. ἐκ δὲ τούτων δῆλόν ἐστιν ὅτι ἐάν τις εἰδῇ τι ὡρισμένως τῶν πρός τι, κἀκεῖνο πρὸς ὃ λέγεται ὡρισμένως εἴσεται. φανερὸν μὲν οὖν καὶ ἐξ αὐτοῦ ἐστίν· εἰ γὰρ οἶδέ τις τόδε τι ὅτι τῶν πρός τί ἐστιν, ἔστι δὲ τὸ εἶναι τοῖς πρός τι ταὐτὸ τῷ πρός τί πως ἔχειν, κἀκεῖνο οἶδε πρὸς ὃ τοῦτό πως ἔχει· εἰ γὰρ οὐκ οἶδεν ὅλως πρὸς ὃ τοῦτό πως ἔχει, οὐδ' εἰ πρός τί πως ἔχει εἴσεται. καὶ ἐπὶ τῶν καθ' ἕκαστα δὲ δῆλον τὸ τοιοῦτον· οἷον τόδε τι εἰ οἶδεν ἀφωρισμένως ὅτι ἔστι διπλάσιον, καὶ ὅτου διπλάσιόν ἐστιν εὐθὺς ἀφωρισμένως οἶδεν, —εἰ γὰρ μηδενὸς τῶν ἀφωρισμένων οἶδεν αὐτὸ διπλάσιον, οὐδ' εἰ ἔστι διπλάσιον ὅλως οἶδεν· —ὡσαύτως δὲ καὶ τόδε τι εἰ οἶδεν ὅτι κάλλιόν ἐστι, καὶ ὅτου κάλλιόν ἐστιν ἀφωρισμένως ἀναγκαῖον εἰδέναι διὰ ταῦτα, (οὐκ ἀορίστως δὲ εἴσεται ὅτι τοῦτό ἐστι χείρονος κάλλιον· ὑπόληψις γὰρ τὸ τοιοῦτο γίγνεται, οὐκ ἐπιστήμη· οὐ γὰρ ἔτι εἴσεται ἀκριβῶς ὅτι ἐστὶ χείρονος κάλλιον· εἰ γὰρ οὕτως ἔτυχεν, οὐδέν ἐστι χεῖρον αὐτοῦ)· ὥστε φανερὸν ὅτι ἀναγκαῖόν*

第十四卷第 1 章，1088a. 21—b. 2。[①])[②] 在其他偶性那儿，或许找不到对“所是”的名词性的谓述这种情形，至少在这种普遍性上找不到。如果我说“这个人是一具美丽的形象”（dieser Mensch ist eine schöne Gestalt），那么这显然仅仅是“他已经被美丽地塑造

ἐστιν, ὃ ἂν εἰδῇ τις τῶν πρός τι ὡρισμένως, κἀκεῖνο πρὸς ὃ λέγεται ὡρισμένως εἰδέναι. τὴν δέ γε κεφαλὴν καὶ τὴν χεῖρα καὶ ἕκαστον τῶν τοιούτων αἵ εἰσιν οὐσίαι αὐτὸ μὲν ὅπερ ἐστὶν ὡρισμένως ἔστιν εἰδέναι, πρὸς ὃ δὲ λέγεται οὐκ ἀναγκαῖον· τίνος γὰρ αὕτη ἡ κεφαλὴ ἢ τίνος ἡ χεὶρ οὐκ ἔστιν εἰδέναι ὡρισμένως· ὥστε οὐκ ἂν εἴη ταῦτα τῶν πρός τι· εἰ δὲ μή ἐστι τῶν πρός τι, ἀληθὲς ἂν εἴη λέγειν ὅτι οὐδεμία οὐσία τῶν πρός τί ἐστιν. ἴσως δὲ χαλεπὸν περὶ τῶν τοιούτων σφοδρῶς ἀποφαίνεσθαι μὴ πολλάκις ἐπεσκεμμένον, τὸ μέντοι διηπορηκέναι ἐφ' ἕκαστον αὐτῶν οὐκ ἄχρηστόν ἐστιν.）——译者

① 《形而上学》第十四卷第 1 章，1088a. 21—b. 2：在全部范畴中，“相对物”最不是一种“本性”或“所是”，它位于“质”和“量”之后。……“相对物”最不是“所是”和某种“是者”的标志在于，唯独在它那儿既无生成，也无毁灭，也无运动。而在“量”那儿有增加和减少，在“质”那儿有变化，在“地点”那儿有位移，在“所是”那儿有一般的生成和毁灭。但在“相对物”那儿却并不如此。因为当相对物中的一方在量上发生变化后，另一方即使不动也会时而大、时而小、时而相等。（*τὸ δὲ πρός τι πάντων ἥκιστα φύσις τις ἢ οὐσία τῶν κατηγοριῶν ἐστι, καὶ ὑστέρα τοῦ ποιοῦ καὶ ποσοῦ. ...σημεῖον δ' ὅτι ἥκιστα οὐσία τις καὶ ὄν τι τὸ πρός τι τὸ μόνου μὴ εἶναι γένεσιν αὐτοῦ μηδὲ φθορὰν μηδὲ κίνησιν ὥσπερ κατὰ τὸ ποσὸν αὔξησις καὶ φθίσις, κατὰ τὸ ποιὸν ἀλλοίωσις, κατὰ τόπον φορά, κατὰ τὴν οὐσίαν ἡ ἁπλῆ γένεσις καὶ φθορά. ἀλλ' οὐ κατὰ τὸ πρός τι· ἄνευ γὰρ τοῦ κινηθῆναι ὁτὲ μὲν μεῖζον ὁτὲ δὲ ἔλαττον ἢ ἴσον ἔσται θατέρου κινηθέντος κατὰ τὸ ποσόν.*）——译者

② 不仅偶性上的“是”（Sein），而且“所是”（*οὐσία*）也能够成为一种“相对关系”的基础；例如，苏格拉底作为人同柏拉图相关，因为柏拉图同他拥有一种“所是”上的相同，他将苏格拉底的人性当作基础。在这儿，语言并不使用名词，而是独特地使用代词：“苏格拉底与柏拉图是同一的。”（*Σωκράτης ἐστὶν ταὐτὸ τῷ Πλάτωνι*）对于“相对关系”来说，名词在任何情形下——甚至在“所是”是其基础的地方，都不可能是一种相应的形式。如果“相对关系”从其他那些基础那儿借用每一（规则的）形式，那么，“相对关系”在偶性上的性格在这儿也并未遭到妨碍，这一性格首先需要得到确保。——作者

了”（er ist schön gestaltet）这句话的一种诗意表达；同样，如果我为了指出一个人是有头脑的或智慧的，我就会说“这个人是一个有头脑的，是智慧本身”（dieser Mensch ist ein Verstand, ist dei Weisheit selbst.）。

从这些考察中所得出的就是：亚里士多德的确能够在语言那儿找到某种帮助和某种支持来对范畴之种类和数目进行一种辩证的预检，但他不可能用这种奠基方式得到一种可靠的甚或仅仅对于他自身是确定的结论。但他还是能够通过语词形式的差异而注意到那些绝对的范畴，通过在语言中出现的对一种补充性的概念的需要而注意到“相对物”（《范畴篇》第 7 章，6a. 36[①] 参见特伦德伦堡《范畴学说史》，第 30 页以下）。

我们还要补充的是，诸范畴之间的差异还以另外一种方式相当地显现在语言的差异中。这发生在对于“第一所是”那儿所提出的各种问题的修正中，取决于在回答这些问题时是否需要这一

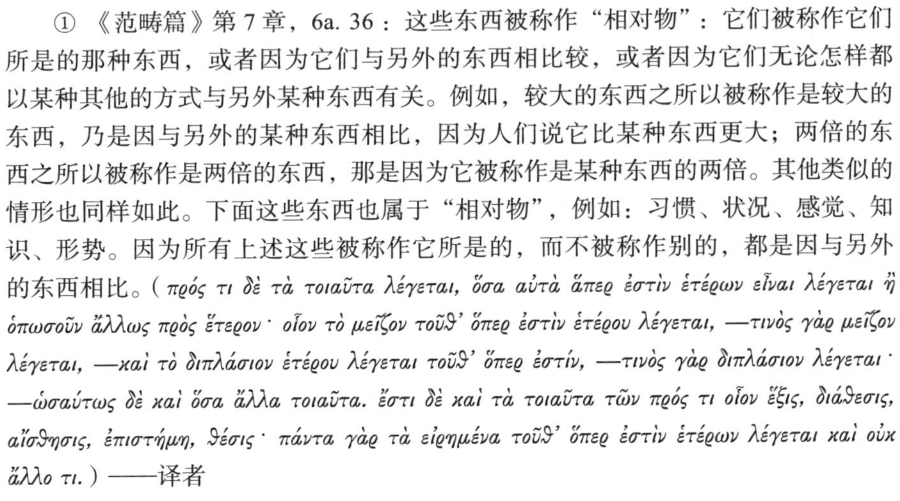

① 《范畴篇》第 7 章，6a. 36：这些东西被称作“相对物”：它们被称作它们所是的那种东西，或者因为它们与另外的东西相比较，或者因为它们无论怎样都以某种其他的方式与另外某种东西有关。例如，较大的东西之所以被称作是较大的东西，乃是因与另外的某种东西相比，因为人们说它比某种东西更大；两倍的东西之所以被称作是两倍的东西，那是因为它被称作是某种东西的两倍。其他类似的情形也同样如此。下面这些东西也属于“相对物”，例如：习惯、状况、感觉、知识、形势。因为所有上述这些被称作它所是的，而不被称作别的，都是因与另外的东西相比。（*πρός τι δὲ τὰ τοιαῦτα λέγεται, ὅσα αὐτὰ ἅπερ ἐστὶν ἑτέρων εἶναι λέγεται ἢ ὁπωσοῦν ἄλλως πρὸς ἕτερον· οἷον τὸ μεῖζον τοῦθ' ὅπερ ἐστὶν ἑτέρου λέγεται, —τινὸς γὰρ μεῖζον λέγεται, —καὶ τὸ διπλάσιον ἑτέρου λέγεται τοῦθ' ὅπερ ἐστίν, —τινὸς γὰρ διπλάσιον λέγεται· —ὡσαύτως δὲ καὶ ὅσα ἄλλα τοιαῦτα. ἔστι δὲ καὶ τὰ τοιαῦτα τῶν πρός τι οἷον ἕξις, διάθεσις, αἴσθησις, ἐπιστήμη, θέσις· πάντα γὰρ τὰ εἰρημένα τοῦθ' ὅπερ ἐστὶν ἑτέρων λέγεται καὶ οὐκ ἄλλο τι.*）——译者

或那一范畴作为谓词。亚里士多德也把“所是”（*οὐσία*）这一范畴称为“是什么”（*τί ἐστι*）这一范畴（例如，《论题篇》第一卷第9章，103b. 20[①]，《形而上学》第五卷第7章，1017a. 25[②]，《尼各马可伦理学》第一卷第4章，1096a. 24[③]），并由此表明，所有以“是

① 《论题篇》第一卷第9章，103b. 20：在此之后应区分范畴这种属——上述四谓词全都位于它们之中。它们的数目是十个，即“是什么”、“量”、“质”、“相对物”、“地点”、“时间”、“姿态”、“有”、“行动”、“遭受”。（*μετὰ τοίνυν ταῦτα δεῖ διορίσασθαι τὰ γένη τῶν κατηγοριῶν, ἐν οἷς ὑπάρχουσιν αἱ ῥηθεῖσαι τέτταρες. ἔστι δὲ ταῦτα τὸν ἀριθμὸν δέκα, τί ἐστι, ποσόν, ποιόν, πρός τι, ποῦ, ποτέ, κεῖσθαι, ἔχειν, ποιεῖν, πάσχειν.*）——译者

② 《形而上学》第五卷第7章，1017a. 25：在诸谓词中，有的意指“是什么”，有的意指“质”，有的意指“量”，有的意指“相对物”，有的意指“行动”或“遭受”，有的意指“地点”，有的意指“时间”；“是”就意指着它们当中的某一个。（*ἐπεὶ οὖν τῶν κατηγορουμένων τὰ μὲν τί ἐστι σημαίνει, τὰ δὲ ποιόν, τὰ δὲ ποσόν, τὰ δὲ πρός τι, τὰ δὲ ποιεῖν ἢ πάσχειν, τὰ δὲ πού, τὰ δὲ ποτέ, ἑκάστῳ τούτων τὸ εἶναι ταὐτὸ σημαίνει.*）——译者

③ 《尼各马可伦理学》第一卷第4章，1096a. 24：但是，善，既被说成位于“是什么”中，也被说成位于“质”和“相对物”中，不过在其自身的东西即“所是”在本性上先于“相对物”（因为“相对物”似乎是一种衍生物和“是者”的偶性）。因此，就这些东西来说没有某种共同的理念。此外，“是”以多少种方式被言说，“善”也就有多少种方式被言说（因为，它能够在“某个”的意义上被说，如神和努斯；能够在“质”的意义上被说，如诸德性；能够在“量”的意义上被说，如适度；能够在“相对物”的意义上被说，如用途；能够在“时间”的意义上被说，如时机；能够在“地点”的意义上被说，如居处；以及诸如此类的等等），显然它不是某种普遍一般的东西和单一的东西，因为如果是那样，那么它就不会在所有的范畴中被述说，而是仅仅在某一范畴中被述说。（*τὸ δ' ἀγαθὸν λέγεται καὶ ἐν τῷ τί ἐστι καὶ ἐν τῷ ποιῷ καὶ ἐν τῷ πρός τι, τὸ δὲ καθ' αὑτὸ καὶ ἡ οὐσία πρότερον τῇ φύσει τοῦ πρός τι (παραφυάδι γὰρ τοῦτ' ἔοικε καὶ συμβεβηκότι τοῦ ὄντος)· ὥστ' οὐκ ἂν εἴη κοινή τις ἐπὶ τούτοις ἰδέα. ἔτι δ' ἐπεὶ τἀγαθὸν ἰσαχῶς λέγεται τῷ ὄντι (καὶ γὰρ ἐν τῷ τί λέγεται, οἷον ὁ θεὸς καὶ ὁ νοῦς, καὶ ἐν τῷ ποιῷ αἱ ἀρεταί, καὶ ἐν τῷ ποσῷ τὸ μέτριον, καὶ ἐν τῷ πρός τι τὸ χρήσιμον, καὶ ἐν χρόνῳ καιρός, καὶ ἐν τόπῳ δίαιτα καὶ ἕτερα τοιαῦτα), δῆλον ὡς οὐκ ἂν εἴη κοινόν τι καθόλου καὶ ἕν· οὐ γὰρ ἂν ἐλέγετ' ἐν πάσαις ταῖς κατηγορίαις, ἀλλ' ἐν μιᾷ μόνῃ.*）——译者

什么？”（τί ἐστι;）来加以引导的关于某一“所是”（οὐσία）的问题都属于“第一所是”。而与第二个范畴相应的也是一种独特的引出问题的发问方式：“是多少？”（πόσον ἐστί;）；同样，与第三个范畴相应的是：“这是怎样？”（πόιον ἐστὶ τόδε;）两类“运动”（κίνησις）中的每一个也有着自己独特的发问方式。但在这儿我们必须把某一另外的动词添加给“什么”（τί）来代替简单的系词“（它）是”（ἐστί）。如果我想完全普遍地问，那么，在一种情形那儿是“行动”（ποιεῖν），在另一种情形那儿是“遭受”（πάσχειν）：“这导致了什么？”（τί ποιεῖ τόδε;），“它遭受了什么？”（τί πάσχει;）；否则，那被问者所给出的消息，与其说是关于所有其他的，毋宁说是关于我们想知道的。这同样适用于“姿态”（κεῖσθαι）和“有”（ἔχειν）。“它怎样摆置着？”（πῶς κεῖται;）和“它有什么？”（τί ἔχει;），既不能归约为“它导致了什么？”（τί ποιεῖ;），也根本不能归约为“它遭受了什么？”（τί πάσχει;）；因此这或许会导致对这两个独特范畴的接纳。此外，属于“形势”的那两个范畴，每一个也有着自己的发问形式：“这是在何地？”（ποῦ ἐστι τόδε;），“它是何时？”（πότε ἐστι;）。最后，在关于“相对物”（πρός τι）的问题那儿，也浮现出了其独特的本性；我们不能径直问“这是多少？”（πόσον ἐστὶ τόδε;），而是问“相对于那个东西这是多少？——两倍。”（πόσον ἐστὶ τόδε πρὸς τόδε;διπλάσιον.）；或者“相对那时这是何时？——在后。”（πότε εστὶ τόδε πρὸς τόδε; ὕστερον.）。等等[①]。

① 那些要求完整句子来进行回答的问题，如“为什么？”（τί δήποτε;）等，自然必定还是尚未加以考虑的。

唯名论者奥卡姆（Ocham）[①]在其《逻辑学》（第一卷第42章）中（参见《自由论辩集》[*Quodlib.*]5，问题22.）也以这种方式，即从能够对“第一所是”进行发问的问题之数目出发，尝试阐述谓词的数目是十个。他正确地注意到事物的数目必定根据其与“第一所是”的各种关系而被确定，他由此出发，进而指出：“我们追问‘第一所是’，要么问‘它是什么？’，由此就是‘所是’；要么问‘它是多大？’、‘它是怎样的？’、‘它同什么相关？’、‘它做了什么？’、‘它遭受了什么？’、‘它是在何地？’、‘它如何摆置？’（‘姿态’[κεῖσθαι]）、‘何样的持续？’，最后是‘它怎样穿戴？’。”整个证明最后演变成了一种归纳——语言仅仅把这种归纳简化为概观而已，许多东西都能够拿来反驳这各个细节和这一从整体那儿获得的结论的可靠性。同我们前面所遵循的方法相比，根据这种方法，语言对于范畴的有效性和完备性而言能够承担的责任甚至更少。

我们说：

§16. XV. 根据前面关于范畴之原则和含义的研究所教导的，从不同角度所提出的对范畴划分的异议也得到了解决

亚里士多德的范畴划分以一种令人惊讶的方式经受住了岁月

① 奥卡姆（Ocham），即威廉·奥卡姆（Guillelmus de Ockham, 1285—1349），中世纪哲学家，著名的唯名论者，他提出了“Pluralitas non est ponenda sine necessitate.”（如无必要，不应设定更多的东西。）这一原则，后世将之称为“奥卡姆的剃刀”。——译者

的更迭。如果人们追踪一下范畴学说的历史，便会发现甚至它的反对者也不自觉地对它致以了敬意，并且常常想笑着发现下面这一点，那就是：那些将自己视为其坚定对手的人，在本质上却完全被它所引导。

最近的时代自然不再有亚里士多德的范畴学说了；当它谈及范畴时，也不会想到“是什么”（*τί ἐστι*）、“某质”（*ποιόν*）、“某量”（*ποσόν*）、“相对物”（*πρός τι*）。然而，在新近的体系中没有任何一个建立起了持久的声望；由于那些新近理论在研究范畴时所致力于的东西在目的上不再追随亚里士多德，不再与之相一致，因此，在任何情形下也不能说它们已经把某种东西添加进了旧范畴的位置里。

现在要问的是：是否能够设想那经历了如此久远的东西会完全不再有任何的生命力，或者目标——**即范畴表的真正目标**，是否已经真正实现。我们几乎无须说，我们的意见倾向于一种积极的评价；我们之所以如此进行前面的研究，主要是我们试图能够让范畴理论带着某种内在的必然性而发展——假设亚里士多德的其他观点是正确的。然而，由于另外一些令人起敬的学者以及我们哲学家的一些朋友们持不同的意见，于是我们的任务就变成了竭尽所能地尝试清除他们的异议，并击退他们的攻击。

特伦德伦堡尤其在这儿已经显示出，尽管他是亚里士多德的朋友，但更是真理的朋友。布兰迪斯和其他一些人则倾向于一种较为温和的评判，或许部分是因为他们的标准是一种更为合理的标准。策勒尔也同样是我们必须要加以反驳的人。

（1）康德[①]和黑格尔[②]将缺乏一种原则标示为整个划分的根本缺陷。特伦德伦堡则将缺乏一种统一性、在原则中的冲突标示为根本缺陷[③]。然而，但愿在前面所说的那些之后这种指责不再显得有根据。的确，逻辑学和形而上学都对范畴的划分感兴趣，但这并不等于仿佛它们为了统治权而争吵不休，仿佛它们由于为了力争各自不同的主张而交替着地倾听或不加理睬，从而既不对自己感到满意，也不能公正地对待对方的要求。如果我们把所有“是者”（das Seiende）的载体（*ὑποκείμενον*）都当成句子的主词（*ὑποκείμενον*），那么，“是”（Sein）的诸方式当然相应于谓词的诸方式。“因为范畴的诸样式有多少种述说，‘是’也就有多少种意指。”（*ὁσαχῶς γὰρ λέγεται, τοσαυταχῶς τὸ εἶναι σημαίνει.*《形而上学》第五卷第 7 章，1017a. 23）因此，如果特伦德伦堡在前面所引的那些地方说所有的缺陷都源于这一点，那么，我们只能将之视为一种鼓舞人心的事情。

（2）正如特伦德伦堡公开承认的，如果范畴之划分只满足于一种语法上的线索，而不更深地在事物本身中寻找其原则，那么，它就必然还会碰上另外一种指责[④]；但该指责恰恰只是一种假设的指责，并且反对这一假设的论据随着该假设的坍塌自身也坍塌了。同语法的高度一致——我们也必须承认这一点，自身并不是一种指责，而是一种赞扬；唯有那以形式同事物自身的本性之间的和

① 康德，《纯粹理性批判》第二版，第 107 页。——作者

② 黑格尔，《哲学史讲演录》，Ⅰ，第 249 页。——作者

③ 特伦德伦堡，《范畴学说史》，第 189 页。——作者

④《范畴学说史》，第 180 页。——作者

谐为代价的同语法形式的一致，或者一种非哲学地仅仅满足于注意到前一种一致，才会合理地变成一种指责。

（3）然而，另外一种意见更紧密地与我们有关。特伦德伦堡认为，如果范畴被处理为是实在的，那么，其结果就是范畴的根源要在事物的四个根据或本源那儿去寻找，因为它们在本性上是首要的东西[①]。诚然，就我们根据在“第一所是”中的不同存在方式以及根据潜能（*δύναμις*）和现实（*ἐνέργεια*）之间的不同关系来区分最高的属而言，除了逻辑的含义之外我们也将形而上学的含义赋予给了范畴的划分，因此，我们无须这么做；然而，即使正当地承认了这一点，要问的是，是否对此的指责也同样是正当的呢？正如布兰迪斯、博尼茨等人做的那样，我们也认为需要坚决否认这一指责。在亚里士多德论及范畴的意义上以及在本论文中我们一步一步地愈发清楚地认识到它们的意义上，范畴之问题同那类比地位于所有范畴中的四个本源之问题毫无关系。最高的根据同事物的最高属之间的确有着一定的相似性，因为两者都具有最普遍的含义；但正如特伦德伦堡本人正确注意到的[②]，在“抽象之普遍”（Allgemeinen der Abstraction）和“本源的普遍”（ursprünglich Allgemeinen）之间有着巨大的不同。依照原因而来的最普遍者，“对于我们来说”（*καθ' ἡμᾶς*）是不大可认识的东西，但“在本性上”（*τῇ φύσει*）却是更可认识的东西；而依照谓述而来的最普遍者，在某种方式上“对于我们来说”（*καθ' ἡμᾶς*）是比

① 《范畴学说史》，第 187 页。——作者

② 《范畴学说史》，第 188 页。——作者

那较少普遍的东西更可认识的东西，即使并不比单个的个体是更可认识的——因为那直接指向个体的感觉认识先于那指向普遍者的理性认识[①]。

① 我们说，在一定的方式上“对于我们来说”（καθ' ἡμᾶς）较普遍的东西比较不普遍的东西更可认识。我们这样理解这一点：某物要么通过单纯的把握而被认识，要么通过对物的科学的认识——它与那些属于该物作为该物的各种特性和根据相关——而被认识。认识的对象越是普遍，后一种认识也就越是困难；因此，那研究最普遍的、即研究“是者”（ὄν）的形而上学是诸科学中最困难的（见《形而上学》第一卷第2章，982a. 23），反之，前一种认识在同样的程度上是较为容易的。因此，我们已经在前面听到“是者”（ὄν）是我们心灵所把握到的首要的东西，《物理学》第一卷第1章（184a. 18）也教导说：那越少普遍的，“在本性上就越是清楚和可认识”（τῇ φύσει σαφεστέρον καὶ γνωριμώτερον）；那越是普遍的，“对于我们”（ἡμῖν）就越是清楚和可认识。那不具有属概念的人，也很少能具有以属概念为前提的种概念。

但是，由于《后分析篇》第一卷第2章（72a. 1）似乎与之不大一致，故我们必须补充以下东西：每一东西是可认识的，乃是就它“是着”（seiend）来说的；因此，每一东西越是“是着”（seiend），它也就越是自在自为地、在本性上是可认识的，分离的“所是”作为纯粹的行为和最完满的是者，自在自为地是最可认识的（《形而上学》第二卷第1章，993b. 11）。但是，由于我们的认识以感觉为中介而发生，故对于我们来说，那些带有质料的事物——尽管潜能附着在它们身上，是更可认识的。通过它们，我们方才攀升到对无质料的东西的认识。因此，在这儿“对于我们来说更可认识的”（γνωριμώτερον καθ' ἡμᾶς）与“在本性上更可认识的”（γνωριμώτερον τῇ φύσει）相反。

但即使在对有形物的认识方面，在这两者之间也有着一种同样的对立。也即是说，有形物由于其不完满的“是”（Sein）——质料的潜能附着其上，仅仅普遍地在理性上是可认识的，反之，个体地为感官所把握。既然理性的认识比感性的认识更完满，因此，就此而言普遍的东西是“绝对地更可认识的”（ἁπλῶς γνωριμώτερον），个体的东西“绝对地”（ἁπλῶς）是较少可认识的。然而，由于在我们这儿感性认识先于理性认识，故“对于我们来说”（καθ' ἡμᾶς）个体的东西是更可认识的东西。这是《后分析篇》第一卷第2章所教导的。

但那仅仅拥有理性上的可知性的普遍物，复又显示出在普遍上的不同等级：从最高的属直到最特殊的种。在这儿我们也发现了位于“对于我们来说更可认识的”

因此，从亚里士多德的范畴之含义那儿可以清楚地得知，“在其顺序上诸范畴不会依照它们出现的次序来显示诸概念的起源。”[①] 因此，“它们也不是进行引导的视点，因为那样一来，它肯定会把诸范畴赶回到四个根据或本源那儿——它们在本性上是首要的东西的，等等。”[②] 如果特伦德伦堡注意到一种对“是”(das Sein)的依赖关系尤其出现在作为第一个范畴的“所是”和作为后面的范畴的诸偶性之间，这种依赖关系会让人推测在前面的范畴和后面的范畴之间的某种类似的关系贯穿着整个范畴序列——只不过这似乎还尚未加以实现，那么，这完全能从我们前面所了解到的与同一端点的类比那儿得到解释。因为总是有着一种首先并且以真正的方式携带着名称的东西，所有其他的东西都有赖于它；并且正如亚里士多德本人在《形而上学》第四卷中所指出的[③]，在这儿这种东西就是“所是”(*οὐσία*)。因此，所有其

(*καθ' ἡμᾶς γνωριμώτερον*)和“在本性上更可认识的”(*τῇ φύσει γνωριμώτερον*)之间的同样的对立。因为种“在本性上”(*τῇ φύσει*)比属是更可认识的；正如我们所看到的，属相应于质料，而种差则与形式相伴。那在种上认识事物的人，同那仅仅具有对属的认识的人相比，就其整个“是”(Sein)来说以更加完满、更加确定的方式认识了该事物。反之，“对于我们来说”(*καθ' ἡμᾶς*)属要比种是更可认识的；因为在认识的进程中，我们通过逐渐地从在潜能上的认识转向完满的、现实的认识而首先把握属，然后才把握整个定义——在定义中我们认识了种。正如在另外的情形中，这儿的“于生成上在先”(*γενέσει πρότερον*)与“于所是上在先”(*οὐσίᾳ πρότερον*)相对立(《形而上学》第十三卷第2章，1077a. 19,26。《论动物的生殖》第二卷第6章，742a. 21。《形而上学》第十三卷第8章，1084b. 10以及其他一些地方)。并且这也是《物理学》第一卷第1章所教导的。因此，两个地方并不冲突。——作者

① 《范畴学说史》，第148页。——作者

② 《范畴学说史》，第187页。——作者

③ 《形而上学》第四卷第2章，1003b. 12：因为不仅对于那些“根据‘一’”

余的范畴都被该范畴所决定，并且在与它的关系上彼此不同；但这并不必然意味着其余的范畴彼此自身复又处在依赖关系中，因为不是它们彼此间的直接关系而是它们与“所是”的关系把它们区别开来。

由于亚里士多德在前面已经提及过的几个地方谈到了诸范畴之间的某种自然次序——无疑他并没能明确地向我们说明该次序，并且在每一次对范畴的列举中也没有努力遵守该次序，因此，就必须得问这一次序究竟是什么？以及依照什么样的“先”（*πρότερον*）和“后”（*ὕστερον*）一个范畴被放在另一个范畴的后面（因为在任何的次序中都有着某种先和后）？这一问题不难回答。如果“是者”（das Seiende）是属，那么，它的各个种将依照它们通过不同种差而得到的完满性之差异，即依照“于‘所是’上在先”（*οὐσίᾳ πρότερον*）来排序。因为属的各个种以这种方式而区别开来[①]；仅仅就诸个体我们能够说，在它们中不再有某种

而被说的东西来说我们的研究属于一门科学，而且对于那些因“关乎‘一’种本性”而被说的东西来说也同样如此。因为后面这些东西在某种意义上也是“根据‘一’”而被说的。因此，显然研究“是者作为是者”属于一门科学。其他东西都有赖于它，并由之得以被言说。但在任何地方科学都主要研究首要的东西，其他东西都有赖于它，并由之得以被言说。如果这种东西是“所是”……。（*οὐ γὰρ μόνον τῶν καθ' ἓν λεγομένων ἐπιστήμης ἐστὶ θεωρῆσαι μιᾶς ἀλλὰ καὶ τῶν πρὸς μίαν λεγομένων φύσιν· καὶ γὰρ ταῦτα τρόπον τινὰ λέγονται καθ' ἕν. δῆλον οὖν ὅτι καὶ τὰ ὄντα μιᾶς θεωρῆσαι ᾗ ὄντα. πανταχοῦ δὲ κυρίως τοῦ πρώτου ἡ ἐπιστήμη, καὶ ἐξ οὗ τὰ ἄλλα ἤρτηται, καὶ δι' ὃ λέγονται. εἰ οὖν τοῦτ' ἐστὶν ἡ οὐσία. κ. τ. λ.*）——作者

① 例如，《论天》第二卷第 4 章，286b. 22：如果完满先于不完满，那么，根据这同一理由，圆在各种形状中就是在先的。……（*ὥστ' εἰ τὸ τέλειον πρότερον τοῦ ἀτελοῦς, καὶ διὰ ταῦτα πρότερον ἂν εἴη τῶν σχημάτων ὁ κύκλος. κ. τ. λ.*）——作者

“先”（*πρότερον*）和“后”（*ὕστερον*）[①]。但是，如果属划分出来的各个种在其“是”（Sein）的完满性上是不同的——它们据此而被排序，那么，这对于那些最高的属来说——“是者”（das Seiende）分裂在它们当中并且它们自身就是“是者”（das Seiende）的诸含义，更是如此。它们依照“于‘所是’上在先”（*οὐσίᾳ πρότερον*），即依照其“是”（Sein）的更高或更低的完满性来排序，也即依照同“第一所是”之关系的紧密度来排序——它们全都因同“第一所是”相关而被称作“是着”（seiend）。亚里士多德关于范畴之顺序所给出的所有暗示都与此一致；因为他把“相对物”作为“最不是‘所是’”（*ἥκιστα οὐσία*）而放逐在整个划分序列的最后，将“所是”（*οὐσία*）排在第一位；并且在《形而上学》第十二卷第1章中，他有意想把“质”安放在第二位，把“量”安放在第三位，因为这两者由于内在地存在于“所是”中而在带有“所是”的“是”（Sein）上胜过了其他的偶性。“质”之所以排在“量”的前面，那是因为“质”类似于形式，而形式比质料更是“所是”（*οὐσία*）[②]。如果我们贯彻这一顺序，那么，“运动”（*κίνησις*）的诸类型就得到了第四和第五个位置；在此“行动”（*ποιεῖν*）先于“遭受”（*πάσχειν*），因为动作的起点在行动者那儿——起点作为起点必须是“现实的”（*ἐνεργείᾳ*），而动作的终点在遭受者那儿——当

① 《形而上学》第三卷第3章，999a. 12：在诸个体那儿，没有在先者，也没有在后者。（*ἐν δὲ τοῖς ἀτόμοις οὐκ ἔστι τὸ μὲν πρότερον τὸ δ' ὕστερον.*）——作者

② 《形而上学》第七卷第3章，1029a. 29：因此，同质料相比，形式以及由形式和质料结合而成的东西似乎更是“所是”。（*διὸ τὸ εἶδος καὶ τὸ ἐξ ἀμφοῖν οὐσία δόξειεν ἂν εἶναι μᾶλλον τῆς ὕλης.*）——作者

还处在生成中时终点就是“潜能的”（δυνάμει）。“某地”（πού）和“某时”（ποτέ）得到了第六和第七个位置；就它们来说，“某地”（πού）更在先，因为“地点”（τόπος）属于“量”，而一种“运动”（κίνησις）对于“某时”（ποτέ）起着度量作用。最后，“相对物”成为了整个范畴序列的结束[①]。

因此，我们发现诸“诸本源”（ἀρχαὶ）[②]作为本源对于最高属的图形来说首先绝不是决定性的。它们能够带来某种影响，仅仅因为对“第一所是”的一种特别的谓述方式奠基在它们之上。正如我们所看到的，这出现在“动力因”（die wirkende Ursache）那儿，确切地讲，仅仅出现在它那儿。因为在原因的四个属中，有两个——即质料和形式，是本质之部分；因此，能够根据它们而

① 由于我们在这一次序中给了“某地”（πού）一个很靠后的位置，因此，人们能够把特伦德伦堡在《范畴学说史》第 188 页中所提出的异议以稍加改变了的方式拿来反驳我们，也即是说，“位移”（φορά）——作为这一较后的范畴中的“运动”（κίνησις），“就所是来说”（κατ' οὐσίαν）在“诸运动”（κινήσεις）中是首要的。因为亚里士多德在《物理学》第八卷第 7 章（261a. 19）中恰恰就在我们的意义上说道：“这种运动在‘所是’上先于其他运动。”（ἡ κίνησις αὕτη πρώτη τῶν ἄλλων ἂν εἴη κατ' οὐσίαν.）但是，只要人们注意他在那儿所给出的那些理由，困难就很容易得到解决。第一个理由是，位移属于那些较完满的动物种类，由此就会得出位移根据载体的完满性来说是首要的，因此在某种方式上它自身显现为是更完满的。第二个理由是，某种运动让被运动者改变越少，它的载体越是完满，它自身在一定程度上也越是完满。而位移之所以最少地改变了载体，恰恰是因为地点乃是从外面包围载体，而量和质则是内在于载体中，并且“所是”恰恰等于载体；因此，“所是”上的变化（ἀλλοίωσις）必定次于量上的变化，而量上的变化又必定次于地点上的变化。我们发现，论证并不依赖于“某地”（πού）这一范畴的完满性；相反，那变化的东西越是微不足道，运动越是完满。因此，位移之完满性恰恰说明了端点范畴的不完满性。——作者

② 即所谓的“四因”：形式因、质料因、动力因和目的因。——译者

产生出来的谓述属于“所是”范畴。属这一谓述相应于质料，而种差这一谓述曾相应于形式（见前）。如果没有动力因，“目的因”（die Zweckursache）自身单独产生不出任何东西；因为它之所以成为一种原因性的东西，就在于它驱动了动力因。因此，动力因自身单独就能够建立起一种独特的谓述方式，并且是在以下双重的方式上做到这一点的：不仅对某一另外的“所是”施加影响的“所是”，而且那受到其影响的“所是”，都是根据它而得名的。

（4）还有一种对亚里士多德的范畴学说的主要指责，那就是指责在它那儿没有一种划分之连续性（特伦德伦堡《范畴学说史》，第144、187页；布兰迪斯《希腊-罗马哲学》，Ⅱ，2，1，第401页）。特伦德伦堡说，根据亚里士多德自己的要求，划分的原则必须是连续进行的，并且为了产生出新的种就必须使用本己地属于它的各个种差；但是，在这儿各个种都根据事物而被规定，而对范畴的划分自身则来自语法关系（第144页）。对此简单答复如下：这一假设是错误的；对范畴的划分不是诉诸语法关系（即使它们可能总是与之相应），而是诉诸“是”（Sein）之不同方式，诉诸“绝对的‘是’”（εἶναι ἁπλῶς）之不同的方式和内在于真正的“是者”中的那种“内在是”（ἔνειναι）之不同的方式。但事情并不因此就得到了解决；因为划分的连续性还是没能出现。然而，划分在此是完全恰当的。我们不可以忘记，这儿的划分并非是将某一属划分为它的各个种；种被种差所构建，进而被种差的种差所构建，直到具体的东西。但“是者”（ὄν）不是属，它是一个类比的概念，它的各种含义必须首先加以规定，以便然后分岔出各个属。诸范畴自身就是最高的属，对于它们的真正“划分”

（διαίρεσις）不是随着它们之间的差别而连续地往下延伸，而是如在同名异义的概念那儿所出现的划分那样开始。“是者”（ὄν）作为“是者”，没有由之被划分入范畴的那种种差；在没有种差的地方，又如何能指责它们没有被用来进行次级的划分？

但是，如果特伦德伦堡注意到把“所是”（οὐσία）划分为“第一所是”和“第二所是”要比把“是者”（ὄν）划分为诸范畴更加具有实在性，那么，对此我们就要提醒大家注意前面所说的，那就是：如果人们把划分为“第一所是”和“第二所是”的那种划分当作是划分为种的那种划分，那么，一种相反的错误就会遭到抨击，即在这儿划分类比的“是者”（ὄν）的原则太过宽泛，仿佛超出了目标而导致根本无法对实在的不同事物进行一种划分，而只是对那在第二意向上拥有差异性的事物，即对仅仅作为“真之意义上的是者”（ὄντα ὡς ἀληθές）的事物进行一种划分[①]。

（5）由此就生起了我们要加以回答的另一种指责，即同一范畴不可能包含“第一所是”和“第二所是”这两者[②]。无疑这必定会发生；因为个体除了能位于其种的属中外，难道还能位于其他的属中？苏格拉底是“第一所是”，人是“第二所是”；它们两者都统一在“动物”（ζῷον）这个属中，都统一在每一更高的属中，因此也统一在最高的、即“所是”（οὐσία）这一范畴中[③]。诚

① 见前，§13。——作者

② 特伦德伦堡，《范畴学说史》，第 182 页。——作者

③ 《范畴篇》第 3 章，1b. 10：当一个东西谓述另外一个东西，就像谓述主词一样时，凡是述说谓词的东西也全都述说主词。例如……。（ὅταν ἕτερον καθ' ἑτέρου κατηγορῆται ὡς καθ' ὑποκειμένου, ὅσα κατὰ τοῦ κατηγορουμένου λέγεται, πάντα καὶ κατὰ τοῦ ὑποκειμένου ῥηθήσεται, οἷον. κ. τ. λ.）——作者

然，"第一所是"和"第二所是"这两个概念并不如统一在某一属中的种那样结合在"所是"（οὐσία）概念中。它们自身根本不位于"所是"（οὐσία）范畴中，它们根本不是实在的概念，而是如"属"、"种"等等那样位于第二意向中的不同者，它们仅仅在知性中能够具有存在，仅仅能够具有一种"真之意义上的是"（εἶναι ὡς ἀληθές）[①]。

类似的情形正如适用于"第二所是"那样，也适用于诸种差——它们似乎引起了布兰迪斯的抱怨[②]。然而，无疑"所是"的诸种差——只要指出的是"所是"之真正本质性的种差，属于第一个范畴；因为正如我们在前面§11所指出的，它们在本质上同被它们所限制的属是同一的。我们能够说它们不是"所是"，仅仅是因为它们并不直接而只是归约性地立于该范畴中——尽管它们作为同名同义者分有了"所是"（οὐσία）概念[③]。

（6）但如果特伦德伦堡继续说道："那构成了空间上的量之诸种类的形相，被指派给了'质'这一范畴；在这一延展开的例子中，种差并不停留在它被接纳其中的'所是'那儿。"[④]那我们要提请注意的就是，这并不涉及所是上的种差，因为"质"并不是"所

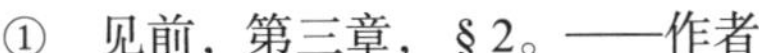

① 见前，第三章，§2。——作者

② 《希腊-罗马哲学》，Ⅱ，2，1，第401页。——作者

③ 然而，即使它们"根据类比"（κατ' ἀναλογίαν）被称为"所是"，但这并不会妨碍它们可归约为作为相应的范畴的"所是"（οὐσία），就像位于每一范畴中的"潜能上的是者"（ὂν δυνάμει），"质料"（ὕλη）和"形状"（μορφή）等等所表现出来的那样（见前，§11.）。只有在那些直接属于某一属的东西之间，才不会出现在分有属概念中的某种类比。——作者

④ 特伦德伦堡，《范畴学说史》，第182页。——作者

是”。正如《形而上学》第七卷所教导的[①]，在对“所是”和“偶性”的定义之间存在着巨大的差异；事实上，亚里士多德宣布后者仅仅**在一定程度上**是可定义的，并且说道：说它们没有定义和说它们有定义同样都是真的，这取决于人们在较为严格的意义上还是在较为宽松的意义上规定概念[②]。由于其不独立的、有缺陷的“是”（Sein），的确在它们身上会发生某一范畴的种差常常取自另一范畴。它们取自偶性原则之差异。因此，例如，当我说金黄是头发的黄等等时，“所是”占据着种差的位置。然而，偶性也是其他偶性的原则，例如，“量”是较大之于较小这一“相对物”的原

① 《形而上学》第七卷第 5 章，1031a. 1—14：显然仅仅在“所是”那儿才有定义。因为，如果在其他范畴那儿要有定义，那就必定要加上一些额外的东西，例如，对于具有质的东西的定义；因为没有“数”就无法定义“奇”，没有“生物”就无法定义“雌”（所谓加上一些额外的东西，我指的是正如在上述情形中那样，两次说同一事物）。如果这是真的，那么，对于复合物来说就没有定义——例如奇数；而这之所以不被察觉，乃是因为概念没有被准确地加以表达。如果它们也具有定义，这要么是以另外的方式，要么是如曾说过的，定义和“是其所是”必定在多重含义上被言说。因此，在一种含义上，除了“所是”，定义和“是其所是”不属于任何其他范畴；在另一种含义上其他范畴也具有定义和“是其所是”。因此，显然定义就是“是其所是”之逻各斯，而“是其所是”要么仅仅属于“所是”，要么尤其、首先和绝对地属于“所是”。（*δῆλον τοίνυν ὅτι μόνης τῆς οὐσίας ἐστὶν ὁ ὁρισμός. εἰ γὰρ καὶ τῶν ἄλλων κατηγοριῶν, ἀνάγκη ἐκ προσθέσεως εἶναι, οἷον τοῦ †ποιοῦ† καὶ περιττοῦ· οὐ γὰρ ἄνευ ἀριθμοῦ, οὐδὲ τὸ θῆλυ ἄνευ ζῴου (τὸ δὲ ἐκ προσθέσεως λέγω ἐν οἷς συμβαίνει δὶς τὸ αὐτὸ λέγειν ὥσπερ ἐν τούτοις). εἰ δὲ τοῦτο ἀληθές, οὐδὲ συνδυαζομένων ἔσται, οἷον ἀριθμοῦ περιττοῦ· ἀλλὰ λανθάνει ὅτι οὐκ ἀκριβῶς λέγονται οἱ λόγοι. εἰ δ' εἰσὶ καὶ τούτων ὅροι, ἤτοι ἄλλον τρόπον εἰσὶν ἢ καθάπερ ἐλέχθη πολλαχῶς λεκτέον εἶναι τὸν ὁρισμὸν καὶ τὸ τί ἦν εἶναι, ὥστε ὡδὶ μὲν οὐδενὸς ἔσται ὁρισμὸς οὐδὲ τὸ τί ἦν εἶναι οὐδενὶ ὑπάρξει πλὴν ταῖς οὐσίαις, ὡδὶ δ' ἔσται. ὅτι μὲν οὖν ἐστὶν ὁ ὁρισμὸς ὁ τοῦ τί ἦν εἶναι λόγος, καὶ τὸ τί ἦν εἶναι ἢ μόνων τῶν οὐσιῶν ἐστὶν ἢ μάλιστα καὶ πρώτως καὶ ἁπλῶς, δῆλον.*）——译者

② 《形而上学》第七卷第 5 章，1031a. 10。——作者

则，而“遭受”是遭受者之于行动者这一“相对物”的原则，等等。此外，当亚里士多德确定运动的种类时，他确定了三种运动，即位移、增加和减少，以及变化（质的改变）。如果我们问在地点上被运动者的“遭受”（πάσχειν）[1]，显然“被位移”（φέρεσθαι）将被规定为向着某一地点运动，同样，量上的运动被规定为向着某一量运动，变化被规定为向着某一质运动。“遭受”（πάσχειν）的终点——终点自身位于不同的范畴中，通过被作为种差而置于其定义中，将“遭受”划分为各个种。类似地，运动的原则把“行动”（ποιεῖν）加以区分，例如，主动的加热将被规定为一种从热那儿生起的运动。因此，亚里士多德谈到了他称之为“可遭受的”（παθητική）那种质，它们是运动的诸种差[2]。因此，如果在诸偶性那儿种差借自另外的本性，这既不是什么异乎寻常的事，也不是什么有失体统的事。这不是亚里士多德的缺陷，而是位于“所是”范畴之外的其他范畴中的“是其所是”（τὸ τί ἦν εἶναι）之缺陷。

然而，在形相那儿似乎出现了一种特殊的情形，诸形相似乎真地被解释为“所是”上的诸种差；因为在《形而上学》第五卷第14章中亚里士多德在对四种“质”（ποιότης）的归约中仅仅把形相同“所是之种差”（διαφορά τῆς οὐσίας）联系在一起[3]，而没有提到

① “遭受”（πάσχειν）不仅在实在上，而且在概念上也同“被运动”（κινεῖσθαι）相同一，它仅仅根据归约于不同的范畴而不同于后者。见前，第四章，§2。——作者

② 《形而上学》第五卷第14章，1020b. 17：第二层含义上的“质”指运动者作为运动者的诸情状，以及运动的诸种差。（τὰ δὲ πάθη τῶν κινουμένων ᾗ κινούμενα, καὶ αἱ τῶν κινήσεων διαφοραί.）——作者

③ 《形而上学》第五卷第14章，1020b. 15：在数字中的“质”就是这种

可遭受的质。之所以会这样，因为“量”而非其他的偶性以“所是”之方式被标示，因为它内在于质料之方式中，故它能够在某种方式上被视为其他偶性的载体[①]，例如，当我说，表面是蓝色，等等。因此，人们也说，这种黄比那种黄更黄或更不黄，这条线和那条线相比是一条更长或更短的线，等等。但是，亚里士多德并未真正把“量”视为一种“所是”，这无须任何证明。

（7）范畴之目的以及任何划分之目的都是一种分类。因此，特伦德伦堡[②]以及其他人针对范畴划分所能提出来的最大指责就是：它在隶属其下的事物中引起了混乱。人们有权要求：诸基本概念应在清楚的界限上彼此区分开，以便能够明确地规定诸单个的概念能够直接隶属于其中那一个[③]。人们有权要求这一点，但要谨防比这要求得更多，也即是说，将这种要求延展到所有的事物无论怎样都会隶属于某一范畴之下，或者除了概念上的分类之外还要要求一种实在的分类——它在这儿绝非是必要的[④]。

我们已经看到，一般不能把要求延展到偶性之种差上，因为偶性之种差并不直接处在某一范畴之序列中。剩下的只有个体、种和属；划分的正确或错误必定显现在它们身上，因为没有任何东西能够通过直接的隶属而属于两个范畴[⑤]。

“质”的一部分；因为它是一种“所是”之差异，但又或者属于不运动者，或者不是作为运动者。（*ταύτης δέ τι καὶ ἡ ἐν τοῖς ἀριθμοῖς ποιότης μέρος· διαφορὰ γάρ τις οὐσιῶν, ἀλλ' ἢ οὐ κινουμένων ἢ οὐχ ᾗ κινούμενα.*）——作者

① 参见《形而上学》第五卷第 13 章，1020a. 19。——作者

② 《范畴学说史》，第 181 页，以及其他一些地方。——作者

③ 《范畴学说史》，第 179 页。——作者

④ 见前，§ 10。——作者

⑤ 见前，§ 9。——作者

在这方面生起的对亚里士多德的谴责数不胜数。我们把那些涉及“姿态”（κεῖσθαι）和“有”（ἔχειν）这两个范畴的谴责放在一边——它们似乎并不同其他那些实在的范畴相提并论，打算试着说一些话来捍卫他。

a. 最容易应对的指责是大多数“行动”同时就是某种“遭受”，如教师的教同学生的学是同一的，等等[①]。但是，不仅大多数“行动”，而且**所有的**“行动”都是“遭受”；然而，既然对于诸范畴间的区别来说，无须要求任何实在上的不同，而一种概念上的不同又显然存在着，因此，在这儿没有任何会导致困难的东西。所以，布兰迪斯也说道，要求事物可以根据每一次讨论的立场而隶属于不同的范畴，这是完全合理的[②]。——以同样的方式，大量的其他指责也必须加以驳斥，它们全都要求实在上的分类而不是概念上的分类。例如，即使“某地”和“某时”构成了两个独特的范畴，这也不会与“地点”（τόπος）[③]和“时间”（χρόνος）出现在其他范畴中这一点相冲突。既然“地点”（τόπος）属于一种平面，

① 《范畴学说史》，第 139 页，第 184 页。——作者

② 《希腊-罗马哲学》，Ⅱ，2，1，第 404 页。——作者

③ 如果在属于量的“地点”（τόπος）那儿也会谈到上面和下面——它们似乎首先属于“某地”（πού）范畴（《范畴学说史》，第 183 页；《希腊-罗马哲学》，Ⅱ，2，1，第 401 页），那么，显然谈的是一种另外的、类比的上面和下面；我不会说在某地的那个东西是在上面，而是说那个规定着某物在“某地”（πού）的地点是在上面，也即是说，这个地点如此规定着某物，以至于它是在上面。亚里士多德说：“人们说‘下’是靠近中心的地方”（τὴν πρὸς τὸ μέσον χώραν κάτω λέγοντες），而真正被称作“下”的，乃是“那位于靠近中心地方的东西”（τὸ ἐν τῇ πρὸς τὸ μέσον χώρᾳ）。因此，他在这儿把那构成“下”（κάτω）的东西称之为“下”（κάτω），反过来，他有时又把那被地点所规定的东西称之为地点，如《形而上学》第十一卷第 12 章（1068a. 10），在那儿以“地点”（τόπος）代替了“某地”（πού）。——作者

而“时间”（*χρόνος*）又仅仅“偶然地”（*κατὰ συμβεβηκός*）被称作一种“量（*ποσόν*）”（如《形而上学》第五卷第 13 章，1020a. 29[①]就明确地这样讲），那么，“地点”（*τόπος*）和“时间”（*χρόνος*）就不是“量”的两个独特的种。也即是说，因为空间——首要的可运动的东西运动于其间，是一种“量”（*ποσόν*），那运动自身也属于“量”（*ποσόν*）；既然运动属于“量”（*ποσόν*），那时间也就属于“量”（*ποσόν*）。

b. 总的来说，人们在这一例子那儿能看到亚里士多德在《范畴篇》一书中并不总是准确地给出诸属的真正意义上的种[②]，他在此常常仅仅辩证地行事[③]。例如，他把“形势”（*θέσις*）作为“量”（*ποσόν*）的种差，并且从上下文可以清楚地知道，这种“形势”（*θέσις*）根本不包含那要要求某一范畴之地位的东西，即根本不包含那“在地点上对有部分的东西的一种安排（*ἔχοντος μέρη τάξις*

① 《形而上学》第五卷第 13 章，1020a. 29。一些则如运动和时间那样被称作“量”——它们被称作“量”并且是连续的，乃是因为它们作为其情状的那种东西是可分的。但我这儿所说的不是那被运动的东西，而是运动行进其中的东西。由于该东西是“量”，故运动是“量”；由于运动是“量”，故时间是“量”。（*τὰ δὲ ὡς κίνησις καὶ χρόνος· καὶ γὰρ ταῦτα πόσ᾽ ἄττα λέγεται καὶ συνεχῆ τῷ ἐκεῖνα διαιρετὰ εἶναι ὧν ἐστὶ ταῦτα πάθη. λέγω δὲ οὐ τὸ κινούμενον ἀλλ᾽ ὃ ἐκινήθη· τῷ γὰρ ποσὸν εἶναι ἐκεῖνο καὶ ἡ κίνησις ποσή, ὁ δὲ χρόνος τῷ ταύτην.*）——译者

② 因此，《范畴篇》第 6 章（4b. 24）列举了“地点”（*τόπος*）和“时间”（*χρόνος*），将之当作量的两个独特的种；而《形而上学》第五卷第 13 章（1020a. 28.）则不承认这一点，因为在那儿他称“时间”（*χρόνος*）为“偶然的量”（*κατὰ συμβεβηκὸς ποσόν*）。——作者

③ 《范畴篇》第 7 章，8b. 21：但对于这类东西在没有多方加以考察的情形下就贸然加以断定，或许是困难的；但审慎地对待它们中的每个并不是无用的。（*ἴσως δὲ χαλεπὸν περὶ τῶν τοιούτων σφοδρῶς ἀποφαίνεσθαι μὴ πολλάκις ἐπεσκεμμένον, τὸ μέντοι διηπορηκέναι ἐφ᾽ ἕκαστον αὐτῶν οὐκ ἄχρηστόν ἐστιν.*）——作者

κατὰ τόπον）”（《形而上学》第五卷第 19 章，1022b. 1[①]），相反，它仅仅意味着鉴于整体（*καθ’ ὅλον*）的对诸部分的一种安排[②]，因而仅仅意味着一种相对关系，这种相对关系是那些不仅仅“偶然地”是“量的东西”（Quanta）的“连续的量”（die continuirlichen Quantitäten）的一种固有属性，而非它们之间的种差，故《形而上学》第五卷第 13 章（1020a. 8[③]）给出了不一样的划分。某一“固

① 《形而上学》第五卷第 19 章，1022b. 1：所谓状态，指对有部分的东西的一种安排，或者根据地点，或者根据潜能，或者根据形式。它应当是某种形势，状态这个名称就显明了这点。（*διάθεσις λέγεται τοῦ ἔχοντος μέρη τάξις ἢ κατὰ τόπον ἢ κατὰ δύναμιν ἢ κατ’ εἶδος· θέσιν γὰρ δεῖ τινὰ εἶναι, ὥσπερ καὶ τοὔνομα δηλοῖ ἡ διάθεσις.*）——译者

② 参见《范畴篇》第 8 章，10a. 19。——作者

③ 《形而上学》第五卷第 13 章，1020a. 8：所谓“量”，指能够被划分的东西，即能够被划分成两个或两个以上的构成部分，而那些诸构成部分中的每一个在本性上是某种“一”或某一“这个”。因此，如果一种“量”是可计数的，那么这种“量”就是“多少”；如果一种“量”是可测度的，那么这种“量”就是“大小”。而所谓“多少”，指在潜能上能够被分成不连续的部分；所谓“大小”，指在潜能上能够被分成连续的部分。就“大小”而言，在一个方向上的连续就是长；在两个方向上的连续则是宽；在三个方向上的连续就是高。在上述这些东西中，“多少”如果是有限的话，则为数；长度如果是有限的话，则为线；宽度如果是有限的话，则为面；高度如果是有限的话，则为体。此外，一些在其自身就被称作“量”，而一些则偶然地被称作“量”；例如，线在其自身就是一种“量”，而“有教养的东西”则偶然地是“量”。于那些在其自身就是“量”的东西中，一些根据“所是”而是“量”，如线是一种“量”（因为在“是什么”这一逻各斯中包含着某种“量”）；一些则是该“所是”的情状和样态，如多和少、长和短、宽和窄、深和浅、重和轻，如此等等。而且大和小、较大和较小，无论是就其自身来说还是就彼此相对来说，自身就是“量”之情状；但这些术语能够转用到其他东西身上。于那些偶然地被称作“量”的东西中，一些因它们位于其中的那种东西是“量”而被称作“量”，如前面所说过的“有教养的东西”和“白的东西”就是这样被称作是“量”的；一些则如运动和时间那样被称作“量”——它们被称作“量”并且是连续的，乃是因为它们作为其情状的那种东西是可分的。但我这儿所说的不是那被运动的东西，而是运动行进其中的东西。由于该东西是“量”，故运动是“量”；

有属性”（ἴδιον）属于某一另外的范畴而不作为其种，这不会有任何进一步的困难[①]。

c. 而“相对物”（πρός τι）在其他方面也导致了一些困难，并且似乎同好几个范畴相冲撞。最不引人注目和最易解决的是它同“行动”（ποιεῖν）和“遭受”（πάσχειν）这两个范畴的冲撞[②]。显然，行动者恰恰是通过它的行动而同遭受者相关。进行捶打者捶打了一种捶打，捶打了某一被捶打的东西，即捶打了某一受到捶打的物体。这两者在实在上是不可分的。但是，知性——它既把握了行动的双重概念也把握了被这一行动置于两个“所是”之间的关系，把它们隶属于两个不同的概念之下，即使语言并不允许给予

由于运动是“量”，故时间是“量”。（ποσὸν λέγεται τὸ διαιρετὸν εἰς ἐνυπάρχοντα ὧν ἑκάτερον ἢ ἕκαστον ἕν τι καὶ τόδε τι πέφυκεν εἶναι. πλῆθος μὲν οὖν ποσόν τι ἐὰν ἀριθμητὸν ᾖ, μέγεθος δὲ ἂν μετρητὸν ᾖ. λέγεται δὲ πλῆθος μὲν τὸ διαιρετὸν δυνάμει εἰς μὴ συνεχῆ, μέγεθος δὲ τὸ εἰς συνεχῆ· μεγέθους δὲ τὸ μὲν ἐφ’ ἓν συνεχὲς μῆκος τὸ δ’ ἐπὶ δύο πλάτος τὸ δ’ ἐπὶ τρία βάθος. τούτων δὲ πλῆθος μὲν τὸ πεπερασμένον ἀριθμὸς μῆκος δὲ γραμμὴ πλάτος δὲ ἐπιφάνεια βάθος δὲ σῶμα. ἔτι τὰ μὲν λέγεται καθ’ αὑτὰ ποσά, τὰ δὲ κατὰ συμβεβηκός, οἷον ἡ μὲν γραμμὴ ποσόν τι καθ’ ἑαυτό, τὸ δὲ μουσικὸν κατὰ συμβεβηκός. τῶν δὲ καθ’ αὑτὰ τὰ μὲν κατ’ οὐσίαν ἐστίν, οἷον ἡ γραμμὴ ποσόν τι (ἐν γὰρ τῷ λόγῳ τῷ τί ἐστι λέγοντι τὸ ποσόν τι ὑπάρχει), τὰ δὲ πάθη καὶ ἕξεις τῆς τοιαύτης ἐστὶν οὐσίας, οἷον τὸ πολὺ καὶ τὸ ὀλίγον, καὶ μακρὸν καὶ βραχύ, καὶ πλατὺ καὶ στενόν, καὶ βαθὺ καὶ ταπεινόν, καὶ βαρὺ καὶ κοῦφον, καὶ τὰ ἄλλα τὰ τοιαῦτα. ἔστι δὲ καὶ τὸ μέγα καὶ τὸ μικρὸν καὶ μεῖζον καὶ ἔλαττον, καὶ καθ’ αὑτὰ καὶ πρὸς ἄλληλα λεγόμενα, τοῦ ποσοῦ πάθη καθ’ αὑτά· μεταφέρονται μέντοι καὶ ἐπ’ ἄλλα ταῦτα τὰ ὀνόματα. τῶν δὲ κατὰ συμβεβηκὸς λεγομένων ποσῶν τὰ μὲν οὕτως λέγεται ὥσπερ ἐλέχθη ὅτι τὸ μουσικὸν ποσὸν καὶ τὸ λευκὸν τῷ εἶναι ποσόν τι ᾧ ὑπάρχουσι, τὰ δὲ ὡς κίνησις καὶ χρόνος· καὶ γὰρ ταῦτα πόσ’ ἄττα λέγεται καὶ συνεχῆ τῷ ἐκεῖνα διαιρετὰ εἶναι ὧν ἐστὶ ταῦτα πάθη. λέγω δὲ οὐ τὸ κινούμενον ἀλλ’ ὃ ἐκινήθη· τῷ γὰρ ποσὸν εἶναι ἐκεῖνο καὶ ἡ κίνησις ποσή, ὁ δὲ χρόνος τῷ ταύτην.）——译者

① 这关乎特伦德伦堡所给出的一种反驳，《范畴学说史》，第 184 页。——作者

② 《范畴学说史》，第 131 页以下。——作者

它们不同的表达[①]。当然，这同样适用于遭受者；它通过遭受之原则和通过遭受之原则位居其中的东西而遭受；在这儿这是一种不同于遭受者自身的“所是”，一种某一“所是”之于另一“所是”之间的关系必定出现。仅仅在严格意义上的不及物的行动那儿[②]，某一行动和遭受才会在没有实在的关系下出现，因为一种实在的关系位居其中的多个“所是”，无论是“在现实上”（ἐνεργείᾳ）还是“在潜能上”（δυνάμει）都不存在。这种关系只能是一种理性上的关系，就像我说“同一个东西与它自身是同一的”一样。辛普里柯俄斯正确地注意到了这一特殊情形，由此充分地显示出行动和遭受不同于纯然的“相对物”这一范畴的标志，而这一标志在这儿最为清楚地显露出来——即使它通常在那细心的考察面前也无所隐遁[③]。

d. 以同样的方式也能够解释一些类似的现象，例如，一些事物隶属于那处在诸部分与整体之关系中的“形势”（θέσις）之下，而它们复又出现在一些其他的范畴中。“稠密”（πυκνόν）和“稀疏”（μανόν）[④]、“光滑”（λεῖον）和“粗糙”（τραχύ）是对诸相对关系的表达，它们出现在诸部分之间，它们“在潜能上”（δυνάμει）上是不同的“这一个”（τόδε τι），结果就容许一种实在的相对关系。因此，我们发现在《范畴篇》第8章（10a. 19[⑤]）中它们被标示为

① 见前，§15。——作者

② 见前，§13。——作者

③ 辛普里柯俄斯，《〈范畴篇〉评注》（巴塞尔），76a，§11。——作者

④ 原文作 μανύ，似乎有误。——译者

⑤ 《范畴篇》第8章，10a. 19。稀疏和稠密、粗糙和光滑似乎也在表示“质”，但它们事实上好像是一些不同于关于“质”的分类的东西。因为它们似乎

“形势”（θέσις），而在别处它们又显然被指派给了“质”的第三个种（《物理学》第七卷第 2 章，244b. 7[①]，《论生成与毁灭》第二卷第 2 章，329b. 20[②]）。但在这儿概念至少肯定是不同的；这儿所考虑的不是对诸部分的安排，而是对感官知觉的区别（参见《范畴篇》第 8 章，9b. 5[③]——见前 §13 以及 §16. 6）。

e. 但最引人注目的指责必定是在“相对物”（πρός τι）和“所是”之间、在“等级最高的是者”（μάλιστα ὄν）和“等级最低的是

主要显明着各个部分之间的某种形势：稠密是因为各部分彼此之间挨得很紧，稀疏是因为各部分彼此之间离得较远；光滑是因为有些部分排列得平整，而粗糙是因为有些部分高有些部分低。（τὸ δὲ μανὸν καὶ τὸ πυκνὸν καὶ τὸ τραχὺ καὶ τὸ λεῖον δόξειε μὲν ἂν ποιὸν σημαίνειν, ἔοικε δὲ ἀλλότρια τὰ τοιαῦτα εἶναι τῆς περὶ τὸ ποιὸν διαιρέσεως· θέσιν γάρ τινα μᾶλλον φαίνεται τῶν μορίων ἑκάτερον δηλοῦν· πυκνὸν μὲν γὰρ τῷ τὰ μόρια σύνεγγυς εἶναι ἀλλήλοις, μανὸν δὲ τῷ διεστάναι ἀπ' ἀλλήλων· καὶ λεῖον μὲν τῷ ἐπ' εὐθείας πως τὰ μόρια κεῖσθαι, τραχὺ δὲ τῷ τὸ μὲν ὑπερέχειν τὸ δὲ ἐλλείπειν.）——译者

①《物理学》第七卷第 2 章，244b. 7：我们说那变热的东西、变甜的东西、变密的东西、变白的东西，发生了质变。（ἢ γὰρ θερμαινόμενον ἢ γλυκαινόμενον ἢ πυκνούμενον ἢ ξηραινόμενον ἢ λευκαινόμενον ἀλλοιοῦσθαί φαμεν.）——译者

②《论生成与毁灭》第二卷第 2 章，329b. 20：以下这些是根据触觉而来的对立物：热与冷、干与湿、重与轻、硬与软、韧与脆、糙与滑、厚与薄。其中重与轻，既不能行动，也不能遭受。（εἰσὶ δ' ἐναντιώσεις κατὰ τὴν ἁφὴν αἵδε, θερμὸν ψυχρόν, ξηρὸν ὑγρόν, βαρὺ κοῦφον, σκληρὸν μαλακόν, γλίσχρον κραῦρον, τραχὺ λεῖον, παχὺ λεπτόν. τούτων δὲ βαρὺ μὲν καὶ κοῦφον οὐ ποιητικὰ οὐδὲ παθητικά.）——译者

③《范畴篇》第 8 章，9b. 5：同样，热和冷被称作“可被遭受的质”也不是因为那拥有它们的东西遭受了某种东西，它们之所以被称作“可被遭受的质”是因为上述这些性质中的每一个对感官产生了影响。因为甜对味觉产生某种影响，而热对触觉产生某种影响，其他类似的情形同样如此。（ὁμοίως δὲ τούτοις καὶ ἡ θερμότης καὶ ἡ ψυχρότης παθητικαὶ ποιότητες λέγονται οὐ τῷ αὐτὰ τὰ δεδεγμένα πεπονθέναι τι, τῷ δὲ κατὰ τὰς αἰσθήσεις ἑκάστην τῶν εἰρημένων ποιοτήτων πάθους εἶναι ποιητικὴν παθητικαὶ ποιότητες λέγονται· ἥ τε γὰρ γλυκύτης πάθος τι κατὰ τὴν γεῦσιν ἐμποιεῖ καὶ ἡ θερμότης κατὰ τὴν ἁφήν, ὁμοίως δὲ καὶ αἱ ἄλλαι.）——译者

者”（ἥκιστα ὄν）之间有着冲突。既然在“所是”范畴和其他范畴之间似乎不可能有“实在上的同一”（eine reelle Identität），那又如何能出现一种“理性上的同一”（eine rationelle Identität）呢？——亚里士多德坚信这是完全不可能的，无论是整个“所是”还是“所是”的部分、无论是“现实上的”（ἐνεργείᾳ）“所是”还是“潜能上的”（δυνάμει）的“所是”①，都不可能属于“相对物”（πρός τι）。“所是”如何能由“相对物”构成呢？但特伦德伦堡还是认为亚里士多德把质料和形式置于了“相对物”这一范畴中②；如果这一假设是正确的，那么，他对他的谴责就是他理应受到的。反之，他在下面这点上对亚里士多德的指责在我看来就不大恰当，那就是：亚里士多德把“所是”的部分也保留在“所是”范畴中，而没有将之移入到“相对物”范畴中③。这并不是完全“任意”地发生的，对此我们能够让特伦德伦堡本人成为证人，因为他在前面所引的那段话中说道，如果质料和形式被置于“相对物”（πρός τι）中，那就等于什么也没说：“因为起源（Enestehung）和内容（Inhalt），总的说来，关于质料和形式的那些范畴并不由此得到标示。”④

质料首先所关乎的，亚里士多德在《物理学》第二卷第2章中似乎主张它是一种“相对物”⑤；但《形而上学》第十四卷第1章则

① 《形而上学》第十四卷第1章，1088b. 2：但“相对物”无论是在潜能上还是现实上都不是“所是”。（τὸ δὲ πρός τι οὔτε δυνάμει οὐσία οὔτε ἐνεργείᾳ.）——作者

② 《范畴学说史》，第187页。——作者

③ 《范畴学说史》，第181页。——作者

④ 《范畴学说史》，第187页。——作者

⑤ 《物理学》第二卷第2章，194b. 8：质料属于相对物。（ἔτι τῶν πρός τι ἡ ὕλη.）——作者

最为有力地表明他所想的恰恰和特伦德伦堡一样。他在那儿说道：“下面这一点是必然的，那就是：每一东西的质料，是那在潜能上是某物的那种东西；甚至在‘所是’那儿也同样如此。但‘相对物’无论在潜能上还是在现实上都不是‘所是’。把‘非所是’当成‘所是’的元素，并且还认为先于它，这是愚蠢的，更是不可能的。因为所有的范畴都后于‘所是’”。[①] 因此，前面来自《物理学》第二卷中的那段话的意义只能是指相应于每一形式的都是一种独特的质料[②]，而不是指质料属于“相对物”（*πρός τι*）范畴。我们能从紧接着的那些解释性的话中（“对于不同的形式，质料也不同。”[*ἄλλῳ γὰρ εἴδει ἄλλη ὕλη*]）清楚地看到这一点。这对于他想证明的东西来说是完全充分的。因为，如果每一形式都规定着它自己的质料，那么，亚里士多德想引出的结论就是显然的，即物理学将同时讨论质料和形式。

但是，质料和形式究竟缺少什么，所有的“‘所是’之诸部分”究竟缺少什么，以至于它们能够属于“相对物”（*πρός τι*）？——它们缺少（1）所有的偶性所共同具有的东西，即它们位于它们所属于的，并且加以谓述的“所是”之本质之外。它们

① 《形而上学》第十四卷第 1 章，1088b. 1：每一东西的质料，包括“所是”的质料，必然是在潜能上是某物的那种东西。但“相对物”无论是在潜能上还是现实上都不是“所是”。把“非所是”当成“所是”的元素，并且当作是先于“所是”的东西，这是荒谬的，更是不可能的。因为所有的范畴都是后于“所是”的。（*ἀνάγκη τε ἑκάστου ὕλην εἶναι τὸ δυνάμει τοιοῦτον, ὥστε καὶ οὐσίας· τὸ δὲ πρός τι οὔτε δυνάμει οὐσία οὔτε ἐνεργείᾳ. ἄτοπον οὖν, μᾶλλον δὲ ἀδύνατον, τὸ οὐσίας μὴ οὐσίαν ποιεῖν στοιχεῖον καὶ πρότερον· ὕστερον γὰρ πᾶσαι αἱ κατηγορίαι.*）——作者

② 《论灵魂》第二卷第 2 章，414a. 25：每一东西的实现，自然只能在那业已存在的潜能中得到实现，即在它自己的质料中得到实现。（*ἑκάστου γὰρ ἡ ἐντελέχεια ἐν τῷ δυνάμει ὑπάρχοντι καὶ τῇ οἰκείᾳ ὕλῃ πέφυκεν ἐγγίνεσθαι.*）——作者

尤其缺少（2）那构成了“相对物”之本质的东西，即它们并不位于某一“所是”之于另一“所是”之关系中。头、手等等，显然不是两个“所是”之间的某种关系，相反，它们自身是“所是”。

然而，既然差异是如此巨大，那“‘所是’之诸部分”同“相对物”之间的相似性位于何处，以至于布兰迪斯能够在这点上同意说：“亚里士多德没能成功地把诸‘所是’完全从诸相对物中排除出去”[①]？——相似性似乎是双重的。（1）“相对物”的一个特性就是，其中一方既不能离开另一方而是，也不能离开另一方而被认识；双方相互需要，相互定义，例如，统治者和被统治者，大和小，等等。统治者需要被统治者，大需要小，反之亦然。进行统治的一方与被统治的另一方、大的一方与小的一方，不仅在实在上是同一的[②]，而且在概念上也是彼此依赖的，因为终点乃是根据起点而构成，起点乃是根据终点而构成。“‘所是’之部分”，尤其是质料和形式之间与之有着某种相似性，因为它们各自自身都不具有并且不可能具有某种“完满的‘是’”（*εἶναι τέλειον*），就认识而言也彼此依赖。尽管它们并不是同一的，但它们一起方才构成一个是者，在对其中一方的规定和定义中，另一方也同时被确定和顾及到了。例如，在对灵魂的定义中——它是一种形式，它的质料也被确定了（《论灵魂》第二卷第1章，412a. 19[③]），在对

① 《希腊-罗马哲学》。——作者

② 参见《物理学》第三卷第3章，202a. 18以及b. 17。——作者

③ 《论灵魂》第二卷第1章，412a. 19：因此，灵魂作为在潜能上有着生命的自然身体的形式，必然是“所是”。而“所是”是实现。（*ἀναγκαῖον ἄρα τὴν ψυχὴν οὐσίαν εἶναι ὡς εἶδος σώματος φυσικοῦ δυνάμει ζωὴν ἔχοντος. ἡ δ' οὐσία ἐντελέχεια.*）——译者

质料的定义中自然也确定了形式的定义。这把那同“相对物”的相似性给予了它们，正是由于这种相似性，在前面所引的《物理学》中的那段话中，它们被标示为了“相对物”（πρός τι）。

（2）“‘所是’之部分”由之看起来相似于“相对物”的第二点就是部分对整体的谓述。正如我们前面已经注意到的[①]，部分能够以一种派生的而非绝对的形式谓述整体。我不能说：鸟是翅膀，而是说：鸟是有翅膀的，等等。如果现在我问：鸟凭什么是有翅膀的？那我必须回答说：它凭借翅膀而是有翅膀的。如果我问：翅膀是谁的？那我必须回答说：它们是有翅膀的东西的翅膀。在这儿生起了同相互关联的事物的一种欺骗性的相似性；在相互关联的事物那儿，被统治者是受统治者所统治的，而统治者是被统治者的统治者，等等。这一困难就是《范畴篇》一书所强调的[②]。但它以下面这种方式得到解决：有翅膀的东西作为有翅膀的东西就是翅膀，正如公正的东西作为公正的东西就是公正。它们仅仅作为绝对的和具体的形式是不同的，它们中的后者在一种意义上表明它不是一种自身独立的、完整的“所是”，在另一种意义上表明它是一种偶性。因而以这种形式两者都能够谓述整个“所是”。但这在绝对的形式那儿则不会发生，因为人们会把谓词标示为主词的一种本质，严格说来，是主词的整个本质；因为动物这个属也标示整个狮子，等等——即使是以比“种”较不确定的方式。然而，根据其部分或根据某种偶性而来的对“所是”的这种命名，

① 见前，§11。——作者

② 《范畴篇》第7章，8a.25。——作者

并不构成任何“相对物”。如果被统治者仅仅通过被统治而是被统治的，那他就不是相对物中的一方；同样。如果圆的东西通过圆形而是圆的，那它也不是相对物中的一方。因为在这里，“相对物”出现其间的两个“所是”会在哪儿呢？但是，被统治者正是因为统治者而是被统治者，这构成了他的相对性。因为被统治者作为被统治者，并不等同于统治者；就他被统治而言，他不是统治者，等等。

但是，为何亚里士多德仅仅就“‘所是’之部分”而不就偶性来强调该困难——就后者而言似乎有着完全相同的情形[①]？他之所以那样做，或许是因为在“‘所是’之部分”那儿欺骗是更容易的；而在偶性那儿，由于缺乏彼此相关联的“所是”，人们立马能认识到一种实在上的相对关系之不可能。例如，如果我们说公正是公正者的公正，那么，唯有公正者这一“所是”是“所是”。反之，在另一表面上的相对中，却实际地存在着两个“所是”——它们能够彼此位于相对关系中，即整体的“所是”和“‘所是’之部分”。这也的确能够立即产生困惑，即使头、脚、手以及其他肢体并不仅仅是诸“所是”的各种相对关系这点是确定的——从这

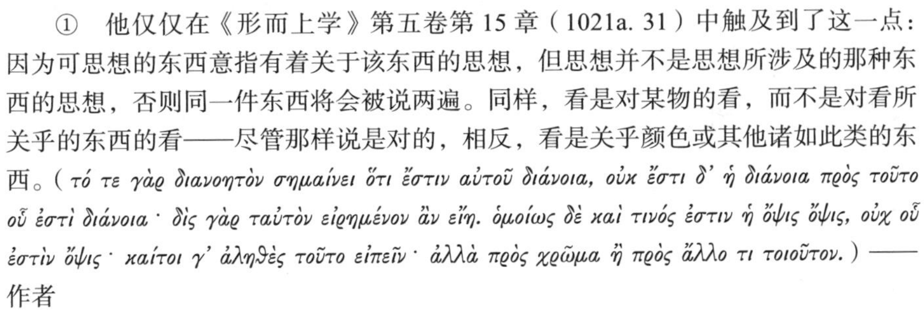

① 他仅仅在《形而上学》第五卷第 15 章（1021a. 31）中触及到了这一点：因为可思想的东西意指有着关于该东西的思想，但思想并不是思想所涉及的那种东西的思想，否则同一件东西将会被说两遍。同样，看是对某物的看，而不是对看所关乎的东西的看——尽管那样说是对的，相反，看是关乎颜色或其他诸如此类的东西。（*τό τε γὰρ διανοητὸν σημαίνει ὅτι ἔστιν αὐτοῦ διάνοια, οὐκ ἔστι δ᾽ ἡ διάνοια πρὸς τοῦτο οὗ ἐστὶ διάνοια· δὶς γὰρ ταὐτὸν εἰρημένον ἂν εἴη. ὁμοίως δὲ καὶ τινός ἐστιν ἡ ὄψις ὄψις, οὐχ οὗ ἐστὶν ὄψις· καίτοι γ᾽ ἀληθὲς τοῦτο εἰπεῖν· ἀλλὰ πρὸς χρῶμα ἢ πρὸς ἄλλο τι τοιοῦτον.*）——作者

些相对关系中最终组合起了整个“所是”；正如亚里士多德在《形而上学》第十四卷第2章中极其正确地说到的，这是荒谬的、更是不可能的设想。

然而，“‘所是’之部分”在某种方式上也真的是“相对物”，亚里士多德在《形而上学》第四卷第15章（1021b. 8）中将之称为“偶然的相对物”（*πρός τι κατὰ συμβεβηκός*）。以这种方式，例如，头能够被称作是一种“相对物”（*πρός τι*），因为它是一个部分。“部分”这一概念的确是从“相对物”（*πρός τι*）范畴而来的一种“相对物”和偶性。但是，某一“部分”之所以是一种“相对物”（*πρός τι*），乃是就它作为“部分”来说的，不是就它根据其本质所是的来说的。一个格罗申（Groschen）等于一个塔勒（Taler）[①]的三十分之一，但格罗申并不由此就是一个“相对物”；线是三角形的一个部分，但它自在自为地不是一种“相对物”（*πρός τι*），而是一种“量”，等等。某一“所是”是某一“相对物”的基础，这并无任何矛盾之处[②]；但它自身不是“相对物”——“相对物”奠基其上。例如，在苏格拉底和柏拉图之间之所以有着一种相同，乃是就他们两者是人来说的，并且他们乃是通过其“所是”而是人的；但无论是苏格拉底还是柏拉图并不由此就是某种“相对物”，他们在实在上也不等同于那位于他们之间的那种相对关系，因为，如果我们让苏格拉底死掉，那该相对关系就会终止，而柏拉图并未改变地还是柏拉图。

① 格罗申（Groschen）和塔勒（Taler）均为以往的货币单位。——译者

② 见前，§15。——作者

在这一点上对我们哲学家的辩护，就说这么多。

f.“相对物”范畴还向我们引起了另一种困难。据说出现了下面这种情况，那就是：有一些种属于“质”（*ποιόν*），而它们的属则落在了“相对物”（*πρός τι*）之下[①]；在这一点上，《形而上学》第五卷第15章似乎同《范畴篇》一书相当地一致，因为它们都区分出了“相对物”（*πρός τι*）的这样一个种：它之所以被称作是“相对物”，乃是因为其“属”属于该范畴[②]。特伦德伦堡没有错过提请我们注意这一引人注目的主张[③]。

① 《范畴篇》第8章，11a. 23：因为几乎就所有这类东西而言，“属”都被称作是相对的，而个体则不是。知识作为属，其本身乃是另外一个东西的——因为知识被说成是某种东西的知识。但个别的知识就其自身而言则不是另外一个东西的，例如，文法不能被称作是某种东西的文法，音乐不能被称作是某种东西的音乐；相反，只有根据其属它们才能被称作是相对的，例如，文法被称作是某种东西的知识而不是某种东西的文法，音乐被称作是某种东西的知识而不是某种东西的音乐。因此，个别性的知识不属于“相对物”。但正是根据个别性的知识我们才被称作是那样的……（*σχεδὸν γὰρ ἐπὶ πάντων τῶν τοιούτων τὰ γένη πρός τι λέγεται, τῶν δὲ καθ᾽ ἕκαστα οὐδέν· ἡ μὲν γὰρ ἐπιστήμη, γένος οὖσα, αὐτὸ ὅπερ ἐστὶν ἑτέρου λέγεται (τινὸς γὰρ ἐπιστήμη λέγεται), τῶν δὲ καθ᾽ ἕκαστα οὐδὲν αὐτὸ ὅπερ ἐστὶν ἑτέρου λέγεται, οἷον ἡ γραμματικὴ οὐ λέγεται τινὸς γραμματικὴ οὐδ᾽ ἡ μουσικὴ τινὸς μουσική, ἀλλ᾽ εἰ ἄρα κατὰ τὸ γένος καὶ αὗται πρός τι λέγεται· οἷον ἡ γραμματικὴ λέγεται τινὸς ἐπιστήμη, οὐ τινὸς γραμματική, καὶ ἡ μουσικὴ τινὸς ἐπιστήμη, οὐ τινὸς μουσική· ὥστε αἱ καθ᾽ ἕκαστα οὐκ εἰσὶ τῶν πρός τι. λεγόμεθα δὲ ποιοὶ ταῖς καθ᾽ ἕκαστα. κ. τ. λ.*）——作者

② 《形而上学》第五卷第15章，1021b. 3。那些就其自身被称作是“相对物”的，有些就是如上面那样被称作是“相对物”，而有些则因为它们的“属”是那样的，例如，医术之所以属于“相对物”，乃是因为它的“属”即知识被认为是相对的。（*τὰ μὲν οὖν καθ᾽ ἑαυτὰ λεγόμενα πρός τι τὰ μὲν οὕτω λέγεται, τὰ δὲ ἂν τὰ γένη αὐτῶν ᾖ τοιαῦτα, οἷον ἡ ἰατρικὴ τῶν πρός τι ὅτι τὸ γένος αὐτῆς ἡ ἐπιστήμη δοκεῖ εἶναι πρός τι.*）——作者

③ 《范畴学说史》，第183页。——作者

但在这儿要解开这个结似乎也不是不可能的。根据前面的考察，我们首先得谨记，同一概念不能够直接位于两个不同的属中[①]。因此，亚里士多德的意见不可能是下面这样：同一概念，作为种，能够落在“质”和“相对物”之下；或者一个种落在“质”之下，而它的属落在“相对物”之下[②]；因为那样一来，属既然属于两个范畴，结果就是种也会属于两个范畴。如果某物被指派给两个范畴，那么，说的只能是一种“名义上的同一”（eine nominelle Identität），或者至多说的是“名义上和实在上的同一”（eine nominelle und reelle Identität）。前面所说的那属于“行动”（ποιεῖν）范畴的加热者，在名义上，甚至在实在上都同那来自“相对物”（πρός τι）范畴的加热者相同一；因为一个的原则是另一个的基础，并且两者都要求同一个、位于另一载体中的端点。此外，热至少在名义上对于“质”和“相对物”来说是共同的；它作为“可遭受的质”（ποιότης παθητική）属于“质”，它因为那可加热的东西通过它而是可加热的而属于“相对物”。但它们并不由此就在实在上是同一的，因为即使那可加热的东西停止存在了，但热这种质还会继续存在。反之，作为进行知者与被知者之间的关系的知识这一“相对物”，的确在实在上与“知”这种“习惯”（ἕξις）是同一的[③]，即同作为属性的知识相同一——它赋

① 见前，§9。——作者

② 《范畴篇》第 8 章，11a. 37：此外，如果真有某种东西既是“质”又是“相对物”，那么，将之算作在这两类里也不是什么荒谬的事。（ἔτι εἰ τυγχάνει τὸ αὐτὸ ποιὸν καὶ πρός τι ὄν, οὐδὲν ἄτοπον ἐν ἀμφοτέροις τοῖς γένεσιν αὐτὸ καταριθμεῖσθαι.）——作者

③ 亚里士多德把知识视为一种习惯。例如，在《范畴篇》第 8 章（8b. 26）中他说道：有一种“质”被称作习惯和状态。而习惯之不同于状态，就在于它是

予那进行认识的主体一种完满，并且在某种方式上就其本性来区别或规定该主体[①]；因为根据《形而上学》第一卷开篇所说出的那句著名的话：“所有人在本性上就渴望求知。”（*πάντες ἄνθρωποι τοῦ εἰδέναι ὀρέγονται φύσει.*）那适用于一般知识的，也适用于它的各个种。无论是在实在上的同一那儿，还是在名义上的同一那儿，在“习惯”（*ἕξις*）和“相对物”（*πρός τι*）之间都仅仅有着一种概念上的不同。但还要在语言上加上一种不同。“相对物”在语言上的标志——即需要或能够增添某一进行补充的语词，不再显现在特殊知识的名称上，以至于对属的表达，是一种同样适合于对那属于“质”和属于“相对物”的概念的表达，所有较为特殊的表达似乎都仅仅相应于“习惯”（*ἕξις*）[②]。我们说：知识是对被知者的知识，但我们不会说：数学是对数学的东西的数学，或者，医学是对医学的东西的医学，等等；相反，至多我们说：医学是对医学的东西的知识。因此，知识这一“相对物”的各个种

更稳定和更持久的。各种知识和德性就是习惯；知识似乎属于持久的东西和难以移除的东西——即使人们只是有限地获取了知识，除非因疾病或其他类似的东西而发生了某种重大的变故。德性也同样如此，例如，公正、审慎以及其他类似的东西都似乎既是难以移除的也是难以改变的。（*ἓν μὲν οὖν εἶδος ποιότητος ἕξις καὶ διάθεσις λεγέσθωσαν. διαφέρει δὲ ἕξις διαθέσεως τῷ μονιμώτερον καὶ πολυχρονιώτερον εἶναι· τοιαῦται δὲ αἵ τε ἐπιστῆμαι καὶ αἱ ἀρεταί· ἥ τε γὰρ ἐπιστήμη δοκεῖ τῶν παραμονίμων εἶναι καὶ δυσκινήτων, ἐὰν καὶ μετρίως τις ἐπιστήμην λάβῃ, ἐάνπερ μὴ μεγάλη μεταβολὴ γένηται ὑπὸ νόσου ἢ ἄλλου τινὸς τοιούτου· ὡσαύτως δὲ καὶ ἡ ἀρετή· οἷον ἡ δικαιοσύνη καὶ ἡ σωφροσύνη καὶ ἕκαστον τῶν τοιούτων οὐκ εὐκίνητον δοκεῖ εἶναι οὐδ' εὐμετάβολον.*）——译者

① 见前，§ 13。——作者

② 见前，第 320 页，注 3。——作者

的确不是“偶然的相对物”（πρός τι κατὰ συμβεβηκός）[1]，但由于缺乏在语言上对“相对物”的表达，它们在语言上因“属”而是相对的。因此，它们与“相对物”（πρός τι）中的一些抽象形式一道进入到同一种类中，亚里士多德在同一段落以某种方式将这些抽象形式从“被称作相对物的东西”（πρός τι λεγόμενα）中排除出去——如相等和相似，而他又允许相同的东西和相似的东西被视为“被称作相对物的东西”（πρός τι λεγόμενα）[2]。原因仅仅在于，人们不可能说与“相等”（die Gleichheit）的相等，而只能说与“相等物”（das Gleiche）的相等。但无人会主张，与那些以具体形式表达出来的概念相比，以抽象形式表达出来的这些概念是另外的属的种。

（8）关于“相对物”（πρός τι）就这么多；由于其缺陷，它几乎还不如偶然的“是”（Sein），与所有其他的情形相比，它会让我们更加陷入各种困难中；因为，正如我们前面所了解到的，它表明“较低程度的是者”（ἧττον ὄντα）也是“较难认识的东西”（ἧττον γνώριμα）。从这种“是之等级”（die Seinsstufe）的卑微中

---

① 《形而上学》第五卷第 15 章，1021b. 3：那些就其自身被称作是“相对物”的，有些就是如上面那样被称作是“相对物”，而有些则因为它们的“属”是那样的……（τὰ μὲν οὖν καθ' ἑαυτὰ λεγόμενα πρός τι τὰ μὲν οὕτω λέγεται, τὰ δὲ ἂν τὰ γένη αὐτῶν ᾗ τοιαῦτα...）1021b. 8。还有一些东西则偶然地被称作是“相对物”……（τὰ δὲ κατὰ συμβεβηκός. κ. τ. λ.）——作者

② 《形而上学》第五卷第 15 章，1021b. 6：此外，还存在着这样一些东西，如果事物因具有它们而被称作是相对的，那该东西也被称作是相对的。例如，“相等”之所以被称作是相对的，那是因为“相等的东西”是相对的；“相似”之所以被称作是相对的，那是因为“相似的东西”是相对的。（ἔτι καθ' ὅσα τὰ ἔχοντα λέγεται πρός τι, οἷον ἰσότης ὅτι τὸ ἴσον καὶ ὁμοιότης ὅτι τὸ ὅμοιον.）——作者

肯定不会导致特伦德伦堡似乎担心的那种结果吗[①]，那就是：“相对物”（πρός τι）会从十个或八个彼此并列的范畴序列中给排除出去？肯定不会！因为，如果其他的偶性形成了同“所是”范畴的并列，那么，“相对物”也肯定能同其他偶性并列。并列绝非等同，甚至也不是对上一级东西的某种共同分有——即对其范围的划分；因为正如我们已经反复讲过的，“是（者）”（ὄν）这一概念不是属，而是一种“根据类比而来的‘一’”（ἓν κατ' ἀναλογίαν）。

（9）我们前往最后一个问题，回答它对于亚里士多德范畴学说的辩护（我们着手这件事，总是以亚里士多德关于质料和形式、运动者和被运动者、时间和地点等其他理论为前提，因为对于它们的考察将让我们离题太远）来说必须的。我们说的是这样一个问题，那就是：是否一些范畴会隶属于另一些范畴，或者是否还有另外一些概念会同它们并列。就第一个问题而言要问的是：是否“某地”（πού）和“某时”（ποτέ）应被置于“相对物”（πρός τι）之下；就第二个问题而言要问的是：是否“潜能”（δύναμις）和“现实”（ἐνέργεια）应被增添进范畴中。

a. 策勒尔在其《希腊哲学》一书中肯定地回答了第一个问题[②]。如果的确如此，那么，显然就存在着一个由亚里士多德一方而来的错误；因为他的意见不是这样的，相反，他在已经多次加

① 《范畴学说史》，第 184 页。——作者

② 《希腊哲学》Ⅱ，2，第 197 页。“严格讲，它们两个（某地和某时）都必须被置于‘相对物’范畴之下。”——作者

以引用过的段落中（《形而上学》第五卷第28章，1024b. 15[1]）说，根据在该书的同一卷第7章中所给出的划分，诸范畴既不能彼此归约，也不能被归约到某一更高的属。而我们认为亚里士多德在这儿并未犯错，并且我们能够让他自己为自己进行辩护。对“相对物”的语言表达——即需要某一补充性的名词的变格，并不存在于地点规定和时间规定那儿，如“在市场里”（*ἐν ἀγορᾷ*）或“在昨天”（*ἐχθές*）。但我们已经充分证明这样一种标志无疑是极具欺骗性的，因为如果由之进行判断，那“姿态”（*κεῖσθαι*）也将是“相对物”，而不是构成一个独特的范畴，并且所有其他的反常现象——它们同语言的不规则而不是同思考的结果相应，都会出现。反之，“相对物”的一个确定标志就是那种弱的、完全系缚于其他的“是之方式”（Seinsweisen）的“是”（Sein），与所有其他范畴不同，对于这种“是”我们不会说有某种运动，甚至也不会说有任何真正的生成和毁灭。当某一绝对的东西生成时，某一“相对物”同时就混了进来；当那绝对的东西毁灭时，在载体中没有丝毫变化的情形下该“相对物”也常常消失不见了。因此，这就是

---

① 《形而上学》第五卷第28章，1024b. 9—16：那些原初载体不同的东西，被称作是在属上不同的东西，它们不能彼此归约，也不能将两者归入到同一东西中；例如形式和质料就是在属上不同的东西，以及那些归入是者的不同范畴中的东西（因为一些是者意指“是什么”，一些意指“质”，有些意指前面所划分出来的其他范畴）。它们不能彼此归约，也不能一起归入到某种“一”中。（*ἕτερα δὲ τῷ γένει λέγεται ὧν ἕτερον τὸ πρῶτον ὑποκείμενον καὶ μὴ ἀναλύεται θάτερον εἰς θάτερον μηδ᾽ ἄμφω εἰς ταὐτόν, οἷον τὸ εἶδος καὶ ἡ ὕλη ἕτερον τῷ γένει, καὶ ὅσα καθ᾽ ἕτερον σχῆμα κατηγορίας τοῦ ὄντος λέγεται (τὰ μὲν γὰρ τί ἐστι σημαίνει τῶν ὄντων τὰ δὲ ποιόν τι τὰ δ᾽ ὡς διῄρηται πρότερον)· οὐδὲ γὰρ ταῦτα ἀναλύεται οὔτ᾽ εἰς ἄλληλα οὔτ᾽ εἰς ἕν τι.*）——译者

“相对物”的一种普遍特征。一个有着自己的生成和毁灭的事物，就绝不是“相对物”。甚至当“相对物”不以某一其他偶性为中介附着在“所是”那儿时——如在出于同一个种的两个个体之间的本质之相似那儿，也没有任何例外（见前）。由此必然会得出“某地”（*πού*）和“某时”（*ποτέ*）不仅仅是“相对物”（*πρός τι*）；这在那有着自己的、真正的“运动”（*κίνησις*）的“某地”（*πού*）那儿尤其清楚地显现出来[①]。然而，那适用于这两个概念中的一个的，由于这两个范畴之间的紧密关系也适用于另一个。因此，必须把“某地”（*πού*）和“某时”（*ποτέ*）理解为是比“相对物”（*πρός τι*）更高的“是之方式”，它们不会隶属其下。

b. 我们现在前往问题的另一部分，即是否“潜能”（*δύναμις*）和“现实”（*ἐνέργεια*）这两个概念应作为第十一和第十二或作为第九和第十个范畴加入到其他范畴中去。亚里士多德对此的意见是“否”，为了解释这一点，特伦德伦堡设想它们是模态概念[②]，它们

---

① 《形而上学》第十四卷第 1 章，1088a. 29：“相对物”最不是“所是”和某种“是者”的标志在于，唯独在它那儿既无生成，也无毁灭，也无运动。而在“量”那儿有增加和减少，在“质”那儿有变化，在“地点”那儿有位移，在“所是”那儿有一般的生成和毁灭。但在“相对物”那儿却并不如此。因为当相对物中的一方在量上发生变化后，另一方即使不动也会时而大、时而小、时而相等。（*σημεῖον δ' ὅτι ἥκιστα οὐσία τις καὶ ὄν τι τὸ πρός τι τὸ μόνου μὴ εἶναι γένεσιν αὐτοῦ μηδὲ φθορὰν μηδὲ κίνησιν ὥσπερ κατὰ τὸ ποσὸν αὔξησις καὶ φθίσις, κατὰ τὸ ποιὸν ἀλλοίωσις, κατὰ τόπον φορά, κατὰ τὴν οὐσίαν ἡ ἁπλῆ γένεσις καὶ φθορά. ἀλλ' οὐ κατὰ τὸ πρός τι· ἄνευ γὰρ τοῦ κινηθῆναι ὁτὲ μὲν μεῖζον ὁτὲ δὲ ἔλαττον ἢ ἴσον ἔσται θατέρου κινηθέντος κατὰ τὸ ποσόν.*）——作者

② 《范畴学说史》，第 165 页以下。——作者

不属于谓词，而属于系词[①]。如果真是如此，那么，该解救办法对于我们来说就是完全令人满意的，因为就设定所有范畴都谓述第一“所是”这点而言，我们追随特伦德伦堡。然而，他自己所表达出来的下面这一顾虑在我们看来却是非常有根据的：“一旦我们考虑在那种实在的意义上‘潜能’（δύναμις）和‘现实’（ἐνέργεια）统治着亚里士多德的诸概念，那么，这种分离就几乎难以维持。”[②]因此，无论是布兰迪斯还是一些其他新近的研究者，都不赞成上述观点[③]。我们要回顾一下在论文进程中§11就此事所讨论过的东西[④]。在那儿，“现实中的是者”（ὂν ἐνεργείᾳ）向我们显明为在实在上与那被划分入诸范畴中的“是者”（ὄν）相同一；它们仅仅就下面这点而言在概念上保留着区别，那就是：“现实中的是者”（ὂν ἐνεργείᾳ）首先特别要求一种被形式所完成了的“是”（Sein），而诸范畴中的“是者”（ὄν）则要求一种本质性的、可定义的、隶属于某一属之下的“是”（Sein）。为了是这种情形，这种“是”（Sein）当然必须是一种已经被形式化了的东西，并且由此两者是同一的。关于“潜能中的是者”（ὂν δυνάμει），我们在前面也已经看到，它作为“未完成的是者”（ὂν ἄτελες），是如何被归约到“完成了的是者”（ὂν τέλειον）之每一范畴中的。因此，根据特伦德伦堡的意见，很容易解释诸范畴在实在的意义上到处都被“潜能中的

① 《解释篇》第12章，21b. 30。——作者

② 《范畴学说史》，第181页。——作者

③ 参见布兰迪斯，《希腊-罗马哲学》，Ⅱ，2，第163页。——作者

④ 见前§11. 3，第214页以下。在那儿，谈到了“运动”（κίνησις）与诸范畴的关系，以及一些先验概念。——作者

是者”（ὂν δυνάμει）和“现实中的是者”（ὂν ἐνεργείᾳ）所统治，这在其他情形下自然不可能发生；因为，系词的那些模态规定如这种“是”（Sein）一样仅仅是不能外在于心灵而存在的“知性之物”（Verstandsdinge）。因而《形而上学》第五卷第12[①]章明确强调了在这种并非“在潜能中”（κατὰ δύναμιν）的模态上的可能性与先前所提及过的“潜能”的四种方式之间的不同——后者被称作“潜能上的可能者”（κατὰ δύναμιν δυνατά）[②]。

以上就是我们打算对那些就亚里士多德的范畴学横加指责的回应。我们意识到没有任何东西已经被有意悄悄地给漏掉了。这一辩护在每一点上是否以及到何种程度对于我们来说都是成功的，我期待那些更大的行家的判断，尤其是下面这些人的判断：对于尝试解决该问题的成功来说，他们非常敏锐和清晰地凸显出了所有这些困难，并通过对问题要点的精准定位而非常值得信赖。如果我偶尔与他们相抵触，那也不是为了攻击，而是为了辩护；如果我没能由此替亚里士多德说上话，那我也不敢说反对了他们，以至于我显得较少地不知感激；因为，我感激他们也认为自己理当加以感激的那个人。

我们就此结束我们的整个论文。我们一步步地从那些所谓较

---

① 《形而上学》第五卷第12章，1019b. 21：一些东西因这种无能而被称作是无能力的东西，而另一些东西则在其他的意义上被称作是无能力的东西；如可能的东西和不可能东西。（καὶ ἀδύνατα δὴ τὰ μὲν κατὰ τὴν ἀδυναμίαν ταύτην λέγεται, τὰ δὲ ἄλλον τρόπον, οἷον δυνατόν τε καὶ ἀδύνατον）——译者

② 《形而上学》第五卷第12章，1019b. 21：参见第九卷第1章，1046a. 6。——作者

少真正“是着”（seiend）的东西攀升到那些较为真正的“是者”（das Seiende）。在“是者”（ὄν）四种含义中——“是者”（ὄν）首先被划分为它们，那根据范畴表而划分出来的“是者”（ὄν）是最重要的。关于诸范畴，本章之进程也已经显示出它们全都因关乎一个“是”（Sein），即关乎第一个范畴之“是”（Sein）而得其名；并且严格说来，其余的范畴都应被称作“**某一是者的**”，而不是“**某一是者**”[①]：因此，“所是”是最为“是着”的东西，它不仅是某种东西，而且是绝对的东西。既然人们以多重方式说首要者，那么，在所有的是者中“所是”在每一方式上都是首要者，无论是在概念上，还是在认识和时间上[②]。它的“是”（Sein）是所有东西以类比方式所关乎的端点，正如健康是端点——所有健康的东西因关乎它而被称作是健康的，要么因为具有它，要么因为导致它，要么因为标志着它，等等。如果形而上学是关乎“是者作为是者”的科学，那么，显然它的主要对象是“所是”；因为在任何地方，于这些类比者那儿科学都主要探讨首要者——其他的东西都依赖

① 《形而上学》第七卷第1章，1028a. 18：其他那些之所以被称作“是者”，乃是因为它们或者是这样的“是者”的“量”，或者是它的“质”，或者是它的“遭受”，以及其他诸如此类的东西。（*τὰ δ' ἄλλα λέγεται ὄντα τῷ τοῦ οὕτως ὄντος τὰ μὲν ποσότητες εἶναι, τὰ δὲ ποιότητες, τὰ δὲ πάθη, τὰ δὲ ἄλλο τι τοιοῦτον.*）——作者

② 《形而上学》第七卷第1章，1028a. 30：因此，首要的“是者”——它不是某种“是者”而是绝对的“是者”，就是“所是”。“首要的”具有多重含义，但“所是”在各方面都是“首要的”，无论是在逻各斯上，还是在认识和时间上。（*ὥστε τὸ πρώτως ὂν καὶ οὐ τὶ ὂν ἀλλ' ὂν ἁπλῶς ἡ οὐσία ἂν εἴη. πολλαχῶς μὲν οὖν λέγεται τὸ πρῶτον· ὅμως δὲ πάντως ἡ οὐσία πρῶτον, καὶ λόγῳ καὶ γνώσει καὶ χρόνῳ. κ. τ. λ.*）——作者

它并从它那儿获得名称。因此，第一哲学家必定研究“所是”的各种原则和根据[①]；关于“所是”，可以说，他首先、尤其、甚至唯一要加以考察的，就是它是什么[②]。

① 《形而上学》第四卷第 2 章，1003b. 16：但在任何地方科学都主要研究首要的东西，其他东西都有赖于它，并由之得以被言说。如果这种东西就是“所是”，那么，哲学家就必须把握“所是”的诸本源和原因。（*πανταχοῦ δὲ κυρίως τοῦ πρώτου ἡ ἐπιστήμη, καὶ ἐξ οὗ τὰ ἄλλα ἤρτηται, καὶ δι᾽ ὃ λέγονται. εἰ οὖν τοῦτ᾽ ἐστὶν ἡ οὐσία, τῶν οὐσιῶν ἂν δέοι τὰς ἀρχὰς καὶ τὰς αἰτίας ἔχειν τὸν φιλόσοφον.*）——作者

② 《形而上学》第七卷第 1 章，1028b. 6：因此，可以说，我们主要地、首要地，甚至唯一地要考察的，就是在这种意义上的“是者”是什么。（*διὸ καὶ ἡμῖν καὶ μάλιστα καὶ πρῶτον καὶ μόνον ὡς εἰπεῖν περὶ τοῦ οὕτως ὄντος θεωρητέον τί ἐστιν.*）——作者

图书在版编目(CIP)数据

根据亚里士多德论“是者”的多重含义/(德)弗朗茨·布伦塔诺著;溥林译.—北京:商务印书馆,2024
(汉译世界学术名著丛书:120年纪念版:珍藏本:增订本)
ISBN 978-7-100-23670-6

Ⅰ.①根… Ⅱ.①弗…②溥… Ⅲ.①亚里士多德(Aristotle 前384-前322)—哲学思想—研究 Ⅳ.①B502.233

中国国家版本馆CIP数据核字(2024)第076612号

汉译世界学术名著丛书
(120年纪念版·珍藏本·增订本)
根据亚里士多德论“是者”的多重含义
〔德〕弗朗茨·布伦塔诺 著
溥林 译

商务印书馆出版
(北京王府井大街36号 邮政编码100710)
商务印书馆发行
北京通州皇家印刷厂印刷
ISBN 978-7-100-23670-6

2024年5月第1版 开本710×1000 1/16
2024年5月北京第1次印刷 印张21½
定价:118.00元